钱的千年兴衰史

稀释和保卫财富之战

金菁 ◎ 著

中国人民大学出版社
· 北京 ·

前　言

　　追求财富，人之常情。过去几十年来，"赚钱"成了中国人最共通和突出的价值观，无论是主动，还是被动。毋庸置疑，今天的中国正处于历史上少有的富裕时代：无论从财富的绝对数量，还是受众的广泛性上都是如此。但是，今天也是人们对金钱和财富的普遍焦虑成为社会特质的时代。这种焦虑从何而来？在已经基本解决了温饱问题的今天，这个本应"仓廪实而知礼节，衣食足而知荣辱"的时代，为什么人们对金钱和财富的焦虑反而有增无减？

　　对我们凡夫俗子来说，身心的安定需要适度的物质基础，物质基础的牢固也需要一个合适的载体。过去几十年里，人人都在忙于挣钱，好像积累物质财富就等同于挣越来越多的钞票。而钞票和钱是一回事吗？我们无暇停下来思考，就物质层面而言，什么才是留得住的财富？记得70年代末80年代初改革开放之初，很多人的理想就是当个"万元户"；而今天，中国的个人所得税起征点是月收入5 000元，万元已经成了很多人的月工资水平。80年代，中国又出现了百万富翁，在当时的中国，拥有百万元可以过上顶级富豪的生活，但今天，连在北京五环内买套房子都遥不可及。现在在中国要想当个富翁，得以亿为单位计算身家。

在西方世界，百万富翁（millionaire）这个词是在法国的密西西比泡沫中出现的，那是 1720 年。第一个身价估值上亿的，是约翰·洛克菲勒（John D. Rockefeller，1839—1937），这已经是 20 世纪初的事，中间历经近 200 年。同样的数量级变化，在中国仅用了 30 多年。从衡量富翁财富的货币单位变化：万、百万到亿，我们不仅看到了个人财富的大幅度增加，也看到了货币价值的大幅度缩水。毫不奇怪，这一切犹如电影快进，加剧了大家对金钱所代表的物质财富的焦虑。这种焦虑无疑又进一步刺激了人们逐利的需求，极端的逐利压力转而又加剧了人们的焦虑。

如果我们换个方式：考虑一下如何才能将挣到手的钞票保值，可能会部分地缓解我们对挣钱的焦虑。财富的积累和财富的保值其实是同等重要的问题。要做到财富的积累和保值，除了我们大家今天都津津乐道的各种投资，我们还是要回到问题的根本，搞清楚与钱相关的方方面面：什么样的东西可以成为钱？所有的货币形态都是钱吗？钱的价值来源何处？钱为什么会贬值？它是如何贬值的？当然我们最关心的是有什么办法可以让它保值。我们从历史上的教训里可以看到多少今天的影子？我们从中可以学到什么？面对未来，我们应该怎么办？这就是我们这本书要讨论的内容。

上面说的是仅就个人和家庭的影响而言的。那么在一个更大的范围，乃至一个经济体、一个国家而言，又是什么样的情况呢？近些年来一个最让人担心的现象就是脱实向虚，企业家突然都热衷搞地产和金融。尽管国家出台各种政策来扭转这个情况，但是脱实向虚仍然动力巨大，这背后的动力又来自何方呢？这和货币又有什么关系呢？货币数量是通过什么途径来影响我们的经济结构的？这些年，在快速轮动的产业变化中疲于奔忙和为保住工作而焦虑的人们,无疑也更应该关心经济结构的变化,因为产业分工的变化,产业间的此消彼长,对就业都会产生大面积影响,这不是一个简单的 GDP 数字可以告诉您的。

所以我希望写一本大家都看得懂的书。毫无疑问,钱、商品和货币与我们每个人的生活都息息相关,有关经济和金融的新闻见于各路媒体,也可以看出它们在我们今天生活里占据的重要位置。然而在信息过载的时代,关于钱和货币的各种文字和报道已经让大家眼花缭乱,越来越听不懂。但是,无论您有多少钱,都需要在不同资产配置中取舍;无论您的积蓄是多是少,都有保持它们购买力的问题。今天的时代,如何认识金钱、货币、交换和经济周期,已经成为我们这样一个货币社会日常生活中的必要知识,如果这本书可以引起大家对如何保护自己物质财富价值的思考,我将非常欣慰。

为了便于讨论,理清源流,我们将钱和钱的替代品——主要是货币区分开来,这样便于看清它们不同的本质和功能。其次,我们把这些讨论放在相应的历史背景下进行。历史背景对于任何一个社会现象的有效讨论都至关重要,钱和货币也不例外。同时,历史背景也是社会现象演化进程的一个内在部分,将它们割裂开来无法让我们认清事物发展的内在逻辑。为此,本书将关于钱和货币的一些最基本的原理都蕴含在产生这些概念的历史时期和事件中阐释,让大家置身其中,在感同身受中加以体会。事实上,这些原理和概念可能是大家天天在日常生活中用到的,却如同脸和名字对不上号。

写作的过程有时觉得相当梦幻,经常有似曾相识的感觉,不知是在陈述历史,还是在描写现实。100 年前,美联储在应对第一次世界大战之后的泡沫时，对加息犹豫不决，没升两次后戛然而止，终酿大祸。为应对1929年大萧条所采取的刺激政策也让美国的萧条延续了180个月之久，最后还是借助二战走出危机。今天，全世界在2008年次贷危机后将印钞进行到底的节奏中，进行了多轮刺激。而最近几年，美联储在启动利率正常化中还没等加几次息，又掉头迈开了降息的步伐，并大踏步进入降息周期，新一轮货币刺激在"经济复苏强劲"的咒语中，俨然已经来临。欧洲和日本还要加大负利率力度，而其他经济体已然在跟进减息。这难道是历史又在重演的节奏？49年前，尼克松政府宣布美元与黄金脱钩，同时实行各项增加关税、资本管制等政策；而今天美国特朗普政府将矛头指向对中国进行贸易战。所不同的是，比起特朗普，尼克松可以以一个政治家的姿态和口吻说出同样的话。今天世界各地到处出现的社会运动，也都可以在泡沫破裂后的法国大革命中找到身影。

虽然这本书专门谈论中国的部分不多，但是中国今天的很多现象都可以在欧洲和美国的发展历史中找到影子。这也是这本书希望以史为鉴而达到的一个目的吧。这个思考的重要性还在于，欧洲和美国是经历了一个漫长的时间才达到今天的状况；而我们改革开放才40余年，就已经在朝着这个方向极速前进，我们今天也遇到了美国同样遇到的问题。所以我们没有很多时间去试错，还没等我们反应过来，事情就已经发生。我们现在经常谈论的脱实向虚，制造业转移，年轻人举债消费，都已经是美国经济的顽疾了。一国纸币作为国际储备货币，也是一把双刃剑，美国的经验告诉我们，它会加速制造业空心化，更可怕的是它适用的经济计算给社会和国民带来的心理变化。这一切后果,都与货币问题息息相关。

本书著录采用文献涵盖的时间从17世纪至今,主要采用这些文献的史实部分,让事件本身来展现发展逻辑。注释尽量详细,方便对具体问题有兴趣的读者参考。对翻译著作的使用,由于对某些词汇的界定在本书中更加严格,为了不产生混淆,遇到这样的情况,还是引用英文的原本,但是翻译一致的,直接引用中文版的翻译。

本书得以顺利完成,要感谢我院学生孙乾、岳丹枫、张森、孟一博和铁浩,这五位同学不仅做了大量的研究和校对协助工作,还贡献了建设性意见,我总是从与他们的讨论中受到启发。同时提供研究协助的还有戎天珅女士。书中引用的古文和对一些字、词的考证,得到中央财经大学特聘教授杨逢彬老师的指导和帮助。在美国的冯治平博士(Dr. Mark Fung)帮助在海外购得了重要且部分已经停止出版的文献。从事金融交易的业内人士张志坚、闫钊、陈威、魏思衡、申铉尚(Mr. Stephen Shin)、陈涛和毛剑阅读了初稿,并提出了宝贵的意见和建议。外交学院阚四进博士对我引用的法文及文献给予了翻译上的帮助。王斌红女士对文中有关会计方面的讨论给予了指导。本书的最后部分在暑假期间完成于墨尔本,住在朋友陈汉良和傅美云夫妇家中,受到了家人般的照顾和鼓励。在此一并表示感谢!

本书今天能够呈现于大家面前,要特别感谢中国人民大学出版社的曹沁颖女士,她的动议和鼓励,使我坚信面向更广大的读者来探讨关于钱和货币的来龙去脉,在今天这个时点,非常有意义。感谢责任编辑夏贵根先生和苏雪莹女士为本书的编辑加工所做的大量细致的工作。

最后,感谢我的家人,尤其是我的母亲。她对我的鼓励和照顾无微不至，她抓住问题本质的思想方法和行动力更是我要贯穿一生的功课。通过这本书，我不仅希望把我对金钱的观念与读者分享，而且更关心大家看后会不会得出同样的结论，或是对什么样的物质金钱配置可以给身心带来一些安定的力量有了自己的结论……

亲爱的读者，祝您幸福！

金菁

北京

目 录

第 1 章　用什么衡量我们的财富？/1

第 2 章　什么才有资格被称为钱？/8

　　具有内在使用价值，是商品生产链条的一部分 /13

　　形态不灭，适合囤积 /15

　　质地相同，便于分割 /18

　　单位价值高，便于携带 /19

　　不易伪造 /20

第 3 章　钱的替代品

　　　　　——货币 /24

　　纸币的产生 /25

　　元朝的纸币帝国 /28

　　元纸币在西亚 /38

第 4 章　钱的法律框架

　　　　　——合约、利息和杠杆 /44

　　欧洲中世纪的通胀 /45

　　钱的法律框架 /47

非常规存管合约的杠杆 /51

中世纪禁收利息的规定及其影响 /56

第 5 章 跨国银行的雏形
　　　　——圣殿骑士团 /62

圣城耶路撒冷 /63

十字军东征 /65

圣殿骑士 /71

汇票业务 /76

地中海贸易 /78

坚守存管合约 /79

代理司库、家族信托和私人理财 /81

圣殿骑士团的解散 /84

共济会的兴起 /87

第 6 章 文艺复兴时期的杠杆
　　　　——教皇的银行家，美第奇银行 /89

中世纪晚期和文艺复兴前夜 /90

美第奇家族 /91

美第奇银行 /93

外汇远期汇票 /95

上帝的银行家 /107

第 7 章 当杠杆遇到纸币
　　　　——英国的债务、英格兰银行和纸币 /117

15 世纪的欧洲："搞到金子！" /117

15—16 世纪英国的战争和债务 /119

目录

英国的大贬值 /122

托马斯·格雷钦爵士 /123

格雷钦法则 /127

英格兰银行的前辈银行 /133

英格兰银行 /138

英格兰银行的纸币成为法币 /140

第 8 章　当杠杆遇到债转股
　　　　——泡沫、泡沫、泡沫 /145

南海泡沫 /146

密西西比泡沫 /155

第 9 章　坎蒂隆效应和货币数量理论 /173

坎蒂隆其人 /174

坎蒂隆效应 /180

关于货币数量理论的讨论 /189

纸本位时代下的货币数量理论 /192

坎蒂隆效应在今天的验证 /194

坎蒂隆对开创现代经济学理论的贡献 /208

第 10 章　从美金到美元 /211

第一次世界大战 /212

欧洲：在美国的采购和融资 /215

美国参战 /217

美国：为参战融资 /219

美联储的成立 /221

美联储的角色 /222

两次世界大战期间的金汇兑本位制 /225

重建战后汇率体制的热那亚会议 /227

又回到货币数量理论 /231

1929年大萧条 /239

应对大萧条 /243

第11章 从欧洲美元到石油美元 /251

布雷顿森林体系 /252

马歇尔计划 /255

是"特里芬困境",还是赖账的办法? /257

1960年代和欧洲美元 /260

1970年代和石油美元 /269

第12章 货币体系的轮回? /284

21世纪的石油美元? /285

美元、尼克松与中国 /288

未来的货币体系:金汇兑本位、浮动汇率制还是金本位? /290

美国到底还有多少黄金? /298

第13章 比特币是货币的未来吗? /306

什么是比特币? /307

比特币是钱吗? /314

比特币是货币吗? /320

结束语 /324

注 释 /326

第 1 章
用什么衡量我们的财富？

所谓钱的保值增值就是要使它的购买力不因时间的推移和地域的改变而受到损失。

我们面对的是一个充满不确定性的世界，太多事情不在我们的掌控之中。可能正是因为我们被各种各样的不确定性所环绕，我们对确定性的向往就被赋予了与生存紧密相连的意义。我们的生老病死受制于自然规律，于是金钱和财产在很多时候都被看作是确保和维系我们自认为稍微可控的一点确定性事物，这也是为什么自古以来，人们一旦拥有了一定的物质财富，便对这些财富的保值增值的期待表现得相当执着。深究起来，这恐怕可以看作是一种对生命延续的渴望。那么对钱财保值增值的这种期待就有了它内在的实际价值，其原因也很简单：我们要确保我们今天手中的钱可以在未来某个时刻、某个地方交换来我们那个时刻需要消费的东西。这种未雨绸缪的打算正是我们积累钱财以换取最终消费的保障，而作为交换媒介出现的"钱"，使得跨越时间和空间的交换成为可能。这个时间和空间相较于作为交换媒介的钱来说，也就自然有了它们的经济价值。换句话说就是，所谓保值增值就是要使钱的购买力不因时间的推移和地域的改变而受到损失。正是由于其价值里所包含的时间和空间因素,使钱的保值增值问题成为我们现实生活中相当重要的部分和很多烦恼的来源。

为了说明资产价格在比较长的一个时间段的价值变化,我们先看一下与我们生活紧密相关的商品在过去半个多世纪的一些变化。

石油是我们现代生活必不可少的商品。从图 1.1 中我们可以看到,1971 年是一个分水岭。1947 年到 1971 年间,原油价格无论是用美元还是黄金来衡量,都相当稳定。那是因为美元在 1971 年之前都是与黄金挂钩的。1971 年 8 月 15 日,美国总统尼克松宣布美元与黄金脱钩。之后的原油价格用美元来衡量,开始大幅度上升。原油价格以黄金计价,还是基本稳定在 1971 年以前的水平。也就是说,美元相对于黄金大幅贬值了。美元与黄金脱钩对全球金融体系的深远影响远远超过了对美元购买力的影响。关于这一点,我们在本书的后面章节会详细讨论。

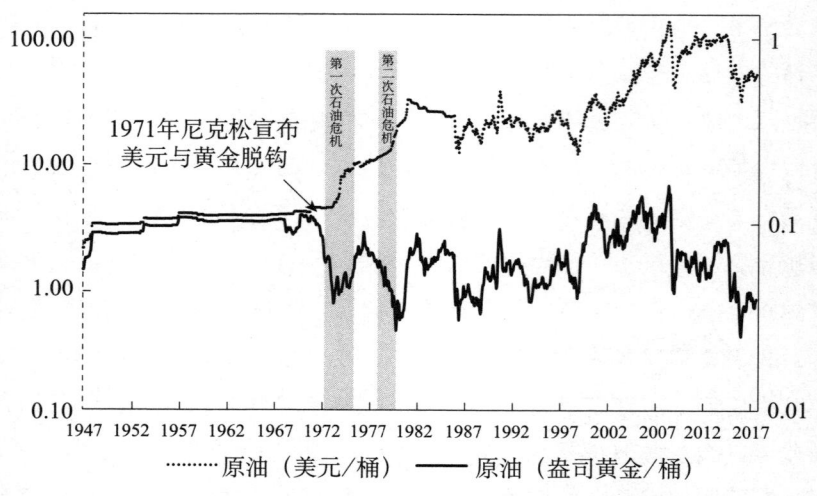

图 1.1　以美元和黄金计价的原油价格(1947—2017)[1]

资料来源:BLS, Thomson Reuters,WIND.

第 1 章 用什么衡量我们的财富？

房价是大家都关心的，我们再看看美国房价指数自 1975 年到 2017 年间的变化（见图 1.2）。这里采用的是标准普尔/凯斯-席勒美国居民房价指数（S&P/Case-Schiller US National Home Price Index）。取 1975 年 1 月的房价指数为 1，如果房价在 1 之上就是上涨了，在 1 之下就是下降了。结果我们发现，美国居民住房价格在 1975—2017 年的 42 年间上涨了 7.72 倍。如果用黄金计价，则基本没有上涨，2017 年的价格还停留在 1975 年的水平。只是在 1998—2006 年的 8 年间，以黄金计价的房价上涨了 2 到 3 倍（这一阶段以美元计价的房价上涨了 4 到 5 倍）。2007 年 9 月美国发生了以次级房贷违约为导火线的次贷危机，之后以黄金计价的房价就回落到了 20 世纪 70 年代的水平。在一个较长的时间段里，黄金和美元的保值能力孰优孰劣一目了然。不仅如此，黄金还有比房产更好的流动性。

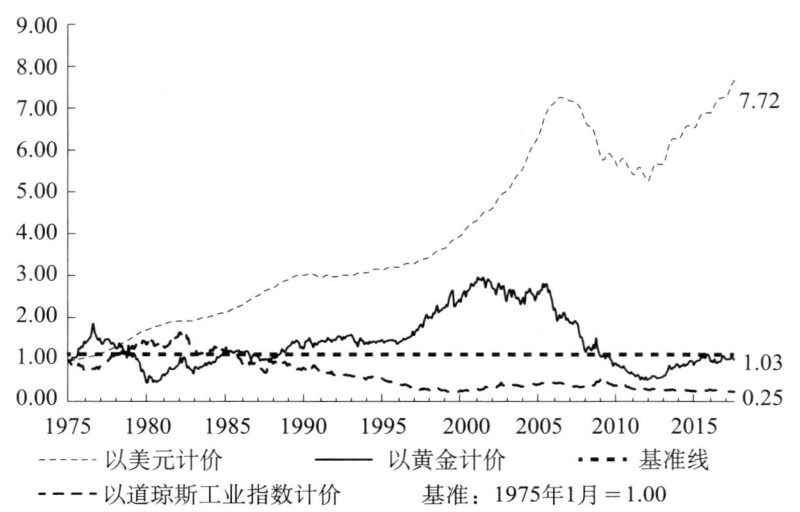

图 1.2　以美元、黄金和道琼斯工业指数计价的美国居民房价指数（1975—2017）
资料来源：S&P, WIND.

还是看图 1.2，如果我们分别对比以黄金和道琼斯工业指数（DJIA，或称"道指"）计价的房价，可以发现，在这段时间里，以道指计价的房价，不是涨了，而是跌了。这是不是说，如果投资股票并一直持有，比投资黄金更能保值增值？呃，这很难说。要想得出这样的结论，有几个前提：

第一，投资的股票至少要跑赢道指，所以首先得选对股票。自 1896 年成立以来，最初的 12 只道指成份股票，到今天还存在的就只剩下通用电气（GE）一家了。然而近些年，通用电气的股价一路向下。在我开始写作本书的 2017 年 11 月，通用电气被揭露为是"一个伪装成工业巨头的对冲基金"。[2] 当时我还在想："我们或许哪天可以见到 GE 被道指剔除。"2018 年 6 月，GE 被踢出道指。到本书写作接近尾声时，2019 年 8 月 15 日，它被爆出是"一个比安然还大的骗局"。[3] 当然，你会说选对股票不容易，可以投资指数呀？

第二，股市的波动巨大，你得有能力和实力在股市大起大落时拿得住，否则投资指数也可以在大熊市的时候把你洗劫一空。在巨大的股指波动面前，能拿得住是对实力的考验，更是对心理的考验。能活下来的通常是在牛市的时候也相对保守的投资人。就拿我们的上证综合指数来说吧，仅在一个两个星期的区间内（我们取 2019 年 7 月 10 日至 23 日为例），不是一开盘还没来得及加仓就蹿升了，就是一开盘还没来得及跑就被套住了（见图 1.3），更不用说日间的波动了。

第三，每个国家和每个市场的情况都大不相同。美国在第二次世界大战以后的国际霸主地位毋庸置疑，这段时间也是美国产业结构高速变化和跨国公司大发展的阶段。道指相对于黄金价值逐渐并稳步提

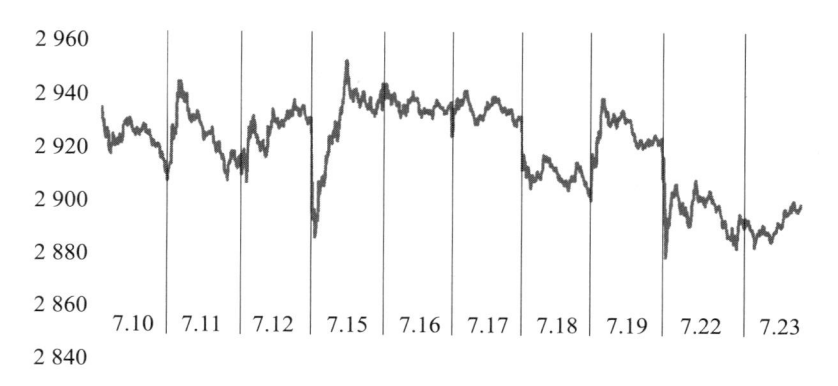

图 1.3　波动率：上证综合指数（2019.7.10—23）

资料来源：WIND.

升，这里面既有这个阶段美国道指成份股公司的生产力水平整体提升的因素，也有对股票过度投资以减少因持有现金而可能遭受损失的原因。然而，同一时段，投资在其他国家和地区未必是这种结果。所以根据美国这段时间的情况得出的结论无法广泛适用于所有其他国家和地区。假如你是一个拉丁美洲的投资人，在这个时期投资拉美股市，或者股指，结果可能就完全不同。图 1.4 是阿根廷房价指数分别以阿根廷比索、梅瓦尔工业指数和黄金计价的比较。

从图 1.4 中我们可以看到，房子不如黄金保值，以黄金计价的阿根廷房价在 2001 年之后呈下降趋势。然而要是同期投资梅瓦尔指数，不仅资产相对于黄金会贬值，跑不赢房价，而且还要遭受 2000 年到 2003 年间的股市泡沫和随之而来的股灾。

当然我们最关心的一定是中国的情况，因为中国的月度房价指数只能追溯到 2004 年，没有足够长的时间供我们与美国的情况进行比较。但是过去 10 多年，中国房价上涨速度太快已经是有目共睹的烦恼了。不过我们找到了另外一个有最长数据记录的与我们的生活息息

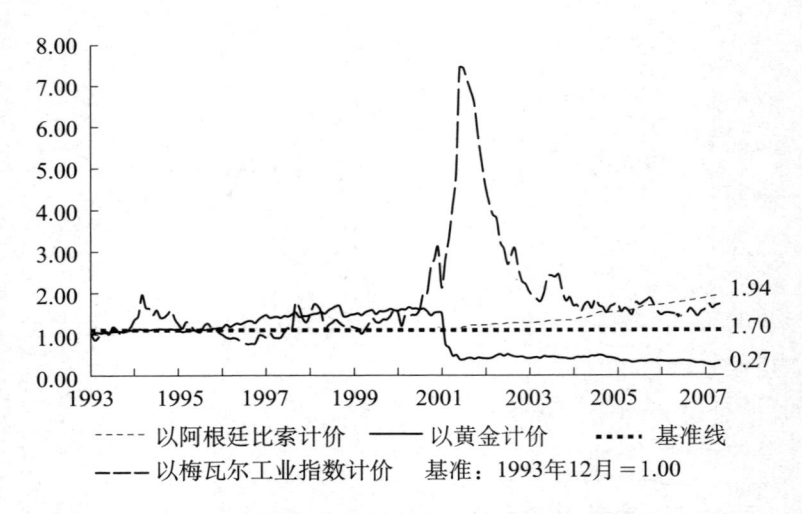

图 1.4　以比索、黄金和梅瓦尔工业指数计价的阿根廷居民房价定基指数（1993—2007）

资料来源：Reuters。

相关的商品价格：中国蔬菜价格。图 1.5 是中国蔬菜价格指数分别以人民币和黄金计价的比较。

从 1951 年到 70 年代初，中国的蔬菜价格几乎没有太大变化。这是一个计划经济下供给制替代市场的阶段。1978 年，中国实行改革开放，首先在农村全面实施了联产承包责任制，农副产品价格成为第一个价格放开的领域。自此以后，以人民币计价的蔬菜价格可以说是大幅上升，到 2014 年价格最高时，是 1951 年价格的 45 倍多，而以黄金计价的蔬菜价格反而下降了 42%。

这个巨大的反差也很容易解释，物以稀为贵嘛！

可能有人会问，难道黄金这个作为交换媒介已经几乎被忘却的商品，无论从价值的保值上还是产量上和纸币都有这么大的差别吗？说到底，这就是钱和钱的替代品的区别。我们将在下一章讨论什么东西

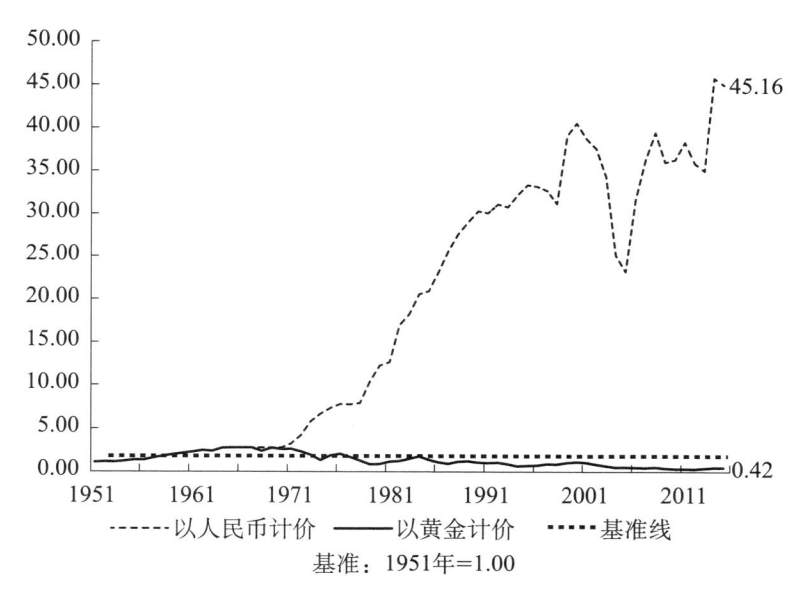

图 1.5 以人民币和黄金计价的中国蔬菜价格定基指数（1951—2015）

资料来源：中国国家统计局，WIND.

才有资格被称为钱。

第 2 章
什么才有资格被称为钱？

"黄金是钱，其他一切都是信用。"

——约翰·皮尔庞特·摩根，美国银行家，1912

"黄金是钱，其他一切都是信用。"约翰·皮尔庞特·摩根（John Pierpont Morgan，1837—1913）在美国国会银行和货币委员会的听证会上这样讲，这次听证会被称为"皮罗金钱信托调查"（Pujo Money Trust Investigation）。事实上，这句话并非是老约翰·摩根的原话，而是对该委员会的法律顾问塞缪·温特梅耶（Samuel Untermyer）质询老摩根时的一整段对话的总结。因这句回答是摩根对钱和信用认知的高度提炼和概括，所以后来人们引述的多是这个版本。[1]

这次听证会的召开还要从 1907 年美国的股灾说起。1907 年 10 月 14 日（星期一）的纽约股市上，奥托·海恩茨（Otto Heinze）误以为自己及兄弟家族已经控制美国联合铜业股票（United Copper Company），于是继续大量买入该股票，将股价在一天之内从 39 美元拉升至 60 美元。他的意图是要控制联合铜业的大部分股票，同时对自己之前购买的买方期权（call option）进行行权，逼迫卖空投机来找他高价买回联合铜业股票用以平盘。然而令海恩茨没有想到的是，空头方在市场上找到了足够的股票履约。第二天，联合铜业的股价从最高的60美元暴跌至收盘时的30美元，一天跌幅竟达50%，第三天继续断崖式跌至10美元。[2]随后，参与接受股票抵押且以往多次为海恩茨融资的尼克布克尔信托公司（Nickerbocker Trust Company）遭存款人挤兑，随即倒闭。危机迅速扩大至进入20世纪后疯狂扩张的整个信托行业，并殃及银行系统，使得多个州际银行因为挤兑而倒闭。随即恐慌快速蔓延至整个市场。

股灾发生时，老摩根并不在纽约。他接到华尔街出事的消息后在周末赶回纽约，带头为市场注入资金，出面组织了包括信托和银行在内的120多家金融机构，并联合美国财政部参与为市场提供流动性的一致行动。[3]直到11月3日（星期一）纽交所开市，市场信心才稳定下来。老摩根在这次救市行动中所扮演的核心角色成为他人生中最后一次传奇，他在市场上这种扭转乾坤的影响力也极大地震撼了华盛顿的政治圈。

对金融控股和信托业爆发式的发展以至于控制实体经济和整个经济命脉的担忧由来已久，此时达到顶峰，成为1912年夏天美国大选季的一个重要议题。"金钱信托"（Money Trust）这个由明尼苏达州众议员查理·A.林德伯格（Charles A. Lindbergh）提出的称谓成了老摩根的代名词。[4]林德伯格在众议院动议：对华尔街的极权进行调查，而这个动议的直接结果就是1912年12月18—19日国会银行和货币委员会的听证会。[5]时任该委员会主席的是来自路易斯安那州的民主党议员阿西纳·皮罗（Arsene Pujo），此次听证会也因此得名。[6]

让我们回顾一下当时的这段问答[7]：

问：我还想就你今早所涉及的主题提几个问题，就是有关对钱的控制。控制信用涉及对钱的控制，对吗？

答：控制信用？不涉及对钱的控制。

问：但是银行业务的基础是信用，不是吗？

答：并不全是。信用只是银行业务的一个体现，并不代表钱本身。黄金才是钱，只有黄金。

问：银行业务的基础是信用吗？

答：是。

问：世界上有没有国家因发行货币而产生的政府债务[8]是一对一地以黄金为储备的？

答：英格兰比其他地方更接近这个状况。

问：美国是否比英格兰更接近这个状况？

答：不，因为美国有自己印的绿票子[9]（即：美元）。

问：但不管怎么说，英格兰那里很大程度上也是靠信用，因为信用无处不在，对吗？

答：对。

问：如果一个人或者一群人控制了信贷业务，那么也就控制了钱，不是吗？

答：不总是。

问：但一般来说是，对吗？

答：不对。

问：如果你拥有对纽约所有银行所代表的资产的控制，你也就控制了所有那些钱，不是吗？

第 2 章 什么才有资格被称为钱？

答：在我看来不是。我的观点也许是错的，但是它表明了我的立场。

问：钱是一种商品，你认为你可以控制其他任何一种商品吗？

答：我不这样认为。

问：我记得你在今早说过你可以控制商品，但是你却认为你不能控制钱？

答：我说的是可以使用各种手法来控制生意和商品。你可以控制生意，但是你无法控制钱。

问：你可以控制一个特定的商品，例如钢铁或者羊毛吗？

答：如果讨论的是食物这类物品，我无法控制它们。

问：我并没有提到食物呀。

答：但是食物是一种商品。

问：我的意思是存在你可以控制的商品。

答：是的，我认为存在。

问：可以想象，任何商品都是可以被控制的，是吗？

答：是的，但是除了钱。

问：如果一个人控制了国家的信用体系，他是否也就控制了所有与信用有关的事项？

答：也许可以，但是他得有钱呀。如果他拥有的是信用而我拥有的是钱，那么受到损失的是他的客户。

问：明白。但是令人难以置信的是一个人拥有信用而另一个人拥有钱，难道信用不是以钱为基础的吗？

答：可是钱是无法被控制的。

让我们再来回顾一下近100年之后的另外一场国会听证会——2011年7月13日召开的美国国会金融服务委员会（United States House Financial Services Subcommittee）货币政策听证会。这次听证会的发生背景正是2008年金融危机，实际上，至今我们还生活在这场危机的阴影下。下面一段对话是时任国会金融服务委员会国内货币政策和技术委员会分会（House Subcommittee on Domestic Monetary Policy and Technology）[10]主席、得克萨斯州众议员罗恩·保罗（Ron Paul）向时任美联储主席本·伯南克（Ben Bernanke）质询时的一问一答。[11]

问：今天的金价是1 580美元一盎司。美元在过去的三年里对黄金几乎贬值了50%。当你早上醒来，你关注黄金的价格吗？

答：我关注黄金的价格，我认为它能反映很多情况。它反映了全球状况的不确定性，我认为人们持有黄金是要防范我们所谓的极端风险（tail risks），就是万一非常非常糟糕的情况发生。过去几年来，人们越来越担心重大危机发生的可能，所以持有黄金作为保险。

问：你认为黄金是钱吗？

答：不是。它是一种贵金属。

问：它不是钱吗？

答：它是贵金属。

问：6 000年来黄金都被当作钱，有人逆转并废除了这一经济法则吗？

答：它是一项资产。你会说国债是钱吗？我也不认为它是钱，但它是一项金融资产。

问：那为什么中央银行要持有黄金？

答：这……这是一种储备形式。

问：为什么他们不储备钻石？

答：这……是一种传统……长期以来的传统……

问：有些人依旧认为它（黄金）是钱。

1912年温特梅耶一连串的提问无非是想让老摩根承认控制信用等同于控制钱，而老摩根一再澄清钱和信用根本不是一回事！老摩根在这个问题上的坚守道理何在呢？

近100年后的2011年，众议员罗恩·保罗的一连串提问是想让美联储主席伯克南来告诉我们谁应该对三年内美元相对于黄金近50%的贬值负责。而伯南克为什么给出一方面买黄金是避险，而另一方面黄金又不是钱这样自相矛盾的说法呢？他又怎么解释各国央行都要拿一种不是钱的"资产"做储备呢？

事实上，能够名副其实地被称为钱并不是一件简单的事。我们还是回溯到钱最初作为交换媒介从其他商品中被分离出来的产生过程去看，钱与其替代品及其他商品的区别就一目了然了。

具有内在使用价值，是商品生产链条的一部分

钱的产生使间接交换成为可能，进而推动了社会分工和经济的发展。类似的话大家在很多地方都可以听到。但是钱到底是怎么产生的？如果直接交换要在两个以上的人之间发生，其限制条件就已经很苛刻了。比如，有三个人，每个人都只生产一种产品，而每个人都需要另外两个人各自生产的产品。直接交换在这三个人之间发生仍然可

能，但前提是这三个人都在同一时刻分别对这三种物品的主观需求和价值判断恰巧使得这样的交换成为可能。如果这个条件不满足，间接交换就是必然的。[12]

　　作为一个在无数次交换中自然产生的、用来进行间接交换的媒介——钱，它的神奇之处在于它为人们自愿接受，无论何时何地，持有它都可以交换到自己想要的商品，而且它的购买力不会因时间和空间的改变而减损。那么大家接受它就必须有个前提：它原本就是物质生活交换链条上的一部分，所以本身就要有内在的商品价值。试想，如果你是最初那个要接受一样东西，将来想用它作为媒介交换到其他商品的人，而你对未来是否可以用这样东西交换到其他商品又没有把握，你只可能接受一个本身就对大多数人都非常有用，或是价值高的东西。换句话说就是，如果让人们自发地去选择一个商品作为交换媒介，人们只可能选择一种非货币性价值被广泛需要的商品[13]，这同二战时期德国战俘营里的香烟[14]和现今美国监狱里的方便面[15]在特定封闭的小社会里被选为交换媒介是一样的道理。换言之，交换媒介的发现和产生的"唯一途径只是让人们自由交往，从可选物品中选择最好的交易手段"，它无法回避这个过程而被事先指定。[16]

　　这个有实际用途的东西一定是一种自身就蕴含使用价值的商品，所以交换媒介产生的初始形态一定是商品货币（commodity money）。也就是说，作为交换媒介的钱是一种有内在价值的商品/货物（commodity），而这种内在价值正是因为它满足了大家日常生产和生活中的某种实际需求，本身就是日常生活交换链条上的一个环节；如同这个链条上的其他商品，钱的制造同样需要资源（如土地和人力）的投入。随着商品交换的扩大，作为交换媒介的商品逐步独立出来成为只承担交换媒介的"钱"。此时，仅作为钱的价值就足以让人们心甘情愿地持有它了。作为钱，虽然它的商品的实用属性逐步退居到次要的考虑，但是这种实用属性却是它保持购买力的一个保证，以应对未来的不确定性。[17]因此，这个作为钱的商品还是一定会具备双重的实用属性和价值属性，不管人们记不记得。

这里要强调的是：钱是一种交换媒介，但不是所有的交换媒介都可以成为钱。要想成为钱，还必须具备下面的特性。

形态不灭，适合囤积

这个作为钱的商品的形态最起码要不易磨损和灭失，可以长期保持购买力，这样作为财富的代表才适合囤积，以备在未来某个时候能够换取自己所需。因为我们囤积钱的目的主要还是为了最终消费（无论这种消费是为了衣食住行还是自己的爱好如收藏高级艺术品），所以持有它到自己或子孙购买需要的商品时，它还可以保持今天同样的购买力。换句话说就是，作为钱的这种物品，它不仅是一种间接交换的媒介为大家所自愿接受，同时它还形态不灭，长期保有价值和购买力。

还记得在电视连续剧《人民的名义》第二集中看到的场景吗？当一幅一面墙大小的油画在赵德汉别墅的卧室里被慢慢掀开，一整墙码得整整齐齐的现金随即呈现在我们眼前。现实生活中的亿元司长魏鹏远，就是这么一个囤积现金的人。2014年4月17日凌晨，当专案组对他在北京富力城的房产进行搜查时，清点出2亿多元现金，5台点钞机连续工作，还烧坏了1台。[18]这么多的现金放在一个没有人住的房子里其实相当不安全。倒不是有没有贼惦记的问题，大家可以想想,放在居民楼里,水管漏水、隔壁起火等意外都可能将这些现金化为乌有。试想如果如魏鹏远所说,贪这么多钱是希望给自己的子孙留下财富,不再受他小时候受的穷,那么想让这些现金不出意外地留到那个时候,风险着实不小。当然,这还仅是保存问题。

96年前在紫禁城里就起了一场大火。辛亥革命胜利以后,末代皇帝溥仪依旧被允许住在紫禁城。但是王朝毕竟覆灭了,宫廷里各色人等都想在最后的时刻再从这个"瘦死的骆驼"身上揩点油水准备跑路。宫里盗窃猖獗,于是溥仪决定清查宝物。可能是宫里偷盗宝物的太监为了销赃灭迹,建福宫——嘉庆皇帝封存乾隆皇帝珍宝的地方——在1923年6月26日的夜晚发生了一场火灾。溥仪在他的自传《我的前半生》中详细描述了这场大火的前前后后。这场大火烧了整整一夜,还将周围10多处宫殿仓库化为灰烬:"那堆灰烬里固然是找不出什么字画、古瓷之类的东西了,但烧熔的金、银、铜、锡还不少,内务府把北京金店的人找来投标,结果一个金店以五十万元的价格中了标。据说当时只是熔化的金块金片就捡出了一万七千多两。金店把这些东西捡走之后,内务府把余下的灰烬装了不少麻袋,分给内务府的人们。后来有个内务府官员告诉我,他叔父那时舍给北京雍和宫和柏林寺每庙各两座黄金'坛城',直径和高度均有一尺上下,这就是用麻袋里的灰烬提制出来的。"[19]

2019年4月15日,巴黎圣母院起火。在大火被扑灭后曝光的首张教堂内部的照片上,十字架依旧完好(见图2.1)。很多人相信这是上帝显灵,其实这个十字架是用黄金制成的,而黄金的熔点在1 064度左右,远高于大火的600多摄氏度,因此火灾后仍安然屹立。[20]

就形态不灭这一点来说,看来没有什么可以和黄金相媲美了。黄

第 2 章　什么才有资格被称为钱？

图 2.1　巴黎圣母院大火后的首张内部照片

资料来源：路透社。

金的特性显然使其比其他物品更适合保存和囤积。然而形态不灭只是保持购买力的一个基本前提。想要保持跨越时空的购买力，我们就要谈谈钱的价值用什么来衡量。

简单来说，间接交换的过程就是货变成钱，钱变成货的过程。一种货物或者说商品客观上被需要，它的交换价值来源于这个商品的"有用性"或者说就是它的使用价值。用经济学的术语说，商品或者服务的价值归结于它能够提供满足消费者需求的效用。而商品的使用价值则是一个主观的决定，它因人而异，因时而异，因地而异。比如，大多数男生觉得买汽车比买钻石重要，换手机比买包包更实用；大多数女生可能恰好觉得相反。而钱转换为货的过程中，钱的使用价值，或说是钱的有用性来源于它可以交换到其他有用的商品，即钱的客观交换价值决定了钱的使用价值。[21]也就是说，钱的价值要以它相对于其他商品的购买力来衡量。[22]再说得直白一点，就是"你觉得那东西值多少钱，交换到它的黄金就值多少"（*Tant' altre cose vale*, *tant oro vale*）。贝尔纳多·达文扎蒂（Bernardo Davanzati，1529—1606），一位来自佛罗伦萨的商人就这样将主观价值理论扩展到了钱的价值判断上。[23]黄金在这句话里被作为钱的广泛代表。[24]

这里需要指出的是，黄金、白银作为商品货币，除了作为交换媒介而具有的交换价值外，还具有独立的使用价值。而钱的替代品，如信用和纸币就缺乏这种独立的使用价值。我们会在下一章"钱的替代品——货币"里详细讨论。事实上，商品货币的历史要比纸币久得多。1971年之前漫长的人类历史长河中，我们的交换媒介都直接或间接地与商品货币，即黄金或白银挂钩。而从美元与黄金脱钩的1971年算起，一个纯粹的纸币世界的历史还不到半个世纪。

质地相同，便于分割

由于钱是一种交换媒介，为了方便人们使用，要质地相同，且能被分割成不同大小的单位，这样才便于用作计价单位。毫无疑问，上文举的香烟和方便面就具备这个特性：需求面广，质地相同，可以分割，便于计量。用香烟换东西，可以以几根算，以几包算，还可以以几箱算。方便面也是一样。当然，香烟会干掉，方便面会过期，所以囤积它们的价值都比较有限。可分割这一点相当重要。比如说，一个人有所房子，要拿来换其他生活用品，例如要和一个商人换几匹马，和另一个人换食物，还要和另一个人换工具，这可就麻烦了。分割房子是一件相当不实际的做法。[25]2011年美国国会听证会上，众议员罗恩·保罗举的钻石的例子也是一样，不仅分割起来非常困难，普通人完全做不到，而且质地不均匀，其价值的决定与重量、成色并不成比例，无法单凭重量的不同来衡量。比如，同样成色的两个一克拉钻石

第 2 章 什么才有资格被称为钱？

的价钱加起来不会等于一个两克拉钻石的价钱，而两块同样纯度的一斤重金砖的价钱加起来就等于一块两斤重金砖的价钱。

单位价值高，便于携带

作为交换媒介的钱要被人们带来带去，使人们在各地的交易活动变得更加便捷，所以它必须有单位体积小、价值高、便于携带的特性。也就是说，这种商品的单位价值要高，本身就得非常稀有。请看图 2.2，根据世界黄金协会（World Gold Council）提供的资料，人类历史上迄今为止挖出的黄金总量只有 18.72 万吨，只需要一个 21.2 米见方的房子就足够放下（黄金的密度为 19.3 吨/立方米）。而且从前面的讨论我们知道，黄金一旦被挖出来，它的形态是不易灭失的。它的存在形态有将近一半（8.92 万吨）作为首饰消费，21.4%（4 万吨）作为私人投资，将近 17%（3.15 万吨）是各国央行持有的黄金储备，还有 14.2%（2.65 吨）是以其他形式存在的，主要是工业和医学用途。据世界黄金协会统计，黄金目前未开采的探明储量还有约 5.7 万吨。

人类文明开掘黄金总量：18.72万吨

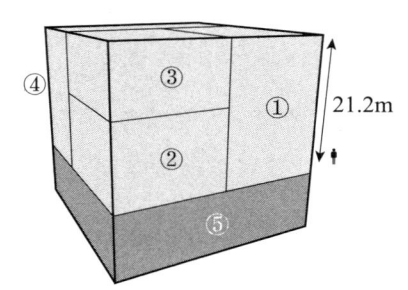

这18.72万吨黄金以以下形式存在：
1. 首饰：8.92万吨，47.6%
2. 私人投资：4万吨，21.4%
3. 官方储备：3.15万吨，16.8%
4. 其他形式：2.65万吨，14.2%

地球上未开掘黄金储量约5.7万吨

图 2.2 人类文明开掘黄金总量

资料来源：路透 GFMS 贵金属咨询公司，美国地质调查局，世界黄金协会．

不易伪造

说到伪造黄金，很容易让人们联想到几千年来人类对炼金术的痴迷。然而公平地说，这种联想其实曲解了炼金术士们的初衷，因为他们不是要伪造黄金，而是想把铜、铁、铅、锡或水银等这样的劣等金属炼成真正金光灿灿的黄金。当然这只是狭义上的炼金术。[26]对炼金术的记载可以追溯到人类早期文明的各个角落：古埃及、古希腊和古代中国。后继者还有公元7—8世纪在大马士革翻译古希腊文献的阿拉伯炼金术士、11—13世纪参加十字军东征的圣殿骑士、15—16世纪文艺复兴时期的众多哲人和我们今天都熟知的科学大咖牛顿。据说万有引力定律实际上是牛顿在研究炼金术过程中的一个副成果。[27]各时期各地方的君主和贵族对炼金术的趋之若鹜也是可以想象的。[28]人类对炼金术的痴迷到19世纪才最终放弃，几千年来对炼金术的不懈努力只是证明了人为制造黄金这样的贵金属是根本不可能的。

在使用金属币的年代，国王们垄断铸币的权力，然后获得垄断铸币收益，人们也不断尝试着仿制。在中世纪的欧洲，仿制金属币是个专业性相当强的工作：它是一个从熔化、分解、合成到制作模具伪造铸币上的君主头像的系统工程，只有专业的金、银匠才有可能做到，这项工作经常由不愿意给国王交铸币税的地方贵族领头。[29]而就金属币的单位以称重而非计数这点来看，只要仿制的同等面值的金属币成色和重量不减，我们也只能说这些仿造者伪造了国王的头像，侵犯了国王的垄断铸币权力，而并没有伪造钱，钱还是真钱。历史上还出现过伪造的金属币比官方流通的金属币的铸造工艺和成色重量都好的例子。[30]也就是说，从君主的角度来看，只要是官方铸币厂以外私自进

第 2 章　什么才有资格被称为钱？

行的铸币行为，就是伪造；而从社会经济生活的角度来看，私铸币在官方通货短缺或回收再铸币的成本太高时，也在一定程度上补充了市场交换所需要的流动性。在市场上流动性极其匮乏的情况下，只要不影响通货所扮演的交换媒介的功能，没有人会对铸币的来源较真。[31] 当然，如果采用私自减少贵金属重量（使之与法定面值对应的含量不符），或是掺杂劣质金属，或是用银包铜等做法，确实就是伪造了。不过话又说回来，如果官方铸币在成色和重量上都保持良好信誉，谁会冒着犯罪的巨大风险伪造铸币呢？

我们从词源的角度也可以一探究竟。英文中的钱"money"这个词来自古罗马神话里罗马财富的保护神 Juno Moneta 的名字。古罗马的第一个铸币厂于公元前 3 世纪就建造得与供奉女神 Juno Moneta 的神殿相连，第一枚铸币上也铸的是这位女神的头像。[32] 古罗马在这里铸币长达 400 多年，在拉丁文里，"Moneta"也有铸币的意思。[33] 直到欧洲中世纪，还经常可以看到"Moneta"这个词被铸在硬币上面。[34] 最近的一次 Moneta 女神形象出现在铸币上，是 2012 年马恩岛（Isle of Man）为纪念英国女王伊丽莎白二世在位 60 周年而发行的铜锡合金的纪念币：一面为女王即位时和现在的侧面像，另一面就是 Moneta 女神像（见图 2.3）。[35]

图 2.3　铸有 Moneta 女神像的纪念币

英文单词"currency"用来指交换媒介,最早出现于1624年,意为交换媒介的流转(circulation as an medium of exchange)。[36]在中文里,除了一些特定的表达,我们用"货币"来表示"currency",用"钱"来表示"money",最典型和最普遍的货币就是纸币。纸币价值的唯一来源就是法律的规定。

自从世界进入纸币时代,伪造钱币的案例就变得多起来了。不光坊间用,黑道用,就连政府也用。美国20世纪50年代有一部喜剧片叫《880先生》(Mister 880),讲述的就是一个潦倒人士艾默里奇·卓特纳(Emerich Juettner)的真人真事:他只制造一些小面值的伪钞来维持生计。[37]他的当代中国同行就厉害了:于2013年被捕,被列为公安部"803"特大假币制造案的主角,有中国的"假币教父"之称的彭大祥制造了多达几亿元的假币。其实彭大祥只有小学文化,但他从小喜欢画画,是汕头小有名气的画工。这么多的假币是他在不懂得用电脑的情况下"纯手工绘制"的。[38]喜欢图省事的,如美国的阿尔伯特·塔顿(Albert Talton)干脆就用一台激光打印机制造假钞,也让700万美元进入了流通。[39]说到制造伪钞,还是江洋大盗型的人士居多。英国的《卫报》1999年12月报道了一个以斯蒂芬·乔瑞(Stephen Jory)为首的黑道团伙,制造20和50英镑面值的伪钞,在1994年至1998年间就制造了面值达5 000万英镑的假钞。[40]另一位美国同行亚瑟·威廉姆斯(Arthur Williams)的故事则被写入《制造伪钞艺术:造假大师的故事》。[41]二战期间,日本占领军试图用假钞搞乱中国的经济[42],而当时的纳粹德国政府成功伪造大量英镑一事也被拍成了电影《伯纳德行动》(The Counterfeiters)[43]。

让我们总结一下,一种商品成为钱要具备如下条件:(1)本身是

第 2 章 什么才有资格被称为钱？

交换链条的一部分,所以自身就具有使用价值;(2)形态不易灭失,适合囤积,并且可以长时间保持购买力;(3)容易分割,可用作计价单位;(4)单位体积小、价值高、便于携带;(5)不易伪造。只有同时具备了上述这些条件,这种东西才可以说具备了被分离出来为间接交换提供媒介便利的钱的资质。

难怪金、银在任何市场上一出现,就自然而然地被选作"钱"。《说文解字》[44]中对于"金"这个字的诠释把黄金的特质表达得言简意赅:"五色金也,黄为之长。久埋不生衣,百炼不轻,从革不违。"意思就是说:金,各种颜色的金属,其中以黄色的为最好;长久地埋于地下,表面都不会生锈;千锤百炼,都不会发生损耗,分量也不会减轻;想把它炼成什么形状,它就成什么形状。[45]17世纪英国经济思想史上最重要的奠基人之一达德利·诺思(Dudley North,1641—1691)也对金、银适合作为钱的自然属性概括如下:金、银天然具有很高的纯度,并且比其他的金属更加稀缺,不可磨灭,而且便于储存。所以金、银并没有什么可神秘的,它们仅仅是因其特性而被市场选择作为钱的商品。[46]

我们现在就很容易理解为什么老摩根一口咬定只有黄金才是钱了。那么,为什么除此之外,其他的一切我们以为是钱的东西,老摩根都认为只是信用呢?难道我们每天用的纸币不是钱吗?我们在下一章就来讨论这个问题。

第 3 章
钱的替代品
——货币

纸币与钱到底有什么区别呢?

如果我们将人类历史上广泛使用的交换媒介进行分类,可以分成商品货币(commodity money)、信用货币(credit money)和法币(fiat money)。从前面一章的讨论我们可以看出,以黄金为代表的商品货币具有钱的性质最多。而信用货币和法币,我们只能把它们看成是钱的替代品。商品货币的钱的功能是通过某一商品/货物来实现的,即这种商品被认定为钱。也就是说,它的材质最重要。比如,一块一盎司的金疙瘩,无论你在上面铸谁的头像,它都是一块金疙瘩。它的价值以自身重量体现,而非计数,无论你在上面写上多大面值。法币可就不同了,是铸在上面或印在上面的那个头像使其成为货币。也就是它的图章最重要,材质不重要。[1]信用货币就是一个要求将来兑付的权利证明。当然,我们今天讨论货币,就不能回避当下的热门话题:电子货币。这个问题我们会在后面的章节里做专门讨论。

第 3 章 钱的替代品

纸币的产生

在漫长的人类历史中，很多商品和货物都承担过商品货币的角色。在中国就有贝壳、帛等等。而"货"的本义就是金、玉、布、帛的总称，后来引申为"货物"。《说文解字》这样解释"货"和"币"——"货，财也。""币，帛也。"[2]古代以束帛为祭祀和馈赠的礼物，叫作"币"。很明显，"货"和"币"都指的是实物，指代为财。《左传·隐公二年》："宋公使公孙寿来纳币。"引申为财物。《管子·国蓄》："以珠玉为上币，以黄金为中币，以刀布为下币。"进一步引申为货币。而"货"和"币"连用虽然始见于西晋陈寿的《三国志》，但不能肯定指钱。《三国志·蜀书八》："金银货币以助军资。"可以肯定的是，"货"和"币"连用指代钱，出现在南朝刘宋范晔的《后汉书》中。《后汉书·光武帝纪第一下》中记述："初，王莽乱后，货币杂用布、帛、金、粟。是岁，始行五铢钱。"[3]

随着社会生活的逐渐进步，人们的活动范围不断扩大，物质需求也变得更加丰富。商品经济的发展催生了汇兑业务，产生于唐代[4]的"飞钱"就是最早的汇票。汇票的产生其实非常好理解。人们带着很重的金属币，行走于各地做生意，有诸多的不便和风险：一方面，路途遥远，负重辛苦，又不知道这次出门生意如何，钱带多了平添负担，带少了又换不了想要的货；另一方面，沿途的治安情况因地而异，路遇盗匪都是不能排除的风险。所谓"飞钱"，顾名思义，就是"会飞的钱"。在一个地方存钱，只要带上一纸凭证，就可以在另一个地方取钱，这个凭证让沉重的金属币从一个地方插翅"飞"到了另一个地方，故称"飞钱"。它就像今天的汇票，是一种要求对方支付的权利或信用货币,但本身并不具有支付功能,所以还不能称为纸币。

交子

真正意义上的纸币,产生于中国的宋朝,就是我们都知道的交子。交子的产生起初也应该和"飞钱"一样,自发产生于北宋流通铁钱的四川民间。铁钱的单位价值低,分量重,给商品交换带来诸多不便。于是,人们就把自己的铁钱存在商人那里,携带商人们自己签发的一种纸制的存款证明进行支付。专门从事这种保管存款生意的商人签发的存款凭证,被直接用来进行支付并被接受的时候,就形成了具有支付功能的票据——交子。人们接受这种票据作为支付工具,是因为可以用它到签发的商铺那里随时兑换回铁钱。携带铁钱终究不方便,只要大家都接受这种票据作为支付工具,那么其功能就凸显出来了。只要大家都对别人接受这种票据没有疑虑,它就可以在不同人之间不断易手,而在每一个环节接受它的人无须马上换回铁钱。

经营交子的商人有三种途径挣钱:其一,用交子再兑换回铁钱时,"每贯便要割落 30 文为利,亦即取手续费 3‰"。[5]其二,如《宋朝事实》卷十五《财用》记述,成都富民所开的交子铺"每岁丝蚕米麦将熟,又印交子一两番,捷如铸钱。收买蓄积广置邸店、屋宇、园田、宝货。亦有诈伪者,兴行词讼不少。或人户众来要钱,聚头取索印,关闭门户不出,以至聚众争闹。官为差官拦约,每一贯多只得七八百,侵欺贫民"。[6]也就是说,这些商人不但私自多印交子,囤积居奇,牟取暴利,还买田置地,发生挤兑时闭门不出。倘若官府出来摆平,存款人只能拿回七八成。其三,"这些富民利用集聚的钱财,在保证日常支付外,将暂时不用的钱作为资本投入到更赚钱的生意中

(如购置田地、房产等)"。[7]

这其实已经是杠杆生意了，因为交子的发行数量远大于储蓄在商铺里的铁钱。在没有足够铁钱储备的情况下发行更多的交子以牟取利益，发得越多，自然赚得越多。这样很快就造成因纸币滥发而导致的通货膨胀，人们纷纷要求换回铁钱，进而发生挤兑风潮，而没有足够铁钱储备的商号一定破产。在此之后又出了一个改进版，就是财力较雄厚的十六家商号连保发行，以维护交子的市场信誉。但是人们还是只愿意接受铁钱，而非这十六家发行的交子。[8]

官交子

此时的市场出现了流动性危机，朝廷开始出来整顿市场秩序。宋仁宗天圣元年（1023）下诏责成王维明、薛田和张若谷成立益州交子务，统理交子事宜。[9]第二年开始发行由朝廷垄断的"官交子"。官交子的经营方式其实与私交子是一样的，只是有了明确的发行限额、发行面值、铁钱储备金（约30%）和两年一届（届满换新交子）的规定。[10]这种经营模式用今天的银行业术语来说就是部分准备金制度。

当时，北宋一直被与北方的辽、西夏、金的战争所困扰，初期交子务规模小时财政尚可维持，后期因军费支出大幅上涨，朝廷财政无法弥补，就大量印钞以应付开支。宋神宗熙宁四年（1071）又创立陕西境内发行的交子。[11]关于是否开动印钞机以应军需，朝堂上也有一番激烈的争论：文彦博反对，担心更改祖宗法制不仅失掉民心，实行起来也很困难；参知政事王安石赞成，认为有了资源过了这个坎儿才谈得上"法制具在，财用宜足"，此刻都没钱开支了，哪还有什么法制具在？实行起来也简单，拒收必须法办；吴充担心委托代理人关系把政策执行歪了；冯京则担心老百姓负担过重。其实针对大臣们的争论，宋神宗早有定夺："行交子诚非得已，若素有法制，财用既足，则自不须此。今未能然，是以急难不能无有不得已之事。"[12]意思就是：用交子实属情非得已。如果平时法律严明，财政充足，当然不需要到这一步。今天不是都不行了吗，危急之下只能这样了。

当然了，官交子经历了与私交子同样的境遇：超发使交子一再贬值。加上四川以外使用铜钱的地区拒收，导致交子退出流通而于大观元年（1107）被钱引所取代。[13]据《宋史》卷三二八记载："新钞法行，旧钞尽废，一时商贾束手或自杀。"交子改为钱引后，不到四年，"大观中，不蓄本钱而增造无艺，至引一缗，当钱十数"。[14]这就是不增加真钱储备而肆意印钞，致使钱引大幅贬值。钱引的命运最终和交子一样，于1206年被废而退出流通。

会子

南宋时会子的出现遵循了与交子同样的逻辑：起初作为一种存款凭证进入市场，进而发展成为南宋的纸币。[15]会子于公元1161年成为官方纸币。会子与交子同为法偿货币（legal tender），但是与交子不同的是，会子没有铁钱或铜钱作为储备金。而官府的税收和俸禄都是钱会中半，也就是铜钱和会子各占一半。[16]会子超发所引起的恶性通胀不仅使会子失去了购买力，也很快葬送了大宋王朝。

元朝的纸币帝国

我们都知道，我国的宋朝在人类历史上发明了最早的纸币——交子，然而它的使用范围具有区域性，只是在四川和陕西一带流通。元朝才是世界上第一个全面实行纯纸币系统的帝国。忽必烈于公元1260年在开平即大汗位,纪年为中统元年。"当年,他发行了蒙古政权自己的纸币——中统宝钞,同时禁止黄金、白银和铜钱作为货币流通。于是,中统宝钞成为忽必烈统治地区唯一合法流通的货币,元朝从此建立了单一纸币制度。"[17]事实上,中统宝钞用今天的语汇来说还是银本位制,银子虽然不能直接流通,但是政府承诺中统宝钞可以兑换白银。[18]

元纸币的制作

传奇的冒险家马可·波罗在他的著作《马可·波罗行记》[19]里生动地描述了元帝国的纸币制造和流通,将纸币的本质揭示得一目了然。马可·波罗自称在可汗的朝廷里服务了17年(1275—1291),也就是忽必烈在位的时代(1260—1294),记述下来的奇闻逸事可谓各式各样。不过最让马可·波罗叹为观止的当数元朝可汗对纸币的运用了,因为他将元朝可汗的造币直接称为"点金术"。

元史专家冯承钧先生根据沙海昂(A. J. H. Charigon,1872—1930)注释的版本翻译的《马可·波罗行纪》,第九十五章的标题就是"大汗用树皮所造之纸币",其制作过程是这样的:"此币用树皮作之,树即蚕食其叶作丝之桑树。此树甚众,诸地皆满。人取树干及外面粗皮间之白细皮,旋以此薄如纸之皮制成黑色,纸既造成,裁为下式。幅最小之纸,值秃儿城之钱(denier tournois)一枚,较大者值物搦齐亚城之银钱(gros venitien)半枚,更大者值物搦齐亚城之银钱一枚。别有值物搦齐亚银钱五枚六枚十枚者,又有值金钱(besant d'or)一枚者,更有值二枚四枚五枚以至十枚者。此种纸币之上,钤盖君主印信,由是每年制造此种可能给付世界一切帑藏之纸币无数,而不费一钱。"[20]这段话的意思是说,这种纸币是用树皮做的,就是供蚕吃叶子的那种桑树的皮。这种树多得不得了。把这样的树皮切成不同大小的尺寸,代表不同大小的银币和金币的金额,再在这种纸币上盖上君主的印鉴。这样一年可以制造出大量的纸币,数量之巨可以用来换回世界上所有国库之需,而且较之制造金属货币来购买,简直可以说是不用钱。

冯承钧先生补充的剌木学本更加详细地描述了这种纸币的制造过程:"此种纸币制造之法极为严重,俨同纯金纯银,盖每张纸币之上,有不少专任此事之官吏署名盖章。此种程式完毕以后,诸官之长复盖用朱色帝玺,至是纸币始取得一种正式价值,伪造者处极刑。"[21]意思是说,所有这些纸币都是以尽可能庄严和权威的形式来制作,就好像它们是真的金子和银子一般。在每一张纸币上,都要由各类官员履行各种职责——其实就是签字和盖章。当一切准备妥当,可汗委任的官员将可汗的印信染上朱砂,盖在纸币上,然后这样的一张纸币就获得了价值,成为元朝认可的钱了(见图3.1)。[22]两者在纸币运行的执法

图 3.1　元朝的纸币

框架的叙述上是完全一致的,任何伪造者都将处以极刑,显然这个制造过程与商品货币有本质的不同。看来,元帝国的纸币制造是一个自我庄严的过程,它的价值来源于可汗的图章,伪造是死罪。也就是说,只有可汗可以零成本地换取帝国内任何劳动果实,其他人的效仿罪该当死,因为这是可汗的垄断生意。

元纸币的发行和流通

那么这种零成本制造出来的纸币怎么才能让大家心甘情愿地接受并作为交换媒介呢?也很简单——严刑峻法。马可·波罗继续写道:"既用上述之法制造此种纸币以后,用之以作一切给付。凡州郡国土及君主所辖之地莫不通行。臣民位置虽高,不敢拒绝使用,盖拒用者罪至死也。"这就是说,这种纸币作为支付手段,不许拒收,无论你的地位有多高,拒收就是死罪。因此,让大家接受这种纸币作为交换媒介,是靠国家律法来规定和维持的。

这个条件到今天也是一成不变的。《中国人民银行法》第三章第十六条规定:"中华人民共和国的法定货币是人民币。以人民币支付中华人民共和国境内的一切公共的和私人的债务,任何单位和个人不得拒收。"

今天美元纸钞的法偿货币地位的确立路径不同,但是异曲同工。为了在不明目张胆地增加税收的情况下为美国内战融资,美国国会于1862年通过《法偿货币法案》(Legal Tender Act)授权国会发行纸币——联邦券(United States Note)。由于联邦券的贬值,很多人拒绝接受用这种纸币作为支付方式。19世纪下半叶就发生了一连串官司,那些拒收联邦券的人将用这种纸币支付的一方告上法庭。但是法院裁决都是认定用这种纸币支付合法。[23]这一连串的判决也就确立了这种纸币在美国的合法地位。也就是说,你不接受也没用。

1913年美国国会通过的《联邦储备法案》(Federal Reserve Act)授权美国联邦储备银行发行的联邦储备券(Federal Reserve Notes),或称联储纸钞,也就是今天为大家所熟知的美元,本不包括在1862年《法偿货币法案》中所认定的"法定的钱"(lawful money)的序列中,然而如同美国联邦储备银行的官方网站上所说:"但是1933年通过的《联邦储备法案》修正案使所有的、无论何时发行的美国铸币和货币(包括联储纸钞)都成为'法偿货币'的一种。此后,联邦和各州法院多次表示,联邦储备券也是'法定的钱'。1974年由第九巡回法庭审理的米拉姆起诉美国案(Mobley M. Milam V. U. S., 524 F. 2d 629)是联邦和各州法院坚称联邦储备券是'法定的钱'的典型案例。第九巡回法庭的联邦上诉法院复审了对米拉姆的判决,驳回了其试图用50美元联邦储备券兑换'法定的钱'的请求。在该案中,美国试图向米拉姆支付50美元面额的纸钞,但米拉姆拒绝了这些纸币,声称'法定的钱'必须是金子或银子。第九巡回法庭指出,这一争议在近一个世纪前被美国最高法院于1884年朱莉娅诉格林曼案件(Juilliard V. Greenman, 110 U. S. 421)中已经判定,因而拒绝了这一申诉,称这种诉求轻率随意,并维持原判。"[24]

《马可·波罗行记》对元可汗所发行纸币的购买力也做了相当乐观的描述:"尚应知者,凡商人之携金银宝石皮革来自印度或他国而莅此城者,不敢售之他人,只能售之君主。有贤明能识宝货价值之男爵十二人专任此事。君主使之用此纸币偿其货价。商人皆乐受之,盖偿价甚优,可立时得价,且得用此纸币在所至之地易取所欲之物,加之此种纸币最轻便可以携带也。"[25]从马可·波罗这个记述我们可以看到，可汗的垄断生意还不止于零成本给皇室和朝廷换取货物，这种交换还是强制的，类似于我们直到21世纪初还在执行的强制结售汇。当然，强制结售汇换回来的是另外一国发行的纸币，而可汗换回来的直接是实物。这段话描述了各国商人和使臣带着各色金银珠宝和皮革货物等来到元大都，但不敢把货物卖给别人，只能卖给可汗开的生意。还有12个官员专门负责鉴定和估价，可汗让他们用这种自制的纸币偿付这些货品。商人都愿意接受，因为给的价钱优惠，立等可取，而且用这种纸币到帝国任何地方都可以换取自己想要的货物。此外，这种纸币便于携带。不仅如此，可汗还每年几次派使者在城里公告，私藏有金银珠宝皮革的人要把货物送到可汗的造币局，换取现金。老百姓都乐意，因为别人给的价钱还不如可汗给的。真是不可思议！可汗就用这种办法把各国的一切宝物都据为己有。[26]

马可·波罗这个记述有一定偏袒可汗朝廷的嫌疑，因为对照当时的基督教和伊斯兰教世界作家的类似记述，他们的说法倒不是因为换回元帝国的货物是这些外国人的必然需求，而是在西亚地区只有金、银这样的硬通货才能当钱用，所以只能将可汗的纸币换成实物以后才能带回。[27]我们稍后会讨论纸币在元帝国版图下的伊斯兰世界的推行情况。

与此同时，纸币的发行被可汗的朝廷所垄断，任何人伪造都是死罪。这项法律保证也与维护纸钞的购买力有点关系，因为要是纸币的供给增加，势必对纸币的购买力造成损害，也就是纸钞相对于货物贬值，危及纸币持有人的利益。但是更重要的一点是，垄断纸币制造的政府首先就要自己接受纸币作为缴纳税负的税款。因为连自己都不接受纸币，怎么在社会上推行？通货膨胀会使所有的纸币都贬值，发行人收到的税款也一样，所以政府持有的纸币的购买力也一样会下降，因伪造的纸币而增加的货币供给同时也损害了发行人的利益，致使发行人也要去与伪钞制造者争夺社会上有限的货物。这样最有可能造成的局面就是制造更多的纸币，加速通货膨胀直到纸币变得一文不值。[28]

事实上，元帝国的建立以野蛮征服为基础，初期的几个政策都极大地摧残了社会经济的发展：（1）"凡攻城邑，敌以矢石相加者，即为拒命，既克，必杀之。"[29]简言之，凡是蒙古铁骑攻下的城池，只要有人敢扔石头，就当是抗拒，马上杀掉。元灭金时，得到的居民户数比金朝鼎盛时期减少了89%；元灭宋时，得到的居民户数比南宋嘉定十六年（1223）减少了26%。这些减少的人绝大部分是被蒙古兵屠杀的。（2）把强占的蒙古以南的农业地区的良田改成牧场，致使大片土地荒芜。（3）强征农业用马补充军需。[30]因为北宋与金，元与金和南宋的连年战乱，使得北方的经济远没有中国南方的大部分地区发达，作为支持商品流转和交换的媒介铜钱也大都集中在南方。[31]北方缺少铜钱的供给，又逢帝国不断以武力征战而扩大版图，急于支付各种军需供给、朝廷开支和宫廷费用。税收完全赶不上支出，巨大的财政赤字年年累积。因此元帝国对宋代交子这个无本万利的纸币所能给朝廷提供的便利情有独钟，并且有能力靠武力恐吓通行于全国，以几乎无成本的方式换回各种实物货品以供军队、朝廷和王室贵族消费，这倒是一件很自然的事情。说白了，这本质上就是明抢。纸币成为了元帝国唯一的法定货币，这在世界古代史上是绝无仅有的。[32]当然在世界现代史上就是常态了。

元朝纸币帝国的崩塌

既然元帝国可汗有零成本获取世界一切财宝货物的"炼金术",那为什么没能保住帝国呢?事实上,元帝国的开疆拓土堪称武力神话,但是它的财政和货币政策是个彻底的灾难,使得元帝国成为历史上中国大一统王朝中较为短命的一个。究其原因,可汗这个神奇的"炼金术"可算是元帝国灭亡的催化剂。当然,要是元帝国的纸币制造数量真如马可·波罗所描述的那样,那么源源不断的天量纸币供给造成的通货膨胀致使其失去购买力,是臣民们要面对的烦恼。

1260年起忽必烈发行的中统宝钞还是银本位的,是可以兑换银子的,不过中统宝钞运行20多年后,因为持续的通货膨胀,元朝廷又于1287年引入完全不可兑换的至元钞,宣布中统宝钞与至元钞以5∶1兑换,并行流通,中统宝钞即刻贬值80%。[33]面对继续加重的通货膨胀,至大二年(1309),元武宗又发行至大银钞,并规定其兑换率为:至大银钞一两兑换白银一两,兑换至元宝钞五贯,兑换中统宝钞二十五贯。忽必烈最初发行中统宝钞,规定它以两贯兑换白银一两,至此它对白银法定贬值了92%。[34]这还不算,元朝廷又于1310年开始大量铸行小面额的"至大通宝"铜钱,并诏令与历代古旧铜钱并行使用,宋代的各种铜钱按原来的名义面值流通。[35]结果流通不到两年,就因为人们囤积铜钱而抛售纸币没能在市场上流通开。[36]就这样,元武宗钱钞并行的尝试相当短命地以失败告终。

元帝国朝廷财政自始至终是极度困难的,只好在货币上打主意也是可以想见的。钞法异常混乱,钱钞并行也一直是元朝廷里备受争议的话题。这个现象事实上反映了社会经济生活中人们对纸币的排斥和对使用铜钱的坚持。所以在确立纸币的唯一法偿地位后又实行钱钞并行，对于元政府来说实乃不得已而为之。元政府明令禁止民间买卖金银，"但几度解禁，又几度禁止。官府禁止金银流通，而民间自用金银，因此官府又不得不相宜开禁，听从买卖，这使本来就已贬值的纸币贬值得更加厉害了"。[37]元政府为了保障纸币的流通和使用，又几度禁止铜钱的使用，然而民间用铜钱仍很普遍。元武宗至大三年（1310）再度开启钱钞并行，铸造"至大通宝"钱和"大元通宝"钱[38]，无非是希望"以实钞法"。而结果正如王祎所说："钞乃虚文，钱乃实器，钱钞兼用，则民必舍虚而取实。"[39]意思就是说，纸币不是真东西，金属货币才是真钱。让它们同时流通，老百姓一定会将"真钱"私藏起来，而避免持有纸钞。到了继任的元仁宗，元帝国连冶铜铸币的成本都无法负担了，这样，钱钞并行只一年多就只能回归完全纸本位。[40]

还有更逆天的，到了元朝末代君主元顺帝的时候，面对恶性通胀，经济生活萎缩的现实，丞相脱脱再次动议钱钞并行，而且是以纸钞作为铜钱的本位币。这个可真是钱拿纸当本位了。

根据《元史》记载，至正十年（1350），元帝国右丞相脱脱召集中书省、枢密院、御史台及集贤翰林两院官，也就是如今所说的各政府部门和有关方面专家学者在朝堂上进行了一次公开的论战。脱脱在更钞法改革案中提议：铜钱一千文以纸钞一贯文为储备，铸造至正通宝铜钱，代表纸币流通。换句话说就是，只要元政府印出来一贯文纸钞，就对应地铸造一千文铜钱投放到市场中去流通。唯一一个敢站出来反对这个更钞法的是集贤大学士兼国子监祭酒吕思诚。他说："中统、至元自有母子，上料为母，下料为子。比之达达人乞养汉人为子,是终为汉人之子而已,岂有故纸为父,而以铜为过房儿子者乎!……钱钞用法,以虚换实,其致一也。今历代钱及至正钱、中统钞及至元钞、交钞分为五项,若下民知之,藏其实而弃其虚,恐非国之利也。"[41]这段话的意思是说,从中统钞到至元钞都是以上等的材料为本位币,来发行下等材料的币。而现在的更钞法就如同达达人收养汉人为儿子,最后自己成了汉人的儿子。所以哪里有拿纸币当老子,拿铜钱当过房儿子的道理?这和用虚拟的钱来派生真钱是一样的道理。今天市面上历代钱、至正钱、中统钞、至元钞和交钞分为五项,如果老百姓把实在的铜钱储藏起来,放弃虚拟的纸币,恐怕会对国家很不利。当然,如同很多王朝末年的故事结局一样,就是这个有病乱投医的昏招依旧实行了,说真话的吕思诚因此抱病回家了。

至正十一年(1351),铜钱铸了,交钞印了。但是没过多久,"物价腾踊,价逾十倍。又值海内大乱,军储供给,赏赐犒劳,每日印造,不可数计。舟车装运,轴舻相接,交料之散满人间者,无处无之。昏软者不复行用。京师料钞十锭,易斗粟不可得。既而所在郡县皆以物货相贸易,公私所积之钞遂俱不行,人视之若弊楮,而国用由是遂乏矣"。[42]这就是物价飞涨,越涨越印,越印越涨,印到多得都数不过来了。运钞的船和车一辆接着一辆,印交币的纸散落得到处都是。在元大都,纸钞十锭都买不来一斗粟,大家干脆就以物易物了。官府和私人手里的钞票都买不到东西了。市场上,纸钞被当作废纸,朝廷也是一样。元帝国的财政很快就在这种竭泽而渔的政策下完全枯竭,一个偌大的帝国就这样土崩瓦解了。

明朝的开国皇帝朱元璋也试图沿用纸币,但是执行了不到一年就回归金属货币银本位了。后来,金属货币一直沿用到封建王朝时代的覆灭、民国登场之后，这已经是 600 多年以后 20 世纪的事情了。

王祎和吕思诚所讲的钱与纸币的实与虚问题，实际上就是我们常说的格雷钦法则（Gresham's Law）——可以简单地理解为劣币驱除良币。[43]如果都是金属通货如金、银，当朝廷人为固定面值，而市场上同时流通足量和非足量的金属币，就同等面值而言，老百姓一定会储藏起来足量的而抛出不足量的，结果是足量金属币在市场上消失。因为不足量的金属币就面值来说是高估了的，所以尽快换成实物资产以实现高估了的购买力。同样的道理也适用于不同货币的汇率：汇率一旦被人为固定，市场对被低估的货币的持有需求一定高过被高估的货币。这个道理就正如王祎和吕思诚所观察到的：当市场上同时流通金属通货和纸币的时候，老百姓很自然地将到手的金属通货储藏起来，而用本身没有内在商品价值的纸币去市场上买回与金属币同样价值的实物资产，尽快实现纸币的购买力。如果用王祎和吕思诚的话来说，就是实现"以虚换实"，落袋为安。这对于在生活中每天要面对各种各样交易的老百姓来说，实在是个无师自通的道理。就好像一个家庭主妇进菜市场，面对两打同样价钱的鸡蛋，她自然会挑选个头比较大、比较新鲜的那一打，也就是同等价钱下实现更高的购买力。

元纸币在西亚

当元帝国统治下的中华大地臣民饱受因纸币贬值而带来的通货膨胀之苦时，纸币的推行在元帝国统治下的西亚地区却有着相当戏剧化的发展和结局。带领蒙古大军占领波斯的是忽必烈的弟弟旭烈兀，他和自己的后代一直代大汗忽必烈统治元帝国西南地区的伊儿汗国，也就是波斯（主要包括今天的伊朗大部分地区、伊拉克、亚美尼亚、阿塞拜疆、格鲁吉亚、土库曼斯坦、土耳其、阿富汗西部和巴基斯坦的西南部），不能自己发行钱币。[44]但是垄断交换媒介的供给实在是给统治者太多抽头（割韭菜）的方便了，相信但凡有机会，处在这个位置上的人情急之下都会尝试。伊斯兰世界不接受纸币这个概念，并且在纸币于1260年成为元帝国的流通货币后都一直恪守着金银才是钱这一观念。到了1291年，元帝国在波斯的第五代统治者海合都汗①因朝廷财政经营不善，腐败猖獗，加上自己骄奢淫逸，在财政破产的边缘就想到了推行纸币这个杀鸡取卵的办法。[45]这件事发生在忽必烈1294年死后的秋天。

推行纸币当然也意味着保证纸币被接受和流通的全套法律措施要一起颁布：伪造者死，拒收者死。[46]在这样的恐怖威胁下，纸币的推行立刻引起了商品交易的全面混乱，进而遭到了全面抵制和公然抗拒。面对集市暴动和经济生活全面停滞这样的全民性排斥，纸币在波斯只实行了两个月就以失败告终。所有纸币全都被回收并销毁，以至于后世连这种纸币的样本都没有再找到过。[47]过了几年，合赞汗②，这个元帝国在波斯的第四代统治者阿鲁浑汗③的大儿子，且本身就反对推行纸币的后生，起兵废除了他叔叔海合都汗之后在位仅几个月的傀儡拜都，宣布独立。他自己也放弃佛教，皈依伊斯兰教，改名穆罕默德，并确立了伊斯兰教在波斯的国教地位。[48]这位元帝国在波斯的第七代统治者，成为了穆斯林波斯的苏丹。按照《马可·波罗行纪》中的记述，当马可·波罗在忽必烈的朝廷服务17年后，离开元大都返回欧洲

---

① Gaykhatu or Geikhatu，1291—1295在位。
② Ghazan，1295—1304在位。
③ Arghun，1258—1291。

的路上途经波斯的时候，这里已经是合赞汗的伊斯兰国了。此时波斯境内流通的是铸有《古兰经》文和合赞汗自己名字的金银币了。

伊斯兰世界对纸币的坚决排斥，还有比金属通货相对于纸币的实、虚问题更加深层的原因。依据《古兰经》，伊斯兰教法学《费格赫》（Fiqh）里对交易的双方有非常具体和详细的规定。除了一些可以合理证明且需要伊斯兰教法法官判定的应该除外的互相交换，伊斯兰教法典禁止涉及用钱挣钱（即挣利息的生意 Riba）和各种含有不确定性风险的交易。就货币而言，它所包含的不确定性风险在于它的实际使用价值比其标明的面值（即面值承诺的交换价值）要低很多，持有这种货币就意味着承担相当的风险：如果这种货币本身的交换价值大大低于面值的时候，拿它能否再交换回等值于货币面值的实物，即这种货币交换价值的实现，就成了一件高度不确定的事情。也就是说，这种按面值的交换价值能否实现，以及多大程度上可以实现都是未知数。[49]如果这种货币是具有与面值等值的内在实用价值的东西，那么持有它就无须担心下次交换换不回来等值的其他有用的商品。伊斯兰世界对像铜这样自身实际价值比金、银低很多，但价值远高于纸的金属币都高度怀疑，更不用说纸币了。所以说纸币在伊斯兰世界的推行是违反伊斯兰教规的。纸币持有人承担的风险，用我们今天的术语来说，就是纸币发行人的信用风险。

而当今我们最熟悉和使用最广泛的钱的替代品就是纸币了。我们在第二章里已经讲了钱所需要具备的特质。我们只需要看看纸币是不是符合这些特质的要求，就可以很容易地明白纸币只是钱的替代品这个道理了。

纸币是否可以作为交换媒介？当然。全世界的人每时每刻都在用

第3章 钱的替代品

纸币买东西。那么,它能够存储价值以及长期保有购买力吗?呃,这个问题有点尴尬,我们似乎找不到哪种纸币能满足这个条件。不管纸币多么符合这些特性:便于携带,面值可分,适合计价,它都无法成为钱本身,而只能是钱的替代品。这就是为什么除了经过无数次的交易之后以金银为代表的商品货币被自然地分离出来作为钱来跨期限、跨地域地转移价值以外,所有其他形式的"钱"实际上都只能是钱的替代品。那么纸币到底与钱有什么区别呢?

我们现在拿纸币和前一章讲的自然产生的商品货币比较一下,就可以轻松地得出如下结论:第一,纸币其实是一种信用凭证,或者说是购物券,它可以在发行人的管辖区域内用于交换任何商品,但纸币可以交换其他商品的前提是:纸币不仅需要依据政府的法律规定获得价值,更重要的是它作为交换媒介和储藏手段必须要由法律强制执行。就拿元帝国为例,假如你是一个元帝国的臣民,就要把自己的金银财宝拿到可汗的造币局,换取可汗发行的纸币。等你过两个月需要一匹马的时候,就可以拿着可汗发行的纸币去换,因为可汗不仅承诺了你拿他发行的纸币可以在帝国内换回任何你想要的东西,而且卖马的人要是觉得这种纸币毫无用处而拒收,根据帝国法律,他就会被处死,即接受它是一种法律义务,而拒绝它是一种危及生命的刑事犯罪。所以保证拿纸币可以买到任何商品是可汗必须履行的承诺。不过要是这两个月中改朝换代了,这张纸币就真的成废纸了。在一个人持有纸币的时间段里,他持有的事实上是元朝可汗的承诺:你拿着这个纸币可以像我一样到帝国任何地方换回你想要的商品。也就是说,你持有的是元帝国可汗的信用。所以,纸币事实上是一种信用,因为"信用交易不是别的,无非就是当前商品和未来商品间的交易",只要我们持有纸币作为我们的资产，我们就会在将来某个时刻花掉这些纸币以换取我们需要的商品和服务之前，一直承担着这个发行人（或机构）的信用风险。[50]

从会计上讲，作为一个未来购买力的承诺，纸币的信用一旦成为某人的资产，它就是印发这个纸币的人（或机构）的负债，而持有人手上拿的纸币其实也就是发行人（或机构）的信用。在一个没有金本位约束的纸币系统下，只要大家认为发行纸币的人（或机构）的信用一直不受损害，纸币的印制从理论上讲就可以无限地扩大并进行下去，直到辖区内所有的物产和劳动产出都被这种购物券换完为止。无节制地印钞一定会使这个时刻到来，因为劳动产出一定赶不上印制纸币的速度。当社会劳动成果被洗劫到这种程度的时候，其后果必然和元帝国的轰然倒下毫无二致。同理，政府可以发行并使用一种纸币，也可以废除它。历史上的改朝换代自不必说，仅仅在20世纪，第一次世界大战之后发行的德国马克，内战时期国民党政府发行的法币，2016年11月9日惨遭印度总理莫迪废除的面额500和1 000卢比纸币[51]，都可以清楚地看到纸币就是政府的信用这个道理。

黄金和白银通过无数交换过程而被大家选作商品货币，不需要任何第三方的命令或认证来证实它作为交换媒介和财富贮藏手段的价值，也无需政府来强制人民接受，它自身的价值就足以让人们对其爱不释手。假如你有一枚金币，无论谁和你说它一文不值，只要交易的双方都乐意接受，这枚金币就值换回来的货物的价钱。与此同时，黄金作为交换媒介，因其自身独特的价值（使用价值和交换价值），一旦成为某人的资产，也不会构成任何人的负债，因为你不需要任何人的信用来担保其交换价值的实现。

处于法律框架下的纸币，其信用的保持对它的接受和推行是至关重要的。那么这个信用该怎么保持呢？是不是经常听到财经新闻报道居民消费价格指数（Consumer Price Index，CPI）？CPI 可以被看作是通货膨胀的指数。CPI 的上涨就是通货膨胀对我们所持有纸币购买力的侵蚀。我们在后面的章节里会详细讨论这一点。

第 4 章
钱的法律框架
——合约、利息和杠杆

从元帝国在人类历史上第一次使用纸本位,到西方世界第一次出现纸币,历经 400 余年。往后再推 300 年,到 20 世纪 70 年代美元与黄金脱钩,一个全世界范围内的纸本位正式拉开帷幕。这 700 年间西方世界的历程还要从它的法律框架说起。

公元第一个千年后的 300 年间,整个欧亚大陆跨境战争频繁,然而伴随两个大洲战事的货币现象却相当不同。我们从前一章的讨论中有这样的印象:宋、元所处的公元 11—14 世纪,中华大地一直被不断反复的超高通货膨胀所困扰:虽然纸币的发明大大便利了社会经济生活,但是官府一旦急需用钱,尤其是在战争状态下,就会动用垄断的纸币发行权,因为这实在是太容易了——比起铸造铜钱来,既无成本,又十分便利。这就是为什么打仗——这个人类历史上最昂贵的游戏——在纸币系统下一定会伴随快速攀升的通货膨胀,从而很快使纸币这个交换媒介失去价值和功能,商品交换陷入停滞,大家只能回归到以物易物的状态，最终极度的商品短缺造成社会动荡，乃至葬送整个帝国。

如果我们因此得出同时期欧洲发生的十字军东征多半会造成同样的通货膨胀，那么这种推论偏差则会较大。事实上，同时期欧洲的情况有诸多不同。在整个欧洲和十字军所到的地区，黄金是当时国际贸易和批发业务中使用的钱币，而白银主要用于境内的交易和零售。[1]也就是说，当时欧洲地区实行的是金、银本位币制。货币的兑换主要是在金与银之间，以及各个王国不同成色的铸币之间。这是十字军东征200年间没有发生严重通货膨胀的一个主要原因。[2]在金、银本位下，货币供给的增加以金、银的产量为基础。如果金、银的产量增长比较稳定，货币供给的增加就相对稳定。事实上，黄金和白银的供给在西欧本身非常有限：到1200年，全英格兰的白银都加起来也就300吨。[3]法王路易九世在1250年率领十字军第七次东征攻打埃及时被俘，埃及的马穆鲁克人索要的赎金就相当于240吨白银，这让整个法国损失惨重。[4]直到1500年左右，全欧洲的黄金全部加起来放在一起也不过两米见方（8立方米）。[5]

欧洲中世纪的通胀

但这并不是说11—14世纪欧洲的商品价格没有上涨。到12世纪末，欧洲的物价开始上涨。根据经济史学家迈克尔·波斯坦（Michael Postan）的研究，1225—1345年间欧洲的物价水平以平均每年低于0.5%的速度上涨。[6]这在今天看来已经是超级稳定的增长率，它的发生主要缘于当时欧洲人口的增长，而非货币供给的增加。人口增长的主要原因是12世纪以来持续多年的生育高峰。[7]人口的增加伴随着对粮食、燃料、房屋和土地等需求的增长,而且需求的增长超过了供给的增长。[8]

即便是如此低的通货膨胀水平,也对当时各种不同要素和消费品市场产生了不同的影响。也就是说,通胀对经济结构的影响非常明显。王公贵族和平民的购买力在这个过程中受到的影响肯定是不一样的。法国历史学家乔治·德·阿韦尔内(Georges d'Avenel)发现地租在13世纪末达到了整个中世纪的最高峰,而且年增长率超过2%,是农产品价格年增长率的两倍。地租的增长大大超过能源和粮食价格的增长。就生活必需品来说,其增长率也不一样,由高到低依次为:燃料(主要是木柴、煤)、粮食、房子和原材料。消耗品和耐用消费品的增长率也不同:用钢铁制的头盔是当时的主要耐用消费品(就像今天的洗衣机和电冰箱),不仅士兵要戴,普通商人为了自身安全,面对比较暴力的消费者时也会戴,而头盔的供给比其他消费品更加有弹性(比较容易随需求的上升而增加),其价格增长也在平均水平之上。[9]事实上,任何资本品、消费品和要素价格的变化都会影响到它们之间的相对价格发生变化。这种趋势一旦持续下去,会影响到整个经济结构的变化。

与元朝的纸币帝国相比,金银本位币对钱币供给的约束力要强得多。纸币作为广泛的支付工具和流通手段,直到18—19世纪的欧洲和美国都还是备受争议的问题。造纸术和印刷术都是制造纸币必要的技术元素。元帝国统治下的波斯于1294年发行了纸币,虽然仅存在两个月,但是我们至少可以知道波斯已经掌握了纸币制造的所有相关技术与流通保障的法律框架。纸币直到400年后的17世纪才在欧洲出现。而造纸术可以确认在14世纪上半叶的欧洲大部地区都已出

第 4 章　钱的法律框架

现[10]；印刷术至少在 15 世纪中叶也出现了，并且被视为文艺复兴这个伟大时代的起点。[11]显然，西方世界的文艺复兴是在纸币缺席的情况下发生的。无论当时西方世界的有识之士是否有以史为鉴的考虑——毕竟纸本位让元帝国成了中华大一统帝国里较为短命的一个，从 18 世纪以来关于是否坚持金银货币本位币值的辩论可以看出，至少他们认为纸币带来的问题要比它能解决的多。可是当 1971 年 8 月 15 日尼克松宣布美元与黄金脱钩时，全世界一夜之间就进入了纸本位时代。

今天世界上的纸本位货币体系，中国的元朝可称得上鼻祖。西方世界为何花了漫长的 700 多年才走到这一步？西方世界自己的货币金融体系是怎样发展起来的？这个过程又是怎样演化的？过程往往比结果更重要，事实上，每一个结果都只是过程的一部分，只有在过程中我们才有可能了解到事物在特定历史背景下演化的逻辑，明白这个逻辑比照搬一个模式重要得多。这是我们在继续解析今天货币金融系统的运作，以及它如何影响社会财富的积累和分配之前必须要考察的问题。

钱的法律框架

法学在公元前 3 世纪的罗马①已经成为独立的学科。[12]东罗马帝国的查士丁尼皇帝②在位期间，主持法学家们对整个罗马帝国的法律条文、法令和各种规定进行了系统性的集结和整理，去掉其中条文之

---

① 罗马共和国：前 509—前 27，罗马帝国：前 27—395。罗马帝国于 395 年分裂成东、西两个部分。西罗马帝国于 476 年灭亡之后，东罗马帝国，或用更加体现它希腊文化特质的称谓——拜占庭帝国又延续了近 1 000 年，直到 1453 年被奥斯曼土耳其帝国打败而灭亡。

② Justinian，482—565，527—565 在位。

间相互矛盾的地方,汇总成为人类历史上最重要的法学体系结晶——罗马法,这是众多法学家依据人们在长期社会生活过程中的互动和协作提炼出来的理性推理和逻辑思考,奠定了西方世界法学的基石和框架。[13] 我们在讨论西方世界货币的发展轨迹之前,先要搞清楚罗马法框架下涉及交易的几个重要法律概念。

存管合约

我们今天的生活可以说时时刻刻离不开银行:工资通过银行发放,税收通过银行扣缴,付账用银行发放的信用卡,移动支付要在手机上绑定你的银行卡,等等。银行给你提供这一切服务的前提是你在银行有账户,而且账户上有存款。简单来说就是你事先得把钱存进银行。这个前提就是后来银行业务的起源,这样双方的法律关系就体现在存管合约上,也就是首要要有人把财产或现金委托给银行代为保管。就金钱来说,委托人是储户,存款的保管人就是今天的银行。托管人/存款人与保管人/银行之间所构成的合同关系就是一个存管合约(拉丁文:*depositum*,又译:"契约寄托")。

常规存管合约

常规存管合约近似于我们今天银行的保险箱业务。根据这个合约,当一个托管人把自己的金钱和财物交给保管人时,保管人就自然而然地负有两项义务和责任:(1)在托管期间保护托管人金钱和财物安全;(2)在托管人随时要求归还托管的金钱和财物时即刻完璧归赵。用法律语言来说就是,在合约的存续期间,物品的完整性和可用性依然属于托管人,他可以在任何时候要求归还自己所托管的金钱和财物。[14]而托管人的义务就是支付保管费用。

存管的金钱和财物在性质上有所不同,体现到合约性质上也会有区别。如果托管人要求托管的是特别的物品,如文件、珠宝、古董、名画等等,那么在托管人提取它们时,保管人必须原物奉还。这种保险箱业务,就构成了一个"常规存管合约"。换句话说就是,物品一直都属于托管人,托管人有随时处置其物品的权利;保管人只是尽保管职责,托管人要求取回物品时,保管人必须完璧归赵。

非常规存管合约

在很多情况下,托管人托管的是金钱和货币,在古代还可以是其他一些货物,如油、小麦等这些同质同类的可互相替换的物品,保管人在托管人要求归还时,还回的不一定是托管人当时交来的那个特定物品。而这并不影响存管合约的完整履行:在托管人的要求下,即刻归还同质同量的同类物品即可,这种合约关系被称为"非常规存管合约"——这一点对汇兑业务非常重要。然而即便是在一个非常规存管合约下,所托管金钱和财物的所有权也不曾发生转移。[15]这就类似于我们今天的活期存款,只是非常规存管合约要求有100%的准备金基础。相信每个人把钱放在银行的活期存款里,都不会对自己随时可以支配这笔钱的权利产生任何犹疑;然而对于银行是否要对活期存款持有100%的准备金这一点,只要银行没有妨碍哪个储户取钱,事实上也没有人会对这件事较真。当然如果发生金融危机,人们会不约而同地首先想到马上到银行取回自己的存款,挤兑就是这样发生的。

借贷合约

借贷合约类似于我们今天的定期存款。当一个存款人将金钱委托给银行家,并明确在将来的某个特定时间才会取回时,这样的约定就构成了一个借贷合约,它与存管合约有着本质的区别:当委托人/存款人把一定数量的可互换货物或金钱按一个固定的时间区间交给人保管的时候,保管人/银行家的义务就是在规定的期限将同质同量的货物或金钱按合同约定的条件奉还给委托人;在借贷合同的有效期内,货物或金钱的所有权就被暂时地转移给了保管人/银行家,与此同时,债务人也就得到了该项货物或金钱临时所有权转移带来的临时收益权,"并因此享有其完整的可用性"。[16]因此,固定期限是"借贷合约的本质要素,因为它确定了物品的可用性和所有权转移给借方的期限,以及借方有义务归还同质同量的同类物品的时间。如果没有明确或隐含地约定一个固定期限,借贷合约就不可能存在"。[17]

从经济和法律的角度来看,非常规存管合约(活期存款)和借贷合约(定期存款)的差别如表 4.1 所示:

表 4.1　两种不同合约之间的本质差别[18]

非常规存管合约	借贷合约
经济学上的差别	
1. 并未用当前物品交换未来物品	用当前物品交换未来物品
2. 对存管人完整而连续的可用性	充分可用性从出借人转移给了借用人(托管人转移给了管理人)
3. 没有利息,因为并未用当前物品交换未来物品	有利息,因为用当前物品交换了未来物品

续表

非常规存管合约	借贷合约
法律上的差别	
1. 本质要素（及存管人的主要动机）是同质同量的同类物品的守护或保管	本质要素是当前物品的可用性被转移给了借用人（管理人）
2. 还款期限不确定，有"已经要求"，立即还款的约定	合约需要确定归还借出物（保管物）、终止和支付利息的期限

非常规存管合约的杠杆

对于像钱财这样的可互换物品来说，管理人/银行必须随时随地保证托管人/储户托管的钱财（即活期存款）对托管人可用。在这里，银行家就只有保管的责任和义务，没有所有权和使用权从托管人到保管人的转移，所托管的钱财一直属于托管人。然而，能够抗拒挪用托管人钱财以投资获益的诱惑的保管人，历史上真的是少之又少。

古希腊非常规存管合约下存款的挪用

就如同家庭主妇对格雷钦法则的应用那样无师自通，银行家挪用非常规存管合约下的活期存款，利用沉淀资金为自己投资挣钱也不需要任何人教。德索托（De Soto，2006）就列举了好几起发生在古希腊的诉讼案（公元前 4 世纪），有存款人告银行不还钱的（存款人存了一大笔钱在银行里，出去冒险远游，等回来要求银行还款时，银行没钱了。有可能银行家根本就没想到这个存款人会活着回来）；有银行告借款人的（这首先是因为银行将不应该借贷出去的存款借出去了，到了存款人要取回存款时，银行没钱还款，只好再去起诉自己的借款人）。这些诉讼状的撰写人也不是普通人。例如，经常为人们撰写法庭诉讼词的古希腊雄辩家德谟斯提尼（Demosthenes，384—322 BC）这样慨叹道："信用属于每一个人，而且是最重要的生意资本。"道理很简单：银行家们要确保非常规存管合约（即活期存款）下的钱让储户随时可用，对定期存款下暂时借给银行使用以赚取一定投资回报的钱，必须审慎而明智地投资。也许是因为见过太多例子，德谟斯提尼发现银行家的利润"很不稳定，而且都是来自别人的钱"。[19]

银行家们拿着活期存款投资，这种操作其实就和中国宋代交子铺在收获季节多印交子，之后牟利的杠杆原理是一样的：储户存在银行家那里的钱，成了银行家可运用的一部分，而且通常是一小部分，因为银行家可以加杠杆。这是如何实现的呢？用今天的银行业术语来说就是部分准备金，也就是接收存款的银行家并不认为存钱的人会同时来取钱，他们发现总是有相当一部分资金沉淀在那里。因此他们可以利用这部分资金来投资牟利，而且存款人还在毫不知情的情况下一直给银行交着保管费。这种事听上去挺可笑，但是离我们并不遥远。2005年8月，一批经纪公司客户集体诉讼状告摩根士丹利，原告在要求实物交割他们买的贵金属时，摩根士丹利无法兑现，然而原告从1986年2月19日购买之日起，就一直付着仓储费。最后摩根士丹利以440万美元私了。[20] 2011年2月，类似的集体诉讼状告的是瑞士银行：原告自1984年起就向瑞银交着每月25美元的仓储费，而那些银锭条可能从未在瑞银的仓库里待过。[21]

德索托（2006）所列举的众多对古希腊银行的研究显示，雅典人到银行存钱主要是为了安全和第三方支付的便利，并没有认为银行的主营业务是信贷。即便如此，古希腊因为大量的挪用存款、放贷造成信贷扩张，然后引发通货膨胀，继而是违约、坏账和挤兑，致使众多银行倒闭,造成严重的金融危机,使经济像今天一样遭遇泡沫和萧条周期。

罗马帝国的存管合约

罗马帝国伟大的法学家、查士丁尼皇帝的《法学摘要》(*Justinian's Digest*)最重要的编纂者之一乌尔比安①在第19卷第2篇第31节中,对非常规存管合约做了如下论断:"如果一个人存管一定数量的闲钱,他点了数,但交付时并没有封装在某件物品中,那么接受这笔钱的人的唯一责任就是归还同等数量的钱。"[22]但是保管人在接受了托管物品之后为了获利而欺骗性地挪用该物品,无论是通过物品本身获利还是通过占有它获利,都构成偷窃行为。[23]不仅如此,"如果某人从我这里接收了一笔钱,支付给我自己的一个债权人,而且他自己也欠下了该债权人一笔同等数额的钱,而他以自己的名义付给他这笔钱,那么他犯有偷窃罪"。[24]

总结一下就是,非常规存管合约下,存管的物品或金钱的所有权还是托管人的,如果保管人/银行家挪用了这笔钱去投资或干别的,就是偷窃。如果保管人/银行家拿着托管人存的钱去还自己欠别人的钱,同样是偷窃。听上去有没有似曾相识的感觉?这应该就是庞氏骗局的起源了,只是我们今天说的庞氏骗局更加离谱:保管人/银行家/基金经理拿着这个钱假装是基金的高回报,用托管人的本金去付基金的利息回报;只要有源源不断的新钱进来,这个游戏就可以一直玩下去而不被人发现。一旦有人产生怀疑并要求赎回,基金一定没有足够

---

① Ulpians,拉丁文 *Gnaeus Domitius Annius Ulpianus*,约170—228。

的钱同时支付众多存款人的所有本金，这个游戏就玩不下去了，情形如同银行挤兑。

很明显，罗马帝国时期的法律也区分为以保管为目的、随时可取的活期存款（sealed deposit）和可以让银行家使用并因此获取利息的定期存款（unsealed deposit），但是古罗马的存款银行（*Argentarii*）运用部分准备金制经营已经是事实[25]，而且应该也颇具规模。在此时的罗马帝国，元老院议员的财富、各个属地包税制下包税人征收的税和付给驻守各行省的庞大军队的薪饷都是一个庞大的数字。有证据显示，帝国有强制性和鼓励性措施，让士兵将花不掉的薪饷储蓄起来作为将来养老的开销[26]，很难想象他们只是将这笔金额巨大的钱财封存在军营，而不是存在银行，成为其投资和放贷的资金。[27]这个军人储蓄的资金池足以造就历史上最早的机构投资人。很多法学史家在罗马帝国皇帝查士丁尼的《法学摘要》里找到佐证，存到银行里的钱可以被当作存款人贷给银行家的贷款，而十之八九的可能是只有收取利息的存款才可以在法律上这样认定。[28]其言外之意就是，如果是交给银行家以保管为目的、要随时取用的存款应该就不可以。

如果是定期存款，实际上就是在这个期限内，储户把钱放贷给了银行家。在这段时间里，银行家不但可以使用这笔钱，还享有将这笔钱投资所产生的收益权。当然在到期日，银行家要把存款的本金和利息一并还给储户。在这个过程里，挣取利息是天经地义的，因为存款人将现在就可以使用的钱财存起来，让给保管人（银行）使用，换取的只是一个将来还款的承诺，也就是用当前物品交换未来物品，存款人实际上出卖了自己的时间偏好，因此必须要有所收益，也就是收取利息作为补偿。所谓的时间偏好就是：在当下可以得到的和将来才能得到的东西之间，人们总是更加倾向于选择当下可以得到的东西。时间偏好越高，选择就越靠近当下；反之，时间偏好越低，就越可以等到将来的某个时刻。

罗马帝国的利率管制及其对存管合约的影响

事实上，古代的罗马世界始终执行利率管制。[29]罗马法的基石十二铜表法（约成于451—449 BC）的第八表就明文规定利率上限为1/12，或8.33%。[30]从公元1世纪之后的几个世纪里，利率绝大多数时候都被限制在12%或12.5%，这个利率水平在国泰民安、农业恢复和商业贸易发展的年代对扭曲经济的影响并不明显，因为增加的收入和储蓄使金钱供给充足，资金成本也相应的便宜，便宜到大大低于这个利率管制的上限，使利率管制徒有其表：如公元1世纪的大部分时候，实际利率都远远低于这个水平，维持在4%～6%；但是在内战、对外战争、政治选举和社会动荡的年代里，真实的利率水平一定会突破这个法定的利率上限。[31]公元2至3世纪，真实的（名义）利率明显高于法定上限水平，按法定利率没有人提供资金，致使资金短缺。人们在逐利的驱动下，想尽办法绕开这个利率管制。例如：《法学摘要》认定保管人在托管人的要求下不能及时返还金钱财物是偷窃行为，而且还必须交违约的罚金。规避利率管制的做法可以在托管人和保管人之间，或者储户与钱庄之间签署一个非常规存管合约，就如同存款人在银行里存了一笔活期存款，银行假装没能在储户要求取回钱财时及时交付，愿意为"延期"支付交给托管人一笔"罚金"，而这笔罚金实质上就是借贷合约下付给储户的利息[32]，其本质就是以活期存款之名，行定期放贷并收取利息之实。[33]我们有理由相信办法不止这一种，因为人与人之间的交换方式实在是太多种多样了，往往超乎想象。

利率管制的后果往往不会遂监管者的愿。就在几年前，我国居民把钱存在银行里必须接受银行存款的利率上限限制，储户为了提高回报，纷纷把钱存到了各类"宝宝"（如支付宝等）产品中。这就和罗马帝国时期以活期存款之名行定期放贷之实来规避利率管制类似。

不仅如此，由于法律还规定了所有利息收入的总和不得大于本金，致使银行家们将贷款短期化，因为如果按照12%的利率，无需多久利息加总就会超过本金，导致投资行为短期化。[34]更糟糕的是，公元2世纪之后，由于帝国对金、银币持续降低成色，造成严重的通货膨胀，使帝国经济一片混乱，这成为罗马帝国灭亡的一个重要原因。银行也在这个过程中难以为继：在持续的严重通胀和法定利率上限的双重挤压下，完全失去了生存的空间，基本萎缩成了金、银匠的辅助生意。[35]又延续了一千年的拜占庭帝国（东罗马帝国）一直维持《查士丁尼法典》的传统，始终基本维持12.5%的利率上限。[36]

分崩离析的西罗马帝国在公元476年就进入了漫长的中世纪。中世纪最初的500年（公元5—10世纪）堪称西欧历史上失去的500年：战乱不断，部落、领地征战夹杂着各个民族迁徙，社会经济生活趋于停滞，银行业基本消失匿迹，直到公元11世纪十字军东征期间的圣殿骑士出现才再度兴起。

中世纪禁收利息的规定及其影响

在此期间，西欧地区最值得一提的突出变化就是卡罗林王朝国王

第 4 章 钱的法律框架

查理曼大帝①及其后继者所颁布的涉及政治经济宗教生活各项细节的行政律法，涉及各种行政价格管制，其中就包括禁止高利贷（usury）。我们现在一提起高利贷，都会认为是其利率远远高于银行通常支付的利息水平。但是欧洲中世纪所说的高利贷的定义是任何超出本金的部分，其范围之大涵盖了所有可以收取利息的业务。[37]事实上，这个禁令唯一可以在《圣经》中找到的依据，就是《旧约》"诗篇"14 中有这样一句话："主呀，谁可以徘徊于你的处所？是那些从未将自己的钱财去放高利贷的人。"[38]从字面的意思来看就是，如果一个人是放高利贷的，他就不仅进不了天堂，还要入地狱。但丁在著名的《神曲》里，把放高利贷的人打入了九层地狱里的第七层地狱：在滚烫的沙子里受煎熬。[39]如果按我们中国通常说的十八层地狱算下来，可能就相当于第十四层地狱吧。最麻烦的是世俗生活受到的极大影响：根据罗马天主教的教规，从事教会明令禁止的活动的人，不能参加任何天主教圣礼，也不能作为一个基督徒下葬。[40]公元 4 至 7 世纪时，这个禁令只是天主教的教规，约束的只是教士。但到了查理曼大帝统治时，就变成了世俗法律的一部分，覆盖了所有的社会借贷活动。[41]我们今天绝对不会质疑贷款给别人应该收取利息，但纠正中世纪教会法规的这个蛮横规定，经历了好几代教会法学家、神学家和哲学家的努力。在当时的情况下，这个历程也堪称中世纪的金融创新。它有别于今天创造新的金融产品的概念，而是最终对于信用——涉及用当前物品交换未来物品——是否应该有价值的认定。换句话说就是

---

① Charlemagne, Charles the Great，742—841，768—814 为法兰克国王，800—814 为神圣罗马帝国皇帝。

时间偏好的买卖是否应该得到补偿，即利息。实际上，中世纪的一些专家对贷款应该收取利息在经济和道德上的合理性有非常理性的认知。虽然他们认为利息的合理性并不是基于对时间偏好系统性的理解，但是他们的推理依据也展示了借贷双方关系的诸多重要方面。

从 12 世纪末期开始，教会法学家胡古齐奥（Huguccio，？—1210）便认定租约没有发生所有权的转移，因此租借财物收取的租金就不能算是利息收入。13 世纪早期的教会法学家安格利卡斯（Alanus Anglicus）认为，在这样的借贷合同中，贷方和借方都存在同等的风险，利息是对借款人（信用）风险的一种补偿，因此这种借贷不能算作高利贷。[42]这一点很容易理解，就是贷钱给别人都是有风险的。另外一个天主教教会法学家霍斯蒂恩西斯（Hostiensis，1200—1271）认为贷给别人钱的时候，债权人自然会丧失掉自己使用或投资可能得到的收益（拉丁文：*lucrum cessans*，英文：profit ceasing），为弥补这种机会成本的损失，收取利息作为补偿是合理的。[43]

另外，霍斯蒂恩西斯认为债务人自愿给债权人礼物就没有问题，这种做法被佛罗伦萨的银行家们普遍使用：他们送"礼物"给在自己这里存钱的人，这是竞争需要，不然存款人就把存款存到别处去了。而奥西瑞的威廉（William of Auxerre，1160—1229）认为，如果支付利息是借贷双方自愿达成的协议，那又有什么道义上的问题呢？13 世纪下半叶最重要的圣方济会神学家奥利维（Pierre de Jean Olivi，1248—1298）是第一个将资本作为一个概念提出来的人，且认为钱是可以被有效利用并产生效益的，而对利息禁令的系统性回击直到 15 世纪下半叶才出现。[44]苏门哈特（Conrad Summenhart，1465—1511）认为钱对于商人来说是一个生产要素，就如同土地对于农夫，以劳动运用钱这个生产要素获得收益也是完全正当的。[45]不仅如此,既然自罗马帝国开始产生收益的养老年金(整存然后分期提取)是合理合法的,那么存款收取利息也没什么不妥。另外,购买一笔贴现的贷款,购买的是对这部分钱的所有权(就如同购买一件货物一样),因此也不构成高利贷。运用同样的逻辑,一笔新的贷款也可以这样解释,于是禁止收取利息的法令就这样完全被突破了。[46]最终16世纪萨拉曼卡学派的梅迪纳(Juan de Medina)明确提出信用风险要得到补偿,这种补偿就是收取的利息。最后神学家们也同意,既然为还贷做担保是个可以合法收取费用的生意,为什么发放贷款的人不能自己收取这笔担保费用呢?

在这个过程中,教皇和各地君主经常需要银行贷款的接济这一事实也使收取利息这件事在法律上的正名变得迫切起来:如果收取利息合法,君主、领主或是城市政府就有条件吸引到较长期的资金来源。[47]天主教会遍布各国的税收和活动需要银行家们的国际业务和理财服务,君主们的需求也很迫切,如佛罗伦萨的统治者雅典公爵布瑞恩(Walter de Brienne)债台高筑,为了保证有人继续给他放贷,他于1343年至1345年连续发行政令,先是命令他所有的未偿债务都进入一项公债账项,之后又宣布这个账目下的债权人可以合法收取5%的利息,并且债务可以转让——至此,所谓的"公债基金"(意大利文:*Monte Comune*,英文:public fund)问世了。[48]显然,如果不这样做,后续的资金就岌岌可危。随着债务的不断膨胀,支付利息变得越来越困难,债转股的市场随即诞生了:以债务基金里的债务为资产,发行股票。然而"公债基金"的股票价格"从1427年发行价的60%掉到了1431年的35%,继而是1458年的20%"。[49]

在中世纪后期的几百年里，针对天主教教规禁止收取利息这个禁令，银行家们并没有置若罔闻，而是相当严肃地加以对待：重点是要合法地回避这个法律条款——不能在合同中体现任何明确或隐含的收取利息的约定。[50]依据这个原则，中世纪后期的银行想出了各种各样的办法来规避这个禁令，如同前面所述的罗马帝国时期的做法一样——以活期存款之名，行定存放贷之实。这个时期虽然对收取利息有严格的禁令，但是对本金的违约却有各种各样的罚金要求。银行家只要假装违约，并自愿交付"罚金"，就变成了实质上的借贷合约下付给储户的利息。[51]银行家贷出去的款也可以同样操作。与各种"例外"相应，把借贷合约以租约的形式来表达；银行家们自愿送"礼物"给存款给他们的人作为酬谢（正常年景下这个"礼物"的金额在年化利率的8%~12%之间）[52]；把借贷合约里的贷款以养老年金形式还款；购买贷款等都可以合法地规避禁止收取利息的禁令。

银行家自愿给储户交付"罚金"的这个形式被称为"承认存管"（拉丁文：*depositum confessatum*）。显然，如果活期存款也因获得罚金而收取一定收益，那么"承认存管"这种合约关系就混淆了以保管为目的的非常规存管合约（活期存款）和以获利为目的的借贷合约（定期存款）之间存在的明确的法律界限（即银行在什么样的合约下可以动用储户的钱为自己牟利）。麻烦来了：那些宗教教会法学家为了抓出隐藏在"承认存管"背后的借贷活动以防止收取利息的行为，本着"宁可错杀一千，不可放过一个"的精神，将全部的活期存款（"承认存管"）都判定为借贷，这样的恶果就是，这两种不同性质的合约在法律上已经无法区分。[53]后来，当宗教教会法学家最终解除了对借贷收取利息的禁令时，这种混淆已经造成了严重的法律和经济后果，即活期存款也构成了借贷，银行也可以拿着储户的活期存款去放贷牟利。当以短搏长成为银行的基本经营模式后，极度的期限错配在人类历史上无数次的经济危机中带给我们惨痛的教训，这个问题直到今天依旧影响着整个金融世界。[54]

很多人都把这种违反合约约定的行为归因于人性的贪婪。不过，这事要从两方面来看：一方面，如果我们已经知道贪婪是人性的一部分，那么我们应该审视：为什么自古希腊以来，人类社会都没有像惩治伪造货币那样，来惩戒这种侵占行为？原因可能是"吃人嘴短"：因为保管人/银行最大的债务人往往就是那些君主/政府，这个问题到2008年全球金融危机爆发时又备受瞩目。另一方面，我们从存管合约的演变过程来看，一个更理性的解释简单来说就是需求和供给——托管人（储户）巨大的逐利需求是驱动保管人/银行想方设法地提高回报以吸引储户的动力；同时保管人也为了逐利，绞尽脑汁地提高回报以吸引更多的储户。

诚实守信是银行赖以生存的基石。就像活跃在11—13世纪期间的圣殿骑士，他们克尽厥职地履行对托管人的承诺，并用自有资源进行放贷盈利，赢得了众人的信赖，成为中世纪欧洲最富有的跨国银行集团。当然他们也为此付出了沉重的代价：他们对法国国王暴力抢夺的不合作，使自己成了世俗与教会权力斗争的牺牲品，最终迎来了灭顶之灾。

第 5 章
跨国银行的雏形
——圣殿骑士团

圣殿骑士的全称是"基督和所罗门圣殿的清贫战士",但他们既不是所罗门圣殿的,也不清贫。事实上,他们经营着世界上最早的跨国银行集团。

前一章我们讨论了西方世界围绕钱、钱生钱而产生的法律框架,以及在中世纪的法律突破。那么,与此相应的经济和金融活动的发展又是怎样的呢?我们先来看看 11—13 世纪欧洲这 300 年,在十字军东征的大背景下,圣殿骑士所经营的世界上最早的跨国银行集团。1291 年,当忽必烈的几个后代在元帝国版图下的波斯地区为争夺汗位大打出手的时候,有一批参加十字军东征的欧洲武士,从他们驻守圣地的最后一个据点——港口城市阿克里(Acre)撤离了。他们就是欧洲中世纪最富有、最神秘和最富传奇色彩的武士僧团——圣殿骑士,它的全称是"基督和所罗门圣殿的清贫战士"①。要了解他们经营的这个跨国集团,我们就必须了解一下他们当时所处的那个时代。当然,他们既不是所罗门圣殿的,也不清贫。

圣城耶路撒冷

圣殿骑士的故事要从十字军东征开始讲起。而十字军东征的故事要从圣城耶路撒冷(Jerusalem)讲起。耶路撒冷被同源于亚伯拉罕系宗教(Abrahamic Religions)即一神教的世界三个主要宗教——犹太教、基督教和伊斯兰教都当作圣城。

分裂后的东罗马帝国(即拜占庭帝国)以基督教的东正教一支为主,都城在君士坦丁堡,也就是今天土耳其的伊斯坦布尔。而西罗马帝国以基督教的天主教一支为主,以罗马为中心。然而,耶路撒冷则是耶稣基督代替世人受难并被罗马人钉死在十字架上的地方,也是耶稣复活的地方(约公元30年)。它的圣墓教堂(Church of the Holy Sepulcher,见图5.1)就是依基督从装殓到复活时所在的山洞而建的,据说里面还存放着基督背负的十字架上的木片和其他圣物。这样,耶路撒冷自然就是基督教朝圣者一心向往的圣所,被整个基督教世界看作是圣城。

于7世纪早期创立的伊斯兰教,自创立之日起势力就不断扩大,至638年占领了基督教世界的圣城耶路撒冷。据说先知穆罕默德在621年的一个夜晚到了远寺(The Farthest Mosque),在那里带领众

---

① The Poor Fellow-Soldiers of Christ and of the Temple of Solomon,拉丁文:*Pauperes commilitones Christi Templique Salomonici*.

图 5.1　圣墓教堂[1]

先知祈祷，之后去了天堂向真主请法。这次夜行被伊斯兰教认为是一次重要的精神旅程，而这个远寺就是屹立在耶路撒冷圣殿山上的阿克萨清真寺（Al-Aqsa Mosque，见图 5.2），它也因此被认为是继麦加圣寺和麦地那先知寺之后伊斯兰世界第三重要的圣地。

图 5.2　阿克萨清真寺[2]

据《圣经》记载，早于基督复活 900 多年，摩西带领以色列人逃

第 5 章　跨国银行的雏形

出埃及、回到犹太人定居的以色列圣地（Israel，The Holy Land）后，以色列的第一位国王大卫王去世之前，嘱咐儿子所罗门在耶路撒冷建立圣殿。所罗门王所建造的第一圣殿和第二圣殿都坐落于此城的圣殿山（Temple Mount，见图 5.3）。这里供奉着"至圣之所"——所罗门王为上帝建造的处所[3]，因此耶路撒冷也是犹太教的圣城。这样，"耶路撒冷就成了世界上神与人交流的最佳场所"。[4]

图 5.3　圣殿山[5]

十字军东征

当拜占庭帝国皇帝阿莱克修斯一世①于 1081 年即位时，塞尔柱土耳其人（Seljuq Turks）已经占领了西亚和中东大部分地区。拜占庭

---

①　Alexios I Komnenos，希腊文：Ἀλέξιος Ά Κομνηνός，约 1056—1118，1081—1118 在位。

65

皇帝与土耳其人因战事频繁想寻找外援，自然就把目光投向了在西边的基督教兄弟。他寻求与罗马天主教教皇改善关系，以得到同源的基督教教友的支持。在罗马的教皇乌尔班二世①对阿莱克修斯一世的请求做出了极富宗教热忱的回应。在克莱蒙召开的宗教会议（Council of Clermont）上，乌尔班二世于1095年11月27日发表了重要讲话，表达了他对信众们投入到捍卫基督教战斗中去的指引和鼓励。[6]

英国历史学家爱德华·吉本（Edward Gibbon，1737—1794）在他的史学巨著《罗马帝国衰亡史》中这样描述当天的盛况："教皇登上克莱蒙市集所搭建的高台，用雄辩的语气对着完成准备和毫无耐心的听众发表讲话。他的主题立场鲜明，他的布道言辞激烈，他的成功已经是沛然莫之能御。演说家被数千人的欢呼声打断，群众异口同声用乡土的方言大声喊叫：'这是神意！这是神意！'"[7]教皇的如下鼓励甚至连出于功利目的人都被吸引了："我对你们在座的说，我向不在座的人宣布，这是基督的命令。除此之外，如果那些去那边东征的人在这个旅程上，无论是在陆地还是海洋，或是在和异教徒的战斗中失去了生命，他们的罪孽在那一刻得以赦免；我以上帝授予我的权力给以赦免。"[8]参加十字军意味着既可以以上帝的名义投入圣战，又可以因投入战争杀戮这种行为为自己积累功德而赎罪。[9]

事实上，神圣的暴力无论是在天主教法理上，还是对一个意识正常的普通人来说，都不是一个逻辑上显得顺理成章的事。这就是为什么教皇和布道者要时常面对这样的困境：人们的情绪一旦被煽动起来，这种群体情绪的发展方向就很难预料。[10]当然，乌尔班二世的讲

---

① Pope Urban II，1042—1099，1088—1099在位。

话既不是基督教制度化暴力基础的起点，也不是这个主意的终点。上帝给摩西的《十诫》里明令禁止杀戮，但无论是《旧约》还是《新约》里都似乎有些场景让人产生疑问：比如耶稣允许他的门徒佩带武器，这是出于防卫的需要。而基督教早期最伟大的神学家希坡的奥古斯丁（Augustine of Hippo，354—430）阐释了合法的暴力要满足的标准就是正当防卫。当然，上帝要打的仗就一定有其正义的原因。[11]然而"正当防卫"要跑到离西部世界千里以外的"圣地"耶路撒冷去打，好像不能自圆其说。

吉本在探究圣战的名义和性质时，开宗明义地列出了三方面的考量："其一，正当防卫的权利可以将民事和宗教的盟友全部包括在内，这是很合理的事。权利的获得基于危险的存在，敌人的恶意和实力所形成的双重考量是评估的重点，归咎穆斯林信奉有害人类的教条，他们认为有责任要用刀剑绝灭所有其他的宗教……其二，夺取巴勒斯坦对拉丁人的战力或安全毫无助益，征服这个距离远面积小的行省，唯一合理的借口是宗教狂热的信念。基督徒肯定'应许之地'是不可剥夺的名称，神圣的救世主流出宝血是最大的保证，他们有权利和责任从不义的据有者手里光复继承的产业，这些邪恶的异教徒亵渎基督的墓地，在朝圣的路途上欺压他的信徒。崇高的耶路撒冷和神圣的巴勒斯坦，类似的宣称根本无济于事，这些地方早已废止了摩西的律法。基督徒的上帝不再是一个地区性的神明，伯利恒和髑髅地分别是他的出生和埋葬之处，就是光复也无法补偿对福音书有关道德训诫的侵犯。这些论点在沉重的迷信盾牌前面一闪而过，只要抓住奥秘和奇迹的神圣理由，宗教的心灵就很不容易将它抛弃。其三，宗教战争已经在地球各个区域开打，从埃及到利沃尼亚（Livonia），从秘鲁到印度斯坦，获得更为广泛和适应性更强的教义大力支持。宗教信仰的不同是引起敌对行为的充分理由，人们不仅普遍认同，有时还肯定最高的价值。手持十字架的战士可以杀死或制服冥顽不灵的不信者，这种上帝赐予的恩典是主权和慈悲的唯一来源。"[12]

在乌尔班二世的这次著名讲话之后的 200 年间，接任的教皇们都对圣战和东征的十字军给予了一如既往的肯定与支持。[13]罗马的教皇们对圣战有这么大的兴趣，动机何在呢？伴随着罗马帝国于 395 年的分裂，东部基督教地区逐渐形成以希腊为主，并延伸到整个东欧、西亚和高加索以及北非的东正教天主教会（Orthodox Catholic Church）；而西边的基督教地区成为以罗马为中心，覆盖整个西欧的罗马天主教会（Roman Catholic Church）。两个教会对一些教义和教规存有分歧。教会的正式分裂发生在 1054 年，闹到了位于罗马的教皇和位于伊斯坦布尔的教皇互相将对方开除出基督教的境地。17 世纪的英国学者托马斯·富勒（Thomas Fuller，1608—1661）在《圣战的历史》（*History of the Holy War*）中点明了教皇个人对鼓动十字军东征秘而不宣的动机："首先，让希腊的基督教会及其所属的耶路撒冷、安条克和君士坦丁堡的三个大主教（patriarches）臣服于自己的管辖；把东部教会变成罗马母教廷的一个边远小教堂。"[14]除此之外，天主教内部的净化改革与清除世俗国王和贵族们对教会的巨大影响的运动也使得圣战目标相当适宜地突出了教会的地位。在十字军东征的第一个 100 年间，十字军不仅将罗马教廷的势力版图大大地扩展了，同时也给教廷带来了巨大的财富。

为什么武士们也甘愿赴汤蹈火呢？其实这是一个谋生之道。参加十字军东征的武士们主要有两个来源：一是定居于西欧，主要是英国和法国西部沿海的北欧海盗，即9至11世纪生活在斯堪的纳维亚半岛上的维京人（包括瑞典人、挪威人和丹麦人）。"他们是海盗和商人，因为除了这种方式以外，他们没有其他谋生手段。他们家乡的土地非常贫瘠，只能养活很少一部分人，长子可以继承父亲的农场，姐妹可以嫁给当地的地主，而剩下的年轻男子就不得不自力更生。他们所做的事情，是斯堪的纳维亚地区的过剩人口在过去几百年之中一直在做的。他们离开了家乡，去往海外寻找'更好的生存环境'。"[15]而他们采取的方式就是侵略和抢劫："毫不夸张地说，在整个9世纪、10世纪、11世纪这三个世纪内，居住在距海岸100英里范围内的人，没有谁能避免被杀和失去所有财产的危险。"[16]到了9世纪晚期，"他们已经将抢劫升级为大规模的占领和永久定居"，范围涵盖整个英格兰、苏格兰、爱尔兰和欧洲大陆，甚至到达俄国。从海盗职业退下来的人马本身就是极大的不稳定因素，需要给他们创造就业机会。定居在诺曼底的维京人也产生了后来十字军东征里最骁勇善战的战士。[17]

二是没有土地的武士。土地是大自然赐予人类最重要的生产要素之一，而在中世纪，土地是除了人以外的唯一生产要素。在农业生产效率极其低下的时代，人口增长的压力会非常快地显现出来。自西罗马帝国灭亡以来，断断续续的各部落征战和民族迁徙一直持续到8—9世纪，而其大方向就是从南面、北面和东面向欧洲大陆汇聚。先知穆罕默德于632年去世后不久，阿拉伯人也开始了扩张，到713年，他们已经基本占领了西班牙全境，止步于法兰克王国南部边境。[18]从东边来的斯拉夫人也在8世纪末挺进到了易北河。[19]在一段相对和平的时期之后，9世纪以来的欧洲又出现了人口的强劲增长，而且很快就在卡罗林王国地区出现人口过剩的迹象。[20]

诺伯特·埃利亚斯（Norbert Elias）这位极具慧眼的德国社会学家论述的欧洲中世纪"人口过剩"现象今天听起来似乎更加适用于当下的世界：这不是一个因人口绝对数量的增长超出其承载地方所能负担的结果，而是在一个特定区域里的固有社会结构下，人口的增加致使当地的基本生活需要只能满足越来越少的人群。所谓"人口过剩"是相对于某种特定的社会架构和某种特定的生活方式而言的。也就是说，这种人口过剩并不是自然现象的结果，而是体现在对社会结构的压力；不仅是绝对数量上的，而且是相对质量和生活方式上的；在一个越是偏重农业社会形态，物物交换占比越大的社会经济架构里，其容忍度越低。社会矛盾首先体现在有土地的人和没有土地的人身上。[21]这种"人口过剩"的压力不光来自外部，也贯穿于社会群体的内部；不光发生在社会底层的自耕农、佃农和农奴身上，也发生在社会上层不断积聚到没有土地或是没有足够土地来维持自己生活方式的贵族武士身上。整个西部的基督教地区的所有土地已经都各有所属，新增武士们对土地的持续需求越来越无法满足。没有土地的武士想要土地，而有了土地的武士想要更多的土地。[22]相对和平的时期使武士的供给过剩也显得更加突出。

到了 11 世纪早期，诺曼底的武士给自己寻找生计都找到意大利南方的领主那里了。史学家威利·科恩（Willy Cohn）记述了这样一个家庭[23]：诺曼底的武士坦克雷德·德·奥特维尔（Tancrede de Hauteville）一共有 12 个儿子。他的一小块土地怎么可能让他的 12 个儿子都过上像他自己一样的生活？结果他有 8 个儿子都去了意大利南方的领主那里受雇为武士，且得到了他们想要的土地。[24]家族在意大利南部不断发展壮大，其后代参加了第一次十字军东征，还有一位在1130年成了西西里的第一个国王罗杰二世（Roger II），他的后代统治西西里直到1194年。[25]

有了教皇圣战的目标和能为基督教传播去开疆拓土的武士，更为难得的是，这两个因素又与教皇和武士们的个人目标高度吻合，可谓因缘具足。罗马教皇们还给予那些投入圣战的十字军武士们各种激励机制，包括精神和物质上的特权。[26]在一群让隐修士彼得（Peter the Hermit）忽悠起来的乌合之众到达耶路撒冷城外被拒绝入城后，主要由法国的王公贵族组成的第一次十字军东征的正规军就这样于1096年成行了。当他们兵临城下的时候，把阿莱克修斯一世给吓得不轻：他本来指望看到的是可以在自己将军们的麾下参战的援军，没想到拉丁区派来的大军足够把自己给"一锅端"了。[27]

圣殿骑士

十字军于1099年从穆斯林手中夺回了圣城耶路撒冷，之后大批基督教朝圣者接踵而至。来自香槟地区的武士雨果·德·帕英（Hugues de Payens）曾随第一次东征的队伍来过这里。他的志向是服务于皇家军队，并在解甲归田后成为一名完全投身于修行的僧侣。在中世纪的欧洲，朝圣和修行是一种重要的生活方式。这样想的人不在少数。大约在1119年，雨果·德·帕英再次来到耶路撒冷祈祷，其间与另外8位志趣相投的武士互相结盟而形成了一个骑士组织，发誓要保护教堂、朝拜圣地和圣龛等宗教设施。[28]他们结盟的地方就在耶路撒冷的圣殿山，这个组织因此得名为圣殿骑士。[29]机会很快出现在这些无处施展抱负的武士面前。1120年1月16日，已归入罗马天主教会的耶路撒冷大主教瓦尔蒙德（Warmund）和耶路撒冷的新基督教国王鲍德温二世[①]在纳布卢斯（Nablus）举行的宗教会议上，确定了25项天主教教规律法。其中的第20项可以说是天主教教规的制度创新。它的第一句话就是："如果教士是因为自卫而拿起武器，他将没有任何罪孽。"这条法令引申开来就是说，武装的僧侣可以是武士，且可以成为捍卫十字军国家的中坚力量。这一点就奠定了像圣殿骑士和后来军事化的医护骑士（Hospitallers）[30]这样的武士僧团的法理基础，武装的神职人员这一角色就制度化了。[31]

以雨果·德·帕英为首的这些武士不仅在纳布卢斯的宗教会议上得到了教会的认证，还得到了耶路撒冷国王鲍德温二世的支持。鲍德温二世将自己的皇宫划给了这个骑士团，供他们驻扎。而这座皇宫就是鲍德温一世给自己挑选的宫殿——屹立在圣殿山上的阿克萨清真寺[32]，这里据说是腓尼基人给所罗门王所建的所罗门圣殿的殿址。[33]从1119年到1187年，这里就是圣殿骑士团的总部。鲍德温二世和瓦尔蒙德大主教还将耶路撒冷周边的几个村庄的税收全部划给了圣殿骑士，以保证他们的衣食和补给。[34]圣殿骑士的章程明确他们的职责是"保卫耶路撒冷和朝圣者"[35]，他们起誓成员间要做到如兄弟般仁义，除此之外，他们的生活与僧侣一样。他们的宗旨是：纯洁、服从和清贫，事实上他们很快就不再清贫。

圣殿骑士团真正的时来运转是得到了克莱尔沃的圣伯纳德[②]，也是后来的安条克大主教（Patriarch of Antinoch）的鼎力支持，他也成为了他们早期最重要的保护人之一。鲍德温二世于1126年致信圣伯

---

① Baldwin II，？—1131，1118—1131在位。
② St. Bernard of Clairvaux，拉丁文：*Bernardus Claraevallensis*，1090—1153。

纳德，希望他给予圣殿骑士团精神和物质上的支持。[36]事实上，圣伯纳德对圣殿骑士团义不容辞的支持还有更重要的原因。克莱尔沃的圣伯纳德所建的西多会（Cistercians）所拥有的土地和修道院都来自一个人的慷慨捐赠：他就是香槟伯爵雨果（Count Hugues de Champagne）——一个地位和财富仅次于法国国王的贵族。香槟伯爵雨果从小与圣殿骑士团的大首领帕英的雨果一起长大，于1125年将自己所有的财产和世俗权力都交给了一个远房亲戚，自己无保留地投身到圣殿骑士的事业中。[37]同时，圣殿骑士的宗旨与圣伯纳德领导的西多会致力于重新树立天主教的新型宗教生活信条相当一致：奉献于服从、祈祷、学术、苦行和劳动。[38]所以，于公于私，此时正是圣伯纳德涌泉相报的时候。在1129年1月于香槟伯爵的领地召开的特鲁瓦宗教会议（Council of Troyes）上，圣伯纳德依据西多会的标准帮助圣殿骑士团建立了整个组织的治理结构、生活准则和行为规范，并得到了与会的教皇使臣的认可。[39]甚至圣殿骑士的白色长袍都与西多会修士的装束一致，只是衣着标识上在胸前有一个红色的十字（见图5.4和图5.5）。

图 5.4 圣殿骑士的徽章之一[40]

图 5.5　圣殿骑士的徽章之二[41]

教皇英诺森二世①于 1139 年 3 月 29 日亲自发布诏书"每一个完美的礼物"②[42]，正式为圣殿骑士这个僧团组织背书，并赋予了它诸多非同寻常的特权：圣殿骑士团只对教皇直接负责，独立于任何世俗或其他宗教权势之外；骑士们自己选举骑士团首领，可自建教堂；享受免税（任何人都要向教会缴付的十一税）政策，而且还可以在自己土地辖区内像教会一样征收十一税，所得收入完全自留。[43]这一切都要归功于圣伯纳德在这个过程中的主导作用。

已经加入圣殿骑士团的香槟伯爵雨果利用他在欧洲王室和贵族间的广泛人脉，从一开始就使圣殿骑士团受到了各方国王、领主和贵族们的热烈欢迎，之后还得到了来自基督教世界不断的慷慨捐赠，这些捐赠包括土地、城堡、金银和收税权等等。另外，有什么组织可以比这样一支具有崇高宗教地位、高度自治、受到教皇直接保护而免受任何其他宗教和世俗势力骚扰、纪律严明、军事能力强、非常富有、在东西方世界每一个重要城市和重要贸易走廊一线都拥有城堡，而且还

---

① Innocent II，？—1143，1130—1143 在位。
② "Every perfect gift"，拉丁文：*Omne Datum Optimum*。

发誓信守清贫的骑士僧团,更适合在中世纪这个乱世里让王室和贵族们信赖以保护他们的财富呢?

在13世纪圣殿骑士团的鼎盛时期,它拥有7 000多名团员(包括做服务的穿绿色袍子的教士以及穿深色袍子的军士和随从),870多座城堡,骑士团的分部和所属的女修道院遍布整个欧洲、巴勒斯坦地区和叙利亚。[44]事实上,他们的很多修道院也扮演着资金的清算结算中心的角色,这就好比网点对传统商业银行业务的重要性。这样一个以保护从欧洲最西面的伊比利亚半岛和英格兰去耶路撒冷朝圣者沿途及各地的安全为使命,有无与伦比的基础设施条件(在沿途和进入小亚细亚的各个要塞都拥有土地和城堡,拥有自己的地中海商业舰队来运输朝圣者、战士和物资补给)的武士僧团,可以说是一个自然的跨国集团。到1240年,没有哪个组织比圣殿骑士团更加胜任为基督教世界最富有和最有权势的人提供全方位且多元化的金融服务了。

天时和地利固然是圣殿骑士团拥有如此特殊地位的因素,更重要的是还要有有能力管理这些财富的人才:他们就是来自黎巴嫩的基督徒,他们是腓尼基人的后代。腓尼基这个比古希腊还古老的文明给腓尼基人留下了很多才能:他们就是建造所罗门圣殿的极具神秘色彩的石匠,在古希腊和古罗马之前就已经是地中海贸易的主要商人和航海船只的建造者。他们的后裔不仅会书写,还掌握多种语言,天生就有祖先遗传下来的经商才干,在东西方都是一流的谈判高手,并且他们的行事风格高度隐秘。[45]他们的这些才能好像注定是为圣殿骑士团的传奇而准备的。在罗马帝国统治时期,基督教已经进入黎巴嫩,但是7世纪之后,伊斯兰教的快速扩张使黎巴嫩的基督徒生活在社会边缘化的困苦中。圣殿骑士们的到来使这些基督徒的生活有了新的方向。一个骑马的武士需要配备七个军士,因此,很多黎巴嫩的基督徒都应召加入了圣殿骑士团。

11、12世纪的欧洲文盲率非常高,很多贵族的文化程度也很低,只会签自己的名字而已。这些黎巴嫩的基督徒加入圣殿骑士团后,文化程度较高的一部分就成为团里一个高度专业化的群体,不仅打理着骑士团这个庞大的跨国集团的各项银行和商业业务,而且成为骑士团内部的随军教士。这也是教皇英诺森二世在1139年所发布的诏书"上帝的武士"① 中赋予圣殿骑士团又一个不小的特权:可以自己任命随团教士。[46]有了这一条,圣殿骑士团就成为一个完全封闭和隐秘的团体,为他们的传奇又增添了许多神秘色彩。这部分教士身着绿色的长袍,胸前佩戴红色十字,以区分武士佩戴红色十字的白袍,以及一般军士身着佩戴红色十字的深色长袍。[47]

汇票业务

十字军东征的直接经济影响就是大幅增加的强制性税收和贷款,用以为战争提供巨额资金。圣殿骑士和医护骑士都被国王们雇佣来替自己收税,在不同的领地,比如英格兰和爱尔兰之间,英格兰和法国之间押运税款。[48]教皇们也雇佣圣殿骑士帮自己在英格兰、苏格兰和爱尔兰征收教会的税款并通过巴黎的圣殿骑士城堡再分派至各地,款项有时达几千盎司黄金。教皇对骑士们的信任一方面缘于常年合作中产生的默契,另一方面也因为没有更好的选择。教皇洪诺留三世② 写

---

① The Knighthood of God,拉丁文:*Militia Dei*。
② Honorius III,1148—1227,1216—1227在位。

道:"我们已经习惯了经常通过圣殿骑士和医护骑士护送税款和其他钱物,我们除了他们没有其他可以更加信任的中介。"[49]

圣殿骑士团和医护骑士团利用他们在十字军东征沿途各国拥有的领地和城堡的便利,使长途汇票业务得到了非常普遍的运用,这种汇票业务也是他们为到处打仗的国王们提供的一项主要金融服务。在中亚和西方世界,汇票在8世纪的阿拉伯地区和10世纪的犹太人中就产生了。[50]从唐代"飞钱"的使用以及唐代的丝绸之路所通达的地域范围之广也可以使我们得出与此相吻合的结论。汇票使用的快速增长期恰好发生在十字军东征期间——虽然我们无法确认这两件事情的因果关系,但是可以想象,汇票业务是为满足十字军东征在广大疆域流转巨额资金的需要而蓬勃发展起来的[51],因为它的确是满足这一需求最方便的金融工具。不仅如此,与起源于宋朝四川一带交子前身的汇票业务仅仅是解决商旅等携带铁钱的不便和支付的快捷不同,汇票业务在中世纪的欧洲还包含着外汇交易,就是在另一个地方,并且通常是以另一个币种来交换的可转让票据(拉丁文:*cambium per litteras*)。[52]前一章我们已经介绍过,中世纪天主教法律禁止收取利息的借贷活动。而以汇票业务进行跨境汇兑交易结算时通过两地金属币的汇兑差价来涵盖利息所得,就规避了禁止收取利息的问题。[53]也就是说,利息是包括在汇票价格里的。大家对这种做法心照不宣,大多数神学家都接受商人们这样的说法:既然一场互换的交易不能算作是贷款,那么用一种钱币去交换另外一种钱币(或说是用一种钱币去买卖另外一种其他国家的钱币)也不能算是收取利息,即便在这种交换里可能产生巨额的利润,因为这里面既没有利息的约定,也称不上有一笔贷款的存在。[54]因此,这种汇兑业务在十字军东征时的大范围使用也就毫不奇怪了。我们从中世纪银行家们对这个问题的会计处理上可以看出：没有一个账目对应的是利息收入，但是有一个账目叫"汇兑损益"（意大利文：*Pro e dannodi cambio*）。[55]

地中海贸易

与此同时，对于一个覆盖整个欧洲、小亚细亚和北非的庞大疆域来说，汇票业务给国际贸易所带来的促进作用和效率的提升无疑是非常巨大的。1191年伊斯兰世界的领袖萨拉丁从十字军手中夺回了耶路撒冷。虽然丢掉了耶路撒冷，但英格兰国王"狮心王"理查一世[①]率领的第三次十字军东征在与圣殿骑士团生死与共的紧密合作中又于1191年7月拿下了北部的海港城市阿克里，从此圣殿骑士团将总部转到这里，阿克里也随即成为西部基督教在圣地的权力中心，直到一百年后的1291年被马穆鲁克人最终赶出。13世纪时，蒙古帝国横扫欧亚大陆，在欧亚大陆被阻断的贸易通道只能通过转向西面的地中海贸易来弥补。阿拉伯和波斯商人也成群结队地涌向这个欧亚大陆最西边的港口阿克里，与威尼斯的贸易商人和圣殿骑士们频繁地进行交易，因为此时圣殿骑士已经是叙利亚的主要银行家了。[56]

阿克里的地理位置在战略上极其重要。[57]圣殿骑士的舰船从这个地中海东部的港口往来于地中海沿岸的各个主要港口，可以方便地连接到：欧洲的心脏巴黎、罗马、马赛和布伦迪西（Brindisi）；地中海重要的小麦、马匹、兵器、衣服、橄榄油和朝圣者的集散地巴里（Bari）和布伦迪西；连接加泰罗尼亚和普罗旺斯与西西里的港口墨西

---

① Richard I，"the Lionheart"，1157—1199，1189—1199在位。

拿（Messina）；以及位于亚美尼亚的西利西亚王国（Kingdom of Cilicia）的港口阿亚斯（Ayas）。[58]阿亚斯是13世纪的白奴交易中心。被贩卖的奴隶通常是被土耳其或蒙古人卖掉的土耳其人、希腊人和俄国人。圣殿骑士团所经营的汇票和跨境汇兑业务给往来于地中海沿岸的这些贸易提供了极大的便利。不仅如此，汇兑业务还特别受到长途跋涉的朝圣者的欢迎，加之它还规避了不许收取利息的天主教法规，因此很快就成为他们的主营业务。[59]

圣殿骑士团对专业经营也一丝不苟："无论是在巴黎、阿克里，还是别的什么地方，圣殿骑士团里的绿衣教士每天都对每一笔账进行核对，包括账户名、经办人、日期、交易性质、金额和账户信用的使用细节。这些日记账之后被转到一个分总账上，成为一个巨大和永久档案库的一部分。圣殿骑士每年还发布几次账户概要，包括借、贷双方及其对应的来源和使用细节。加之在环地中海两端的分支机构和在巴黎与伦敦的强大把控，他们不仅可以到处吸收存款，而且还可以在任何需要资金的地方提取。"[60]

坚守存管合约

法王路易九世①率领的第七次十字军东征（1248—1254）干脆直接让圣殿骑士负责筹款和在圣城的支出，交换条件就是允许圣殿骑士向法国各地教堂征收十一税，比原来二十分之一的税率提高了一倍。[61]路易九世执意进军埃及攻打达米埃塔（Damietta），不料于1250年5月初被埃及阿尤布（Ayyubid）王朝的苏丹穆阿扎姆·图兰沙

---

① Louis IX，1214—1270，1226—1270在位。

(Muazzam Turanshah）活捉。苏丹要求十字军退出达米埃塔，并索要 80 万金币（gold bezants，或 40 万里弗金币）的赎金才放回法国国王。还没等交赎金，阿尤布王朝就被马穆鲁克人的军事政变推翻了。马穆鲁克人来自俄国和高加索地区，在地中海的白奴交易中被卖到埃及。他们在埃及改信伊斯兰教，成为后来骁勇善战的马穆鲁克战士（Mamelukes）。也是他们最终于 1291 年将圣殿骑士赶出了阿克里这个十字军最后盘踞于圣地的海港城市。[62]不过这是后话。马穆鲁克人夺取了埃及政权后，并没有免除法王的赎金。法王的随从把所有带来的金子都汇集到一起还差 3 万里弗。随从们建议法王，在这种紧急情况下，只有向圣殿骑士借。而跟着法王在这次战斗中损兵折将的圣殿骑士仅剩几位，最高级别的将领奥斯特里克特的史蒂芬（Stephen of Ostricourt）拒绝了这个要求，他认为不能违背存款人对他们的信任而挪用款项。这是一个原则问题，因为圣殿骑士在接受每笔存款时都发誓只有存款人来取时，才会放款。[63]

虽然史蒂芬在法王随从的武力威胁下最终还是屈服了[64]，但是他的坚持揭示了一个重要信息，即我们上一章讨论的存款人和接受存款的保管人之间的存管合约是一种合同关系：虽然法王所借的里弗是一种具有替换性的古代金币，但是史蒂芬坚持的是在他们与存款人的合约下，金币的所有权依旧属于托管人，而非转移给了圣殿骑士团。放在今天的金融语汇下，就是活期存款要有百分之百的准备金基础。从法王借款为自己赎身这件事情看，圣殿骑士们至少坚持他们所保管的金钱对于存款人一直存在，并且我们可以知道，至少到 13 世纪末，他们对非常规存管合约百分之百准备金的要求都不曾动摇。

标准的存管合约就如同在英格兰，人们有将重要文件、金银珠宝和各种细软存于圣殿骑士团驻地的习惯。[65]亨利二世①在1182年的遗嘱里将自己留给圣地的遗产委托给圣殿骑士。这样做的人不在少数。[66]如果托管的是这种不可互相替换的特别物品时，这样的合约就是一个标准的存管合约——保管人必须在托管人要求时原物奉还。更多情况下，存在圣殿骑士那里的是可替换的金钱和物品。从亨利二世到爱德华二世②期间编年史家们的记录显示，国王们给教皇用以支持圣地的各种补贴都存给圣殿骑士是一种非常普遍的做法。

法国国王与圣殿骑士团的金融往来非常密切。第一次十字军东征的直接战果包括十字军建立的三个领地：埃德萨伯国（1098年3月）、安条克公国（1098年6月）和耶路撒冷王国（1099年7月）。[67]第二次十字军东征的起因是埃德萨的陷落，这次东征也是第一次由欧洲国家的君主，即法王路易七世③率领的（1147—1149）。在资助这次东征的资金中，就有从圣殿骑士那里借的钱。[68]

代理司库、家族信托和私人理财

德莱斯利（M. Delisle）在圣殿骑士巴黎总部驻地找到的圣殿骑士日记账以及其他一些相互佐证的资料证实，从路易九世直到他的孙子腓力四世④，圣殿骑士在巴黎的司库就是法王的司库。[69]

圣殿骑士们还经营家族信托业务，他们的第一个客户就是英王亨利二世。亨利二世在继承英格兰王位前曾经是诺曼底公爵（Duke of

---

① Henry Ⅱ，1133—1189，1154—1189在位。
② Edward Ⅱ，1284—1327，1307—1327在位。
③ Louis Ⅶ，1121—1180，1137—1180在位。
④ Philip Ⅳ the Fair，或Philippe Ⅳ le Bel，1268—1314，1285—1314在位。

Normandy),他在诺曼底心仪的几个城堡,被法王路易七世从他上任国王手里夺走了。亨利二世于是为自己还在襁褓中的儿子包办了一桩婚事,对象就是路易七世的女儿。条件是当他们到结婚年龄时,法国公主的嫁妆要包括这几座城堡。而在她1182年成年之前,这几座城堡就都被委托在第三方——圣殿骑士团的监护下。[70]骑士团经常被皇室和贵族们委任为职责执行人,包括各种礼物的赠予、嫁妆安排、养老年金发放和遗嘱执行人,等等。[71]有些朝圣者和要东征的骑士们也会在出发前将他们的所有财富都托付给圣殿骑士或医护骑士,或是抵押给这些武士僧团。[72]

不像今天八卦新闻里报道的各国王室家族成员财源滚滚,各国历史上的君主们很少有自始至终手头都很宽裕的。今天在君主立宪制下,他们所凸显的个人财富,一方面是享有免税的待遇,另一方面是赤字支出在政府的账本上,而不再是他们个人的了。而中世纪的国王们手头实在是非常的紧,他们向犹太人借钱,等把犹太人的钱都借光了以后就向意大利商人借钱,英格兰国王约翰二世①还经常向圣殿骑士借钱。约翰二世在他在位的最后四年里,就经常住在圣殿骑士的城堡里。也是圣殿骑士在英国的首领艾默里克·德·圣莫尔(Aimeric de St. Maur)建议约翰二世与贵族们于1215年6月15日签署了著名的《自由大宪章》(*Magna Charta Libertatum*),圣莫尔的名字不仅出现在宪章上,而且他还被约翰二世任命为自己的遗嘱执行人之一。约翰二世从圣殿骑士个人和机构借钱的数量从一个金马克供自己开销到上千金马克供给军队。[73]

---

① John II,1166 或 1167—1216,1199—1216 在位。

请圣殿骑士帮助自己解决个人财务困境的还不止君主和贵族。有记录显示，在1240年，连教皇格里高利九世①都通过了一个相当复杂的交易安排，请求法国的圣殿骑士团帮助他了结个人债务。[74]法王路易九世的母后和兄弟普瓦捷伯爵阿尔方斯（Alphonse, Count of Poitiers）也将自己私人所有的财务事宜委托给圣殿骑士来经营，进行日常支付和管理。将自己的财产交给圣殿骑士来管理也就成了西方基督教世界的一种时尚，贵族男女纷纷效仿[75]，就好像今天的中产阶级会攀比自己的私人理财是在一个本地小银行还是国际投行一样。

圣殿骑士所提供的服务安全、便利，其经营的内容基本囊括了现代商业银行和部分投资银行的主要业务：跨国汇兑、吸存放贷、保险箱业务、家族信托、私人理财、代收税款、贸易融资、土地开发、战争融资，等等。对于这样全方位的金融服务，圣殿骑士们是怎样来补偿自己的呢？就这一点，我们其实没有很多的资料，原因可能有三个：

第一，圣殿骑士团的中央档案是随着其总部的转移而转移的，先是耶路撒冷，然后是阿克里，阿克里失守后就是他们退守的塞浦路斯。这个中央档案到现在为止还从未被找到过，而这里面就应该有圣殿骑士团最重要的财产和财务信息，包括他们在小亚细亚所拥有的土地地契、财产所有权的证明、各种内部的交易记录，以及他们保存的非凡的圣物（如圣杯）和珍宝的目录。[76]欧洲其他地方虽然有档案记录了一些比较日常的交易事务，但是其重要性远不及骑士团的内部记录。历史学家和学者基本相信该资料是被1571年占领塞浦路斯的土耳其人全部毁掉了。[77]第二，教会和国王们可以给圣殿骑士团某种特

---

① Gregory IX，约1145—1241，1227—1241在位。

惠政策来丰富他们的财源，而非直接每笔一对一地核算。这样的话，圣殿骑士团对这些财产的经营的内部资料就对理解他们的整个运营和盈利模式显得更加重要。第三，中世纪的天主教教规是不允许放高利贷的，其范围涵盖了所有可以收取利息的业务。利息收入只能以其他的变通方式获得，例如以不同币种间的汇兑折价或其他费用形式收取，因此没有明确的记录。

圣殿骑士团的解散

圣殿骑士团的陨落就像他们的兴起那样突如其来。显然，他们所拥有的巨大财富是让他们招致杀身之祸的原因之一。野心勃勃又急等用钱的法国国王腓力四世①首先将那些没有靠山的债权人，主要是犹太人和伦巴第银行家驱逐出法国，然后没收他们的财产，拍卖他们的私人物品。腓力四世不仅可以将自己欠他们的债务一笔勾销，还将他们的债权据为己有。[78]

有教皇背景的圣殿骑士也不能幸免。腓力四世于1307年10月13日突然将在法国的圣殿骑士全部逮捕，包括他们的大团长雅克·德·莫莱（Jacque de Molay，约1243—1314），而这一天恰好是星期五，这就是金融市场上人们谈之色变的"黑色星期五"的由来。这次行动是腓力四世与教皇们，即世俗权力与宗教权力长期争权夺利的一部分，也是欧洲的国王仰赖官僚阶层与贵族们进行对抗的一次初期尝试。

可是这次被突然逮捕的圣殿骑士让腓力四世大失所望：他没有找到自己想要的金子。气急败坏的他一方面对这些逮捕的骑士们用尽酷

---

① Philippe Ⅳ，1268—1314，1285—1314在位。

刑，另一方面让教皇克雷芒五世①于 11 月 22 日发布诏书（拉丁文：*Pastoralis praeemenentiae*），以异端邪说的罪名指控圣殿骑士，命令各国君主拘捕在自己境内的圣殿骑士，并以教廷的名义没收他们的所有财产。腓力四世本希望自己可以得到这些没收来的财产，而教皇于 1312 年发布的诏书（拉丁文：*Ad providam*），却让医护骑士团成为受益人。[79]

腓力四世大幅增加的税收给 14 世纪整个国家和人民的经济生活带来了深重的灾难：收入降低，财富缩水，工匠和商人失业。[80]他还对当时流通的金属币进行了贬值。事实上，垄断了铸币权的君主们一直在系统性地降低金币和银币的成色和重量，这一点和元帝国多印纸钞如出一辙。君主们垄断了货币的发行后，这个办法他们就不断地系统性地使用，主要有两种：一种是减轻重量，一种是夹杂劣等金属。

在这一点上，无论是纸币还是金属币，其法律框架都是一致的：发行由君主垄断，伪造或做任何手脚都是绝不能容忍的刑事犯罪！针对人们伪造的刑罚在欧洲各地各不相同：砍掉右手、挖掉眼睛、用滚水烫死、吊死、烧死。在俄国使用的酷刑还包括将熔化的锡灌到伪造者的喉咙里，当然也少不了将他们流放到西伯利亚。[81]

从 13 世纪中叶到整个 14 世纪，钱币贬值的速度非常快。[82]腓力四世更令人震惊的地方在于他贬值的力度：从 1298—1299 年的 18 个月中，他的岁收中有 120 万古金来自铸币收入，而所有其他岁收总共只有 80 万古金，也就是铸币收益占到他所有岁收的 60%。[83]虽然腓力四世曾在 1306 年艰难地试图重新恢复币值的稳定，但 1311 年和佛兰德斯的战争再一次让他实行了对钱币的和大幅贬值。[84]例如，一个

---

① Clement V，约 1264—1314，1305—1314 在位，常驻阿维尼翁（Avignon），而不是罗马。

标准的法国古银币的含量应该是 96% 的银和 4% 的劣等金属。到了 1355 年腓力六世①的时候，屡次的贬值将这个比例变成了 20% 的银和 80% 的贱金属的劣质合金。[85]人们仅有的一点儿对冲手段就是在金银币上使用锉、剪、刮等方法，以给自己多留下点贵重金属。当然，这种行为要冒着承受因犯法而被施加的极端酷刑，但仍挡不住人们以身试法。[86]

腓力四世胁迫教皇命令各国君主拘捕在自己境内的圣殿骑士并以教廷的名义没收他们的所有财产，除了法国和塞浦路斯，其他国家的国王并没有执行或者是马上执行。英格兰国王爱德华二世和阿拉贡国王詹姆斯二世都否认对圣殿骑士的这种指控，没有马上行动。在英格兰、苏格兰、爱尔兰、阿拉贡、西班牙其他地区和葡萄牙等地，甚至塞浦路斯，因为法律禁止刑讯逼供，被逮捕的一些圣殿骑士，在以第三方听证的形式庭审后，被证实并无罪。[87]意大利各地情况复杂，当地的君主和领主又各有各的烦心事，所以结果也不尽相同。[88]在德国，圣殿骑士得到君主和家人的保护，其首领一直领导着这里的组织直到 1357 年。[89]

教皇虽然在 1311 年 3 月发布的诏书（*Vox in excelso*）[90]里明文宣布对圣殿骑士团的指控因没有证据而无罪，但是圣殿骑士团的大团长莫莱和佩罗却因熬不过酷刑，认罪之后又翻供，被腓力四世在没有事先知会教皇的情况下于 1314 年 3 月 18 日被施以火刑烧死。[91]

然而，除了土地、城堡这些带不走的资产，在欧洲的任何领地都没有找到圣殿骑士团的金山、银山以及传说他们所收藏的圣杯和其他

---

① Philip Ⅵ，1293—1350，1328—1350 在位。

绝世圣物。在塞浦路斯这个圣殿骑士团最后的总部和盘踞地，时任国王来自吕西尼昂家族（Lusignans），因在耶路撒冷国王位问题上，圣殿骑士支持过国王的对手安茹家族（Angevins）而与国王结下仇怨，所以国王在接到教皇的诏书后，马上对圣殿骑士进行了逮捕。[92]但是等抓捕者到了这个有几千圣殿骑士团员的驻地，才发现绿衣教士就只剩下一个了。显然，这些掌握着圣殿骑士团巨大财富及其信息和金融运作技能的绿衣教士在第一时间逃脱了。[93]

共济会的兴起

虽然教皇于1312年解散了圣殿骑士团，但是他们的传奇以大家猜测他们与共济会（Freemasonry，字面文意为"自由石匠"）所存在的联系而继续着。事实上，这种联系基本上已经成为学界的共识：1381年目标为夺取医护骑士团所接管的原属于圣殿骑士团的财产的英格兰农民起义背后的神秘组织[94]；苏格兰的罗斯林教堂（Rosslyn Chapel）里各种异乎寻常的建筑构思和宗教仪式的符号暗示都指向圣殿骑士被指控的异端仪式和共济会里复杂的象征符号；英格兰皇冠石匠大师（Master Masons to the Crown）的地位以及与国王们的特殊关系、历史传承和对系统内部独立性的坚守；传统石匠会所（lodge）在英国"军事政变"式的改头换面而成为共济会的过程；共济会两个最老的章程里的祈祷词内容和他们的各种几何标志性符号里包含的腓尼基人（也就是圣殿骑士团里绿袍教士的祖先）建造的金字塔与所罗门圣殿无不印证着这种联系。[95]显然，苏格兰和英格兰成了圣殿骑士团通过共济会而延续的一个核心地区。

有兴趣的朋友如果上网搜索有关共济会的信息会发现，关于今天的世界财富和金融市场是如何被幕后的共济会成员所操控的阴谋论猜测可能多过对共济会的客观介绍。毕竟，他们是秘密兄弟会嘛。其实人生在绝大多数时候，走投无路时的坚持再加上绝处逢生后的成功，一定是个不错的励志故事，而如果形成某种让人感到有影响的社会现象，就很容易被描画成一个一开始就有人在背后设计的阴谋。当然，如果人的周全考虑（而不是自我中心的规划）真的可以如此长远，那么人类历史上很多人为的灾难就都可以避免了。在几百位圣殿骑士团的兄弟被拘捕和受审问的日子里，还有其他几千人不知不觉地消失在茫茫人海中：白袍的贵族武士们受家人保护藏了起来，绿袍的教士们隐姓埋名，转入地下生活。圣殿骑士团被解散后，团员们还是要再次走进社会，安身立命。毕竟，生活还要继续。这些之前的绿袍教士以他们在金融、贸易、法律和组织上的专业才能，以及他们经营世界上最早并且是有史以来最大的跨国金融集团之一的巨大网络的经验，很快又开始在他们所熟悉的领域里施展才能了，而各地共济会的会所就是他们会面的地方。[96]

　　他们的宝藏在哪里呢？没有人知道，但是这并不妨碍我们去联想……由尼古拉斯·凯奇（Nicolas Cage）主演的美国电影《国家宝藏》（*National Treasure*）讲的就是一个与圣殿骑士和共济会有渊源的美国历史学家为寻宝藏而去美国国家图书馆偷窃美国《独立宣言》原件的故事。说宝藏在北美的人比较多，但这肯定不是唯一的猜想。可无论怎样猜想又有什么关系呢？当一些人财富散尽的时候，就是另外一些人找到生活意义的开始。

第 6 章
文艺复兴时期的杠杆
——教皇的银行家,美第奇银行

除去印钞这个不是什么人都可以有的特权,想用钱挣钱,部分准备金制度这种杠杆手法就是不二法门。

如同中国宋、元时期的滥发纸币,垄断铸造的金属货币也同样可以通过掺杂劣质金属降低成色而大幅贬值,这个做法已经古老得找不到发明人了,它的历史应该与人类文明史一样悠久,古今中外、历朝历代基本都会使用。只是铸币贬值比起印钞来还是成本太高,并且麻烦许多,但是其目的是一样的:少花钱多办事,用尽量少的成本来换取更多的财富。印钞和铸币贬值的办法还需要一个比较独一无二的条件:保证法定货币(无论金属币还是纸币)强制使用并以暴力手段惩治仿造者。

从技术角度讲,无论是印钞还是铸币贬值,这样获取社会财富的做法都还是比较简单粗暴的。自古希腊和古罗马就出现、中国宋朝的交子商人和中世纪银行家们都使用的"部分准备金"手法就相对要隐蔽多了,而且比直接印钞的操作更有技术含量。除去印钞这个不是什么人都可以有的特权,想用钱挣钱,部分准备金制度这种杠杆手法就是不二法门。中世纪晚期,凡是贸易活跃、财富积聚、市民生活兴旺的城市都有在银行进行大量存款的需求。布鲁日、威尼斯、佛罗伦萨和巴塞罗那等地的银行都先后不同程度地以部分准备金形式运营,结局自然也大多相同:在挤兑中破产清盘。[1]

中世纪晚期和文艺复兴前夜

在我们以 15 世纪最为著名的美第奇银行家族的经营来探究部分准备金制度的本质之前,先来看看中世纪晚期和文艺复兴前夜这个令人激动的时代。十字军为罗马教皇开疆拓土催生了各种消费需求:无论出于战事的需要,还是因为对异国货物的喜爱,这些都大大推动了对国际贸易和跨国银行业务的巨大需求。十字军东征于 13 世纪末结束,但是生活仍在继续:此时的欧洲,人们的眼界已被大大打开,提升的消费水准不能再降下来。虽然局部的战事不断,天灾人祸照常,但贸易商人继续热火朝天地做着生意。欧洲的商业发展已经势不可挡,银行家们所提供的清算结算服务和信贷业务标志着欧洲的交换活动从根本上脱离了以物易物的贸易形式。[2]这一变化通常被认定为文艺复兴产生的条件,但仅凭这一点还远谈不上因缘具足。拜占庭帝国在十字军离开后又半死不活地延续了一个多世纪,直到 1453 年土耳其大军攻占了帝国首都君士坦丁堡。这无疑是拜占庭帝国的灭顶之灾,却是西欧基督教地区的福报:君士坦丁堡的沦陷,使大批操着希腊语、熟悉古希腊典籍的学者流亡到了西欧。与以往的碎片式传播不同,这次他们是较为系统性地将古希腊的文化和艺术展现在西欧人面前，让人们对古代世界的兴趣油然而生。与此同时，对外贸易使得商人和手工业者这些城市自由人先富起来，以他们为主要群体的有产阶级在财富和社会政治生活中的兴起也是一个必要条件。毫无疑问，文艺复兴是从先富起来的意大利开始兴起的，这里也是从君士坦丁堡流亡而来的学者们第一个庇护所。[3]也就是说，文艺复兴的开启既需要精神食粮，也不能缺少物质基础。

美第奇家族

在十字军东征期间最为活跃的跨国银行集团圣殿骑士团于14世纪初被教皇解散之后，这种跨国银行服务首先被一直为十字军提供海运服务，帮他们运送士兵、马匹和各种补给，并在各地之间买卖武器和人口的威尼斯商人所兼顾。[4]之后随着意大利城邦在贸易中的不断发展壮大，国际银行业务也被他们所取代。在中世纪末期和文艺复兴早期的整个15世纪里，最为著名的就是意大利的美第奇家族（House of Meidici）。在这150多年里，这个家族的银行经历了五代掌门人：他们不仅是教皇的银行家，还作为赞助人和雇主与文艺复兴时期那些知名的艺术家有着密切的关系：米开罗佐（Michelozzo）、菲利普·布鲁内莱斯基（Filippo Brunelleschi）、波提切利（Sandro Botticelli）、弗拉·安吉利科（Fra Angelico）、达·芬奇（Da Vinci）、米开朗琪罗（Michelangelo Buonarroti）等，当时"欧洲享有盛名的艺术家当中，很少有人没有被美第奇家族的手指头碰过"。[5]这种联系绝非偶然。美第奇国际银行大业的创始人乔瓦尼·迪·比奇（Giovanni di Bicci）出身于中产家庭，十几岁就进入叔叔开的银行当学徒。当他成家立业后，他给自己的两个儿子科西莫（Cosimo）和洛伦佐（Lorenzo）安排了一套充满远见的教育方案：他们的启蒙老师是他们所在的修道院学校里的第一个老师罗伯特·德·罗西（Roberto de'Rossi）——一个出身于贵族的人文主义者。自此以后，他们就被罗西介绍的更加耀眼的早期人文主义者所环绕：波焦·布拉乔利尼[6]、莱昂纳多·布鲁尼[7]、尼科利·德·尼科洛[8]和阿姆布鲁乔·特拉韦萨里[9]。他们将古希腊的智慧之光植入这两个年轻人的大脑里，使他们成为文艺复兴时期保护与收藏古希腊艺术遗产、传承古希腊圣贤思想和赞助文艺复兴时期艺术发展最重要的赞助人。[10]美第奇家族的宅邸（里卡迪宫）"实际上是欧洲最早的博物馆，就15世纪意大利和佛兰德斯的艺术品收藏而言，自此以后恐怕就没有能跟它势均力敌的，而且今后恐怕再也不可能有了"。[11]

这个家族的深谋远虑远不止于当上帝的银行家，而是成为上帝的代言人。那个时代的教皇其实就是在几个显赫的意大利家族中产生的，这在美第奇银行于1494年倒闭后看来是很有远见的：美第奇家族的后代在16世纪里就出了两位教皇——利奥十世①和他的堂弟克雷芒七世②。等两位教皇在自己挥霍无度、各种阴谋暗算、谋杀和新教改革的呼声如火如荼中辞世后，美第奇家族的一个远房亲戚还被依旧拥戴美第奇家族的佛罗伦萨人捧上来，成为整个意大利中部托斯卡尼的大公，而他给自己的儿子请的宫廷教师就是支持哥白尼日心说的伽利略。这个家族里发生的事充满了威尔第歌剧里的所有元素：宗教、权力、谋杀、命运、阴谋、金钱和爱情。美第奇家族几代人〔尤其是

---

① Leo X，1475—1521，1513—1521在位。
② Clement Ⅶ，1478—1534，1521—1534在位。

第6章 文艺复兴时期的杠杆

奠定了美第奇家族国际银行业霸主地位的第二代科西莫和他的孙子第四代洛伦佐，人称"伟大的洛伦佐"（Lorenzo the Magnificent）]倾注在复兴古希腊思想和艺术上的心血及其成果不禁让人感叹命运的安排，只是世人好像很少意识到自己的爱好才是上天给自己在世间最好的安排。中国历史上最能让人有这样慨叹的莫过于那两个艺术造诣盖世的亡国之君——南唐后主李煜和宋徽宗赵佶了。这些古希腊的思想和艺术旨趣再次唤醒了人们被泯灭的觉知，给沉闷的西部基督教世界带来了多神教对世俗生活的包容与沉醉，当然此时已不是以罗马帝国之初那几个信奉基督教的皇帝们所痛恨的各种多神教巫术的形式存在[12]，而是以艺术的形式华丽转身了。然而又有什么比艺术的形式更适合的呢？

我们在这里不再赘述美第奇家族作为文艺复兴时期的艺术赞助人的光辉事迹。我们这本书关注的还是美第奇家族开的银行是怎么积累起来这样巨大的财富的，他们的银行是怎么赚钱的呢？

美第奇银行

中世纪的银行业务和国际贸易是分不开的，因为其起源就是要为跨国贸易提供货币兑换的服务。很多银行家也做贸易，而贸易商人也开银行给贸易融资：一来，中世纪的商业银行也普遍经营贸易生意，因为当时的交通和通讯不像今天这么发达，一次生意周期几个月很正常，因此要尽量利用机会不要使时间浪费在路途上[13]，这和今天我们城市里出租车不空跑是一个道理；二来，那时候倒不是脱实向虚的获利驱动促使贸易商人开银行，而是因为很多在跨国贸易中赚得盆满钵满的商人已年老体衰，不愿再忍受旅途奔波之苦，于是就改做一个可以在家门口坐地赚钱的生意。[14]这至少说明那个时候做贸易和实业不比单纯以钱赚钱少，也解释了为什么美第奇家族一而再、再而三地尝试发展丝绸纺织、明矾开采等实业，只是美第奇家族在实业上的运气远不及在银行。[15]

在当时各种各样的金融机构，包括典当行、外汇兑换处和只做国内生意的零售银行中，美第奇家族的银行无论从规模、网点还是客户群体来看，都绝对称得上是国际化和高端的那种。[16]它既吸收存款也发放贷款，只是在很多情况下都看不出存款人到底是银行的债权人还是参与银行分红的生意合伙人：因为从合同上看到的就是有人把钱交给银行在一个固定的期限内打理（如同定期存款），并同意将钱进行贸易投资活动然后分得利润。这样含混不清的描述对于银行来说，好处是规避了中世纪天主教教规禁止对借贷活动收取任何利息的禁令，坏处是混淆了存款人和银行之间的法律关系。

同样的，美第奇银行也违背了活期存款百分之百的准备金要求，把活期存款拿出去放贷。美第奇银行的负债中对应活期存款的比例较大，在美第奇家族的秘密账本（意大利文：*libri segreti*）里发现，在每一笔活期存款的旁边注释上，都写明了对储户是否有可能要求还钱的预判。[17]显然，美第奇银行是在仔细地盘算如何将杠杆最大化以使其利润最大化。银行因挤兑而倒闭，是由于存款人要求提款时，银行发现贷出去的款无法及时收回，或因坏账根本无法收回，因此没钱支付所致。

除此之外还有期限错配的问题：用会计上的说法就是银行资产（放出去的贷款）的期限结构长于负债（存款）的期限结构，而在企业的财务管理中有一条重要的法则却与此相反，就是"企业资产的期限结构不得长于其负债的期限结构"[18]，今天银行的运作并不受此法则制约，以短搏长（以短期存款支持长期贷款）已经是银行赚钱的一种通常做法了。当然，投资放贷活动使银行因挤兑而倒闭的事件在那个年代早已司空见惯。[19]

教会对收取利息的合法性的争论和不同意见，也让银行家们有机可乘。教会对收取利息的禁令给在国内经营的中小银行带来的巨大压力使它们无以为继，但是美第奇银行的国际触角却使它大发横财，一个最重要的渠道就是通过跨境的外汇远期汇票。难怪当时神圣罗马帝国皇帝查理五世①的神父多明戈·德·索托（Domingo de Soto，1494—1560）不无厌恶地说："这个汇兑的事儿，本身就够令人费解的了，现在变得越来越复杂，商人每天能想出更隐秘的新花招，都是因为那些博士们相互矛盾的观点使商人们有机可乘。"[20]然而，美第奇银行不仅没有受到教会的审查，反而自豪地称自己为教皇的外汇交易商，他们是"教会特别钟爱的儿子"，因为他们提供的是教皇的各种资金调拨往来不可或缺的服务。[21]

外汇远期汇票

如同当时很多意大利家族银行一样，外汇汇票也是美第奇家族银行的主营业务之一。用外汇交易掩盖借贷活动收取利息的外汇汇票业务在12和13世纪时就被圣殿骑士团开始运用了。14和15世纪的西欧，外汇的汇兑业务基本上被意大利的银行家所垄断，那个时候的外汇交易和现代的操作大相径庭。由于没有现代的通信技术，交通也远远不如今天便利，外汇交易主要依靠在两个不同地点之间进行套利：

---

① Charles V，1500—1558，1520—1556在位。

贸易商人们游走各地的贸易活动是真实的需求，附带着在两地之间依靠资金成本和汇率差来寻找套利空间。在使用铸币的年代，汇率主要体现了一个较小区域（经常是一个城市，比如佛罗伦萨、安特卫普或伦敦）内贸易收支和铸币供求的影响，加之贸易活动在相当长的一段时间内都是相对稳定的，所以时间对汇率的影响也就远不及空间变换。

今天要进行一笔对世界主要流通货币之间的外汇交易，交易人只需要考虑每个时点上汇率的变动，而地理上的距离已经因通信技术和全球市场的"连线"成为一个可以忽略的因素。当然，今天物理距离对此也不是没有影响：对于下单速度以毫秒（1毫秒＝0.001秒）来计算的高频交易来说，下单电脑之间的距离也会影响交易结果。[22]

外汇汇票业务操作流程

研究美第奇家族银行的权威学者雷蒙·德·罗弗（Raymond de Roover）依据15世纪的文献归纳了当时的四种外汇汇票交易。[23]不过为了帮助大家理解，我们把外汇兑换业务分为两大类：真的和假的。真的兑换无非是两种情况：第一种，将一种金属币换成另一种金属币，例如把佛罗伦萨的金币弗罗林（florin）换成威尼斯的银币达克特（ducat），放在今天就好比我们去欧洲旅行前用人民币换欧元；第二种是标准的外汇汇票业务，比如佛罗伦萨要远途朝圣的人或外出旅行的僧侣、学生和使节先把钱存在佛罗伦萨的美第奇银行总部，佛罗伦萨的美第奇银行给这些人出具信用凭证，朝圣或旅行的人拿着银行出具的信用凭证就可以在欧洲各地的美第奇银行分行和代理行/关系银行支取，支取的还是当地的钱币。[24]只要银行有网点或代理行的地方都可以开具汇票和兑换。这有点像现代的旅行支票，不过今天人们

第6章 文艺复兴时期的杠杆

旅行主要是用信用卡了。

假的兑换完全是由于教会法规禁止借贷收取利息给贸易商人和实业家们对短期资金融通带来的各种不便而产生的强大需求。一个币种兑换到另外一个币种,这种外汇交易完全是由于国界,或更准确地说是因各国律法的阻隔而产生的需要,是一个客观事实,合理合法。外汇交易是需要时间的。当时天主教的圣典学者们允许这种外汇汇票交易的原因就是:他们认为时、空不能分割——空间的转换必然需要时间——所以在空间上从一个地方到另一个地方所需要的时间内进行的外汇汇票业务就不能算作收取了利息;也就是说,汇票交易要想合法,就应该是在将来规定的某个时间段内,在另外一个地点,以另外一个币种来完成。[25]

地点好确定,那么时间该怎么确定呢?幸好那个时候还没有现在的通信条件:没有电传,更没有微信;从意大利的威尼斯或佛罗伦萨到英国的伦敦单程要走3个月,往返就是6个月;从威尼斯到布鲁日单程需要2个月,往返4个月;从伦敦到安特卫普需要1个月,往返2个月;等等。如果贷款被包含在外汇兑换的交易里,并且兑换的时间不超过大家公认的往返路程上所需的时间,就可以在一个远期外汇汇票中只体现外汇交易,而完全没有利息支出和收入的账项。这样一来,外汇汇票业务就成了贸易商人和各界需要贷款的人士用来规避这个禁令的最主要方法。

假的兑换也有两种,直译就是:干换(意大利文:*cambio secco*,英文:dry exchange)和虚换(意大利文:*cambio fetizzio*,英文:fictitious exchange)。"干换"就是只有汇票的出国旅行,而资金一直在本地;"虚换"就是连汇票都省了,不用出国转一圈。[26]多亏德·罗弗教授对美第奇家族档案的整理，使我们今天得以知道这样的一种贷款是怎样在外汇交易的掩盖下进行的。美第奇家族秘密账本的发现对这种交易的整理和研究大有裨益，而这两个文件库都是另外一位历史学家、德·罗弗教授的夫人（Florence Edler de Roover）在佛罗伦萨时，从大家都忽视的一堆文件档案中翻出来的。[27]

这里我们根据德·罗弗教授众多著述中所举的例子[28]，做一个简化的示意图，先不考虑汇率变动的因素，只看一个蕴含在外汇交易里的贷款是怎么发生的，方便大家理解。

传统外汇汇票形式我们可以这样理解，比如说，一个伦敦人要去罗马旅行，他只要把英镑存在美第奇银行伦敦分行，这里会给他开具一张汇票，上面写明美第奇银行罗马分行需要以多少汇率付给这个人多少当地的货币，这个人拿着这张汇票到罗马的美第奇分行就可以按约定的汇价提取当地的钱币了。这个换汇会有手续费，但不是一个贷款。

那么一个做进出口贸易的意大利商人在伦敦需要一笔 3 个月的贷款应该怎样操作呢？通常情况下，这么做需要有四方的参与：首先是在伦敦的借贷双方。因为交割要发生在另外一个国家，所以贷款的银行和借款的贸易商人在这个国外的城市都要有代理人进行记账和交割的工作。让我们来看一下图 6.1，虚线箭头代表汇票的运动方向，实线箭头代表贷款资金的运动方向：此时伦敦的汇率是 1 英镑换威尼斯货币 1.35 达克特。在伦敦的美第奇银行分行有 1 000 英镑可以拿出来放贷，于是就在 T_0 这一天买了一个威尼斯商人甲开出的汇票——在这张汇票上，商人甲承诺于 3 个月后的 T_{3m} 这一天在威尼斯按期交割时，还款给美第奇银行在威尼斯的分行 1 440 达克特。一个愿买、一个愿卖，成交。

第 6 章 文艺复兴时期的杠杆

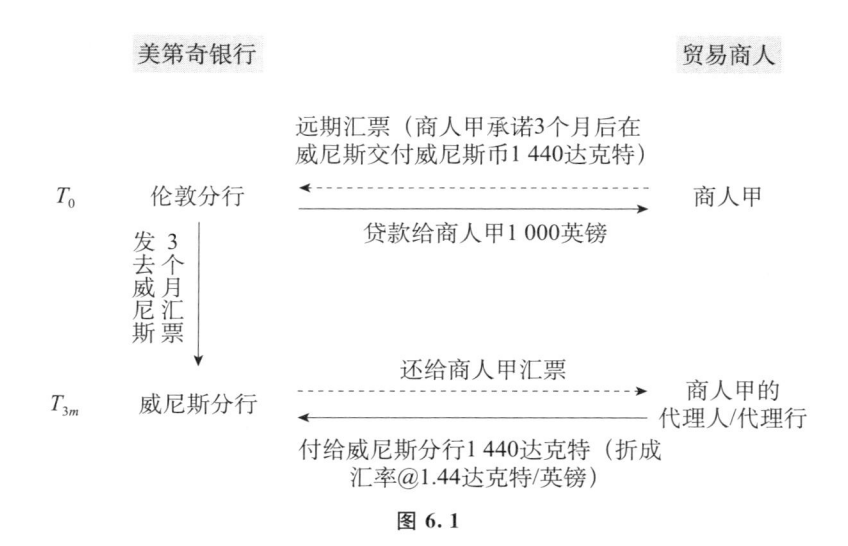

```
美第奇银行                                              贸易商人

                          远期汇票（商人甲承诺3个月后在
                          威尼斯交付威尼斯币1 440达克特）
T₀    伦敦分行      ←------------------------------     商人甲
       ↓发去威尼斯3个月汇票      贷款给商人甲1 000英镑
                          ─────────────────────→

                              还给商人甲汇票
T₃ₘ   威尼斯分行    ------------------------------→    商人甲的
                                                      代理人/代理行
                          ←─────────────────────
                          付给威尼斯分行1 440达克特（折成
                              汇率@1.44达克特/英镑）
```

图 6.1

3 个月过后，商人甲在威尼斯的代理人就要如约还给美第奇银行威尼斯分行 1 440 达克特。如果此时在伦敦的汇率与 3 个月前相比没有发生变化，都是 1 英镑换威尼斯币 1.35 达克特，那么美第奇伦敦分行就可以在账本的汇兑损益一栏记一笔 90 达克特的汇兑收益（1 440－1 350＝90），就相当于 3 个月的利息为 6.7％的一笔贷款，年化利率在 27％左右。这个利率水平和今天比起来堪称高利贷水准，但在 15 世纪的欧洲，并不能说是个少见的利率水平。美第奇家族的秘密账本里就时常可见到 28％的年化利息。[29]

当然，美第奇银行威尼斯分行需要把钱送回伦敦分行。为了不使资金闲置，威尼斯分行可以从商人乙那里再买一个伦敦的外汇远期汇票：在威尼斯将 1 440 达克特贷给商人乙，商人乙承诺 3 个月后在伦敦还给美第奇伦敦分行按约定汇价折算的英镑数目，如图 6.2 所示。

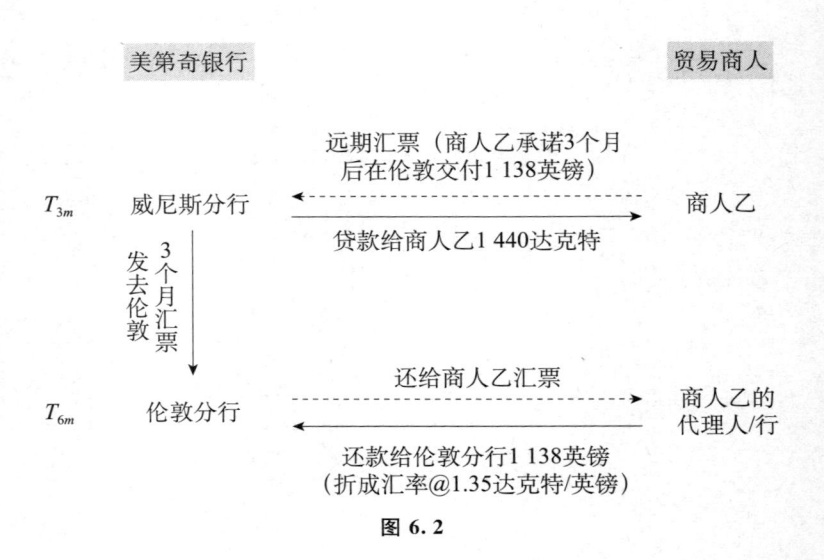

```
美第奇银行                                      贸易商人

                远期汇票(商人乙承诺3个月
                后在伦敦交付1 138英镑)
$T_{3m}$  威尼斯分行 ◀- - - - - - - - - - - - - - - - -  商人乙
     │         贷款给商人乙1 440达克特
   3 │        ──────────────────────▶
   个 发
   月 去
   汇 伦
   票 敦
     ▼
              还给商人乙汇票                    商人乙的
$T_{6m}$  伦敦分行 - - - - - - - - - - - - - - - - -▶  代理人/行
           还款给伦敦分行1 138英镑
           (折成汇率@1.35达克特/英镑)
         ◀──────────────────────
```

图 6.2

3个月过后,商人乙在伦敦的代理人或代理行就要按3个月前的约定,还给美第奇银行伦敦分行1 138英镑(1 536达克特@1.35)。威尼斯分行也因此可以在自己账本的汇兑损益一栏里记上71英镑(96达克特:1 536−1 440)的收益。在银行家买外汇期票的时候,3个月后交割的异地汇率是不知道的。就拿图6.2中的交易来说,如果届时英镑升值了,比如从1英镑换1.35达克特升至1英镑换1.38达克特,那么此时,商人乙就应该还给威尼斯分行1 570,达克特(1 138×1.38=1 570),这样,威尼斯分行的账上,银行家就多赚了34达克特(1 570−1 138×1.35=34)。如果届时英镑贬值了,比如从1英镑换1.35达克特降到了1英镑换1.30达克特,那么按即期汇率就应该是1 479达克特(1 138×1.30=1 479),这样,威尼斯分行的账上,银行家就少赚了57达克特(1 479−1 138×1.35=−57)。

在没有今天的外汇远期市场的情况下,银行其实承担了巨大的汇率风险。好在在金属硬通货的时代，汇率在较长的时间里是相对稳定的。影响汇率的原因主要是国际贸易改变了资金和货物的流动，用今天的金融术语来说就是主要受基本面影响。

那个时候，汇票期限是依据旅行距离大概所需的天数来确定的。伦敦和威尼斯之间单程不可能走半年，要是这个在伦敦的商人需要一笔 6 个月的贷款怎么办？请看图 6.3。

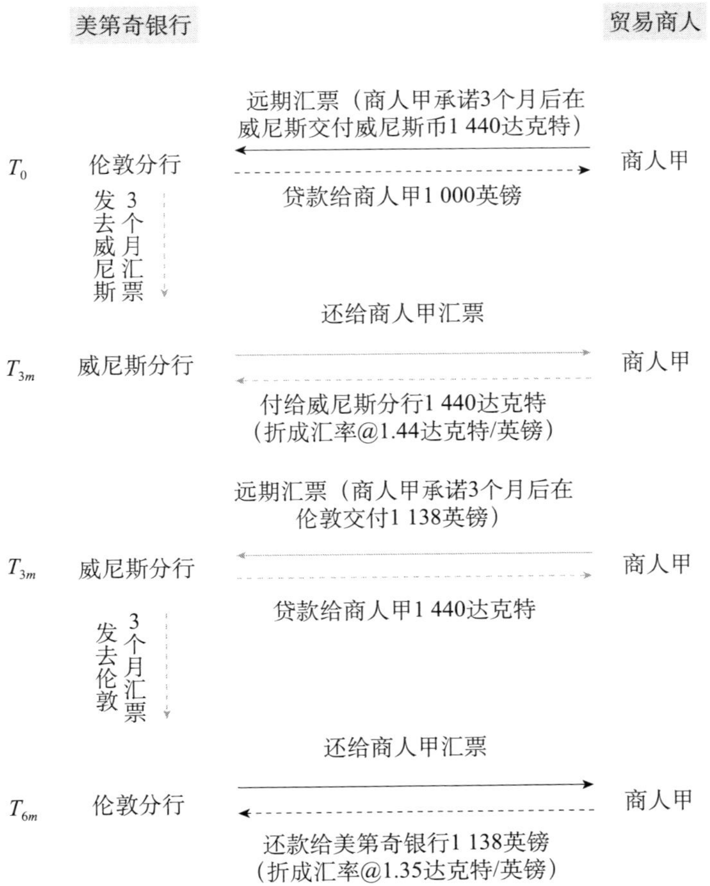

美第奇银行		贸易商人
T_0 伦敦分行	← 远期汇票（商人甲承诺3个月后在威尼斯交付威尼斯币1 440达克特）	商人甲
发去威尼斯汇票 3个月	→ 贷款给商人甲1 000英镑	
T_{3m} 威尼斯分行	→ 还给商人甲汇票	商人甲
	→ 付给威尼斯分行1 440达克特（折成汇率@1.44达克特/英镑）	
T_{3m} 威尼斯分行	← 远期汇票（商人甲承诺3个月后在伦敦交付1 138英镑）	商人甲
发去伦敦汇票 3个月	→ 贷款给商人甲1 440达克特	
T_{6m} 伦敦分行	→ 还给商人甲汇票	商人甲
	→ 还款给美第奇银行1 138英镑（折成汇率@1.35达克特/英镑）	

图 6.3

从图 6.3 我们可以看出，如果将图 6.1 和 6.2 的交易连接起来，就是：商人甲贷款 3 个月后还贷款给美第奇银行威尼斯分行，威尼斯分行几乎同时再从同一个商人手里买一个反向的 3 个月的远期外汇汇票，在这张汇票上商人甲承诺 3 个月后在伦敦分行还贷款就可以了。对于一个奔波于两地的贸易商人来说，这种需求一点也不过分。在图 6.3 里，用浅灰色线表示的部分其实只是发生在账本上，根本没有真实的交易和交割。也就是说，在这种情况下，代理行威尼斯分行只是记了个账，以规避天主教教规不许收取利息的禁令而已。如果我们把在威尼斯分行发生的只记账没交割的浅灰色线部分忽略掉，只看真实发生的黑线部分，这就是一笔十分清楚的 6 个月贷款：在 T_0 那天，美第奇银行伦敦分行贷给商人甲 1 000 英镑，6 个月后的 T_{6m} 那天，商人甲还给伦敦分行 1 138 英镑，3 个月算一次账（记一次复利）而已。这样一来，对于银行家来说，最妙的是连汇率变动的风险也规避掉了，因为这就是一笔借英镑还英镑的 6 个月贷款。这个过程就如同今天外汇远期汇率的逆运算：从汇率推导出两个币种的利差，而今天的外汇远期是以两个币种的利差推导出它们之间的远期汇率。

复式簿记

德·罗弗（2017）从美第奇银行的秘密档案中挖掘出的交易里记述的办法还有：借款商人在 3 个月后违约，无法还款。根据当时的商业惯例，银行的代理行（在我们上述的例子里就是威尼斯分行）不仅可以要求借款商人支付违约金，还可以要求借款商人再开一个反向的远期汇票给贷款银行（在我们的例子里就是伦敦分行），这样借款的

第6章 文艺复兴时期的杠杆

商人要连本带息再加上违约金一次性付给贷款银行。这样算下来的贷款利率还可以更高。中世纪的国际银行对这种交易的运用已经非常"花哨"且富有想象力：交易不必仅局限在点对点的两地，可以在三地或是更多的地点之间发生（比如从伦敦到威尼斯，再从威尼斯到布鲁日，等等）；所涉及的汇率也不一定限于两个币种之间，可以是更多，在时间和空间上都可以为客户量体裁衣。

可以想象，这样的商业模式对会计的账簿记录的要求何等之高！如果没有我们今天使用的复式簿记，这么复杂的远期外汇交易可能就很难实现。就像卢卡斯·帕西奥利（Lucas Pacioli，1447—1517）教士[30]所说：没有这样的复式簿记，商人的头脑里可能就是一团乱麻。[31]他在1494年于威尼斯出版的代表作《关于算数、几何和比例》①一书中[32]，用了36章详细讨论了复式簿记的方方面面。他从未宣称复式簿记是他的发明，而只是说他仅仅是记述了当时威尼斯商人的会计操作而已。复式簿记是一个精密的系统，它的"发明"经历了一个较为漫长的过程，需要一些基本的条件，并在贸易的发展和生意运营的复杂过程中逐步完善起来，例如，书写的普及需要工具，造纸技术就至关重要。罗马数字系统不能进行加、减、乘、除的运算，阿拉伯数字和算数的引进就是一个先决条件。游走于伊斯兰世界和意大利之间的犹太商人成为传播这项技术的纽带也很顺理成章。[33]同时，钱作为交换媒介的普遍使用使商品经济取代物物交换，对信贷扩张的需求也是复式簿记的助产士。迄今发现的11世纪开罗老城犹太商人

---

① 意大利文：*Summa de Arithmetica*，*Geometrica*，*Proportioni et Proportionalita*，英文：*Everything about Arithmetic*，*Geometry and Proportion*。

的账本也印证了他们是最早运用复式簿记概念的群体，他们的发明也成为了现代复式簿记的前身。[34]复式簿记在13世纪末14世纪初的意大利威尼斯商人中得到了广泛的运用。[35]伟大的德国诗人歌德对此这样评价："商人们可以从复式簿记中得到什么样的好处？它属于人类的头脑所能创造的最精密的那些发明。"[36]

其实13世纪的大多数时候，贵族地主和商人对所有的收入、支出、轧差都还使用单式簿记：只能记个流水账。复式簿记的基础是基于资产等于负债加股东权益（或称资本金）这样一个会计等式（资产＝负债＋股东权益）。要想等式两边相等，任何资产方的变化，都必定同时引起负债或股东权益的变化。借贷记账法是复式记账法中的一个重要方法，每笔交易都需要在相互关联的两个或两个以上（比如借与贷、资产与负债等）的账目上进行登记。相比之下，单式簿记的流水账只能反映交易的一半，因此不能看到一个完整的交易过程。复式簿记无疑重塑了人们对商业交易的看法，改变了人们对交易的解读。[37]因为在一个账目格式里，现金和资本区分开了，信用和债务区分开了，相对于资本的收益与损失也就可以计算和预估了，打个比方：你自己看不见自己长什么样子，站在镜子前面你就能一目了然了。

复式簿记不仅使如此复杂的外汇交易成为可能，它的一个令我们今天都深陷其中而无法自拔的影响是它可以清楚地反映簿记信用在每一个环节的扩张，从而使信用以前所未有的规模（或更准确地说是杠杆率）扩张成为可能。就好比你在照镜子的时候，你的背后再放一面镜子（也就是你站在了两面互相对着的镜子中间），你看到的就是两面镜子里都重复着很多层同样的画面，即你对着镜子在看的正面和背影。

无论人们使用的是纸币还是黄金，都不妨碍银行使用部分准备金的经营模式。对于银行来说,只要可以放贷,就可以用钱挣钱。无论是用什么样的票据和债券,还是外汇交易或是其他什么手段,实质上就是银行拿手上的钱(无论是自有的资本金还是储户的钱)加杠杆,制造信贷扩张。为什么这么说呢?我们就用刚才提到的,并且直到今天都在使用的复式簿记方法来展示一下这个信贷扩张创造货币的过程就更清楚了。为了方便展示,我们假设只有一家银行(就叫美第奇银行吧,我们把它当作整个银行系统)、一个商人(作为整个借款方)和一个储户(代表全社会储蓄)。请看表6.1。

表 6.1 美第奇银行资产负债表　　　　　　　　　　单位:达克特

资产		负债	
(1) 存款	1 000	(2) 存款票据	1 000
(3) 购买商人甲外汇汇票	−1 000		
(4) 贷款给商人甲	+1 000		
(5) 商人甲再存入贷款	1 000	(6) 存款票据	1 000
(7) ……			
资产总计	2 000	负债总计	2 000

假如作为储户的你在银行存入了1 000威尼斯达克特的活期存款:银行资产负债表的左侧资产方增加了1 000达克特(1);银行给储户开一个存款票据作为证明,相应地在右侧负债方记上1 000达克特的负债(2)。然后,银行把这1 000达克特作为贷款贷给了商人甲。在银行的资产负债表的左侧资产方就要记上两笔账:首先要从银行的资产里减去这购买了商人甲开具的外汇汇票1 000达克特(3),其次贷款是银行的资产,所以要在资产方加上这1 000达克特(4)。这样第(3)和第(4)项互相抵消。商人将从美第奇银行收到的贷款,转到自己的银行账户,当然也是在美第奇银行开户,所以就要在资产方再记上一笔1 000达克特(5)。因为这是存入银行的又一笔存款,所以

银行要给商人甲再开一个1 000达克特的存款票据（6）。现在，银行资产负债表的左边资产方是2 000达克特，右边负债方也是2 000达克特，资产与负债就平了。就在这一刻，储户认为这1 000达克特是自己的，随时都可以动用；商人甲收到贷款后认为他在贷款期限内随时有权处置这些钱，那么这1 000达克特的存款就给了人们社会上有2 000达克特的印象，用现在的术语来说就是这1 000达克特的存款创造了2 000达克特的信用。而从表6.1的步骤（7）开始，又可以不断重复步骤（3）～（6），如此往复，继续放大杠杆倍数。如果没有存款准备金的限制，也就是将银行存款按一个百分比提取存放到央行，以备银行发生挤兑危机时，央行有资源加以援助，那么这个杠杆倍数理论上可以是无限的。按照今天的部分准备金制度，假设央行要求存款准备金率为10%，杠杆的倍数就被限制在了10倍。我们还是按表6.1的假设来列出一个准备金率为10%的银行的资产状况（见表6.2）。

表6.2　银行资产负债表示意（准备金率：10%）

资产		负债	
（1）存款	1 000	（2）存款票据	1 000
（3）购买商人甲外汇汇票	－900		
（4）贷款给商人甲	＋900		
（5）商人甲再存入贷款	900	（6）存款票据	900
（7）购买商人乙外汇汇票	－810		
（8）贷款给商人乙	＋810		
（9）商人乙再存入贷款	810	（10）存款票据	810
（11）购买商人丙外汇	－729		
（12）每次减去10%，不断重复（4）～（7）			
资产总计	10 000	负债总计	10 000

从表6.2的步骤（12）开始，每次减去10%，不断重复步骤（4）～（7），其间都是按10%准备金率提取准备金，最终我们得到的资产和

负债总计就都是 10 000。在信用创造这一点上，无论是创造货币的基础是黄金、白银，还是纸币，银行这种杠杆方式制造信贷扩张（或说是创造货币）的技术手段都别无二致。[38] 而与黄金和白银所不同的是，纸币本身就是一种负债。

在美第奇银行的时代还没有发展到后来出现的中央银行部分准备金制度，银行自有的资本金（股权）对一个银行的生存就显得格外重要：一旦在贷款被占用期间储户来取钱，银行可以动用资本金还钱给储户。如果银行的资本金不足以支付储户的提款，后果可想而知。这也就是今天对银行有资本充足率要求的原因。根据目前巴塞尔 III 的规定，银行的一般资本充足率人为规定在 8%。

上帝的银行家

存款（资金来源）

银行的资金来源主要有三个：股东投入的资本金（股东权益），利润留成和存款。存款使得银行可以用大大超出自己资本金的金融资源来创造信用，膨胀信贷，就如同表 6.1 所展示的方法。美第奇银行的档案资料显示，它的各个分行的经营都是如此。[39] 作为分行，美第奇银行罗马分行的运营资本从哪里来都没关系，由总行划拨或自己筹措都可以。美第奇银行的各个分行就属于第二种情况：在所在地注册和拥有自己的独立资本金，并拥有自己的股东。如果按今天公司的构架来看，第二种情况其实就是子行的概念，而美第奇家族就是个控股公司。这样的公司治理形式有别于其他前辈的意大利银行［如著名的佩鲁兹家族（Peruzzi）和巴尔迪家族（Bardi）］，在公司架构上它们采取的是所有分行都仅仅是母行的代理人这种高度集中的管理体制。[40]这种控股公司式的分权管理体制在很大程度上降低了代理人的成本,也是最终成就美第奇银行在15世纪的国际银行霸业的原因之一。

正如在表6.1的例子中所展示的那样,银行在没有自己资本金(或说股本、股东权益)的情况下经营。而美第奇银行罗马分行,或更准确地说是子行[41],就是这样经营的:根据美第奇银行的档案,罗马分行的资本金于1426年被撤走了。此时的罗马存款供给异常充裕,利润也非常不错,同时期另外两家银行的做法也是如此。[42]

美第奇银行罗马分行的存款相当可观,存款人的地位也都相当显赫。在美第奇银行的存款客户中,宗教界人士是一个非常突出的群体,他们对国际银行服务的需求是巨大的。第一,教皇的教区覆盖欧洲大陆各地——与欧洲各国君主相比,教皇也是唯一一个从欧洲任何角落都有进项流入其司库的宗主,西欧各地的钱源源不断地流入罗马,教廷也就成了当时最大的经济体。[43]教廷在各个教区和领地之间要对收取的税款进行管理(可能就是需要投资,不要闲置),支付费用和融通资金等事项都需要一个国际银行的服务。仅凭这一点,教会就是任何一个国际性银行都梦寐以求的最大客户,教廷对国际银行家服务的依赖也可想而知。第二,宗教界是高净值人群扎堆的地方,他们中的很多人出身于名门巨贾之家,自身也是高净值客户。第三,中世纪的教会人士有很多赚钱的门道,其贪腐的程度也相当惊人,教皇的位置其实就在几个最有权势的意大利家族之间换手。事实上,英文中裙带关系"nepotism"一词,据说就出自教廷,来自拉丁文"*nepos*",即侄子和孙子;在整个文艺复兴时期,教皇的侄子当红衣主教

第 6 章 文艺复兴时期的杠杆

是司空见惯的事。[44]仅在15世纪的100年间，教皇就换了11个，还有两三个同时在位的情形。这些像走马灯一样换来换去的富有的教廷人员，如同一些贵族王公和政客，无论是贪腐来的钱或为私生子和情妇准备的钱，投资地产都不是好的选择，因为房子和土地带不走，而且随时可能被新任教皇没收，所以他们宁愿把大量财产放在现金上，而外汇期票是方便转移财富的方法。[45]英王亨利四世（Henry Ⅳ）的兄弟亨利·比尔福特（Henry Beaufort）红衣主教和教皇马丁五世（Martin V）的密友赫尔曼·德乌格（Hermann Dwerg）红衣主教都有这种存款户头，金额还不小。[46]这些钱财不仅需要投资回报，而且还需要匿名，其实就是秘密账户，中世纪被称为全权存款（discretionary deposit）：存款人不用真名，账户名称由银行决定和指派，银行可以拿这笔钱自主放贷，利息回报也完全由银行说了算，并且还不保本。[47]这可以说是对银行非常有利的霸王条款。当银行经营不善缺钱的时候，银行家们利用这一有利条件也从未犹豫。例如，美第奇分行的一个银行家在写给同事的信里说：利润太少，支出太大，所以决定当年不给两户全权存款人支付任何利息了。[48]

这种来源的存款额相当可观：在美第奇银行罗马元老院（curia）的分行里就有71 000弗罗林金币；罗马分行还有25 000弗罗林金币属于教皇的司库。这加起来近10万的弗罗林金币相当于整个美第奇银行系统资本金的4倍。[49]难怪对于教皇这样的客户，银行必须上门服务，罗马分行实际上是教皇住哪儿就开在哪儿。例如尤金四世（Eugene Ⅳ）任教皇时，美第奇银行罗马分行就跟随这个教皇旅居各地，包括佛罗伦萨、博洛尼亚、费拉拉等；尤金四世住在佛罗伦萨著名的多明我派圣玛丽亚诺维拉修道院（Dominican friary of Santa Maria Novella）的时候，美第奇银行就在同一个广场上租了幢房子作为他们的"罗马"分行。[50]仅罗马分行的利润在第一代和第二代掌门人时期就占到了整个美第奇银行的一半。[51]

美第奇银行罗马分行在没有任何资本金的情况下，从1426年开业到1494年破产，共运转了68年，这显然要归功于充沛的流动性。就如同前面所说，罗马分行在存款特别充沛时，所有资本金（股本）被撤走，虽然从账面上看已经是资不抵债，但是充沛的存款保证了银行的流动性，也就是当一些储户要求提款时，银行不至于没钱给付。这样银行就可以维持下去，不会发生流动性问题。显然不是所有储户都会在同一时间去银行提款，这其实是一个概率事件，存款越多，储户基数越大，银行的抗提款能力就越强。这有点像保险业运用大数法则的道理：在所有买保险的人中，总是只有一个概率的人群会出现索赔，这也是保险业的立业基础。这个概率的人群就好比会去银行取款的储户，而大部分储户是不会同一时间到银行取钱的，就如同只交了保费却没发生理赔的投保人。从这个角度讲，银行的业务和保险有个根本的不同：买保险的人如果在保险期限内没有发生意外，保费就都归保险人了。可是银行贷出去的款是一笔钱，储户和贷款人（在贷款期间）都认为自己随时可以动用，也就是一笔钱（在同一时间）有两个人或以上的认为属于自己……

贷款（资金运用）

1410年，新选出的教皇乔万尼二十三世（Giovanni XXIII）任命美第奇银行罗马分行为教廷收入的寄托行。教皇和主教们是最大的存款来源，但是他们的开销比收入还大，因此恐怕也是最大的借款人。

第6章 文艺复兴时期的杠杆

和借钱给商人相比，借钱给教皇、主教大人们和王公贵族主要不是价钱的问题，而是到期他们是否可以还钱，用今天的金融术语讲就是违约风险的问题。按理说，这个群体的人本应该是信用超好的，因为他们有教区和领地的税收做保障，但是有个问题：教廷教区的税收只能供教廷日常开销，而要满足教皇们给上帝和信众看的"面子工程"、对自己物质生活的奢华享受、各种审美品位的要求以及时不时与世俗君主和权贵之间的战争开销，就必须广开财源。日常开销以外的所有这些支出基本上要靠卖赎罪券的收入来弥补，买了这个券的人就可以被教廷免除罪恶，无须到炼狱去受苦。[52]教皇西斯都四世①建西斯廷教堂的钱就是靠卖赎罪券的收入。这么大的开销让教皇们自然也向银行家们借钱。和教皇的关系的重要性在于任何教会人士若想违约，都会冒着被教皇驱逐出教会的风险。这种可能导致自己身败名裂的风险具有足够大的威慑力，使教会人士的债务人要想方设法还钱给银行。因此对于美第奇银行来说，教会人士的信用问题比商人们的更好控制。

比如，教皇乔万尼二十三世对那不勒斯的战争要向美第奇银行借钱，战败了的赔款还得向美第奇银行借钱。[53]如果美第奇银行不继续借钱给教皇，那之前的贷款不就真的成了呆账坏账了吗？所以只能继续贷款给教皇。除此之外，科西莫督建了教皇乔万尼二十三世的陵墓，为教皇马丁五世预付了丧葬费，负担了继任者尤金四世的加冕费用，凡此种种。[54]而教皇也投桃报李：美第奇银行开始可以向教皇举荐教廷各个重要岗位的人选了——当然，能得到银行举荐的一定都是

---

① Sextus Ⅵ，1492—1503 在位。

那些可以交得起合适价钱的申请人。[55]

美第奇家族第四代掌门人"伟大的洛伦佐"的儿子13岁就当上了红衣主教，到1513年，38岁的他成为教皇利奥十世时，美第奇银行已经于1494年破产多年了。利奥十世这个含着金勺子出生的美第奇家族的后人给教廷带来了欧洲顶级挥霍的生活水准，没有了美第奇银行的资金赞助，他就只能靠卖赎罪券填补财政亏空。而他的金融创新就是卖远期赎罪券，也就是如果你今天觉得自己没什么罪孽不要紧，只要你担心以后可能会有罪，就可以买这个远期的赎罪券，以免除将来有可能犯的罪孽。[56]赎罪券的泛滥和到处滋生的腐败催生了马丁·路德的宗教改革，而完全搞不清状况的利奥十世的应对办法就是把马丁·路德开除出教会。[57]宗教改革的起因和深远影响是另外一个有意思的话题，不过不是我们这里要关心的重点。

回到美第奇银行破产倒闭的原因：马基雅维利（Marchiavelli）在《佛罗伦萨史》一书里怪罪"伟大的洛伦佐"缺乏经营头脑并且大肆挥霍，各个分行也入不敷出；亚当·斯密（Adam Smith）认为是政府的浪费和无效管理（的确，美第奇家族自科西莫开始就是佛罗伦萨的掌权者）；"伟大的洛伦佐"的外甥从银行家的角度看认为是美第奇银行对扩大贸易（融资）缺乏动力；历史学家德·罗弗夫人则认为不能归咎于任何单一原因，而是很多因素导致了美第奇银行最后的倒台。[58]但是不管列出多少理由，银行关张的直接原因只有一个——资不抵债，而造成这种资不抵债的结果基本上是因为过度使用杠杆。说白了其实就是一种庞氏游戏——只要有源源不断的存款存入银行，使得不触发流动性问题，资不抵债的实情就暂时得以掩盖。这种游戏就像吸鸦片，这么容易赚钱的办法很容易让人上瘾。如果因流动性充沛

第6章 文艺复兴时期的杠杆

而掩盖资不抵债的实情就可以大赚特赚，那么所有的管理问题和商业信誉的严守都很快因头脑的松懈，或是因松懈导致的经营不善而被迫拆东墙补西墙，或是根本上的欺骗而退居次要地位。

德·罗弗教授在继续寻找美第奇银行衰落的原因时，也列举了1465年之后整体商业环境的恶化：教皇的税收和信众的善款使金币从西欧各地源源不断地流向罗马，教廷就像一块吸金石。同时罗马还有大量贸易盈余，因为当时的奢侈品，如东方的丝绸和贵重调料都是通过波斯运到意大利再转口运送至伦敦和佛兰德斯地区的。而它们能用于交换的就是英国的羊毛和荷兰的亚麻。奢侈品和日常用品的价格差距之大，使得意大利对其以北的欧洲地区贸易盈余越发地扩大。用今天国际贸易的结构来说，可以看作是这种资本项下和贸易项下的同时盈余——用前一阵子很流行的术语说就是双盈余。

按理说，一个经济体有双盈余，它的钱币会坚挺，钱币的购买力会提高，一方面使得进口的货物相比之下会显得更加便宜，对于本国的消费者是好事；另一方面使得国内的非贸易商品和服务的价格变贵。为什么德·罗弗教授认定这是商业环境的恶化呢？的确，对于用杠杆经营的美第奇家族来说，教皇的税收和国际贸易顺差体现到美第奇银行的资产负债表上就是巨大的金币存款。对于银行来说，存款不断增加的好处就是流动性充沛，但是在资产负债表的右侧负债方显示的就是等量巨额的银行负债，而且随着教皇税收的存入和贸易活动在持续增加。不仅如此，因吸收存款而产生的银行负债多是弗罗林金币。而让美第奇银行不堪重负的是，无论以什么方式变通，存款都是要付利息的，存的是金币，支付利息也要用金币。虽然为了减少利息支出，对于那些全权存款，银行可以不付利息，但是这么做银行的信誉也会大受打击,引起人们对银行经营情况的各种猜测。在银行资产负债表的左侧资产方,作为支持贸易商人而放出去的贸易融资贷款在异地经常是银币,因为当时主要的贸易对象如英国、法国和佛兰德斯地区都流通的是银币。如果贷款和投资的利润足够高,高过要支付给存款人的利息成本,就没有问题。但是在 15 世纪的后半叶,银币地区采取了降低银含量使其一路贬值的做法。而作为国际贸易结算货币的弗罗林金币,佛罗伦萨政府拒绝将它贬值,一直保持纯金含量和克重的稳定(见图 6.4)。事实上,弗罗林金币在 1252—1533 年的近 300 年间金含量稳定在 3.536 8 克纯金,是当时的国际硬通货。[59]

图 6.4 弗罗林金币[60]

这样,金、银币的差价不断拉大。从 1475 年到 1495 年的 20 年间,银币对弗罗林金币贬值了 20%。虽然银币的贬值降低了一些美第奇银行在国内的费用支出(比如以银币计算的本地工资和本地消费的营运成本),但是对于资产与负债的巨大差距实属杯水车薪。[61]在美第奇银行的资产负债表上,资产质量不断恶化,与负债的实际差距不断扩大,而杠杆的经营模式无疑成倍地加剧了这个差距,很快就可以吞噬掉相对于资产本来就不多的资本金。与此同时,不知道出于什么原因,全权存款的数量也在同时期下降。这对于银行的流动性来说可不是一个好消息。

第6章 文艺复兴时期的杠杆

还有，那些不靠谱的债务人也让问题雪上加霜。本来贷款给各路王公贵族就是因为他们有至高无上的权力，可以收税，所以才认为他们有好的信用。然而若是他们要赖账，一个银行家又能拿他们怎么办呢？15世纪下半叶英国的纺织工业兴起，加工能力不断增强，能供出口到意大利的羊毛也就越来越少，加之整个英国工商业对意大利商人的敌意，致使意大利商人越来越难拿到英国的羊毛出口许可。美第奇银行要是想拿到英王爱德华四世（Edward Ⅳ）的出口许可，就必须贷款给他，而且越贷越多。不幸的是，这期间爱德华四世又投身于兰开斯特家族（族徽为红玫瑰）和约克家族（族徽为白玫瑰）为争夺英国王位而打起来的玫瑰战争（1455—1485），根本没有能力还钱。最后，美第奇银行伦敦分行只能于1478年清算关张，核销的坏账达51 533弗罗林金币之巨。[62] 威尼斯分行于1470年关张，8年后，布鲁日分行也关门了。里昂分行于1478年已经濒临破产，最后与罗马分行、米兰分行和佛罗伦萨总行一并在1494年的城市起义中清盘。[63]

还是回到我们之前的总结：能让银行破产的直接原因就是资不抵债。任何其他原因，不管是内部的管理涣散，流动性不足，还是外部的商业环境恶化，都只是将杠杆经营的问题暴露出来了而已。而各种内部因素和外部因素的影响都可能相互放大，让问题加速暴露。也就是说，我们罗列的各种原因无非都是助因，根本的问题是对杠杆经营的放任自流。就好比在沙滩上建一座大厦：潮汐可以破坏整个地基让大楼坍塌，海风可以把大楼吹歪最后使其倒塌，但是潮汐和海风本来就是沙滩的自然属性，它们相伴相随，亘古不变，问题是我们本来就不该自作聪明，对建大厦需要的基石的强度毫无考虑。

要说中世纪末和文艺复兴早期商业环境的最大问题，还是教会禁止收取利息的禁令对整个资金市场的扭曲。首先，人为地抬高了利率；这一切复杂的操作很大程度上增加了商人的交易成本，而且助长了外汇的投机交易。其次，各种规避手段大大动摇了契约和合同执行的基础。[64]再次，为规避禁令对期限的设定尚可满足对短期贸易融资的资金需求，但不鼓励期限比较长的资本投资，对需要长期资本投入的行业非常不利，很难满足长期投资项目的资金需求。最后，对培育一个诚信的商业环境有害无益：逼迫大家使用各种规避方法实际上是对诚信的惩罚，对欺诈的鼓励。

解决这个问题的办法是什么呢？无外乎有两种：一种是拖延，一种是纠正。具体到银行的杠杆生意，一个办法是做大基数，储户越多，同时发生提款的概率就变得越小；另一个办法是真正逆向操作，回到银行存管合约的法理基础。前者阻力较小，但本质上是把问题往后拖，长远的后果是增加系统性风险；后者过程比较痛苦，却是解决问题根本的方向。要看到15世纪后人类社会解决这个问题的方向，我们得把目光继续西移，看看下一个世界霸主英国。

第 7 章
当杠杆遇到纸币
——英国的债务、英格兰银行和纸币

"一个中央银行的体系,通过垄断纸币发行权,确保的是一国的所有银行步调一致地扩张信用。"

——默里·罗斯巴德

15 世纪末意大利银行业过度使用杠杆造成信贷极度扩张,后资不抵债纷纷倒闭,但是君主们的开支却是一天也不能停,必须找到新的财源。君主们的致富之路与平民百姓不同,你如果处在君主的位置上,可能会和他们在 15 世纪之后的 300 年间的做法差不多:寻找宝藏、增加税收、到处借钱、实施货币贬值、借不到就抢、抢光了就自己开银行、开银行遇到困难就发行纸币欠条充当流通工具、纸币价值不保的时候就干脆以法律手段发行法币。中央银行下的纸币时代就这样开启了。

15 世纪的欧洲:"搞到金子!"

15 世纪发生了一个对之后几个世纪的世界地缘政治都具有深远影

响的事件：君士坦丁堡陷落。拜占庭帝国最后的日子可谓异常壮烈和混乱：都城君士坦丁堡在被伊斯兰大军围困 53 天之后，拜占庭帝国最后一位皇帝君士坦丁十一世[①]自己冲入敌军战死，他所有的贵族护卫全部战死，最终在穆罕默德二世[②]挑选的发起总攻的这个"良辰吉日"，即 1453 年 5 月 29 日陷落。[1]

此时，西欧对东方世界的各种奢侈品（如丝绸、地毯、瓷器、各种香料等）的需求持续上升，可是一千多年来贯通欧亚大陆的陆上贸易通道却被君士坦丁堡的新主人——雄踞于欧亚大陆交汇地的奥斯曼土耳其帝国阻断了。对来自东方奢侈品的巨大需求和经营这些奢侈品贸易可获取的暴利，无疑是寻求可以直接与东方进行贸易的海上通道的巨大动力[2]；但西欧的君主们更迫切的是要找到新的金山银山，给他们的战争亏空买单，因为向银行家们还本付息的压力很大，违约会造成借钱成本大增。事实上，在整个中世纪，借钱给国王们的利息要比给商人高多了，这也很好理解：国王们发动战争都是高风险的豪赌，收益也高，相比之下商人们的现金流反而比较稳定和容易计算。比如在 15 世纪，给君主们的短期贷款利率在 40%～100% 之间，短期商业贷款利率只有 5%～15%；16 世纪，英国君主在欧洲的金融中心安特卫普借钱的短期利率在 10%～16% 之间，短期商业贷款利率在 4%～12% 之间；当时存款利率通常也就 4%、5% 左右。[3] 息差巨大，难怪君主们都想自己开银行，不过这是后话。

海上探险在 15 世纪下半叶就已经开始，葡萄牙的舰队 1450 年

---

① Constantine XI Palaeologus，1405—1453，1449—1453 在位。
② Mehmet II，1432—1481，1451—1481 在位。

后就已经开始将非洲加纳和马里的金子运往欧洲，哥伦布的大发现之旅也在 1492—1525 年间将美洲的金子运回欧洲。[4]西班牙国王斐迪南二世①在 1511 年 7 月 25 日给他去新大陆的探险队的信里写道："搞到金子，能用人道的方式最好；但是不管冒什么危险，也要搞到金子！"②[5]

15 世纪也是国际银行业务大发展的年代。从上一章我们可以看到，外汇交易在中世纪后期对整个欧洲国际银行业发展十分重要。

15—16 世纪英国的战争和债务

然而，无论是在十字军东征的两百年间圣殿骑士团为全欧洲提供全方位银行服务的年代，还是之后以意大利为首的欧洲大陆银行业的崛起，以及之后佛兰德斯地区在金融工具上的创新，英国一直都处在这些巨大变化的边缘地带。[6]事实上，15 世纪的英国君主一直都在忙着处理"家事"：英法之间的百年战争从 1337 年开始，断断续续一直打到 1453 年。百年战争的直接导火线就是法王查理四世③去世后，没有子嗣。法国刚刚在此前不久才规定女子不能继承王位，因此他最近的亲戚就是他姐姐伊莎贝拉（Isabella）的儿子、英国国王爱德华三世④。伊莎贝拉自然想要他的儿子——在位的英国国王——继承法国王位。法国当然不同意，就另立了查理四世的一个表兄弟为法国国王。这位新上位的法国国王腓力六世借机没收了英国王室在法国的所

---

① Fernando II，1452—1516，1479—1516 在位。
② "Get gold, humanely if you can; but at all hazards, get gold!"
③ Charles IV，1294—1328，1322—1328 在位。
④ Edward III，1312—1377，1327—1377 在位。

有领地。这下英国国王为了自己的势力范围和家族在法国的领地，不打都不行了。打了 100 多年，战争最后以法国将英国势力清除出法国而告终。而损失惨重的英国还没好好喘口气，又因王位继承问题大动干戈，离王位最近的两大家族大打出手：兰开斯特家族（族徽为红玫瑰）和约克家族（族徽为白玫瑰），从 1455 年到 1485 年，又打了三十来年，史称玫瑰战争。战争的结局以两家的和亲而宣告结束。虽然这两场旷日持久的战争让英国错过了整个 15 世纪西欧大陆快速发展的时代，但是战争的结果对英国之后的发展道路却至关重要：它开启了英国历史上盎格鲁-撒克逊化的都铎王朝（House of Turdor），基本将法国的影响清除出了英国。

打了 150 多年的仗，国王的经济负担可想而知。在王室家产与国家财政还没有明确界限的年代，君主的财务意识和生活习惯严重地影响着国库状况。都铎王朝的第一个国王亨利七世①是个财务上相当严谨，且支持强货币政策的君主。亨利七世也是英国历史上第一个把英镑和先令恢复到它应该代表的初始重量的英国君主。[7] 可是他的儿子、继位的亨利八世②堪称英国历史上最任性的国王：他起初是一个虔诚的天主教徒，一生中娶了六任妻子（一个被放逐，两个被砍头，一个难产早逝，一个和平离婚，只有最后一任活过了亨利八世）。他的第一任妻子是来自阿拉贡的公主，结婚 20 年只有一个女儿。于是亨利八世就与王后的侍女安妮·博林（Anne Boleyn）好上了，并因此要休掉王后，迎娶安妮。这事遭到当时的罗马教皇保罗三世（Paul III）

---

① Henry VII，1457—1509，1485—1509 在位。
② Henry VIII，1491—1547，1509—1547 在位。

的反对。信奉新教的安妮告诉亨利八世,教皇这种曲意上帝的中间人其实是上帝的敌人,因为新教的教义相信人和上帝之间本来相通,并不需要教廷里这些腐败的教士作为中间人来演绎。这种思想立刻扫除了亨利八世眼前的巨大精神障碍,自然得到了他的青睐。

  亨利八世于 1533 年放逐了发妻,迎娶了安妮,并于 1534 年颁布了一系列法令:《至尊法案》(Act of Supremacy) 使英国君主成为英国教会(The English Church)的唯一首脑;《教职任命法案》(Ecclesiastical Appointments Act) 使主教必须由英国君主提名;《叛国法案》(Treason Act) 使拒绝承认英国君主神圣地位的行为为叛国行为,罪该当死;《限制圣俸法案》(Act Restraint of Annates) 和之后的《入教佣金及十一税法案》(First Fruits and Tenth Act,1540) 使英国君主取代罗马教皇成为教士第一年年收入和十一税的全权受益人。[8] 这一切动作的实际结果就是英国与罗马天主教廷彻底决裂。安妮成为亨利八世的第二任王后,只为他生了一个女儿,结果结婚两年半就被亨利八世砍头了。很难想象,冒着得罪基督教会这么大的风险而成就的婚姻就如此草率地被亨利八世了断了。教士入职的第一年收入和十一税加在一起也才一万四千英镑。[9] 这点收入对于亨利八世的开销来说简直是杯水车薪。但是教会和修道院拥有大片土地和财产,于是他就由小到大解散修道院,接管他们的产业,最后借着新教改革的浪潮干脆没收了英国 500 多所修道院的所有土地和财产,到 1540 年,英国境内的宗教团体几乎全部被解散。[10] 但是这样一大笔进项还是不够他建立皇家海军以供与苏格兰和法国国王弗朗西斯一世①开战的巨大

---

① Francis I,1494—1547,1515—1547 在位。

开销。[11]

英国的大贬值

面临这么大财政压力的国王终于开始实施货币贬值了。亨利七世以来建立的超强英镑和先令从"欧洲成色最佳,锻造最严格,出品最美观的钱币"沦落到"毫无信誉、不堪入目的境地:金币成色大减,银币夹杂的劣质金属多到无法掩盖的地步,使银币都变黑、变褐"。[12]我们前面讲了14世纪法国国王腓力四世的大贬值,而英国从13到16世纪四百年间的大部分时间,基本维持了一先令含92.5%纯度的银,自从1542年亨利八世开始对英国货币进行贬值,到1551年,一先令只含有17%纯度的银,不到10年贬值幅度竟超过80%,这就是英国历史上著名的大贬值(The Great Debasement)。[13]我们知道,金属币值之间的价值取决于它们的成色(也就是含金量或含银量)和重量。金银币的贬值方法既可以是在成色不变的情况下消减重量,体量自然变小;也可以掺杂劣质金属,通常是铜,在体量不减的情况下降低成色。14世纪以前英国的贬值方法通常是减少重量。1352年,爱德华三世(Edward III)颁布《采买官法》(Statute of Purveyors),宣布任何改变硬币标准的决定必须由议会通过,并且要尽快恢复到原先的标准。[14]同中国宋、元时期朝堂上关于印钞的辩论和争执情形类似,14和15世纪的英格兰宫廷和议会经常上演着关于货币政策的辩论。其实早在16世纪40年代的大贬值之前,亨利八世就于1526年在没有知会议会的情况下,要求皇家铸币厂降低金币成色10%、银币成色11%,公开的原因就是法国的贬值引起英国的硬通货外流。[15]

第 7 章 当杠杆遇到纸币

亨利八世和安妮的女儿伊丽莎白一世①在历尽坎坷后于 1559 年 1 月 15 日加冕，面对的是一个破产的王国。因好莱坞电影《伊丽莎白一世》而更为大家所熟知的伊丽莎白一世为英国的崛起奠定了伟业，让她在漫长的 45 年在位期间没有陷入资金绝境的，是一位重要的金融家托马斯·格雷钦爵士（Sir Thomas Gresham，1519—1579）。

托马斯·格雷钦爵士

我们在第 3 章里介绍的劣币驱除良币的格雷钦法则就是以托马斯·格雷钦爵士的名字命名的。他是三朝君主在安特卫普的代理人。除此以外，其人其事并不广为人知。他是那个时代英国最富有的商人。[16]他最重要的制度性遗产就是成立了英国皇家交易所（The Royal Exchange）：1571 年 1 月 23 日正式开幕当天，伊丽莎白一世莅临，授予交易所皇家头衔，并可交易酒精类产品。[17]1579 年他又在伦敦资助成立了格雷钦学院（Gresham College），根据他的意愿，教授神学、医学、几何学、天文学、修辞学和音乐。虽然在关于格雷钦的传记[18]里都没有提到他的共济会会员身份，但是在共济会的资料里可以看到这样的记载：他于 1567 年被任命为共济会的联合总监（General Warden of Freemason）。[19]

他的父亲和叔叔靠英国的对外贸易起家，积累了巨额家产。两人都先后当了伦敦的市长，又先后封爵，服务于亨利八世的朝廷。托马斯·格雷钦本人先后当了英国三朝君主在安特卫普的皇家代理人。[20]这三位君主是：亨利八世和第三任妻子珍·西摩（Jean Seymour）的

---

① Elizabeth I，1533—1603，1558—1603 在位。

儿子爱德华六世[①]、亨利八世和第一任妻子的女儿玛丽一世[②]以及上面提到的亨利八世和第二任妻子安妮的女儿伊丽莎白一世。

为什么是安特卫普呢？13、14世纪的时候它还是一个处于佛兰德斯阴影下的边缘城镇。1375—1376年和1404年的一系列洪水和暴风雪使佛兰德斯地区毁坏严重，被吹到安特卫普的航海船只打开了这座城市的海上通道，加上它本身就是连接几条重要的陆路贸易通道的交汇点，直通莱茵河和波罗的海沿岸的重要城市并延伸到德国和意大利南部，于是它在贸易上的战略地位开始凸显：成为英格兰的羊毛、从葡萄牙运来的亚洲香料以及德意志南方铜和银的贸易枢纽。[21]商人之间的大宗交易和资金融通需要场所，这个自发的市场就这样于1515年在安特卫普交易所（Oude Bourse）落户了。[22]

大宗贸易的融资需求也推动了新型金融工具的发展，使安特卫普成为当时欧洲最重要的信用市场，也就是最容易借到钱的地方。我们在上一章里介绍的外汇汇票其实还是有诸多局限：外汇汇票的还款责任只能是最初的借款人，因此无法将汇票作为一个信用工具进行流通，这给贸易的流转带来诸多不便。佛兰德斯地区开始给这种汇票附上"可作为偿债"的字据以方便其流通。打个比方：你向父亲借了钱，你又借钱给了弟弟，那么你就可以把你弟弟给你开的那张借据交给父亲作为还款，然后父亲可以拿着这张借据直接从弟弟那里要钱。也就是谁持有，谁受益——这个借据可以作为偿债工具。另外，作为偿债工具的一种短期借据（约定在某一时间偿还某一特定数目的借

---

① Edward VI, 1537—1553, 1547—1553 在位。
② Mary I, 1516—1558, 1553—1558 在位。

据），在14世纪英格兰做羊毛生意的商人中就开始使用了，主要流通于英格兰和安特卫普这个贸易轴心；这种借据于1507年在安特卫普得到官方承认，明确无论借据换手多少次，都不影响当下持有人的债权人权利。[23]1537年，这样的操作在整个佛兰德斯地区得到了皇家法令认可并受到法律保障之后，外汇汇票上也注明了"或偿还给持有人"（"or bearer"）的字样，从信用角度上讲，它与借据有了同等的法律地位。[24]

各种票据的流通大大便利了贸易活动，但是固定时间交割固定金额的规定使那些持票人面对无休止的拖欠时损失惨重。要是这些票据可以贴现（就是打个折），持票人接受它们作为偿债工具就更加容易，流通起来就更加没有障碍了。贴现票据就这样在1536年出现了；1540年，皇家法令肯定了收取利息和贴现票据的合法性，贴现票据的投资及其二级交易市场就这样产生了。二级市场大大提高了票据的流动性，反过来又促进了一级票据的发行市场，发行的期限也较之前的短期贸易融资大大延长了。[25]流动性的增加和发行期限的延长使安特卫普成为适合君主们融资的首选地。政府在安特卫普交易所向公众发行债券筹钱的办法，也由当时最重要的企业家和金融家雅各布·福格尔（Jacob Fugger）发明了。[26]当然国王们筹到的钱，第一个要还的就是他们在安特卫普最大的债主福格尔。换句话说，就是福格尔想了一个办法，把国王们欠自己的债务让一群散户（债券的投资人）接了盘。

到了1546年，也就是亨利八世辞世的前一年，他已经为跟苏格兰和法国打仗花费了200万英镑了，这些钱绝大多数是从国际银行家和外国商人那里借来的。[27]1550年，继任的爱德华六世任命格雷钦为国王在安特卫普的代理人。[28]这听上去挺荣耀的：要是代理的国王们国库充盈，替他们管理资产和投资理财还好说；要是代理的国王债台高筑、财政又捉襟见肘,那么这个代理人的主要工作职责用今天的话来说就是不断帮君主们借钱并不断地进行债务重组。

爱德华六世登基时才9岁,是英国历史上第一个作为新教教徒登基的君主,同时继承了英格兰和爱尔兰的王位,当然也继承了他父亲的所有债务。格雷钦上任后的当务之急就是恢复英国君主在安特卫普这个金融中心的信用,不然即使支付16%的年利率都没人愿意借钱给他。[29]为了收拾亨利八世留下的巨额债务,格雷钦第一步就是通过汇率降低债务成本。他在写给爱德华六世和他的枢密院(Privy Council)的信里建议国库:"每个星期将1 200或1 300英镑汇入一个可信赖的特许代理账户,以便保密。我在安特卫普以每天200或300英镑换汇。这么小的金额不会引起人们的注意,也不会让英镑的汇率下跌,因为我以我个人的名义来换汇。我预期到年底可以为国王陛下还本付息的债务节省下两万英镑。到那时,我将放弃我个人的贸易业务,全身心投入,更好地效力于国王陛下。"[30]英镑贬值会增加英王的还债成本,对于还想还钱的债务人来说,保证币值坚挺至关重要,因为要是本国货币升值,以外币计价的债务就在下降,反之则会进一步加重债务负担。格雷钦在之后的一年多里以一封封长信详细解释着商品贸易、价格和汇率之间的关系,以便使自己的各种操作得到各位大臣和君主的理解。可惜爱德华六世这位极具明君潜质的少年君主很快就病入膏肓,不治而亡了。

亨利八世前后六任王后里既有信奉天主教的,也有信奉新教的,他们的孩子的宗教信仰大多传承母系。即位的玛丽一世[31]有个恐怖的绰号:血腥玛丽(Bloody Mary),以残忍手段镇压和迫害新教教徒而闻名。她试图极力扭转她父亲在英国开启的新教方向,而她的夫婿、西班牙皇子腓力，更是一个励志要把新教影响清除出欧洲，鼓励玛丽一世用极刑对待新教教徒的"愤青"——据说在玛丽一世统治的短短5年间，就有280多位新教教徒被活活烧死。[32]而这样一对完全没有宗教宽容精神的天主教徒夫妇，却让信奉新教的格雷钦毫发未伤。说到底，这对没有什么财务意识的夫妇使英格兰在他们手里陷入了更深的债务泥潭，与其说他们信任格雷钦，不如说他们信任格雷钦的能力，因为只有格雷钦在安特卫普这个金融中心的信誉以及与当时最大的两个债主家族福格尔和舒尔茨（Schetz）兄弟的互信关系和专业金融服务才能使他们继续维持下去。在坐了一段时间的冷板凳之后，格雷钦再次被任命为皇家在安特卫普的代理人。

格雷钦法则

玛丽一世使英格兰复归天主教的努力随着她的辞世而告终。按照亨利八世的遗嘱，下一个顺位继承人就是他和安妮的女儿伊丽莎白一世，也就是从亨利八世开始的都铎王朝的最后一位君主。伊丽莎白一世从玛丽一世那里继承的债务比爱德华六世从亨利八世那里继承的还要多。1558年，伊丽莎白一世即位，成为英格兰和爱尔兰女王。同年12月，她就册封格雷钦为爵士，并任命他为皇家在安特卫普的代理人、皇家商人（Royal Merchant）。除了作为正式的皇家驻低地国家的大使，以及尽力履行代理人筹钱的职能，格雷钦爵士还为女王的财务事宜充当顾问和采购供货商，也就是走私军火。[33]在格雷钦爵士临行赴任安特卫普之前，他致信女王，解释为什么劣币和良币无法同时流通，为什么成色良好的金币都流出英国，这一切是她父王亨利八世对英国银币进行的大贬值造成的。在这封信里所阐述的就是使格雷钦在经济法则上留名青史,被亨利·麦克劳德(Henry Macleod)命名为"格雷钦法则"的货币原理。[34] 为一个原理起一个名字,方便了人们的沟通和教学,但是格雷钦法则所阐释的货币原理,如同我们在第3章里所讲的,真的是商品经济交换中无师自通的道理,当然一个不用去市场买菜或去商店购物的女王的确缺少这种观察的着力点,需要格雷钦爵士这样谙熟国际贸易和货币流通实务的人予以指导。

劣币驱除良币

这个法则也不是由格雷钦第一个总结的。早在公元前407年伯罗奔尼撒战争期间,人们就开始制造贬值金币,结果使雅典的古金币立刻从市场上消失了。[35] 古希腊的剧作家阿里斯托芬(Aristophanes)在他的喜剧《蛙》(Frogs)里就已经描述了人们储藏真金白银而使市场充斥铜钱的情形。[36] 14世纪欧洲知识界最负盛名的法国数学家、天文学家和物理学家尼科尔·奥雷斯姆(Nicole Oresme,约1320—1382)就已经明确指出如果政府固定两种或两种以上流通通货(比如金和银)的相对价格,那么相对于固定价格,被高估的币种会将被低估的币种挤出流通领域。[37] 150年后,尼古拉斯·哥白尼,就是那位说地球围着太阳转的伟大的理论家,应波兰国王西格蒙德一世①的要求,为王国的货币改革提供建议。哥白尼所生活的波兰,是一个三种通货(普鲁士的、波兰的和条顿骑士团的)同时流通的地区。他在1522年向普鲁士皇家议会提交的建议书里[38],第一条就是如果政府对钱币限价,结果一定是劣币驱除良币。[39] 当然我们也不能忘记发生在元帝国

---

① Sigismund I, 1467—1548, 1506—1548在位。

第7章 当杠杆遇到纸币

朝堂上的辩论。

在亨利八世的大贬值之后,英国的钱币成色一直都惨不忍睹。就同等面值而言,如果一个成色上好的金币与一个成色很差、远离面值应有成色的劣质币同时在市场上流通,大家要么把成色好的藏起来以备将来使用,如同元帝国那样,要么把成色好的金币运到币值稳定能体现它们购买力的国家,就如同发生在英国的那样,而不是留在本国与因面值和金、银币比价被官方固定而被大大高估了的银币一起承受通货膨胀所带来的购买力损失。这就是为什么以政府固定金和银的兑换率而实行的复币制度从来都无法延续的道理,也是英国的黄金不断流失的一个重要原因。

格雷钦法则揭示的原理通常被简化为劣币驱除良币,但是在商品市场上,总是有竞争力的好商品占领市场而劣质产品消失,比如:高清液晶电视代替显像管电视,智能手机代替诺基亚。货币领域为什么相反呢?试想,在一个完全由自发的市场力量、没有政府干预的情况下选出的通货市场,每个人卖出货时都希望收到币值最坚挺的通货,那么货币市场上也应该是良币驱除劣币啊!这个问题的关键在于政府限价。[40]打个比方:假如政府把油价限定在低于市场价格的水平,那么就没有人会去赔本生产石油,市场上的供应就会短缺。同理,政府把成色不足的金币定在高于市场价格的面值上,就相当于把成色好的金币限定在比它应有的市场价格低的水平,结果当然会造成真金白银供给不足。[41]但是黄金和石油有个本质区别:黄金的形态不灭,一旦挖出来,就构成了其存量的一部分,而石油是个消耗品,所以已经流通的金币自然会流到可以充分体现它价值的地方。

有意思的是,美国著名经济学家米尔顿·弗里德曼(Milton

Friedman)教授在1994年写给格雷钦爵士传记作者的信里这样评价格雷钦法则:"格雷钦法则依旧是一个基本正确的陈述,但是所不同的就是,在今天我们既不会谈论内在价值,也不会谈论制造成本。我们要谈的是两种或以上的流通媒介形式,或说是它们用于非货币用途的市场价值。"[42]这听上去挺复杂的,其实说的就是纸币之间的汇率问题。第一句话好理解:纸币既没有内在价值,也没有制造成本,自然也不用谈。但纸币是以政府法令强制使用的流通媒介。如果是这样,这后一句话就令人费解了:什么是一个流通媒介形式的"非货币用途"?这种非货币用途的"市场价值"又是什么?一个只剩下作为"流通媒介形式"的纸币,即只剩下了货币用途,哪里还有什么非货币用途?对于纸币,这个"非货币用途"从来就不曾存在,未来也不会出现。那么纸币就是个记账单位吗?如果说"市场价值"指的是纯粹纸币间的汇率,也就是一种纸币以另一种纸币计价的价格,那么除去它们实现购买力的货币用途,这种相互计价又对谁有什么好处呢?我们在后面讨论纸币世界的汇率时,会继续讨论这个问题。

但不管怎样,即便在一个纸币世界里,格雷钦法则都是适用的:简单来说,人们的行事原则,一定是实现手中货币购买力的最大化,或说同等面值购物最大化。大家都有人民币兑哪个国家的币种升值了,就到哪个国家去购物的经历吧?其实是一个道理:比如人民币相对于日元升值,从1元人民币兑17日元,升值到兑19日元,同样的100元人民币,就可以在日本实现1 900日元的购买力,而不是原先的1 700日元。但100元人民币在本国还是100元人民币的购买力。也就是把升值(相对于在日本的购买力来说)了的币种拿到本币贬值了的地方消费;而贬值了的币种(并且有持续贬值预期)要尽快花掉,以实现眼前购买力最大化，或是在进一步贬值前换成币值坚挺的币种。

英国的实践

鉴于大贬值的恶果，伊丽莎白一世决定采取格雷钦的建议，重新铸币。1560年9月27日，皇家发布公告：回收旧币，重铸新币，让币值尽快恢复到与面值相符的水平。[43]继位的詹姆斯一世①开启了斯图亚特王朝（Stuart Dynasty）。在此之后的100多年里，英国的财政和金融状况经历了危机不断的狼狈年代。詹姆斯一世之后的查理一世②在英国内战③中以自己被砍头而谢幕，为了打仗，他想尽了各种生财的办法，首先是提高税收。但是收税砍掉的是居民当年的收入，增加有限，之后只能是到处借钱和货币贬值。与税收不同，借债撬动的是历年累计的财富，或是居民多年的储蓄，但是有成本，需要还本付息。查理一世先是找西班牙国王借40万英镑，遭到拒绝之后又找教皇借，但是教皇的条件是除非查理一世改信天主教。私人贷款对于这种借款规模来说简直是杯水车薪，所以铸币贬值再次开始。[44]这个消息一传出，物价立涨10%，眼看着这个方法也难以维持下去[45]，情急之下也就明抢了。英国商人有将自己的财富储存在国王铸币厂所在地伦敦塔的习惯，财政压力巨大的查理一世在从商人那里借钱未果后，就没收了商人们存在伦敦塔里的13万英镑，最后谈判的结果是归还商人们的金币，但是强制借给国王4万英镑。[46]英国内战一开始，

---

① James VI&I，1566—1625，1567年即位为苏格兰国王（James VI），1603年又即位为英格兰和爱尔兰国王（James I）直至去世。
② Charles I，1600—1649，1625—1649在位。
③ English Civil War，1642—1651，是支持君权神授的保守党（Tory）和坚持议会至上的辉格党（Whig）之间的战争。

商人们更清楚存钱在伦敦塔是多么的不安全,就干脆藏在金匠那里,金匠们也就做起了吸储放贷和发行票据的金号业务。[47]

斯图亚特王朝信用市场的工具,也就是各种借据和债务凭条比之前的都铎王朝丰富多了:除了之前的"writinges obligatorie"(或称"bond",也就是现在长期债务工具的总称,原意就是签字画押,不能抵赖的借据),还有 Privy Seal demand note、the debenture 和 the payment order,名称各异,但无非都是在不同主体之间发生的债务:有个人对个人的(比如 Privy Seal),有由议会通过法案发起,向定向主体发行的债务(比如对吃皇粮的人士,就像今天的公务员设立的养老基金,payment order 或 debenture),或为特定项目发行的大额债务,等等。[48]到了查理二世①统治时期出现了各种实质上的浮动债券、彩票贷款(其实就是一个 16 年期、年息 10%的贷款,幸运中彩的人每年可以分享额外的 4 万英镑的福利)[49],1667 年发展到开始由政府财政部门直接发行法定偿债券(Order of the Exchequer)。"毫不夸张地说,这就是英格兰纸币的起源了。"[50]1672 年,查理二世欠公债 121 万英镑,其中 117 万都是从金号那里借的,为报复那些拒绝再次借给他钱的金号,他于 1672 年宣布停止一切政府债务的还本付息直到 1677 年,最终,12 年的债务查理二世只付了 6 年利息,而且也不是原先约定的 8%和 10%,而是 6%。[51]被 1688 年光荣革命推上王位的威廉三世②再次停止了还本付息,债主们把国王告上法庭,自然是赢不了官司的。1701 年英国下院将一半债务一笔勾销,另一半以从

---

① Charles II,1630—1685,1649—1685 在位。
② William III,1650—1702,1689—1702 在位。

1705年开始每年支付2.5%的利息作为了断,结果是很多金号老板在国王的监狱里了却残生。[52]

国王的这种违约行为引起信用链条的连锁反应:作为国王最大的债权人,金号几近灭顶之灾,他们的信用也随之受到质疑,所发的票据自然也难以再得到公众的信任,17世纪80年代发生了金号倒闭潮[53],整个信用系统也难以为继了。与此同时,国王还要面对和欧洲最有权势的君主法王路易十四的战争,需要借的钱不是比前任翻倍的问题,而是加零的问题,并且还得是长期限的。这种需求已经大大超出了私人运营的金号的承受力。[54]至此,能征到的税都征了,能"借到"的钱都借了;到了1694年,银币每天都在贬值,相对于荷兰盾又贬值了25%。[55]走投无路之下,除了成立一家国家银行直接发钞来继续给国王提供流动性以外,好像没有什么其他办法了,中央银行的鼻祖——英格兰银行就这样诞生了。

英格兰银行的前辈银行

瑞典国家银行

建立一个国家银行为国王的财政困境排忧解难并不是什么创举。1668年,第一个为国王和政府融资的瑞典国家银行成立。这家银行的名字大家听起来一定觉得很陌生,但是如果提起诺贝尔经济学奖,绝大多数人都知道,而它的全称就是"瑞典国家银行纪念阿尔弗雷德·诺贝尔的经济学奖"①。[56]也就是说,正确的说法应该是:它是瑞典国

---

① The Sveriges Riksbank Prize in Economic Sciences in Memory of Alfred Nobel.

家银行的经济学奖,并非由诺贝尔所设立,不包括在他的最终遗嘱里所列的五个奖项之中,即物理、化学、医学、文学和和平奖。[57]它的由来是瑞典国家银行在成立 300 周年之际,也就是 1968 年,因向诺贝尔基金捐款而设立。而此时已经是诺贝尔奖第一次颁奖 67 年之后。[58]

瑞典国家银行成立之始并没有发钞的权力,倒不是因为政府的谨慎,而是因为之前为政府融资的一家私人银行——斯德哥尔摩银行(Stockholms Banco 或 Palmstruch Bank)的创始人约翰·帕姆斯丘奇(Johan Palmstruch)及其合伙人早在 1661 年就签发了欧洲最早的银行券(Kreditivsedlar,见图 7.1),并承诺可随时兑换铸币(主要是铜币和铁币)。但很快因为纸钞发行过量,到 1663 年明显贬值,心存疑虑的人们开始到银行兑换铜币,但是显然没有足够铸币储备的银行在 1664 年完全停止兑换,关门歇业。瑞典政府接管了所有债务,到 1667 年才清算完毕,银行的创始人帕姆斯丘奇,同时也是纸钞的签发人,被关进大牢。[59]但随后成立的这家瑞典国家银行在 1701 年又得到了发行纸钞的权力,虽然此时还不是独家享有的垄断权力。

图 7.1　帕姆斯丘奇签发的银行券（100 Daler Sölf. Mynt）[60]

成立英格兰银行的思路也是如出一辙。君主想自己开家银行，借钱给自己，彻底解决财政困境，这对于一个一天到晚向银行家借钱的人来说，倒也是个非常实际的想法。其实无论是瑞典国家银行还是英格兰银行，其蓝本都是成立于1609年的阿姆斯特丹汇兑银行①。

阿姆斯特丹汇兑银行

阿姆斯特丹汇兑银行的成立还要从安特卫普的陷落说起。16世纪中叶，信奉天主教的神圣罗马帝国皇帝、西班牙国王查理五世将自己版图里的西班牙和尼德兰地区交给儿子腓力二世②继承，他就是当时玛丽一世女王年轻的鳏夫，而且至此都还在追求伊丽莎白一世。但是腓力二世继续残酷迫害新教教徒的统治更加激化了与信奉新教的工商业发达的尼德兰地区的矛盾。该地区的17个行省于是揭竿而起，与腓力二世进行抗争。战争从1568年打到1648年，前后进行了80年，史称八十年战争。

1584年夏天，西班牙军队对尼德兰地区最重要的经济和金融中心安特卫普实施了围城，切断其出海口并隔绝其贸易通道，迫使安特卫普于1585年8月投降。[61]安特卫普陷落之后，贸易通道继续北移，阿姆斯特丹随即成为北方重要的贸易和金融中心。多达一千多种不同成色和品相的各国铸币在阿姆斯特丹同时合法流通，给贸易结算和资金融通带来很多困扰。[62]为了解决这个问题，阿姆斯特丹市政府成立了阿姆斯特丹汇兑银行，以稳定货币市场。虽然各国首脑都对阿姆斯特

---

① Amsterdamsche Wisselbank；Exchange Bank of Amsterdam.
② Philip II，1527—1598，1556—1598 在位。

丹汇兑银行卓越的信誉、持久的业绩和提供的服务羡慕不已，都对自己可以拥有这么一家银行十分向往，但是阿姆斯特丹汇兑银行也不是谁都可以复制的。

首先，阿姆斯特丹所在的尼德兰地区政治上是个相当松散的城市联盟，哪一个城市也没有足够的行政权力和手段以政令方式确立自己发行铸币的垄断地位。在这样一种随时都可以形成高度竞争态势的情形下，阿姆斯特丹汇兑银行的做法主要是通过捍卫铸币的足量标准，以名副其实的足量铸币来吸引人们用各地损毁程度不同的旧币换取自己的新铸币。也就是不管存款人存进来的是磨损到什么程度的铸币，银行在按面值兑付时用的都是自己铸的足量铸币，这等于银行承诺按存款面值支付存款人足量铸币。[63]这个承诺实际上造成的结果就是，持有这家银行发行的存款票据比持有铸币还有保证，价值高出4%～6.5%（也就意味着当时铸币平均缺斤短两在4%～6.5%的水平）。[64]连亚当·斯密在他的《国富论》里都观察到，兑换回铸币就等于失去了这个溢价。[65]不仅如此，银行还对活期存款承诺执行100%的铸币储备，也就是按非常规存管合约的要求来保证充足流动性。[66]在银行建立之初，的确有记载阿姆斯特丹汇兑银行日常持有的储备金合计有3 600万英镑之巨。[67]存款人要向银行支付手续费作为保管的费用（银币0.25%，金币0.5%）[68]，这在意大利银行经历了信贷过度扩张而引起的倒闭潮之后，可算是一种回归。

与此同时，这个欧洲贸易中心城市政府的信誉担保也提升了银行的信用。所有的商人都愿意在这家银行存钱，极其充足的流动性保证了银行的业务不断扩大。这样的话，谁还费工夫兑换铸币？任何人持有阿姆斯特丹汇兑银行的存款票据都很容易任意流通和作为支付工具。到了 17 世纪末，阿姆斯特丹汇兑银行成为欧洲最大，也是当时世界上最大的商业银行，它的票据成为国际贸易的结算货币也就自然而然了。

可以称得上是阿姆斯特丹汇兑银行具有垄断特权的，是在阿姆斯特丹支付金额超过一定限额，一开始是 600 达克特，后来是 300 达克特，都必须用该银行的票据。[69]这就意味着所有商人的支付要是大于这个金额都需要在该银行开户。我没有查到这个限额从 600 降到 300 的规定是在什么时候出台的，当时的银行自身经营状况如何，但是假若银行自身信誉没有受到质疑，运行良好，存款充沛，这样的规定反而令人生疑：因为如果一切如初，人们一定会愿意把钱存入银行，银行无须担心存款流失给自己带来的流动性风险。但是如果银行开始要求 300 盾以上的金额只能用票据，那么显然也就进一步限制了从银行大宗取款。难道阿姆斯特丹汇兑银行也和之前的意大利银行一样，因过度使用杠杆而开始担心自己的流动性了？

事实上，约翰·劳（John Law，1671—1729）[70]和费迪南多·加利阿尼（Ferdinando Galiani，1728—1787）[71]都有这种猜测，而且不幸让他们言中。从 17 世纪中叶开始，银行给阿姆斯特丹市政府和荷兰东印度公司（Dutch East India Company）的贷款越来越多，等到荷兰东印度公司在 1672 年债券违约，停止还本付息，银行也面临挤兑风险。阿姆斯特丹汇兑银行通过提高提款手续费等手段降低提款意愿（当然弊端是降低了人们存款的意愿），渡过了这个危机，不过到了 1683 年，银行改变了提款政策：存在银行的铸币并不能随时提取，银行账户上存的铸币实际上就成了交给银行的一个抵押品。这说明银行开的存款票据实际上成了只承担交换媒介和记账功能的纸币了。如果商人将铸币作为抵押存在阿姆斯特丹汇兑银行,银行给商人一笔贷款,这就如同抵押贷款;银行开具给商人的收据,商人们可以随时交回,赎回抵押的铸币,当然大多数存款除非商人急需,一般不会赎回,因为每次赎回铸币需要交手续费,不赎回就没有这笔费用。[72]经营了一百多年之后,法国大革命波及尼德兰地区,愤怒的人们冲进阿姆斯特丹汇兑银行,却发现传说的巨大储备已经荡然无存。1790年,阿姆斯特丹汇兑银行也承认自己资不抵债,于1791年被市政府接管。[73]

英格兰银行

回过头来说英格兰银行。英国议会于1694年6月颁布了著名的《吨位法案》(Tonnage Act)①。显然,制定法案的目的是为了筹措与法国打仗的款项,款项的主要来源如同法案的名称所说,就是收税和借款。1694年7月27日英国皇家颁布特许令,成立英格兰银行,为上述法案的目标服务。[74]特许经营12年。英格兰银行的资本金定为120万英镑,且个人最高持有原始股不得超过1万英镑。这个规定保证了股东足够分散,更重要的是议会可以限制股份过度集中到国王手里。威廉三世和他的王后玛丽各认购了1万英镑,这是他们夫妻能认购的上限。[75]诸多议员也都争先恐后地成了它的股东。[76]

---

① 全称为《对啤酒、麦芽酒和其他酒精饮料依据船只货运吨位所征收的关税及其税率,用以筹措继续与法国的战争所需支付的特定人群的特定酬劳,以自愿先期预支一百五十万英镑的法案》(An Act for granting their Majesties several Rates and Duties upon Tunnage of Ships and Vessels, and upon Beer, Ale, and other Liquors, for securing certain Recompenses and Advantages in the said Act mentioned to such persons as shall voluntarily advance the Sum of Fifteen hundred thousand Pounds, towards carrying on the War against France)。

第 7 章 当杠杆遇到纸币

事实上,光荣革命之后就是一个王室债务国家化的过程。"国家债务这件事,是极少有的几个在古代世界找不到踪迹的经济现象之一。"[77]文艺复兴之后欧洲君主制走向官僚化、中央集权化和国家化的进程在政治学的讨论中常见,君主债务的国家化虽不是人们的关注重点,但影响却相当深远。以议会名义担保这些债务的实质,就是王室的债务转变成了国家的债务(debts of the nation),继而又称为公债(public debt,1713),后来被称为国债(national debt,1730)。[78]在今天的财经新闻里,国家债务不仅经常占据媒体头条,而且还被视作零风险的债务,作为所有信用类金融产品资产定价的基准,这可是历史上那些信誉比商人还差、借钱成本比商人还高的君主们望尘莫及的!这个转变还要归功于《吨位法案》的创举:这是议会第一次以未来的国家税收,而且具体到税种以及如何计算作为还款承诺,这样,债也就可以一直借下去了。[79]

与欧洲大陆之前的银行吸存放贷的传统做法不同,英格兰银行的成立完全是为了解决国王和政府的财政困境,它热忱的推动者威廉·帕特森(William Paterson)[80]敦促英国政府给予英格兰银行法币发行权,虽然没有马上得到,但是它得到了所有政府资金的存款。[81]新成立的银行将发行银行兑换券(可以兑换黄金)圈来的 76 万英镑的大部分都购买了政府债券,拿着银行兑换券的政府就可以用这些兑换券去购买各种补给,进行各项支出。这种直接的通胀手段在两年之内就引发了挤兑风潮,存款人拿着银行券要求兑付黄金。1696 年 5 月,英格兰银行停止给这些银行券兑付黄金。[82]急需英格兰银行筹措资金的政府给它增资扩股 1 001 171 英镑,又在 1697 年赋予其诸多特权:伪造英格兰银行券(如同伪造国王的铸币),死罪;英格兰银行的财产免税；银行的特许经营权延长到 1711 年；禁止在英国成立同类银行。[83]到了 1704—1708 年间，面对其他发钞机构的竞争，尤其是 Mines Adventurers Company 和 Sword Blades Company，同时为应对与法王路易十四的战争，议会又在 1708 年底通过法案，授权英格兰银行股本翻倍，特许令延长至 1733 年，同时规定成立时超过六个合伙人的银行不许发钞。[84]这实际上保护了英格兰银行发钞的优势，因为少于六个合伙人的小机构很难在发钞上与英格兰银行竞争。[85]但是这个被人们称为"充满金子和辉格党人"的英格兰银行，就要面对它最强劲的对手——保守党人支持的南海公司（South Sea Company）。至此，两党政治斗争延伸至金融市场。

英格兰银行的纸币成为法币

整个 18 世纪，英国依旧战事不断[86]：先是和法国因西班牙的王位继承问题打（Queen Anne's War），后来因通商口岸问题和西班牙从欧洲打到美洲（Jenkins's Ear War），接着又在北美开战。英国政府基本上采取战争期间借债、和平时期收税的办法还钱。[87]而英格兰银行与英国政府之间的关系就是投桃报李：英国政府依赖英格兰银行为它筹措资金，英格兰银行也仰仗政府不断给它延长特许经营权。1742 年，英格兰银行给英国政府提供了一笔无息贷款，政府自然又延长英格兰银行的特许经营到 1764 年，保持已有的特权，包括强化发行纸钞的作用；到了要延长特许经营的 1764 年，英格兰银行又给了政府一笔低息贷款，附加 11 万英镑的大礼；1781 年又是一笔，特许经营权得以延长到 1821 年。[88]

1793 年 2 月，英国和法国再次宣战。随着战事的深入，政府不断

第 7 章 当杠杆遇到纸币

地叫英格兰银行为战争埋单。对贬值的担心使人们将各种没有任何黄金或白银做储备的英格兰银行券拿到银行，要求兑付黄金。更糟的是，随着法国在战事中占了上风，担心法国军队要登陆英伦的恐惧导致银行挤兑，1797 年 5 月 3 日，英国首相小威廉·皮特（William Pitt the Younger）敦促英国议会通过了《银行管理法》(Bank Restriction Act)，规定银行将不再为银行券兑付黄金，银行券应被视为等同于铸币的现金，可用作任何支付给政府的付款，作为任何付款的支付工具。但是这项法令只覆盖英格兰银行和爱尔兰银行的银行券，其他银行依旧需要履行兑付黄金的责任。[89]法令还规定：使用英格兰银行和爱尔兰银行发行的银行券作为偿付的债务人受到法律保护，不得被逮捕。有意思的是，债权人在此种情况下倒没有任何法律保障。[90]换句话说就是，法律保护欠债的人，而且是用一纸银行券代替钱来清偿债务的人。债权人在这种法律面前完全是弱势群体。

虽然一纸法令可以规定银行券与同等面值的铸币价值完全等同，但仅凭这一点就想维持市场上的同等对待是一厢情愿的事。1811 年 6 月，英国法庭（King's Bench）下发了一个发生在 16 世纪的案子，状告两个把古基尼金币溢价使用的人。下级法院认定这两个人有罪，但是这个判决被上级法院推翻，也就是金币以高于同等面值的银行券（或票据）来交易是合法的。当然这个判决和新的法案中都没有关于租金的说法。彼得·金·金勋爵（Lord Peter King King），一个坐拥巨量土地和房产的辉格党人，在 1803 年出版了一本小册子：《对〈银行管理法〉影响的思考》(Thoughts on the Effects of the Bank Restrictions)。在这本小册子里，金勋爵明确阐明纸币发行必须要有百分之百的铸币作为保证的原则，而且可以随时兑换黄金是这个原则得以实施的保障。[91]不仅如此，金勋爵还将他的理念付诸行动：他于1811年6月向他的所有租户发出信函：鉴于自租约生效之日起，黄金的价格已经上涨，所以所有租金必须以黄金缴纳，或是按交租日黄金的当日银行券价格交付。如果是1793年《银行管理法》生效后签的租约，那么仅仅支付当日黄金的即期价格还不行，还要加上黄金对银行券的溢价。金勋爵也很公平，承诺对待自己的债务也执行同样的原则。[92]

金勋爵给租户的信发出后不久，斯坦霍普伯爵（Earl of Stanhope），也是时任首相小威廉·皮特的姐夫，动议立法禁止金币对银行券溢价交易，包括支付租金。在一番争论和修改后，这个法案也通过了。但是无论政府怎样一再加持银行券，使它成为与法币无异的支付工具，"法币"这个词汇都没有出现在上述任何法案及其修正案中，似乎所有人都在回避使用"法币"这个词汇，好像这样的称呼成了大幅贬值的代名词，不这样叫，就降低了这种风险。[93]这就如同2008年次贷危机后，人们以为把印钞称为"量化宽松"就没那么容易引起通货膨胀一样自欺欺人。回避使用法币这个称谓，恐怕也是不想唤起人们对刚刚过去的法国大革命期间法币［交付券或纸币（assignats）］崩盘的联想。[94]不过法案通过后，金勋爵还是我行我素，市场上的基尼金币还是在溢价交易，议会依旧继续争论并加紧立法。

1825年，英国发生了19世纪上半叶最严重的经济危机。造成危机的原因和绝大多数的经济危机没什么两样，就是信贷的野蛮扩张造成利率下行，借钱成本越来越低，货币多资产少，越来越多不符合贷款条件的人可以得到贷款，借钱如此简单，越来越多的企业和个人的风险口味也越来越大，把越来越多借来的钱投资到风险大、期限长的项目里，导致泡沫破裂，整个经济进入萧条。

第7章 当杠杆遇到纸币

举个例子来看看当时英国大众的风险偏好大到何等程度：泊亚斯（Poyais），一个从未存在过的国家，居然在英国卖出了该国国债，融到了20万英镑。忽悠这个项目的人，就是一个在委内瑞拉和洪都拉斯打过仗、名不见经传的苏格兰军人，他回到英国后，自称是这个南美洲叫作泊亚斯国家的君主。[95] 承销这个债券的经纪人是当时伦敦相当受人尊敬的券商 Sir John Perring，Shaw，Barber，& Co.。[96] 如果单看这个事件，听上去只是非常可笑而已；可是如果放在当时投资拉美板块的炒作下审视，就是另一个问题了。首先，1824年到1825年间成立的624个股份公司，一举筹措到3.7亿多英镑，相当于全英国财富的三分之一，英国每个人头可摊到150英镑；在这些股份公司里，相当大一部分是拉美题材，但是公司存活率相当低：到了1827年就只剩下127家了，市值只有1 500万英镑。[97] 这种大面积的投资误判很难用非理性来解释，因为当人们大部分都非理性时，要么重新定义什么是理性，要么找到更深层次的诱因。

这个诱因很简单，如上面所说，就是"钱"太便宜了，便宜到大家借钱投资冒险并找到接盘侠的概率比劳动挣钱、储蓄挣利息要划算多了。1797年，也就是英格兰银行停止兑付黄金之时，英国280家各类银行发行的流通中银行券达到1 100万英镑；到1813年，银行总数达到900多家，1816年流通中银行券总额是2 400万英镑。[98] 这些小银行用的"储备金"实际上就是英格兰银行发行的银行券，这也是中央银行部分准备金体系的雏形。如果每一间银行都最大限度地发放贷款，那么对于整个银行系统来说，信贷扩张的最高杠杆倍数就相当于准备金比例的倒数，如果准备金是10%，它的放量就是10倍，超发的纸币再加上它10倍的放量，可以想见这个信贷扩张的规模在当时真的是前所未有。而一个中央银行的体系，通过垄断纸币发行权，确保的是一国的所有银行步调一致地扩张信用。[99]

1819 年，也就是停止兑付黄金 22 年之后，英国政府颁布《皮尔法案》(Peel's Bill)，让英格兰银行逐步恢复兑换黄金，以 1797 年前的兑换比率兑付。要知道，从 1797 年英格兰银行停止兑换黄金到 1819 年间施行的货币增发，已经使市场上流通的货币泛滥，这样的政策导致大家都去英格兰银行用银行券兑换回黄金，结果流通中货币的快速减少造成了严重的通货紧缩压力。通货紧缩对债权人和债务人之间的财富分配有着非常不同的效果：通缩过程中物价会下降，同样的钱可以买到更多的商品，也就是钱/货币变得越来越值钱；对债务人来说，手中的债务因每一单位的钱/货币都在变得更值钱，因此手中的债务会变得越来越沉重，难以负担。而债务人其实希望的是通货膨胀可以将自己手中的债务变得越来越不值钱，以减轻还债压力。很快，手握诸多特权的英格兰银行再次进行货币放水，今天的术语叫逆周期操作，包括：可贴现票据的期限从 65 天提高到 95 天，政府利息从 5% 降到 4%，允许英格兰银行继续发行 5 英镑以下的纸钞（其实是停止发行纸币的禁令对 5 英镑以下纸钞展缓执行到 1833 年，据说展缓令一发布，1 英镑和 2 英镑的纸钞发行就增加了 400 万英镑），结果大大降低了投机成本，引发疯狂的投机性投资，最终导致了 1825 年的金融危机。[100]

经历这次危机后，终于在 1833 年延长英格兰银行特许经营权的法案里，除了 5 英镑的纸币以外，所有币值的纸币在除去苏格兰和爱尔兰之外的整个英国都被晋升为名副其实的法币。[101]

第 8 章
当杠杆遇到债转股
—— 泡沫、泡沫、泡沫

南海泡沫在伦敦破灭之时，大洋彼岸的巴黎几乎同时上演了另外一个更大的泡沫，这就是比南海泡沫吹得还大的密西西比泡沫。

今天，当我们追溯当下世界文明成果时，被提及频率最高的时代非 18 世纪莫属：理性主义、启蒙运动、法国大革命、美国独立战争……人们要么憧憬，要么好奇。其实那个年代和我们今天生活最相近的经历，却好像并不常在我们的记忆中出现，那就是，今天的我们和那个时代的人们都生活在泡沫（资产的泡沫，一个全民参与的泡沫）以及泡沫的破裂中。虽然我们今天在讨论金融市场的泡沫和泡沫破裂时，经常听到理性的人、非理性的行为这样的说法，但人的任何选择有可能是非理性的吗？就个人层面而言，在绝大多数情况下，只有我们没有看到的背后的目的，以及人们为实现这些目标进行符合他们自己逻辑和计算的行动，并没有和自己认定的目标作对的"非理性"的傻瓜；只有人与人物质和精神方面认知和平衡结果的差别，并没有拿一个人的自我系统去衡量另一个人的选择是否理性的客观标准。每个人达到目标的行动过程一定自认为是最优最快的，无论我们从第三方的角度看是否合乎道理。然而对于群体来说，"人们在一定条件下产生的'从众心理'，实乃无权者的机会选择，或曰'羊群效应'"（杜润生语）。

上一章讲到了18世纪各种债券的发明，以及形成中的中央银行的角色，但这些显然还不是杠杆运用的全部技法和滥发纸币的全部后果，18世纪初一个前人都没有经历过，而我们现在司空见惯的就是股市泡沫和泡沫的破裂，最为著名的莫过于几乎同时发生的南海泡沫和密西西比泡沫。我们这一章就来回顾一下这两个泡沫，看看读者是否有似曾相识的感觉。

南海泡沫

我们上一章提到，英格兰银行在1708年延长特许令时就要遇到它最强劲的对手——南海公司。

事件的发生还要从1710年8月新上任的财政大臣（Chancellor of the Exchequer）罗伯特·哈利（Robert Harley）说起。罗伯特·哈利起先是个改革派的辉格党人，1710年以保守党议员身份，历经各种政治斗争，终于当上了英国财政大臣。[1]

当哈利到了财政部，打开政府账本一看：国库里仅有5 000英镑，但是政府所欠的短期债务却达900多万英镑！更恐怖的是，一直战事不断的英国政府仅维持一支13万人的陆军和海军，一年就要花掉550万英镑。[2]

第 8 章 当杠杆遇到债转股

布兰特的计划

无论是英格兰银行,还是东印度公司,都是辉格党创立并控制的机构。哈利作为来自保守党的大臣,自然得不到英格兰银行的合作,于是他便求助于在 Hollow Sword Blades Company 任职的约翰·布兰特(John Blunt)。Hollow Sword Blades Company 一直都是英格兰银行的竞争对手,而布兰特也是个人才,一个投机高手,是之后成立的南海公司的总设计师。哈利把彩票的特许经营从英格兰银行收了回来,给 Hollow Sword Blades Company 经营。布兰特接手彩票业务后,在几天之内就卖了 200 万英镑的彩票,给政府融来了维持开销急需的真金白银。他的手法是这样的:为了提高投资人的积极性,他把彩票分为五档,首先保证最先买彩票的人一定能获得 6.5% 的利息,每一档没有卖完的彩票进入下一档,每升高一档就有机会获得最高分别为 1 000、3 000、4 000、5 000 和 20 000 英镑的奖励,但是所有这些奖项都要等到多年后最终的几百万英镑大奖揭晓时才会给付。[3] 布兰特的这个办法对政府非常重要:加上养老年金,它不仅给政府融来了两千多万英镑,而且还是长期限的。事实上,债券期限对政府来说非常重要,试想卖一个期限一年以内的债券,还没等坐下来歇口气,就已经要为还本付息发愁了。如果是 10 年期的债券,至少有几年不用为归还本金烦恼,而且可以击鼓传花,发债的人都不一定再是那个要为还本付息发愁的人了。但是,这种融资办法平均每年 8%~9% 的利息支出,对英国政府来说还是太高了。

比起债市,一个让政府既可以融到钱,又可以大幅降低利息成本,甚至都不需要还本的市场就是股市了。到 1695 年,英格兰已经有140多家上市公司,股票市场的总市值为400多万英镑;到1709年,绝大部分市值都被政府的两家公司包了:一家是由1600年和1698年分别成立的两家东印度公司合并而成的东印度公司(East India Company),另一家就是1694年成立的英格兰银行。[4]相对于18世纪前买田置地的财富配置手段,股票比较低的进入门槛也鼓励了更多的人参与投资;又因为股票易手比买田卖地容易得多,有更好的流动性,也为人们的财富安排提供了更多的灵活和便利。

因此,布兰特向哈利提出了一个债转股的计划:成立一个像英格兰银行那样专门处理政府债务的股份制公司,接手政府债务,并将这些债务置换成公司股权。此时的哈利,面临着巨大的支出压力,既要向海军支付军需费用,还要还本付息,没有太多选择,或者说根本没有其他选择。1711年6月12日,皇家批准成立南海公司(The South Sea Company)。英国人所说的南海,其实就是中南美洲。南海公司将接手政府900多万英镑的短期债务,作为交换,公司获得了英国对中南美洲的贸易垄断。

当时,中南美洲完全是西班牙的势力范围。不仅如此,自1701年起因西班牙王位继承权问题引发的欧洲各国混战还在继续,信奉新教的英国和信奉天主教的西班牙处在对立面。要想使南海公司的这个贸易垄断权产生实际利益,就必须实现贸易通商;要实现贸易通商,就必须停战和谈。为了在谈判桌上获得更好的条件和更多的利益,就要假装在更多战线开战:在南海公司成立的当口,英国远征军于1711年8月在魁北克开战,同时还筹划英荷联军袭击西班牙西印度属地,"这一切显然四分之三都是在虚张声势,为的就是助力哈利与西班牙人的和平谈判获得更好的条件"。[5]

第 8 章　当杠杆遇到债转股

欧洲诸国因西班牙王位继承权进行的混战在1713—1714年间终于达成两组停战协议：一组是法国和欧洲各国所签署的一系列协议，另一组是西班牙和欧洲各国所签署的。这两组协议统称为《乌德勒支和约》（Treaties of Utrecht）。[6]但和约所赢得的贸易条件实在是相当有限。其中，西班牙和英国达成的协议里，有一个条款就是"（黑奴贸易）承包协议"（Asianto Agreement）[7]，即西班牙将向自己殖民地南美洲贩卖黑人奴隶的贸易完全承包给南海公司：公司每年向西班牙的南美洲殖民地提供4 800名黑奴，为期30年，并可以每年派遣一艘不超过500吨货物的船只从事一般贸易。[8]公司每年还要将黑奴贸易利润的10%，以及其他贸易利润的28%分给西班牙国王。[9]这么窄的贸易范围想要盈利实在是非常困难。

泡沫和投机

南海公司第一次发行新股（见图8.1），一共融来了近920万英镑，比目标金额少了近30万英镑。[10]南海公司就这样以面值价值接手了当时市价已经打折三分之一的近950万英镑的政府短期债务。为此，英国财政部每年向南海公司支付568 280英镑的利息，也就是年利率6%左右，外加8 000英镑的管理费，每季度支付，并多发50万英镑的股票作为政府开支。[11]政府还款的款项来源为特别关税。[12]对于政府来说，比起之前的近9%的利息成本，已经节省了3%的利息支出。同时，哈利还加紧印发他的国库券。

保守党还没来得及享受南海公司的果实，1714年的英国政坛又翻

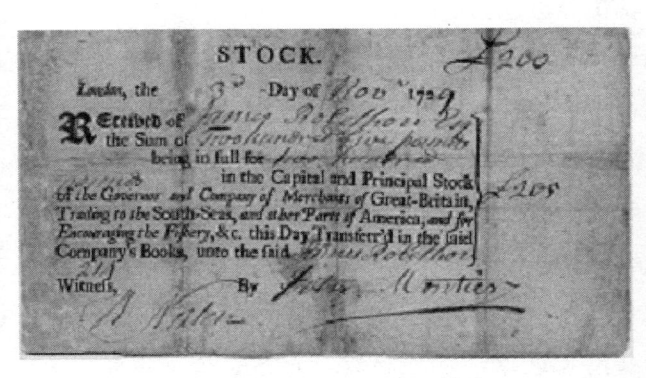

图 8.1 南海公司股票样本[13]

了天：安妮女王①于 8 月 1 日病逝，认为议会有权决定王位继承权的辉格党人支持信奉新教的汉诺威选帝侯乔治一世②继承王位，而保守党人则支持信奉天主教的斯图亚特家族的男性后裔詹姆斯·弗朗西斯·爱德华·斯图亚特（James Francis Edward Stuart）即位。最终，1714 年 10 月 20 日，乔治一世在威斯敏斯特教堂加冕成为英国国王，斯图亚特家族流亡法国。[14]两党政治版图在英国已经充分展现：保守党上台时，为应付财政困难，因得不到辉格党控制的英格兰银行的支持，便要成立南海公司。而保守党为尽早实现南海公司的宏伟蓝图，于 1712 年将著名的辉格党人沃普尔爵士（Sir Robert Warpole，1676—1745）关进了大牢。[15]之后，当辉格党再次执政时，沃普尔爵士领导了对南海公司的调查，并对保守党政敌以牙还牙，而且还毫不费力地从南海公司股票中赚得 1 000% 的盈利。[16]

虽然这不是本书讨论的重点，然而在南海公司问题上，两党的争

---

① Queen Anne，1665—1714，1702—1714 在位。
② George I，1660—1727，1714—1727 在位。

权还是可以看出他们一致的逐利目标。此时，乔治一世的儿子威尔士亲王（Prince of Wales）被南海公司的董事会选为公司总裁（governor of the company），所有的保守党董事都被替换成商人和辉格党人，其中包括沃普尔爵士的妹夫霍雷肖·汤森（Horatio Townshend）和阿盖尔公爵（Duke of Argyll）。[17]沃普尔现在是政府司库。到了1715年夏天，政府拖欠支付利息半年之久，南海公司又一直经营不佳，1715年只能用债券支付分红，1716年更改用股票支付分红。[18]

1717年南海公司的第一艘贸易船只终于成行，其有限的成果并没有削弱人们对南美洲贸易的热情期待，而国王乔治一世因与皇储儿子闹翻，自己替换掉儿子，于1718年亲自加入，成为南海公司的总裁，这一举动无疑提振了人们对南海公司股票的信心。

接手政府的辉格党人一直忙于债务重组，以降低政府的付息成本。当时的政府债务可以分为四类：短期债务（财政部发的国库券和支付海军的费用）、政府股票、欠英格兰银行和东印度公司的借款以及向个人发放的长期限的养老年金保单。[19]其中最难办的就是养老年金的保单：这部分卖给个人的年金保单是威廉三世和安妮女王时期的产物，年息分别是7%和9%，政府在没有得到保险人的同意下无法赎回，这样相当不错的收益，保险人没有任何理由同意赎回。[20]不同于法国国王经常擅自终止这种合同，英国政府对自己的信誉还是维护有加，不愿意得罪债主，以免以后需要再借钱时没人支持。但是要想置换掉这部分债务，还需要点金融创新：对于政府来说，如果是想降低利息而将这部分债务直接转换成政府股票，保单持有人不会答应；如果不降低利息，对政府又没什么好处，没有必要去做。[21]因此，要是将这部分债务置换成股价不断上升的南海公司股票，股票持有人就可以得到可能比原来保单收益还要高的股价上升的收益，而政府也就可以把保单的利息想办法降下来。

但是布兰特向时任财政大臣约翰·艾斯拉比（John Aislabie）提出的置换计划更加宏伟，置换的债务还包括英格兰银行和东印度公司持有的所有政府债务。就像今天的新闻头条影响着股市一样，1720年1月2日，媒体报道了这个正在讨论中的计划，南海公司股价直线拉升。[22]最后提交议会讨论的计划中，在英格兰银行和东印度公司的反对下，这两个机构持有的政府债务部分未算入内。不仅如此，英格兰银行还和南海公司争抢这笔交易，政府一度想干脆把这个交易两家共同分享，但是南海公司的布兰特表示："我们绝不会把一个孩子劈成两半儿。"[23]议会在2月2日批准了南海公司的计划，将除英格兰银行和东印度公司持有的所有政府债务1 600万英镑和所有（不可赎回）年金1 500万英镑，共计3 100万英镑债务置换成南海公司的股票。[24]两家相互竞争的结果是政府渔翁得利，用财政大臣艾斯拉比的话说，就是两个星期的竞价使政府获益从300万英镑上升到750万英镑。当然他自己和儿子，以及很多议员都得到了很多南海公司股票。[25]

就这样，南海公司变成了政府债务的机构债主，政府也就可以比较容易地与这个对政府授予垄断权利有所依赖的机构讨价还价，降低付息成本了。

对于3 100万英镑要置换成南海公司股票的债务来说，按南海公司股票当时的市价来置换，股票价格升得越高，置换所需要的股票数量就越少，公司能够留给自己持有并获利的部分也就越多。比如，如果股价在114英镑一股时发行，筹集3 100万英镑需要发行272 000股；但是等股价涨到400英镑一股时，就只需要77 500股作为股本，而其余的194 500股价值7 780万英镑的股票就可以让南海公司的管理层和股东受益,这样才能得到更多的政治支持,才有更多的资金进入,支撑股价。所以一切的一切都寄托在股价的上涨上了。[26]

1720年1月,南海公司的股价还在120英镑一股。3月21日为再融资计划实施之日,股价涨到了300英镑一股。在股价回调之际(从330降到了310),南海公司在4月14日以300英镑一股发行了22 500股,20%的资金需要立即支付现金,其余分八次分期付款;29日又以400英镑一股发行了15 000股,10%的款项需要立即付款,其余九成分九次分期付款。[27]股价继续上升。长期养老年金的置换条件非常优厚:一份价值1 600英镑的养老年金可以置换价值3 375英镑的股票加债券,所以年金持有人都踊跃置换。[28]

南海公司的贸易生意一年收入才750万英镑,这样的业绩怎么能支撑这样的股价上涨呢?而每次股价下跌时,南海公司都加大杠杆力度。当股价从550英镑一股下降到480英镑时,南海公司开始向股民发放贷款,每人额度为3 000英镑,股民得以继续借钱购买股票。从5月底到6月初,南海公司的股价从503英镑涨到830英镑只用了一个星期的时间(见图8.2)。[29]不仅如此,水涨船高,很多其他公司的股票价格都不同程度地被拉升,最著名的就是英格兰银行和东印度公司:南海公司的股票在1720年8月见顶时,比年初上涨了1 000%多;同期,东印度公司上涨超过了100%,英格兰银行上涨了60%。[30]

与此同时,南海公司带动了整个英国的股票融资热潮,到股市融资的公司如雨后春笋般涌现,股价上涨吸引了更多要投资股市赚钱的资金。此时南海公司担心大量涌现的新公司会将市场上的资金分散到别处,造成自己的股价下跌,于是6月11日,英国议会通过《泡沫法案》

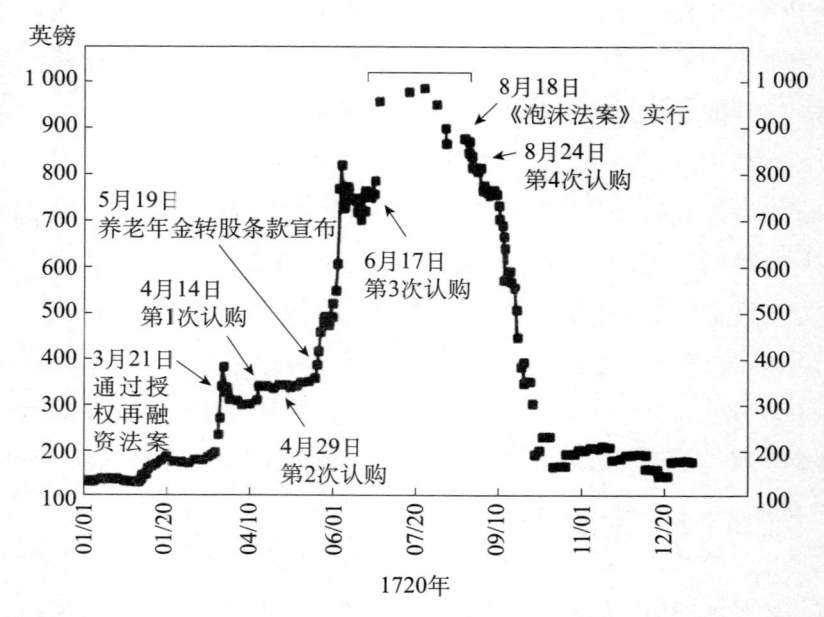

图 8.2 南海公司股价（1720 年 1—12 月）[31]

资料来源：Garber, 1990.

(The Bubble Act)①，规定：公司必须得到皇家特许才可以上市。[32] 从法案的标题来看，只是在最后才隐晦地提及订立此法案的真实指向：泡沫和投机。鉴于这个法案对刺穿南海公司以及 1720 年整个股市泡沫有直接影响，到了 19 世纪，这个法案就被直接称为《泡沫法案》。[33]

1720 年 7 月，南海公司股价逼近 1 000 英镑一股，仅仅六个月就上

---

① 全称是《为保证国王陛下授权的两项特许权所要保证的某些权力和特权，海上船只和货物的保险，关于船舶抵押贷款，以及抑制几种过度和无担保做法的法案》(An Act for better securing certain Powers and Privileges, intended to be granted by His Majesty by Two Charters, for Assurance of Ships and Merchandize at Sea, and for lending Money upon Bottomry; and for restraining several extravagant and unwarrantable Practices therein mentioned)。

涨了10倍。此时赶快套现出局应该不是个别人的想法。更具讽刺的是，为南海公司股价保驾护航的《泡沫法案》于8月正式实施时，股价开始崩塌：《泡沫法案》对股市融资其实起到了利空作用，在全面加杠杆炒股的情况下，股价下跌必定会导致许多股民需要卖掉股票套现才能将贷款还本付息，从而加速了股票的下跌。到8月30日，快要支撑不住的南海公司孤注一掷，为支撑股价宣布到圣诞节派息30%，之后的12年每年派息50%，这种令人难以置信的利好终于引发了股市的雪崩。[34]

南海泡沫在伦敦破灭之时，大洋彼岸的巴黎几乎同时上演了另外一个更大的泡沫，这就是比南海泡沫吹得还大的密西西比泡沫。

密西西比泡沫

约翰·劳的宏伟"体系"

不同于在南海泡沫中的两党斗法，法国的密西西比泡沫自始至终都得到法国摄政王奥尔良公爵的鼎力相助。但是整个故事还要从我们前一章提到的约翰·劳讲起。约翰·劳于1671年4月出生在苏格兰，父亲是一个开金号的，放在今天就是一个银行家，家境殷实；他的父亲在他14岁的时候就去世了，不过他一直都受到最好的现代科学通识教育[35]；他20岁的时候从爱丁堡来到伦敦，把自己的理科才能用在了赌博和研究信用市场的奥妙上；他头脑快，人又随和，在伦敦的贵族圈里八面玲珑；后来，他因与有夫之妇有染，惹上决斗，一不小心把对方杀了，被判处死刑，无奈只能逃离英国到欧洲大陆避难，时年24岁。[36]

他游历欧洲大陆，来到了当时整个欧洲的金融中心阿姆斯特丹，并仔细研究了阿姆斯特丹汇兑银行和荷兰东印度公司的运作。他对阿姆斯特丹的繁荣和富庶印象深刻，深刻到他完全得到一个本末倒置的逻辑结论：（1）他认为一个国家的繁荣完全仰仗流通中货币的数量，数量越多，就可以越发促进贸易；贸易越繁荣，就会增加对货币的需求。这种因贸易扩张对货币的需求增长在时间和数量上会超过对物价上涨的压力，因此不会造成通货膨胀。[37] 而这一切都需要银行的支持：银行吸收铸币存款，开具存款证或发行纸币用来支付债务和应付各种支出，既方便携带，又省去了铸币重量和成色的辨别麻烦，容易记账；不仅如此，银行还可以把未到期的票据贴现，变成立即可用的银行券，增加流动性，所以纸币比铸币优越多了。[38]（2）他发现阿姆斯特丹繁荣的同时，利率非常低，因此他认为低利率是经济繁荣的关键，建议多发纸钞，增加货币供给，降低利率。[39] 这两样加起来就可以促进贸易活动，增加就业，然后创造出更多的财富，财源滚滚流进银行，银行再发纸币，源源不断的财富就这样永无止境地继续下去。[40] 总结一下就是，他认为繁荣经济的关键就是通过纸币加杠杆扩大货币供给，再配以低利率鼓励信用扩张的借贷活动。

约翰·劳以自己所在时点，取一个横截面的经验观察作为起点而得出来的结论，就好比你每天上午十点起床时，都看到隔壁邻居在阳台上抽烟，而这位邻居的身体特别好，每天都精力充沛，由此你得出结论：抽烟有助于身体健康。可是你没有看到的是，你的邻居每天早睡早起、生活规律、注重养生，这才是他身体健康、每天精力充沛的原因。约翰·劳的问题是：他没有看到那些创造了阿姆斯特丹在18世纪初富甲天下奇迹的活动。我们在前一章已经解释了阿姆斯特丹汇兑银行的出众之处，恰恰是因为它成立之初恪守铸币准备金充足的原则，随时可以兑换成色上好的铸币，才使得它的银行券得到商人和公

第8章 当杠杆遇到债转股

众的信任,而这份普遍的信任使它发行的银行券广为人们接受。

在这之前,商业和贸易活动的发展,使得越来越多的商人在这个贸易枢纽城市做生意,钱从四面八方汇集而来,存到阿姆斯特丹汇兑银行。对于银行来说,只有建立了这种信誉,人们才愿意持有它发行的银行券,无须因担心银行的信誉而时不时地兑换铸币回来。[41]信任的前提就是铸币的储备金必须充足,以满足任何情况下所需要的兑换而不打折扣。只有储蓄增加了,越来越多的存款使资金的供给充沛起来,资金才会变得便宜,贷款的利率才会降低,因此那个时候阿姆斯特丹的利率才低于其他欧洲城市。最重要的是,不是银行的钞票创造了贸易和生产,而是人们先创造出了产品,才有了交换和贸易的需要,进而才有了对交换媒介的需求。正如查尔斯·瑞斯特(Charles Rist)批判劳的逻辑违反常识:"对于苏格兰这样一个既缺乏发达工业又资源匮乏的地方,除了牧羊人、渔民、山和什么都缺的原材料,单凭增加货币供给既不能带来工业和贸易,也不能带来农业及航运的繁荣,这一切只能靠人的劳动和节俭。"[42]在所有其他商品都没有增加的情况下增加货币供给,结果只能是商品的价格在增长,而实际商品财富并没有增加。所以货币不是财富本身,而是财富的结果,随着商品财富的增加而慢慢增加。[43]可以说:劳的每一个想法都颠倒了因和果。

让我们回归到世界上第一笔交换是如何发生的,这个道理就一目了然了:想象一下你就是《鲁滨逊漂流记》中的鲁滨逊,和当地土著居民"星期五"在一个荒岛上碰面,"星期五"种了小麦,而你什么都没有,要想获得"星期五"种的小麦,只有两个途径:指望"星期五"慷慨施舍或是去抢劫,可这都不是交换。要换来小麦,只能是你手上有其他有用的货物,比如你自己种了苹果,拿去和"星期五"交换小麦。所以劳动及其果实一定发生在交换之前,而不是之后!

再好比在电影《一出好戏》里面,当人们在公司组织的海上度假中途遇险,被鬼使神差地送上荒岛,走投无路,什么都没有的时候,公司的张总拿出两副纸牌,准备按纸牌大小和大家来换取维持生计的实物:打的鱼,摘的果子,等等。看到这样的场景会让人觉得挺可笑的:谁会拿能够维持自己生命的货去换那一文不值的纸片呢?当马进和自己的小兄弟拿着自己打来的鱼来要求以物易物,而不是换纸牌时,张总的打手就出来以暴力制服了他们。所以自己要是不劳动,想要获得劳动果实就要用武力。

劳于1700年左右回到苏格兰,1703向苏格兰议会建议,在全苏格兰成立一家分支机构遍布全境的银行,为所到之处提供流通货币、贴现服务和贷款,甚至充当包税人,就是以合同额定方式替国家收税[44],以及垄断贸易。可能是因为这个计划太过宏伟,遭到了苏格兰议会的拒绝。[45]1705年他将研究金融事务的成果结集成《论货币和贸易——兼向国家供应货币的建议》(Money and Trade Considered, with a Proposal for Supplying the Nation with Money)一书,在爱丁堡出版[46]。建议成立一家区域性银行。苏格兰议会考虑之后还是拒绝了劳的建议。1706年,英格兰议会通过《统一法案》(Act of Union),正式与苏格兰合并成英国,在英格兰法律下有人命官司的劳不得已,再次出走欧洲大陆。

劳带着他的计划在欧洲大陆周游列国,十年之后遇到了曾在他第一次亡命欧洲大陆时的旧相识——法国的奥尔良公爵腓力①。1715年

---

① Duc d'Orléans, Philippe Charles, 1674—1723, 1715—1723 摄政。

第8章 当杠杆遇到债转股

8月26日，在位72年的"太阳王"路易十四[①]辞世。此时奥尔良公爵已经是法国继任国王路易十五的摄政王了，辅佐登基时才5岁的路易十五治理国家。17世纪末18世纪初的法国真是多灾多难。路易十四是法国少有的最能花钱的君主，开销最大的当然是战争：与奥格斯堡联军（League of Augsburg）[47]以及英国、奥地利、荷兰和西班牙打了个遍。1693—1694年又赶上饥荒，加之路易十四颁布"枫丹白露法令"（Edict of Fountainebleau），宣布胡格诺派（法文：Huguenot，法国新教）非法，造成大批技术工人和人口流失；1708—1709年又遭逢罕见的严冬。[48]路易十四留下的是战争遗产、凡尔赛宫，还有还不清的债务。摄政王的工作基本上就是在不同的违约方式和违约时间上进行取舍，外加铸币贬值。[49]可以说，此时的劳终于在对的时间来到了对的地方！

劳将他的宏伟"体系"提交给摄政王，其中成立一个贴现银行的计划马上被采用，通用银行（General Bank，法文：Banque Générale）就这样于1716年5月在劳的住所成立了，特许经营20年，而且还免税。[50]股权是1 200股，每股500里弗（livres），共计股本金600万里弗，并被授权可以发行银行券，按铸币面值兑换回收铸币。对于饱受铸币贬值之苦的人来说，这无疑是福利，正是这一点保证了劳的银行开业大吉。得到摄政王信任的劳继而把他的计划推广到法国全境，包税缴款和省际间的转款都要用银行券，按面值收取。1717年4月，通用银行成为全国性银行。宫廷中的反对派德·阿根森侯爵（Marquis D'Argenson）联合包税人联盟进行抵制，不过被摄政王带着7岁的国王平息了。[51]这种操作最重要的一点就是，只要人们使用银行券作为

---

① Louis XIV，1638—1715，1643—1715在位。

支付工具而不去银行兑付硬通货的铸币，就一切照常，印了多少银行券也就神不知鬼不觉了。在君主联合官僚集团抗衡旧贵族及其制度的拉锯战中[52]，劳的银行自然也会遇到阻力，但是他的银行券所提供的方便和固定面值计价还是很受欢迎，银行券开始溢价，而路易十四的政府债券的价钱却跌到不及面值的四分之一。[53]这对于需要不断融资的政府来说可不是什么好消息。

对于劳来说，发行纸币虽然大获成功，但毕竟离他的宏愿还有一段距离。然而机会很快就来了。1682年，法国著名探险家舍瓦里埃·德·拉萨勒（Chevalier de Lasalle，1643—1687）自今天的加拿大出发，沿伊利诺伊河下行，突然遇到一条大河，被裹挟后漂流到了墨西哥湾。这一还没被西班牙和英国占据的北美大陆的广大腹地，拉萨勒就替法王路易十四占上了，因要献给他，便取名为路易斯安那（Louisiana），这条直达墨西哥湾的大河就是密西西比河。[54]一个叫科萨（Crosat）的商人最先成立密西西比公司（Mississippi Company，法文：Compagnie du Mississippi），并于1684年获准与路易斯安那进行垄断贸易，但因运气不佳，不得不拱手出让这个特权。劳看到了机会，因为这片广袤的土地实在太有开发潜力了：比墨西哥和秘鲁都大、土地肥沃、物产富饶、矿藏丰富，还可以连接加拿大的裘皮贸易。[55]1717年8月，摄政王将与这片土地的贸易、开发和替法王行使主权等特权都授予了劳的新公司：西部公司（Company of the West，法文：Compagnie d'Occident）[56]（为了避免混淆，我们后面的讨论都用"密西西比公司"来称呼劳的这个贸易公司）。

密西西比公司发行股票置换政府债务分为两个阶段：第一阶段可以说是试水，一共发行了三次，发生在1718年9月到1719年8月之间；第二阶段是政府债券的全面债转股，于 1719 年 9 月至 10 月和 1719 年 11 月发行了两个批次。

第一阶段的三次股票发行

1718 年 9 月 13 日，政府授权密西西比公司发行新股，并明确：购买股票的投资人可以支付四分之一的铸币现金，其余的四分之三可以用政府债券购买密西西比公司股票，按政府债券的票面价格计算。密西西比公司发行股票 20 万股，每股 500 里弗，一共筹资 1 亿里弗。投资人支付的四分之一铸币现金为 2 500 万里弗；余下四分之三按票面价格支付的政府债券，也就是面值为 7 500 万里弗的债券，密西西比公司成为持有人，政府依旧付 4% 的利息，即法国政府一年需要支付 300 万里弗的利息给密西西比公司，这 300 万的利息用于支付贸易公司的开办费，而那 2 500 万铸币现金就要预支给政府。[57]

股票发行后都一直低于面值，毕竟，7 500 万里弗政府债券市价最多也就值不到 2 500 万，所以密西西比公司的资本金里真能当真金白银用的也就不到 5 000 万。要想提振股价，必须有大量资金注入买公司股票才行。劳的银行首先投了 600 万买股票，劳自己也向那些围在他周围的贵族们大力推荐密西西比公司股票，告诉他们公司股票很快会涨，并预期在将来的某个日子会涨到发行价 500 里弗，而且劳当下就以这高出市场价格的 500 里弗买了一部分股票[58]，当即付款（估计也是铸币现金加政府债券的组合）。这种操作很难和今天的期权交易相比较，因为期权交易在交易日当天只需要支付一个购买期权的价格，以便在约定的未来某天（交割日）以约定的价格行使买或卖（这只股票）的权利。

劳的这种操作更像今天中国艺术品拍卖市场上炒作的手法：比如

一些人想炒作某些画家的画，就在拍卖时自己将画的价格竞投得很高，其实有的情况是自己拍回了拍品，有了这样的拍卖价格记录，就可以要么再拿到别的拍卖行去高价卖出，要么拿到银行以这样的估值去做抵押。当然了，谁都不是傻子，真正的收藏家根本不会被这样的伎俩所蒙蔽，那么这种方法为什么有的时候还能大行其道呢？重要的就是"有的时候"，那么是什么时候呢？就是纸币发行和信用极速扩张的时候：在货币供给快速增加的时候，太多货币追逐相对少的资产，并且由于杠杆效应，货币供给还在越来越快地增加，资产的相对数量还在下降，资产的价格便会攀升，那么只要在货币和信用开始收缩或被迫收缩之前将资产卖出去，找到接盘侠，能挣到钱就是一个相对于以往的大概率事件。总之，货币供给越多，这个概率就越大，至少给人的印象是这样。当然，各类资产的板块轮转也是一个重要的考虑因素。

劳的贸易公司于1718年9月获准垄断烟草贸易；同年11月兼并了Senegalese Company，获得全部非洲贸易；同年12月4日，劳的银行又被冠以皇家头衔（Banque Royale），正式成为一家国有银行，有皇家的信用进行担保。劳自然也是这家国有银行的总裁了。可是股票还是在发行价格500里弗以下。

密西西比公司继而又吞并了东印度公司（Compagnie des Indes Orientales）和中国公司（Compagnie de Chine），再次更名为印度公司（Compagnie des Indes）。[59]

1719年5月，政府颁布法令，使劳的贸易公司获准垄断了法国所有对外贸易，并第二次获准以500里弗一股发行新股5万股，用以支付那些经营不善的被兼并公司的债务和组建新公司的各项支出。密西西比公司实际上要价每股550里弗，其中50里弗即刻付款，另外500里弗可以在之后的 20 个月里分期付款,如果有任何一期不能付款,所有已经交付的钱都归密西西比公司所有。就这样,本来 550 里弗买一股,这个办法就可以让投资人买 11 股了。这就是 11 倍的杠杆呀!这之后一个月,密西西比公司的股价就真的起飞了(见图 8.3)。[60]自 1719 年 6 月起,密西西比公司的股价一路飙升。1719 年 8 月 25 日,政府颁布法令,授予密西西比公司铸币及管理的权力,特许经营 9 年。[61]为此公司支付了 5 000 万里弗给急需进项的政府,分 15 个月支付。[62]作为交换,政府再次批准密西西比公司增发股票,劳的银行还同时被获准继续发行 2.4 亿里弗的钞票。[63]"劳一刻都没停歇,即刻印制纸钞,为发行新股准备火箭。"[64]这次还是发行 5 万股,500 里弗一股,公司每年支付 12% 的股息。实际的发行情况是,人们蜂拥而至,购买密西西比公司股票,发行价格超过 1 000 里弗,至此共计发行了 30 万股。[65]

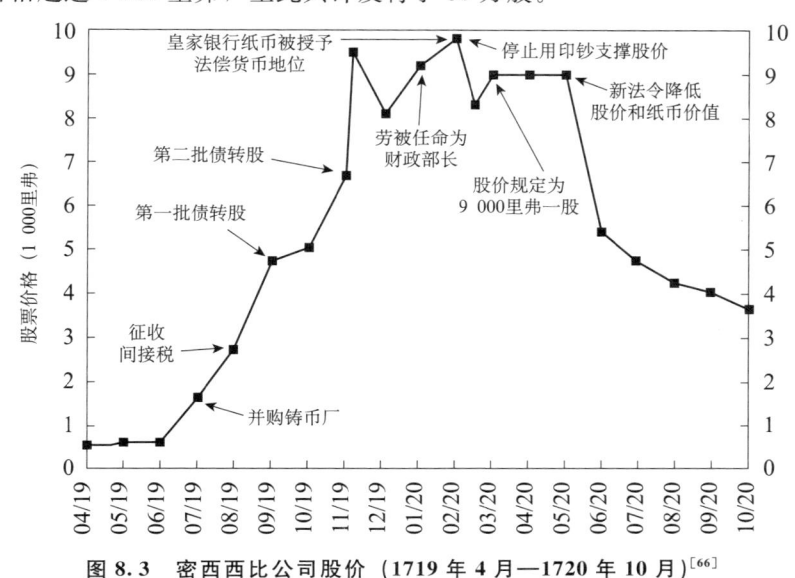

图 8.3 密西西比公司股价(1719 年 4 月—1720 年 10 月)[66]

资料来源:Garber,1990.

第二阶段的大规模债转股

当时法王的所有债券余额共计 15 亿～16 亿里弗。在初试成功之后，劳的终极宏伟计划有了信誉基础，他向摄政王提出的将所有政府债券换成密西西比公司股票的计划终于可以起航了。法国政府于 1719 年 8 月 27 日发布法令，将原先属于包税人"巴黎兄弟"（Paris Brothers）在艾马尔德·兰伯特（d'Aymard Lambert）控制下的征收法国间接税的生意直接转给了密西西比公司，这种做法在以往"极其少见而且也不合法"。[67]为什么这么说呢？首先包税制是一种契约关系：君主将自己领地的某种税，或是某个地区的税款征收进行拍卖，竞价最高的人或公司获得在合同期限内收取约定税款的权利，超过合同约定金额多收上来的部分就归包税人所有，也就是包税人的收入。可以说，包税人控制的是王室的财政来源，事关王室经营的流动性和宫廷的运转，地位自然非常重要。而"巴黎兄弟"就是当时法国包税人组织（Ferme générale）中实力最强、势力最大和最为富有的包税人。他们也是早前审查官阿根森侯爵联合抵制劳的银行的势力。[68]

就在一年前（也就是 1718 年 8 月 27 日），王室才和"巴黎兄弟"又签署了一份为期 6 年的包税合同[69]，而此时将这项包税生意转给密西西比公司不仅冒着撕毁合同的信誉损失，还有动摇整个传统的财政税收秩序的极大危险，而这种动摇是王室/政府与社会分配财富的手段上的转变：从传统的收税，获取真金白银转向印钞加资产泡沫，也就是最终以通货膨胀的方式抢劫社会财富。劳这次是把摄政王彻底地忽悠了。法国政府选择劳的计划，其实是把政府岁收的赌注都押在了劳的金融/货币游戏上，这无异于把自己的税收用金融工具来代替，股价上升还好，要是股价下跌，就会血本无归。这等于把法国的身家性命都搭在了密西西比公司上。70多年后的1789年法国爆发大革命，法王路易十五和路易十六统治期间所积累下来的巨大的社会矛盾最后以最血腥的方式断送了波旁王朝，而在这些矛盾的激化上，劳给法国带来的超高通货膨胀起了很大作用。

我们还是回到劳的债转股交易上，最终达成的协议如下[70]：

（1）将王室和政府的债务全面转成密西西比公司股票，把债权人都变成股东，这不仅可以把君主从不堪重负的债务压力下解救出来，还可以在很大程度上摆脱议会对君主的制约。

（2）之前"巴黎兄弟"的合同包税额是每年4 500万里弗，劳的公司承诺每年交给政府税款5 200万里弗，合同期限为9年。

（3）发行股票所筹款项覆盖政府债务余额，即15亿里弗，所筹资金再贷款给政府，年息3%，而此前政府所有债券余额的平均利息是5%，也就是可以给政府节省两个点的利息支出。重组之后，政府要每年支付给劳的公司4 500万里弗的利息（15亿×3%＝4 500万），而不是之前的7 500万到8 000万。

（4）以上第二点中劳公司要交付的包税额5 200万里弗减去第三点政府要向密西西比公司支付的贷款利息4 500万，割差后的净值700万里弗是密西西比公司每年需要净付政府的。

（5）当然贷给政府的15亿里弗还可以投资于密西西比公司股票，只要股票价格持续上涨，就可以获取高额的投资回报。

计划是很好，但可以预见的是，如果将政府的所有债务都转换成密西西比公司股票，全市场几乎就这么一个金融资产独大，加上政府所获得的15亿～16亿里弗现金以及政府债券也都会进入股市，最有可能的去处就是投入到握有贸易垄断特权和包税合同、股价成长潜力看似最好的密西西比公司。不仅如此，劳的银行还在继续印钞、发放贷款，让更多的人能够参与到这个前所未见的牛市里来。到 9 月，密西西比公司的股价已经涨到 5 000 里弗。这么快的股价飙升，这么低的借钱成本，使得股价增长的速度大大高于债务成本，个人借钱投资购买劳公司的股票，从经济计算角度来看显然是一个只赚不亏的合理行动。股市变得更加疯狂了。置换的流程如图 8.4 所示：

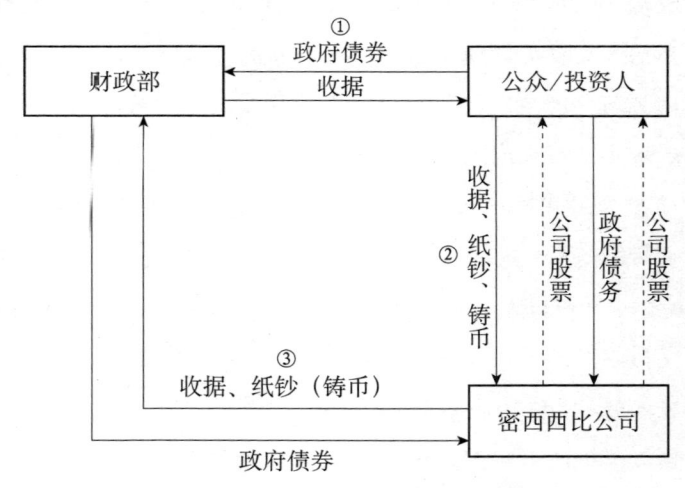

```
         ①  政府债券
财政部 ←─────────────── 公众/投资人
            收据
                          │ ↑ ↑ ↑
                    收据、│ 公 政 公
                    纸钞、②司 府 司
                    铸币 │ 股 债 股
                          │ 票 务 票
                          ↓ │ ↓ │
         ③ 收据、纸钞（铸币）
       ←─────────────── 密西西比公司
            政府债券
```

图 8.4　密西西比公司债转股示意图

第一步，想置换密西西比公司股票的政府债券持有人先要拿着这些债券到财政部去换取一个收据，一方面财政部直接回收了政府债券，另一方面证明投资人的持有金额。第二步，投资人拿着这个收据到密西西比公司兑换股票，当然没有政府债券的人就拿真金白银去买股票。1719 年 9 月 13 日，密西西比公司第一笔发行 10 万股，发行价直达 5 000 里弗一股，一共筹资 5 亿里弗。认股定金为 10%，分 10

第 8 章 当杠杆遇到债转股

次分期付款，也就是 5 000 里弗可以买 10 股，而不是 1 股。股票在几天之内就被抢购一空。不过问题也随之来了：由于认购太过踊跃，持有政府债券的人因他们没有置换股票的优先权而抱怨不已。劳发现了问题所在，于是政府于 9 月 26 日颁布法令，规定只能用政府债券或兑换券（receipts exchanged from the Treasury）来支付购买密西西比公司股票。这下，投资人拿政府债券去财政部换取收据的环节也省了，直接拿政府债券去密西西比公司买股票就行了。紧接着，9 月 28 日劳又增发 10 万股，条件和上次的完全一样。同样，认购热情持续高涨，又是几天之内被抢购一空。政府债券也变成抢手货，很快就恢复到面值水平，各种投机活动也风起云涌。坎康普瓦大街（Rue Quincampoix）——从中世纪起就是汇票交易商们进行外汇报价的地方[71]，更重要的，也是劳的公司所在地和股票交易的地方——好像成了巴黎生活的地标，各个阶层、各种职业的人们都聚集到这里，投资的、投机的、看热闹的，一应俱全。[72]当然，这里最活跃的就是股票经纪人（stock jobbers）：他们把 500 里弗，后来是 10 000 里弗一股的股票分拆成小份额，好让积蓄不多的普通人，如农民、仆人、小店主和工匠等都可以参与到热火朝天的股市里来。[73]

对这样的增发规模，现有股东如何反应，我没有找到资料，但可以想象的是，在股价飙升的这种情形下，大家对买到新股的热情远远大于对持有股票权益的稀释的担忧。对密西西比公司股票这种趋之若鹜的需求激励了劳，他在 10 月 2 日和 4 日又发行了两次新股，共 124 000 股。条件同以往一样，这样所有政府债券至此就都换成了密西西比公司的股票。此时，股价开始震荡。更多支持股市的政策不断出台。除了允许任意股票持有人的所有权合法外（"or bearer" 条款),皇家银行成了推升股价的主要推手:除了向购买密西西比公司股票的股民提供低息贷款,银行还加紧印钞。此前银行只被授权发行1.59亿里弗,但是伴随着每次发行新股,银行都被授权增发纸钞:从1719年7月到1720年2月,银行经授权发行的纸币总共已达12亿里弗![74]1719年底,密西西比公司股价逼近10 000里弗一股。这样的股价,想卖了股票,换回铸币硬通货,落袋为安的人越来越多。这不光影响密西西比公司的股价,还会影响到皇家银行发的纸钞价值。劳继续让政府出台利好股市政策,12月21日,政府颁布法令:纸币必须以5%的溢价与金银兑换;交易金额大于100里弗时,禁止使用银币;大于300里弗时,禁止使用金币;所有外国汇票只能用皇家银行纸钞兑现。这最后一个举措就是为了防止硬通货流向海外。[75]

1719年12月30日,劳宣布了密西西比公司下一年,即1720年的分红计划:500里弗一股的40%。对于5 000里弗一股买的股票,就相当于4%;10 000里弗一股就是2%。当时密西西比公司所有流通的股票是624 000股,股价10 000里弗一股的话,市值为62.4亿。如果是2%的分红,就是1.248亿;也就是1720年,密西西比公司光分红就要支付1.248亿给股东。那密西西比公司的收入怎么样呢?显然差得比较远(见表8.1)。

表8.1 密西西比公司收入来源明细[76]

按政府债券余额是15亿来算,3%的利息收入	4 500万
包税利润	1 600万
烟草专卖	200万
铸币收益	400万
贸易垄断	1 000万
其他收入	150万
总收入	7 850万

第 8 章　当杠杆遇到债转股

1720年伊始，劳登上了事业和权力的巅峰：他被任命为法国的财政部长（Comptroller General and Superintendent General），统理一切政府财政收入和支出，以及皇家银行的货币银行事务；他从一个流亡的冒险家变成了一个高官显贵；他改换宗廷，放弃新教皈依天主教；他从一个"那个苏格兰人"变成了一个入籍的法国人。[77]同时他还是密西西比公司的首席执行官（见图 8.5）。[78]

图 8.5　1720年作为财政部长的约翰·劳[79]

对于密西西比公司这么高的股价，此时一定会有人想变现。金、银一直都构成对皇家银行纸钞，进而公司股价的威胁，因为人们总是会最终将长期的财富储存变现到金、银这样的硬通货上。这种态势显然对劳呕心沥血构建的系统造成压力。为了保证他的系统运转下去，劳让政府颁布了一系列法令：1719年底命令没收所有的旧金币和银币，更于1720年1月20日命令挨家挨户搜查藏匿的金银[80]；2月4日宣布3月1日之后禁止佩戴宝石；18日宣布金银匠不许卖用金银做的器皿；19日宣布个人不许持有超过500里弗的铸币；除了金银匠，任何人不许持有金银物品，等等。这一切措施的目的就是为了防止人们私下用贵金属进行交易，强迫人们依赖纸币。

2月22日，密西西比公司接管了皇家银行，两个机构合二为一；皇家银行发行的纸钞被宣布为法币，100里弗以上交易的唯一合法货币。[81]至此，劳的所谓"体系"终于大功告成：密西西比公司拥有法国所有海外殖民地的贸易垄断权，负责国家所有的税收征管，可以自由发行法币，劳自己就是这个庞大体系的首席执行官，而公司股东就是国家所有的债权人。[82]

如果这些举措还没有让人们意识到密西西比公司股票就是一个巨大的、早晚要破的泡沫，那么，3月国王将自己所持有的10万股密西西比公司股票以9 000里弗一股回卖给公司，就无论如何该引起大家的注意了！劳怎么能不让国王高点套现呢？!密西西比公司从国王手里回购的10万股，其中3亿里弗要即刻到账，账户当然是开在皇家银行，余下的6亿在10年内分期付进国王的账户。[83]

密西西比公司执掌了皇家银行以后，劳将印钞机开足马力，职员加班加点赶制纸钞，人手不够就加人，最后忙到很多印制的10里弗纸钞都没有银行的签名就进入流通。[84]面对社会上日益增长的猜忌和对纸币价值的担忧，密西西比公司在一次股东大会上承诺不会再增加印钞，给大家一个开始实施稳健货币政策的印象。[85]3月5日，劳颁布政令，关闭密西西比公司的股票交易部，将股票价格人为固定在9 000里弗一股，任何人想卖掉股票，皇家银行都以此价格回购。[86]股票被固定了价格后，没有什么可以阻止它变成流通媒介。[87]说白了，这个交易部的真正职能本来就是操纵股票价格，有大宗抛售时在市场上回购，进行护盘。既然股票价格已经行政固定了，这个交易部也就没有存在的必要了。这一切的背后是持续的加速印钞。到1720年5月，皇家银行发行的纸钞已经达到21亿里弗，3个月内又快翻了一番，并且还有6亿里弗在计划印制中，但此时银行的硬通货储备只有价值2 800万里弗的黄金和2 100万里弗的白银。[88]

固定股价的政令颁布不到一周，3月11日，劳又颁布了一连串政令强制金币退出流通领域，禁止作为交换媒介；银币逐月相对纸币贬值，到1720年12月，要从5月的一银币兑80里弗，变成12月的一银币兑30里弗。随着情势的转变，劳的系统眼看着摇摇欲坠，反对派领袖阿根森侯爵一直建议的抑制泡沫，此时也得到了摄政王的支持。[89]5月21日，新的政令发布，降低股价和纸币价值，自此，就是挡不住的股价连月下跌和纸币逐月贬值。[90]股价从政令发布前的9 000里弗一股，掉到12月的5 000一股；与此同时，银行纸币的价值到12月也贬值了50%。[91]

劳的这出大戏终于可以落幕了。摄政王为救他一命，允许他逃离法国。[92]劳不得不再次流亡，重操赌博旧业，1729年在贫困潦倒中死于威尼斯。对劳的评价，后人也莫衷一是：他是个赌徒，还是一个财经天才？是一个投机分子，还是一个拯救法国于危难的义士？他从法国逃离的时候身无分文，因为他把所有的钱财都投到了法国，尤其是巴黎的房地产上，其中一些置业就在今天的香榭丽舍大街上。这一点可以当作他对法国忠诚的证据（可能是想证明他不会卷钱跑路）[93]；当然也可能是他为了对抗通胀，比起纸币和他自己公司的股票，他更加偏爱实物资产。但不管怎么说，无论他在泡沫里多么风光无限，到头来晚景孤独凄凉、穷困潦倒，还是一个人生输家。

有人说密西西比泡沫的破裂要归咎于货币政策的急速转向，突如其来的货币紧缩和劳在政治上的失势。换言之，如果当时让货币继续发下去，杠杆继续加下去，泡沫或许就不会破灭。这个逻辑成立吗？我们不能让历史再来一遍，以试验不同的做法和可能产生的不同结果。密西西比泡沫破灭70年之后，法国的革命政府（巴黎公社）实行疯狂印钞，让法国再次经历了印钞所带来的恶性通货膨胀。这次没有实行货币政策转向，泡沫是以一种极其残酷和血腥的方式破灭的：法国大革命最终以惨烈的方式结束了君主制。"如同法国的19世纪被阿西涅币造成的恶性通胀的阴影所笼罩，劳的'体系'给18世纪法国人的脑海里留下了一道深深的伤痕。"[94]

第 9 章
坎蒂隆效应和货币数量理论

货币非中性!

密西西比泡沫的影响极为深远,上自王公贵族,下到黎民百姓的生活都受到了巨大的冲击。而在这个过程中能够自始至终保持清醒头脑,最后提早套现,全身而退的,非理查德·坎蒂隆(Richard Cantillon,1680—1734)莫属。他与密西西比泡沫的始作俑者约翰·劳是同时代人,也曾一同创业,但是两个人在泡沫破裂后的处境却有天壤之别。在今天这个泡沫兴起和破灭瞬息万变的世界,坎蒂隆的这一经历对于我们的借鉴意义不言而喻。即便我们把握时机做不到他的精准,但了解他思想的来龙去脉和他的理论,至少可以帮助我们避免逆大势操作所导致的血本无归。这一章我们就来看看坎蒂隆看到的世界与劳看到的有什么不同?他对市场的解读与劳又有什么不同?我们今天所说的"坎蒂隆效应"究竟是什么?让他如此成功的背后的理论又是什么?它对我们今天身处的世界意义在哪里?

坎蒂隆其人

事实上,我们对坎蒂隆其人知之甚少,他出生的神秘,死亡的蹊跷。我们只知道他出生在 17 世纪 80 年代爱尔兰的一个乡绅家庭。那是一个爱尔兰政治局势极其动荡的年代。我们前面讲到因战争开发了各种各样的债务工具的查理二世没有子嗣,他的顺位继承人就是他的弟弟,信奉天主教的约克公爵詹姆斯,即后来的国王詹姆斯二世[①]。作为一个新教国家里信奉天主教的国王,詹姆斯二世在位时间不长,从登基到被赶出英格兰只有短短三年的时间。他在位期间最重要的政治举措就是力图推行宗教宽容政策,给英国的天主教徒以更大空间,但是以新教为主体的英国政治精英怀疑他借此有恢复绝对君主制的企图。[1]好在詹姆斯二世当时只有两个女儿,且都信奉新教[2],国王与议会在宗教认同上的政治关系才得以平衡。不料,詹姆斯二世的第二任王后于 1688 年 6 月 10 日生下了一个男孩,这个来自意大利的信奉天主教的母亲,注定要把这个孩子当成天主教徒来培养,这个问题就事关重大了。6 月 30 日,7 个信奉新教的贵族将詹姆斯二世的女婿(同时也是他姐姐的儿子)、信奉新教的"橙色王子"威廉(Prince of Orange William)连同他的军队"请"进英国,继承了王位,即威廉三世。这就是光荣革命。威廉三世就是我们第 7 章里已经提到的那位入股英格兰银行的英国国王。[3]詹姆斯二世先是于 1689 年撤到依旧承认他为国王的爱尔兰,但是又被威廉三世亲自率军打败,随后于 1690 年逃亡法国。跟随詹姆斯二世逃亡法国的有雅各宾党人(Jacobites)

[①] James II of England and Ireland & VII of Scotland,1633—1701,1685—1688 在位。

第9章 坎蒂隆效应和货币数量理论

和军人,也有很多专门从事经商和贸易的专业人士,这其中就有坎蒂隆的家人,他们此时追随詹姆斯二世一同逃亡法国。[4]有意思的是,法国的新教教徒胡格诺派,此时受到路易十四的迫害正在从法国逃亡英伦的路上。

坎蒂隆于1708年成为法国公民,由于家族的关系进入了银行业,此时正值西班牙王位争夺战期间。他被任命为负责支付在伊比利亚半岛作战联军费用的副总出纳的经办,在1711—1713年间频繁往返于巴塞罗那和巴黎之间。[5]战争结束之后,他回到巴黎,很快接管了堂兄谢瓦利埃(Chevalier)经营不善的银行。确切地说,他堂兄的银行也是当时法国政府糟糕的财政状况的牺牲品:如同我们前面讲的英国的状况,一个入不敷出的政府的举债措施无非是短债变长债,长债变永续债,高息长债变低息长债,等等。[6]今天更是进入负利率的节奏,就是借钱给政府不仅没有利息,还要倒贴钱,总之,就是尽量降低债务成本。可能大家会想,国王们为什么不干脆将所有债务一笔勾销,而总是大费周章地和债权人谈判,进行债务重组?政府每次实行债务贬值的时候都会承诺"下不为例",原因就是"假若消灭债权人的全部或部分权利的政策一旦成为定例,借债行为也就完全消失了。延期支付的契约,靠的是有收回债款的预期,如果早知这个希望是不可靠的,也就没有人肯放贷了"。[7]

这一系列做法使得债权人,当然也包括持有这些债券作为储备资产的银行的资产状况急速恶化,再加上恶劣的经济环境,使贷款人违约和本来就存在的经营风险不断被放大;让情势变得更糟糕的是,当时成立的正义法庭(Chamber of Justice)对债权人相当敌视,致使老百姓选择持有铸币,而不是存到银行,更加剧恶化了银行的流动性。

在做出种种努力未见好转后，坎蒂隆还清了谢瓦利埃的所有债务，并于 1716 年自立门户，成了流亡法国的斯图亚特王朝和巴黎的爱尔兰侨民的银行家。1717 年，谢瓦利埃的银行正式关张。[8]

此时，坎蒂隆发现在巴黎的政商圈子里，劳的影响力在不断上升，便于 1718 年 5 月找到自己在西班牙王位争夺战时期的老上司卡纳冯伯爵（James Brydges，Earl of Carnarvon），此时已经被册封为乾多斯公爵（Duke of Chandos），请他将自己引荐给劳。卡纳冯伯爵对坎蒂隆的经营才华一直赞赏有加，他一方面义不容辞地将坎蒂隆推荐给劳，另一方面对坎蒂隆再三叮嘱，表达自己对劳的体系难以为继的担忧：

> 我非常高兴我给劳的信能对您有所帮助。他绝对可以让您发大财，但是因为我对您的福祉真切关注，我诚恳地希望您考虑下劳的处境，我认为他几乎不可能在现有议会、贵族和全国对他的怨恨下维持多久，我预见他很快会不得好死；而当这一刻到来时，我希望政府不会认为与您有什么牵连。[9]

就这样，就在我们前一章介绍的两个 18 世纪最著名的泡沫中，坎蒂隆与劳产生了交集。坎蒂隆进入密西西比公司的体系后，很快脱颖而出，进入劳的核心圈，他俩关系最好的时候，还与另外一个英国商人约瑟夫·凯奇（Joseph Gage）在 1718 年 11 月成立了一个在路易斯安那建立定居点的公司，并委任坎蒂隆的弟弟伯纳德·坎蒂隆（Bernard Cantillon）带领从欧洲招募的 60 位各类技术工程、开垦和商业贸易人士到路易斯安那进行开发。等他们到了那里才发现，这里的条件和《法兰西水星杂志》（*Le Mercure de France*）[10]在 1720 年初

第9章 坎蒂隆效应和货币数量理论

报道的情况有天壤之别。

坎蒂隆的第一桶金,就来自1719年夏天密西西比公司股票的快速飙升。乾多斯公爵在8月给坎蒂隆的信中,不仅为他成为一个富有的人而高兴,更为他此时急流勇退、套现离开法国的做法而欣喜。[11]事实上,坎蒂隆在密西西比股市泡沫中绝对算不上高点套现的人,他买入初始发行股票时折合140～160里弗一股(股票票面价值500里弗一股,但是按折价到3～4折债券的面值兑换,实际每股相当于140～160里弗)[12],到8月他套现并离开法国时接近3 000里弗一股,他套现出局时也恰巧是"百万富翁"(millionaire)这个词在巴黎诞生。[13]他至少错过了从3 000到10 000里弗一股的盈利大头;然而,从密西西比公司套现后,他以个人的市场判断和风险偏好继续活跃于欧洲的主要金融中心:1720年4月他在伦敦又参与了一把南海公司股票,与他参与密西西比股票的操作风格一致,他也是在泡沫兴起之前进入,然后见好就收。到了5月中旬,他已经在建议他的客户尽早出货了。[14]

坎蒂隆虽然从股市上提早抽身,但他放贷给别人炒股的金额却相当巨大。[15]这个业务方向的转移可以看作是他在规避泡沫风险,把股权投资转移成固定收益投资。从尘封于阿姆斯特丹市档案馆的资料来看,坎蒂隆在当时这个欧洲金融中心的几大金融机构(其中包括我们第7章里介绍的阿姆斯特丹汇兑银行)的账簿和公证处记录显示,1720年8月之前,他都在往外付款给那些在股市上的投机大家;而11月的资金流向正好相反,坎蒂隆则变成资金的收款方,都是将利息计算在内的外汇汇票。[16]显然,这就是我们在第6章里介绍的以外汇交易掩盖的贷款生意。从1720年7月到11月,仅仅5个月的进出总额就超过100万荷兰盾,这在当时可以说是个天文数字了。[17]

欠他钱的人不乏达官显贵，包括前面提到的乾多斯公爵、约瑟夫·凯奇，还有玛丽·赫伯特侯爵夫人（Lady Mary Herbert），他们都是市场上玩得很大的股票投机家。等快到年底时，连英格兰银行都差点因为挤兑而倒闭，更不用说当时积极投身于南海泡沫的各路银行家了。那时候，手里还握有巨额现金的人凤毛麟角。财政上难以为继的法国政府正在抓紧对在密西西比泡沫中挣了钱的人大肆收税，坎蒂隆榜上有名，这种压力也被他的债务人拿来利用。[18]从1721年直到1734年在火灾中去世，坎蒂隆被债务人搞得官司缠身：最初是玛丽·赫伯特侯爵夫人因欠自己庞大家族网络太多钱而血本无归，因此希望告倒坎蒂隆得到补偿，以解家族危机；后有坎蒂隆银行的总经理于1723年去世，他的太太以他和坎蒂隆关于银行业务的通信为证据，把坎蒂隆告上法庭；之后是约瑟夫·凯奇伙同卡罗尔（Carol）兄弟对坎蒂隆的诉讼。[19]明明是债务人应该欠债还钱，那他们以什么理由告他们的债权人呢？18世纪的欧洲，放贷依旧受到教会不许收取利息的限制，贷款也依旧要在外汇交易的掩盖下进行。我们在第4章和第6章详细介绍了这种操作：那个时候，借贷双方只要证明这不是一笔贷款收息的交易就可以了。而坎蒂隆的债务人要告倒他也很简单，只要拿出证据证明这是一笔收取利息的贷款就可以了。

令人匪夷所思的是，1734年5月14日，坎蒂隆在伦敦阿尔伯马尔（Albemarle）街上的豪宅起了一把大火，据说他就被烧死在里面，这里有三种可能：（1）意外失火导致他命丧黄泉；（2）他的厨师谋财害命；（3）坎蒂隆自导自演，逃离欧洲。研究坎蒂隆的权威学者安东尼·墨菲（Antoin Murphy）认为种种迹象表明，第三种情况是最有可能的，也许坎蒂隆就在某个法属南美洲的岛上以"谢瓦利埃·德·

卢维尼"（Chevalier De Louvigny）这个名字颐养天年呢。[20]

然而到底是什么事情让他做出撤离股市，转而放贷给别人去泡沫中投机的决定呢？到底是什么让他失去了对劳的"体系"的信心？

相信身在路易斯安那的伯纳德可以给他哥哥提供第一手信息，使坎蒂隆兄弟俩对密西西比公司缺少从法国来的财政支持，且短期内无法产生足以支撑公司股价的盈利了如指掌。当然仅凭这一点来推论这就是坎蒂隆提早套现出局的原因未免过于简单。即便如此，已经成为劳的核心圈成员的坎蒂隆显然有足够的内部消息可以让自己轻松获得从股市挣钱的机会，但坎蒂隆并没有采取这种投机取巧的方法。

坎蒂隆与劳有个重要的共同点：他们都是理论家，同时也都是理论结合实践的高手。所不同的是，他们的理论根本不同，因此得出的结论也大不相同。劳所构想的"体系"，以他本末倒置的理论为基础，本质上是需要货币极权才能推行的；之所以推销成功，是因为它可以更好地以这种货币、财政和金融市场体系服务于法王的专制系统。但是这种"体系"的最终代价就是信用的快速扩张制造资产泡沫，泡沫资产的价格上涨又将社会财富从大部分参与生产环节的人手里，集中到离制造泡沫机器（简单来说就是印钞机和杠杆）最近的那些人手里，造成贫富悬殊。而当泡沫破裂时，长年因信用过度扩张造成的扭曲投资，同样扭曲了要素价格（比如：土地租金），继续推升的资产价格已经掏空了整个经济体（用今天的话叫"脱实向虚"），而社会矛盾也在此时集中爆发，最终倾覆的是劳的"体系"所许诺服务的政权。对于掌握政权的人，相信劳的体系有回天之力，无疑是搬起石头砸自己的脚。当然，仅从这一点上来讲，比起坎蒂隆，劳可以说是一个理想主义者，不管他的理想是多么的颠倒梦想、本末倒置。

坎蒂隆可实际多了。事实上，他堪称劳的"体系"的最大赢家：无论是在泡沫之中提早套现出局，还是在泡沫破裂之后成为那个笑到最后的人，他的理论在整个泡沫兴起和破灭的过程中都得到充分的印证。

坎蒂隆效应

坎蒂隆效应（Cantillon Effect），简单来说就是货币非中性：货币供给数量的变化，随时影响着不同商品的相对价格，从而引导着财富的再分配，用今天的标签来说就是货币数量理论。这是坎蒂隆得以在泡沫里进退有据、保全自己的法宝。在尝试讨论任何定量分析的努力之前，让我们回顾一下作为交换媒介的钱和货币的价值是怎么确定的。

事实上，我们从第 3 章开始就多次讨论通货贬值和印钞泛滥是如何灭失财富，断送钱和货币的价值的。简单来说就是，交换媒介一样遵循着量涨价跌的商品原则。

我们在第 2 章讨论了，黄金和白银这样的商品货币的产生是因为首先它们对人们的生活具有实用价值，或者说内在价值，并且它们的生产和其他商品一样，都需要土地和人的劳动；又因为它们的一些其他特性，如耐久、稀有和不易伪造，从而从商品交换链条中分离出来，专门作为交换的媒介（信用和纸币则缺乏这种实用/内在价值）。

实物商品和服务之所以有价值，是因为它们对我们有用；而钱或货币作为交换媒介若要有价值，就必须能帮助我们交换到对我们有用的实物或服务。换句话说就是，货币的价值只能以它相对于其他商品的购买力来衡量。[21]用比较专业的术语来表述就是，其他商品的客观交换价值来源于它们的"有用性"，或者说实用价值，而钱/货币的情况则恰好相反：钱/货币的使用价值来源于它的客观交换价值（也就是钱能交换回来多少商品）。[22]钱作为交换媒介能够换来商品这一特性，就自然让人们产生了对钱的需求，人们对钱的需求不仅产生在交换的那一刻，人们之所以攒钱存钱，是预见将来某个时候对实际商品有需要时，钱这个一般交换媒介可以换回来所需要的商品。[23]

由此就很容易理解，在同样的货物和服务的供给下，交换媒介，无论是钱还是货币数量的增加，一定会导致单位媒介价值的降低。而这种数量上的认知，在理论上到了14世纪才开始确立。从古希腊的亚里士多德到中世纪最有名的经院哲学家托马斯·阿奎那（Thomas Aquinas，1225—1274），对钱的认知都还停留在钱的作用解决了以货易货的交换中，交换双方的需求必须相互巧合（coincidence of double wants）的问题，而阿奎那已经认识到作为交换媒介的钱的价值波动实属正常，钱的购买力一定是随时变化的。[24]

圣方济会修士、法国著名的哲学家和科学家让·布里丹（Jean Buridan，1292—1363）认为，市场自然选择出来作为交换媒介的钱，首先是一个有内在价值的物品，往往是贵金属，而这个金属币的价值也要由人们的需要来决定：人类对金属币的需求与需要交换到的商品的价值成比例，而这些可交换商品的价值，通过作为交换媒介的钱作为一种指数来衡量时，也就与钱构成了比例关系，进而也就决定了（用商品来衡量的）钱的价值。[25]

相对于可获得的商品数量而言，货币数量越多，你就需要花越多的钱来获取这些有限的商品。"迟钝的我们并没有意识到所有商品的高价都是货币贬值的结果,因为价格是根据货币的状况上升或者下降的。"尼古拉·哥白尼在他1526年发表的论文《铸币理论》①中如此阐述通货与商品在数量上的对应关系。[26]因此,和其他所有商品一样,交换媒介,无论是金属铸币,还是法币,也都遵循着同样的经济规则——量涨价跌:供给越多,价值越低,即钱/货币的购买力越低。供给和需求决定价格,在任何一种交换媒介上也都依旧适用,无论金、银,还是纸币。所不同的是,金、银的供给再多,它们的价值也不会低于其开采成本,否则采矿者会停止开采而使金、银增加的供给减少,随着供给的减少和相对于产出的稀缺性上升,其价值又会上升。纸币就不同了:纸币的贬值没有下限!不仅如此,一种纸币一旦退出流通,就无法再次进入流通。历史已经无数次地证明了这一点。

交换媒介(钱/货币)的价值决定问题常常被简化到仅仅是量化供求的关系,这样的简化会产生两个问题:第一,如果交换媒介的价值仅仅依靠供求数量就可以决定,那么对于纸币来讲,只要发钞当局有自我控制能力,承诺并可以做到不会超额印发货币,纸币用于交换的价值就可以如此确立。如果是这样,我们在第2章里强调的钱必须要有内在价值的断言是不是就可以完全被忽略了?也就是说,除了产生过程不同以外(钱是市场自发选出来的,而货币是法令规定必须使用的),钱和货币本质上是否就没有区别了?第二,这种简化的方式完全无视交换媒介(钱/货币)的价值确定过程。不了解这个过程,我们就无法知道钱/货币供给量的变化是如何影响到商品价格,即货币的购买力的,而这正是我们最关心的,也是任何货币量化理论最应

---

① 拉丁文:Monetae cudendae ratio,英文:Eassy on the Coinage of Money.

第9章 坎蒂隆效应和货币数量理论

该解答的问题。

对于第一个问题,启蒙时代伟大的英国哲学家约翰·洛克(John Locke,1632—1704)撰写了一系列论述来协调这个表面上看似矛盾的说法。[27]洛克认为,通货(如银币)因其内在的诸多特点(耐久、稀有、不易伪造),早在自然的交换状态下就被大家一致选为钱了;当这种自然交换状态被人为的社会/政府及其庞大法律架构取代时,在货换成钱、钱再换成货的过程中,钱的作用就只相当于一个指数的比较了。[28]然而在一个国际市场上,自然秩序依旧主导并凌驾于人为架构之上,因此钱的内在价值依旧起决定性作用:因为一个国家就如同一个家庭,如果消费的多,产出的少,填补亏空必然要借债,而还别的国家的债是一定要用真金白银的。[29]说白了,洛克的意思就是,一国政府法律只能管自己地盘上的事,跨越国界就还得回到事情原本的"自然法则"中去解决。毕竟,一国君主或政府拿着另一国超出自己的产出能力而印发的一纸信用的风险还是非常大的。这样想来,要是哪天出现一个凌驾于各国政府之上的世界政府,那可就是一个细思极恐的事了。

虽然洛克没有说明就一个国家内部而言,政府如何可以恪守在任何时候都不会人为地超额增加货币供给(无论是以铸币贬值,还是增加印钞的办法),但是他对钱和商品/服务的数量关系却得出了相当明确的结论:"总货币供给量的变化只会导致所有价格按一个统一比例变动,短期货币供给量的上升不会导致各种商品的相对价格发生改变。"[30]也就是说,如果有一天政府将货币供给量翻了一倍,市场上所有商品/服务的价格也同样会翻一倍。用今天的经济学术语来说就是,货币是中性的,即货币数量的增加没有改变市场上各类商品的相对价格。果真如此,所谓货币政策的意义何在呢?就是发行量和物价等比例放大吗?

坎蒂隆同样认为:"一个国家硬通货的增加会相应地增加这个国家的消费,并逐步推升价格",但是他显然不认同洛克这个定量的结论,他质疑道:"货币供给的增加是通过哪种途径和以什么比例提升价格的呢?"坎蒂隆用一个简明的例子,就展现了我们都能感同身受的过程:

> 如果硬通货的增加来自国内的金矿和银矿,这些矿主、企业家、熔炼厂主、精炼厂等相关人员会就会随着他们利润的增加而增加消费。他们的家庭会消费更多的肉、红酒和啤酒。他们会越来越习惯于穿更好的衣服,用更精致的亚麻面料,将房子装饰得更华丽,购置其他令人渴望的商品。接下来,他们会雇佣一些之前比较闲的手艺人,当然,这些手艺人的消费也会增加。所有这些都会增加人们在肉、红酒和毛料上的支出,也必然会降低国内其他居民的消费份额,而这部分居民并没有一开始就参与这些与开矿相关的财富分配。随着对肉、红酒和毛料比平时更加强劲的需求,市场上的讨价还价过程一定会抬高这些商品的价格。升高了的价格一定会鼓励农夫们在来年租用更多土地,进行更多的生产。同样是这些农夫,会从已经升高的产品价格中获得利润,并因此如同前面的家庭那样增加其支出。那些从这些升高的价格和支出中利益受到损害的,首先是在土地租用期内的土地所有者,然后是他们的仆人,以及靠领取固定工资来养家糊口的人。他们必须降低消费和相应的支出,这样会迫使他们中的相当一部分人移居他乡。土地所有者会解雇他们中的很多人,剩下的会要求增

第 9 章 坎蒂隆效应和货币数量理论

加工资以保持原有的生活。就这样，从采矿而来的硬通货的大量增加推升了消费，而降低的居民数量使留下的人可以增加支出。

如果钱依旧源源不断地从矿里挖出来，大量充裕的钱会推升所有东西的价格，甚至土地所有者在续约地租时都会大大提升租金，以恢复他们原有的生活方式，同比例提高他们仆人的工资，手艺人和工人也会提高他们产品的价格，国内产品价格高到从物价相对很低的外国买回这些东西反而可以节省很多钱。这自然会鼓励一些人从外国的工厂进口比较便宜的产品，而这必定会慢慢毁掉本国的手艺人和企业家，高昂的生活成本和低廉的产品价格让他们难以生存下去。[31]

在坎蒂隆看来，西班牙和葡萄牙在幸运地将美洲大陆发现的金子和银子源源不断地运回本国后，导致越来越多的居民因过高的物价而迁徙他乡，留下的人过着超高消费成本的生活，食品和劳动力的高成本毁掉了制造业，从事制造业的人失去工作，本国经济完全依赖进口，获得的通货必须支付进口产品，因此难以为继，结果国家变得越来越穷，贫困和不幸接踵而至。这就是西班牙和葡萄牙盛极而衰的根本原因。[32]坎蒂隆研究的例子还有威尼斯共和国、汉萨同盟和尼德兰地区的兴衰。

这就是坎蒂隆在他奠定现代经济学基础的著作《商业本质通论》[33]中所揭示的：通货数量的增加推升商品价格，而什么商品价格会上涨取决于首先获得这些新增通货的人决定如何花这部分钱。通货数量的增加并不会等比例地抬升所有物价，而是改变商品的相对价格，从而对整个实体经济和产业结构产生影响。这就是我们所说的坎蒂隆效应。[34]

坎蒂隆这个近 300 年前所举的例子——在本国突然挖出个大金/银矿（用经济学术语来说就是这个通货的增长是外生的，即因一个外部因素的变化而发生的），与当今的量化宽松和人为降低利率是一个道理，同样的原理适用于任何交换媒介，即额外突然增加的通货，无论是突然挖到了金矿，还是政府开动印钞机，都要通过最先收到这部分货币的人，依据他们自己的偏好增加支出，并依序在每一个支出增加的环节逐步流入经济体。这个过程因一个经济体分工细致程度的不同而不同，但是每次交易都会积聚影响商品价格的能量，因为根据获得货币的人的想法，增加的支出"或多或少地针对某些种类的产品和商品"，那么这些商品价格的上升程度就会高于其他商品。[35] 在整体价格上涨的过程中，商品的相对价格就这样发生了改变。这个过程是以排在后面的现金领取者，以及只有固定工资和根本没有收到增加的货币的那些人的生活水平的降低为代价的：在物价还没有全面上涨时就首先获得新增货币的那些人，获得的是手上货币增加而物价还没有被推升时所带来的巨大经济利益；而后来者只能拿着固定或增长滞后的工薪面对抬升的物价所带来的通货膨胀的痛苦。

总之，坎蒂隆认为，一个国家通货供给的翻倍，并不会使所有物价都翻倍，但会使商品的相对价格发生变化。无论谁首先获得了这部分通货，增加消费都是必然的，但是增加什么商品的消费，增加多少，完全取决于持有新增通货的那些人的个人偏好和环境，就好像在英国，肉价可能会增长 3 倍，而面粉的价钱只会增长不到四分之一。[36]

也许有人会说，今天的印钞，如果能做到从直升机上直接撒钱，让所有人的收入一夜之间都增加一倍，是不是上面讲的结构变化问题就没有了？这种简单数量方法最致命的地方，就是往往把经济社会的

第 9 章 坎蒂隆效应和货币数量理论

主角——人——忽略不计。货币供给的变化本身并不会影响到货币的价值，除非使用货币交换其他商品的人，重新评估了手中的货币数量和可获得商品的稀缺性之间的相对关系。也就是说，货币购买力的重新评估必须通过对人的主观估价系统产生心理影响来起作用，从而改变货币的客观交换价值。举个例子：如果你的工资一夜之间从一万变成两万，你是乐意为你每月消费的各类商品都同时支付双倍的价钱，还是利用新增的收入筹划一下你一直向往的一次远行，或是购买一部你一直都不舍得买的手机？

正如米塞斯（Ludwig von Mises）所言：即使我们假设每一个人手中的货币数量隔夜翻倍是可能的，我们也不知道最终是否或者如何达到一个均衡点，其中每个人都愿意将所需物品的购买价格加倍（即将货币的购买力削减一半），以使整个社会恢复到此过程开始之前的相对价格比率。读者可以对照米塞斯举的下面这个例子，看看自己是否也经历过同样的心理过程："事实上，一个人衡量他所掌握的货币数量变化的方式绝不直接取决于这种变化的数量，但是如果我们想得出货币的客观交换价值会是相应比例的变化的结论，我们就需要这个假设：如果一个拥有 a 单位货币的人收到 b 单位的额外货币，他对总数量 a+b 的估值和他以前对只有 a 数量的估值是一样高的。但是这种说法是不恰当的，因为他现在掌握着一个更大的货币存量，所以他对现在每个单位的货币估值都会比以前低，但低多少取决于一系列个人情况和主观评价，而这些对每个人来说都是不同的。"[37]

用我们第 7 章里介绍的坚持要他的租客用黄金给他交租的金勋爵的话说就是："在任何一种财富状况或产业中所需要的流通媒介的比例都不是固定的，而是一个波动和不定的数量；每一种状况都取决于千差万别的境况,此消彼长的程度所产生的变化又或多或少地取决于安全性、进取心和商业环境的改善。影响对流通媒介的需求的原因显然太过复杂,以至于让我们无法确认可以用事先的计算或任何一种理论过程确定一个数量。"因此,"如果上述的推理成立,那么结论就一定是没有一个事先可以发现社会上流通中随时需要的流通媒介的比例方法。没有一个规则或标准可以确定流通媒介的数量,真实的数量只能由有效需求来确定"。[38]

坎蒂隆认为,如果一个国家通货的增加是因为本国产出的增加,因此有更多的富余产品可以用于出口,以交换回来更多的钱,令财富增加(用经济学术语来说就是这个增长是内生的),上述的过程依旧存在,只是推升价格的过程会是逐步的和缓慢的。最终,随着本国财富的积累,国内价格的逐步上升,本国生产的产品会变贵,这种贸易条件的变化同样会导致用进口货物供应消费比本国自己生产更加划算,而一个国家也就这样慢慢由盛转衰。[39]当然,如果一个国家出口的制造业产品可以保持其特殊声誉,且可以以相当低廉的价格运往各地,那么这个国家保持繁荣昌盛的时间就可以比较长,但是当一国的财富实力达到顶点时(就各国持有通货的相对数量而言),也无法逃脱盛极而衰的命运。由贫困变富强不需要很久,盛极而衰需要的时间就更短,所以一个垄断了货币供给的政府,能做的就是尽量延长这个过程。[40]

坎蒂隆的建议是,政府在这种时候应该回笼通货,以便尽量延续一国的生产力发展,扩大贸易的繁荣。从历史上看,政府能做到顺应天时,而不是加速衰亡,就已经不错了。法国从1646年由进口棉布变为自己制造,到1684年路易十四将掌控了法国棉布生产、信仰新教的胡格诺派企业家驱逐出法国,显然加速了这个衰亡进程，而约翰·劳的系统，按照坎蒂隆之前的推理，显然更是给法国带来了全面的灾难，尽管坎蒂隆在《商业本质通论》整本书里自始至终都未曾提及劳和他的系统。

关于货币数量理论的讨论

从第 7 章的讨论我们看出，英格兰从 16 世纪下半叶以来因铸币贬值导致劣币驱除良币，以及持续到整个 17 世纪的各种财政窘境一直让英国饱受通货短缺的困境和信用丧失的困扰。有关通货数量的问题成为当时社会思想关注的一个重点也就不足为奇了。约翰·劳和后来的通胀鼓吹者乔治·贝克利主教（George Berkeley，1685—1753）认为，只要增加通货数量，无论以何种手段增加，都可以刺激经济；而我们第 2 章提到的达德利·诺思和坎蒂隆认为，通货的增加要以生产和贸易的发展为前提，任何以个人意愿增加通货的做法都只能适得其反。[41]

我们当今关于货币数量理论的讨论所追溯的起点，往往是启蒙运动的另一位人杰，苏格兰哲学家大卫·休谟（David Hume，1711—1776）。[42] 休谟的货币数量论述，长时间被很多学者解读为自相矛盾的两个方面：一方面，休谟认为货币供给的单位变化对货币相对购买力没有影响，这被广泛地认为是对货币中性的支持；另一方面，因为休谟强调了货币的扩张对就业和产出的积极影响，而被认为是与货币中性的观点相矛盾。[43]

休谟想必是阅读过坎蒂隆的《商业本质通论》[44]，事实上，如同坎蒂隆一样，休谟也对这两种不同原因的通货增加（天上掉馅饼式，如挖到金矿/干脆开动印钞机超额印钞；或因生产力提高从而增加出口，换回更多通货）进行了区分：他认为那些旨在人为提高通货供给的政策只会快速推升商品价格和人工成本，使本国产品因过于昂贵而在国际市场上失去竞争力，因此，人为靠外生力量增加通货供给的方法是绝对不可取的。[45]休谟对因内生因素而产生的通货数量增加到市场上相对物价变化之间的过程做了如下描述：因生产力提高和扩大贸易而增加的通货供给，企业家再投入扩大生产的时候首先会雇佣更多的劳动力，在有富余劳动力的时候，更多的人有了工作，会增加消费，买更多和更好的东西，而农民们发现他们的农产品都卖出去了，会欣然投入更多的劳动，生产出更多的农副产品，并将赚来的更多的钱购买更多和更好的工业品以供消费，这样反过来又促进了产业的发展。[46]在这样的良性循环下，通货的增加对产业发展和人民福祉都是有好处的。换句话说，就是在生产发展基础之上（包括分工细化、劳动生产率提高等），蓬勃发展的工业会使产品价格下降，吸引更多的资金前来购买物美价廉的商品，因此扩大了贸易，带来通货增加。在财富逐步积累且物价被推升之前，这一切都是好的，因为这个过程在推升劳动力成本之前，首先促使大家勤劳致富。[47]因此，休谟认为通货供给的增加对工业是有好处的，因为在货币从几个人手中（比如企业家和商人）流向整个社会的过程中，"必然先促使每个个体勤奋劳动，才能提高劳动价格"。[48]

……尽管黄金和白银的增加一定会造成商品价格上涨，但是这个结果不是马上发生的，钱流向全国各地，让各阶层人们都感受到价格上涨，这个过程需要时间。起先没人感觉到价格的变化，随着价格变化幅度的增加，从一种商品然后到另一种商品，直到最后王国里所有商品价格上涨都在新的通货（specie）数量基础上达到一

第9章 坎蒂隆效应和货币数量理论

个合适的比例。在我看来，只有在这个从获得金钱到价格上涨的中间阶段，黄金和白银数量的增加才有利于产业发展。[49]

也就是说，在要素和商品价格上涨之前，货币数量的增加是有好处的。相反，如果在这个中间阶段（即货币数量发生变化，但是还没有导致物价的变化之前）发生的是通货流失，造成通货紧缩，社会上就业机会减少，但人们仍然要像以前一样承受较高的物价，支付同样的租金，就会给经济带来灾难性后果。因此"执政官"（magistrate）的最优政策就是持续提升货币供给量，尽可能保持信贷扩张。通过这种方式，它可以维持国家工业的活力并增加劳动力存量，这其中包含着真正的权力和财富。[50]

虽然这句话被很多当今的经济学家解读为休谟的货币数量观点是货币中性，且政府要保证经济体里货币的增加，但这样的结论并不合逻辑：第一，正如卡尔·维纳林德（Carl Wennerlind）指出的，这段话单独拿出来作为以上结论的论据完全是断章取义，忽视了休谟对是由于政府多印刷的外生货币数量的增加，还是因为内生的生产力提高，扩大贸易而换回来更多通货这两种情况的区分；前者快速推升人力成本（要素价格）使产业失去竞争力，而后者在劳动力成本上涨前对产业发展有好处。第二，"执政官"在18世纪的英国只有一个职责，就是保证社会的根本法律架构，即私有产权及其自由交换，而完全不涉及发行纸币（英格兰银行职责）和公债（财政部职责）这类职能。[51]不仅如此，我想这里还应指出的就是，如果通货的增加是发展生产力和扩大贸易换回来的，那么政府的发钞部门能做的就是依据这样的通货本位提供相应的流动性，而绝不是主动人为地去增加货币的供给。这样说与休谟反对政府印钞而人为增加货币供给也是矛盾的。

纸本位时代下的货币数量理论

1971年8月15日,美国总统尼克松发表电视讲话,坦言美元在之前的几个星期遭受"金融投机家们的全面战争",因此决定,"命令财政部长以任何必要手段捍卫美元",并同时指示财长约翰·科内利(John Connelly)"暂时停止美元兑换黄金或其他储备资产,除非兑换数量对货币稳定有利,符合美国最大利益"。世界自此进入纸本位时代。

纸本位时代下,大家关心货币的发行数量是自然的。对货币供给的变化会产生什么影响的普遍关注,于上个世纪七八十年代引发了学术圈在"理性预期"假设下,围绕着货币供给的变化对商品价格(通货膨胀)的影响(进而对就业,即菲利普斯曲线中所描述的通货膨胀与就业的负相关性关系)到底是中性还是非中性的讨论。[52]然而,无论在理论上如何进行假设以使数学的推演可以得出解式[53],在拥有关于货币供给、价格指数、国民收入和产出的系统性数据的时代,用数据检验货币供给的影响显然是任何货币数量理论工作的自然延伸。

美国著名经济学家、芝加哥大学教授罗伯特·卢卡斯(Robert Lucas)正是因为他在货币政策如何影响通货膨胀、就业和产出的努力及其成果,于1995年获得了诺贝尔经济学奖。[54]在他的获奖演讲中,引述了一个旨在描述长期条件下货币增长和通货膨胀率关系的图(见图9.1)。

这个图,横轴是货币供给(这里用M2来表示)增长率,纵轴是通货膨胀率。图中的每一个点是一个国家从1960年到1990年30年间年平均通货膨胀率和这个国家货币供给(M2)增速的关系曲线。这个图一共用了110个国家的数据。我们可以看到,所有的点都大致落在了45度线上,简单的相关性分析在经合组织(OECD)国家得出

第9章 坎蒂隆效应和货币数量理论

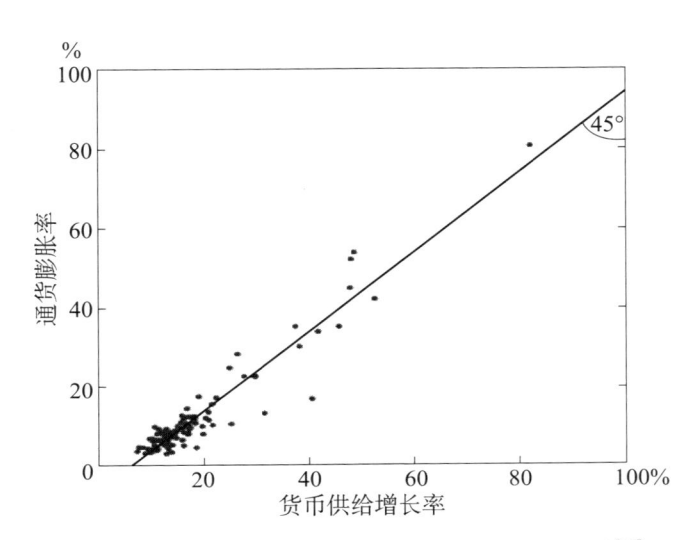

图 9.1 货币供给增长率与通货膨胀率（1960—1990）[55]

资料来源：McCandless and Weber，1995。

高达 96% 的相关性，而在拉丁美洲国家则高达 99%；也就是说，货币供给增长率和通货膨胀率几乎接近 1∶1。

卢卡斯强调："这个图所展示的货币中性需要成为任何要求严谨实证的货币或者宏观经济理论的中心特征。"[56]

而货币供给增长率与真实产出（通常用实际 GDP 或人均 GDP 来衡量）增长率的相关性，又展现出了下面的结果（见图 9.2）：

显然，从 110 个国家 30 年的平均数，并看不出货币数量变化与实际产出变化之间呈现出什么方向性（正或负）的关系。30 年可以发生翻天覆地的变化，中国迄今为止的经验就很好地说明了这一点。因此，30 年的平均数之间的相关性告诉不了我们太多。这就好比有一天你发高烧了，请来医生。医生一查：你脑门儿很热，手脚冰凉，然后

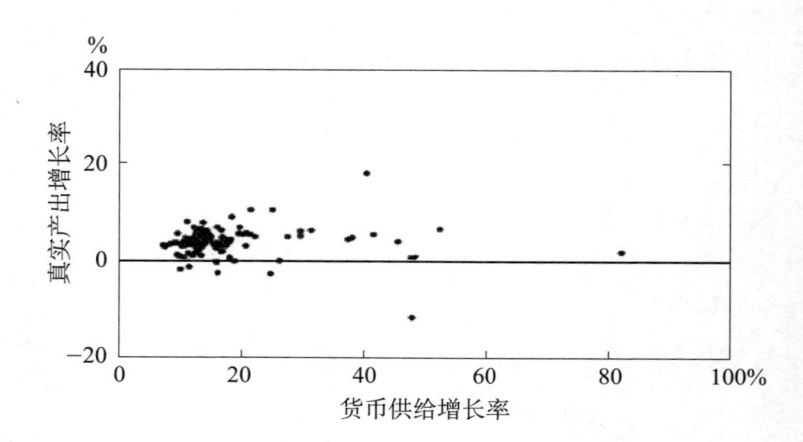

图 9.2　货币供给增长率与真实产出增长率（实际 GDP）（1960—1990）

资料来源：McCandless and Weber，1995.

两下温度一平均，就是 37 度。医生于是诊断你没毛病，因为人的正常体温就是 37 度。如果遇到这样的医生，你一定会觉得很郁闷。这样，我们又回到了近 300 年前坎蒂隆提出的那个问题，也就是我们仍然不知道货币供给的增加是通过哪种途径和以什么比例提升价格的。此时，我们不禁要好奇地问，对于一个人来说，在漫长的 30 年里，都会发生什么样的变化呢？

坎蒂隆效应在今天的验证

美元与黄金脱钩后的几十年，用一句话总结，就是坎蒂隆效应的全面印证。在这段时间里，美元的发行失去了黄金这个锚的约束，通过美国高度复杂的金融杠杆系统持续不断地向全世界供应着美钞。诚然，如果用无成本的印钞就可以换回来全世界琳琅满目的各类商品，

第 9 章 坎蒂隆效应和货币数量理论

我想用同样方法却最终把帝国葬送的元朝可汗们,要是知道了美国的"炼金术",一定都会觉得望尘莫及吧?可是二元世界里没有任何一件事不是双刃剑。那么,这样的一个系统还给美国带来了什么?

拉大的贫富差距

坎蒂隆描述的因货币供给量增加而产生的财富转移(也就是先获得增量通货的人得到的是货币增加的好处,而拿固定工资的人得到的是这个过程带来的通货膨胀)所造成的后果,就是我们现在经常听到的贫富差距的扩大和社会财富两极化。我们首先来看美国在 20 世纪 70 年代后的经历(见图 9.3)。

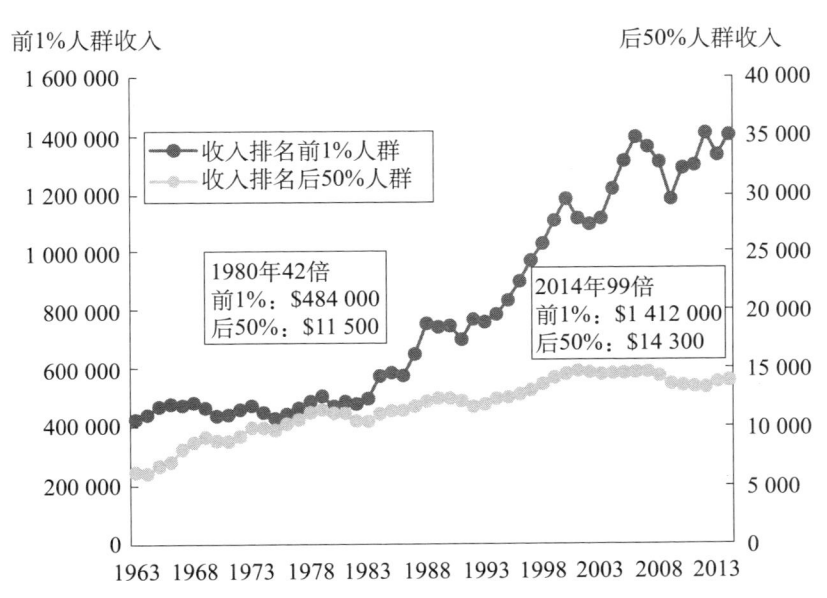

图 9.3 美国前 1%人群与后 50%人群之间的平均税前收入比较(1962—2014)

资料来源:World Inequality Database.

从图 9.3 中我们可以看到：上个世纪 60 年代，收入前 1% 人群和收入后 50% 人群的年平均收入都有所增加，甚至后一部分人群增加的更快一些。而到了 70 年代以后，这两个群体之间的税前平均收入水平的差距明显快速拉大了：相差倍数从 1980 年的 42 倍增加到了 2014 年的 99 倍。

与此同时，以 1963 年为基年，各个人群的收入占总收入的比例也发生了重大的变化（见图 9.4）。在所有人群中，只有收入前 1% 和 10% 人群的收入比例在总收入中是提高的，其余的 90% 人群收入占比，从 80 年代以来都是下降的。其中，低收入的 50% 人群收入占比在 60 年代是上升的，此后就一直下降，特别是从 80 年代初到现在，更是直线下降，结果就是他们的收入占比从 60 年代末的高于 20% 下降到现在的低于 14%。低收入的 50% 人群和高收入的 10% 人群中间

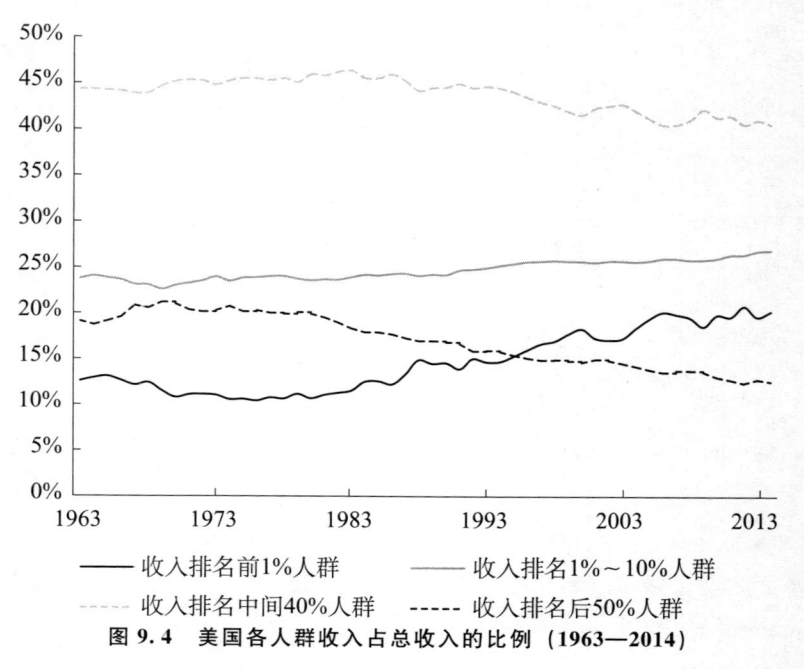

图 9.4　美国各人群收入占总收入的比例（1963—2014）

资料来源：World Inequality Database.

的这40％人群的收入从60年代到80年代的20年间在总收入中基本持平,而从80年代到现在,也是直线下降。

收入比例的变化量更加清晰地显示出各人群在这段时间内收入变化的差距(见图9.5)。70年代,收入比例的变化幅度呈现收敛的趋势,致使低收入的50％人群的收入相对于总收入的占比在上升。从80年代开始,这个趋势反转了,收入比例的变化拉开了距离:前1％人群收入占比的增长速度极快,前1％～10％人群则只有微幅增加,而同时期的其余90％人群的收入占比是下降的,尤其是后50％人群收入占比下降幅度更是巨大。

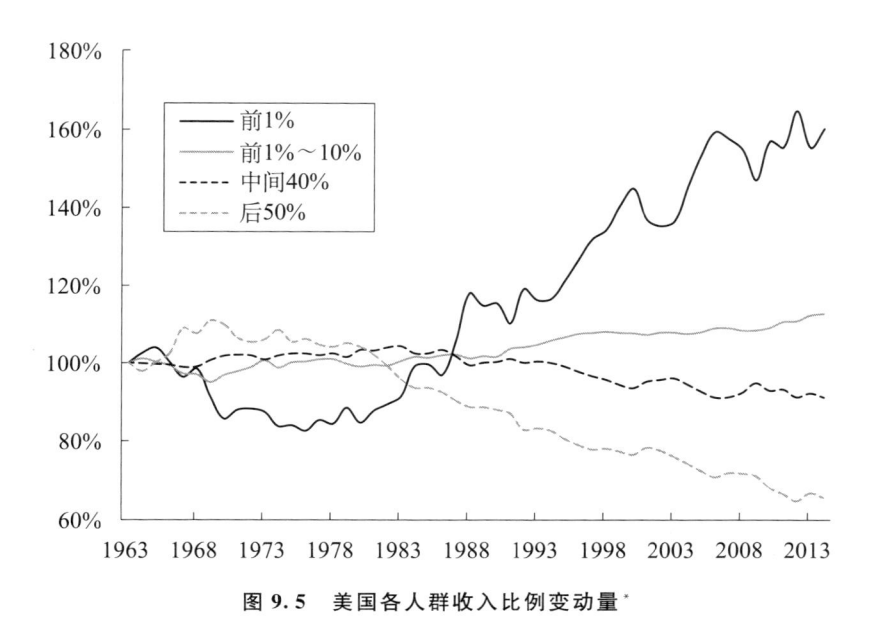

图9.5 美国各人群收入比例变动量*

* 以1963年占比为基准,＞100％为占比上升。

资料来源:World Inequality Database.

如果以 1979 年为基年来看，这个变化更是异常明显（见图 9.6）。

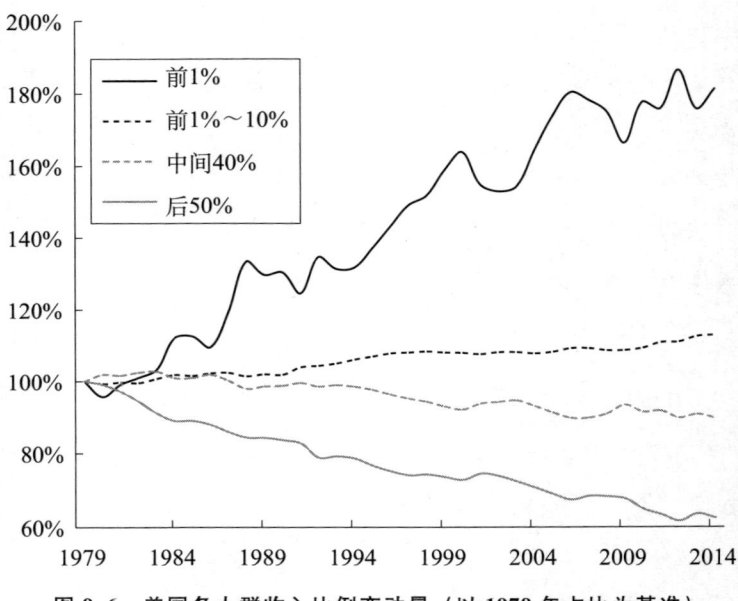

图 9.6　美国各人群收入比例变动量（以 1979 年占比为基准）

资料来源：World Inequality Database.

在这期间，各人群的财富存量差距也发生了变化（见图 9.7）。

毫无疑问，就财富存量而言，前 1% 人群的财富所占比例从 70 年代的 20% 多一点增加到 2013—2014 年的 40% 左右，翻了一倍，这是以前 1%～10% 人群和中间 40% 人群在总财富中的缩水为代价的。而后 50% 人群在财富存量中所占比例自 60 年代以来就没什么变化，一直比零略高一点，甚至在 2008 年金融危机时还降成负值（意味着债务大于资产）。

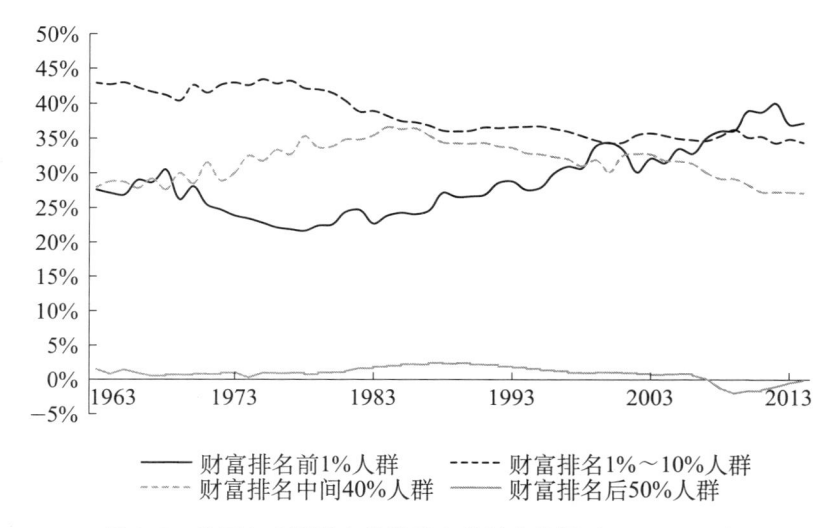

```
50%
45%
40%
35%
30%
25%
20%
15%
10%
 5%
 0%
-5%
   1963    1973    1983    1993    2003    2013
```

—— 财富排名前1%人群   - - - 财富排名1%~10%人群
----- 财富排名中间40%人群   —— 财富排名后50%人群

图 9.7　美国各人群拥有的财富占总财富比例（1963—2014）

资料来源：World Inequality Database.

如果从这几个人群的存量财富占比的变动量来看，就更加明显（见图 9.8）。在这段时间里，财富占比上升的只有一个人群，就是财富排名在前 1% 的。财富排名在后 50% 的那些人，这几十年的财富占比变动极大，但总体上是财富份额丢失最大的一个群体。显然，中产阶级无论从收入上，还是财富存量上，都明显不是美国经济这几十年发展的受益者。

从 2008 年金融危机到现在，我们不断看到美国经济强劲复苏和失业率下降到历史低点的报道，但是不断下降的劳动力参与率粉饰了失业率数据（见图 9.9）。

图 9.9 中，右轴是失业率，左轴是劳动参与率。我们看到 2008 年之前的前 10 年，美国的失业率基本在 4%～5% 之间徘徊，而劳动

图 9.8　各人群财富占比变动量＊

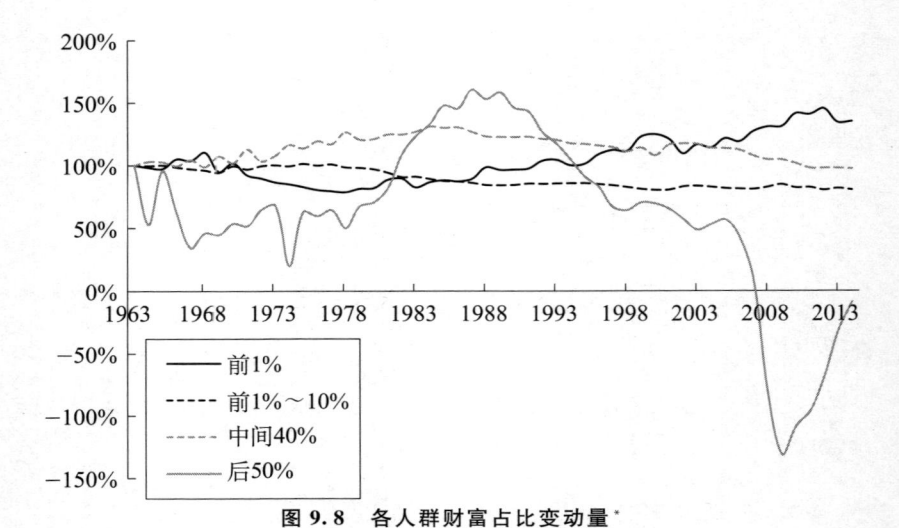

＊ 以 1963 年占比为基准，＞100％为占比上升。

资料来源：World Inequality Database.

十年间，美国劳动人口中新增千余万人不再寻找新工作

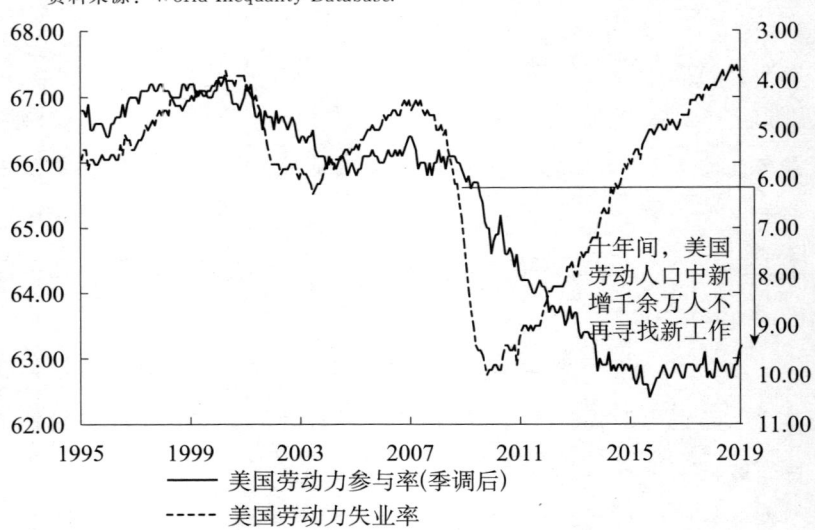

图 9.9　美国劳动力（25～54 岁）参与率与失业率（％）

资料来源：美国劳动数据局（Bureau of Labor Statistics）.

参与率在66%～67%之间。2008年之后，失业率从最糟糕的2010年超过10%一路下降到现在的4%以下。然而，劳动参与率却从66%下降到63%，也就是说，十年间美国劳动人口中新增千万余人不再寻找新工作。

与此同时，美国是全世界金融行业财富增长最多的国家，从1996年到2014年，这一领域的财富增长达35.0%；不仅如此，金融行业也成为美国制造亿万富翁最多的地方，亿万富翁人数增长了41.6%。而欧洲和其他发达经济体的财富增长和亿万富翁的人数增长还是集中在贸易和非贸易领域（见表9.1）。

表9.1　分行业财富增长和亿万富翁人数的增长（1996—2014）（%）[57]

	财富增长			亿万富翁人数增长		
	美国	欧洲	其他发达经济体	美国	欧洲	其他发达经济体
资源类	2.8	2.6	8.0	4.2	5.2	5.8
新兴	22.1	7.8	33.5	19.0	12.7	31.9
非贸易	23.0	21.7	42.9	15.7	20.2	33.3
金融	35.0	10.2	−1.3	41.6	13.5	11.6
贸易	14.9	52.4	13.2	14.7	43.4	13.0
其他	2.1	5.3	3.6	4.7	4.9	4.3

资料来源：Freund and Oliver，2016.

同一份研究中，与欧洲相比，美国的实际高净值财富增长（以1996年美元计算）超过1 000亿美元来自对冲基金制造的亿万富翁很多，而这个数字在其他发达经济体微乎其微（见图9.10）。

产业结构的变化：脱实向虚

毫不奇怪，产生富豪最多的行业，应该也是发展最快的行业。

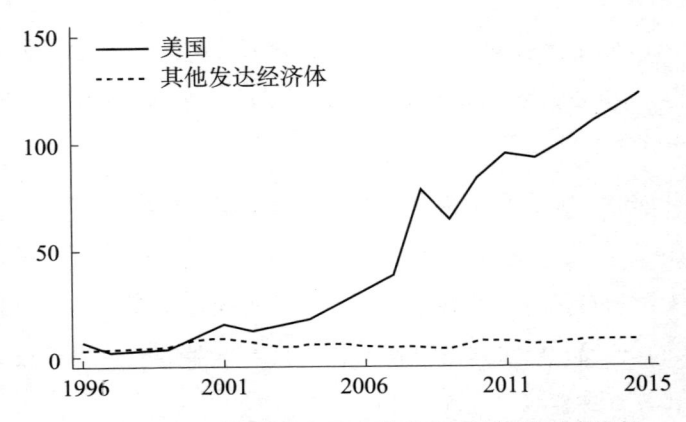

图 9.10　来自对冲基金亿万富翁的实际高净值财富增长
（1996—2015）（十亿美元）[58]

资料来源：Freund and Oliver，2016.

美国经济结构在二战以后获得金融霸主地位后就逐步发生了变化。就各行业占国内生产总值（GDP）的比重而言，变化最为明显的就是制造业、金融保险和地产，以及为此服务的专业服务行业（律师、会计师等）（见图 9.11）。金融、保险、地产及租赁业从 1947 年的 10% 多一点上升到 2017 年的 20% 以上。另一个有明显上升趋势的行业是专业和商业服务，从 1947 年的不到 4% 上升到今天的 13%。这两项加起来，已经占到了整个 GDP 的三分之一。制造业占 GDP 的比重，从 20 世纪 50 年代中期的 28% 的高点下降到今天的 11% 左右，整整下降了 17 个百分点。这在很大程度上要归因于制造业离开美国。用我们今天的话说，叫脱实向虚。与此同时，从二战后到今天，其他行业占 GDP 的比重要么没变化，要么下降了。

美国过去几十年的变化印证了坎蒂隆效应：越早接受货币增加的

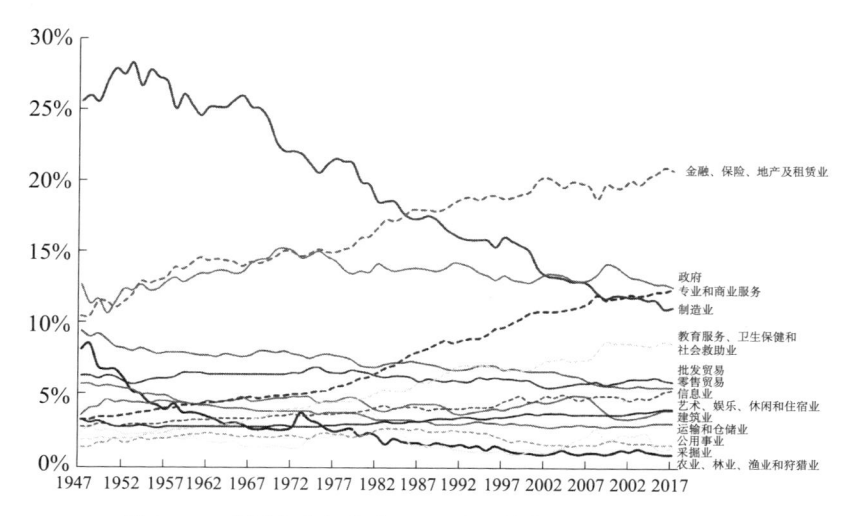

图 9.11 美国各个行业占 GDP 比重的变化（1947—2017）

资料来源：美国经济分析局（Bureau of Economic Analysis）.

人越先得到好处，翻译成今天的语境，就是离印钞机越近的人，越先发财致富。放在现在的整个货币金融系统下来审视：我们之前已经介绍了部分准备金制度，同理，中央银行增加货币供给和释放信贷的系统也是如此，所不同的是，它是银行的银行，它的储户就是各个商业银行。商业银行将我们存在银行的存款，按照央行规定的比例，比如说 10% 存到中央银行（也就是准备金率为 10%），而中央银行对整个经济投放的货币和信贷就可以通过这个准备金比率（准备金比率越高，投放到商业银行的货币就越少，因此也降低了信贷的规模；反之就会扩大信贷规模）来调节。当所有银行都将信贷行为最大化时，银行系统的货币放量（或货币剩数）就相当于准备金率的倒数。或者央行通过给商业银行贴现窗口拆借给商业银行的利率来调整（通常是隔夜的拆借利率，这个利率越高，商业银行从央行借钱的成本也越高；

资金越贵,商业银行的贷款也越贵,这样就会抑制信贷规模。反之会扩大信贷规模)。我们在 2008 年金融危机之后所说的零利率和最近几年饱受美联储加息措辞困扰时所指的利息,就是这个利率。我们在当今的金融体系下称之为货币市场的参与者,就是央行、商业银行和其他金融机构,以及对冲基金可以用回购协议参与融资的这样一个小圈子。他们就是坎蒂隆效应里最早得到货币增量的那些人,他们拿了这些钱可以去放贷、投资、购买资产。如果企业家对经济的前景并不乐观,降低资本投入时,对贷款的需求就会降低,而因为三轮量化宽松给市场注入的大量货币和信贷,就会通过各种渠道转而购买各类资产,进而吹大资产泡沫。

泡沫、泡沫、还是泡沫

美国用印钞来换回世界各国的货,所带来的后果除了上面列举的收入分配和产业结构的变化,还有就是经常在媒体头条看到接二连三的泡沫起,泡沫破。对于这个过程,欧洲太平洋资本公司(Euro Pacific Capital)总裁彼得·希夫(Peter Schiff)在 2006 年 6 月 13 日接受美国哥伦比亚广播公司(CBS)采访时,做了最简明和实在的讲解。[59]他在 2007 年秋天美国次贷危机爆发前不断发出次贷泡沫破裂的警告而成为主流的对立面,然而不幸让他言中:"美联储在上世纪 90 年代制造了很多通货膨胀。美国人将这些钞票花在进口产品上,因为他们已经没有那样的产业能力来自己生产那些产品了(首先,如果美国生产的这些产品比别的国家贵,美国居民自然就会选择购买进口的更便宜的产品。其次,制造业离开美国也是不争的事实:90 年代美国制造业的比重与 50 年代的峰值相比下降了 10% 左右),所以钞票流向

第9章 坎蒂隆效应和货币数量理论

了国外,那样才使物价没有上涨。但是这还没完。外国人拿着我们印的美元,投资了我们的股市,推升了美国的股票价格。上涨的股票价格就是通货膨胀的体现。等股市泡沫破裂了,外国人又把美元投到了债券市场,债券价格上升了,利率下降,美国人把地产的价格搞上去了。美国人又用增值了的房价抵押(home equity)借更多的美元,买国外的东西,把更多的美元送到国外,外国人又用这些美元投在进行生产过程中所需要的自然资源上。所以上涨的股票价格、房产价格和大宗商品价格都是通货膨胀!"[60]相信在金融市场上待得够久的人士一定对这一波接一波的资产泡沫仍记忆犹新。

另外一位同时接受采访的某金融机构首席经济学家反驳道:美联储不管资产价格推升的通货膨胀,只负责商品价格推升的通货膨胀。对此,希夫的回答是:没有所谓资产价格推升的还是商品价格推升的一说,通货膨胀就是通货膨胀!

这种情况反映到美国的国民账户上,就是贸易项下是赤字,政府财政也是赤字,也就是我们前一阵经常提到的双赤字。这一点,只有拥有垄断了印制全球储备货币的美国才能做到,原因很简单:如果放在硬通货或是金本位时代,硬通货和贸易流动的机制会使贸易赤字国的硬通货流到贸易伙伴国,而本国因为通货供给的紧缩,致使本国物价(包括人工、土地要素市场)面对通缩压力而最终下降,在商品和要素价格都下降到又有竞争力的时候,生产和出口得以扩大,出现贸易盈余。

换到今天的纸本位情形下,如果一个国家发生巨大的贸易逆差,造成通货流失,该国的货币相对于其他国家的货币就会大幅贬值。然而作为世界储备货币的美元,现实情况就不同了。原则上,只要美国的贸易伙伴接受美元这个美国政府的一纸信用作为结算货币，用来交换自己投入人力物力和资源生产的货，贸易就可以进行下去。但是，随着美国贸易赤字的不断扩大，美国的贸易伙伴不断地积累越来越多的美元，再用这些美元去购买美国政府因赤字不断增加而扩大发行的美国国债。对于没有硬通货（如黄金）作为储备的美元，难道美国的贸易伙伴就不担心美国政府无法偿还其债务？美元的购买力如何保持？美国总统特朗普在2019年2月的国情咨文里，对降低债务可是一字未提。看来还债肯定是排不上他的议事日程，或自此以后任何一任总统的议事日程。事实上，近几十年的情况是，美元和美国国债在很大程度上成了全世界的一项避险资产。然而想要解除对美元购买力的这种忧虑，就要让全世界一直愿意持有美元作为一项资产（而不只是一纸信用的凭条），或说愿意持有美元资产，如美国国债。

诚然，认为制造业不重要，金融服务和高科技才重要的人不在少数。那么我们怎么理解特朗普要把制造业带回美国的言论这么受到选民的欢迎？他在竞选期间的许多政策倡议都为他赢得了人气，其中重要的一项就是让制造业回美国。他在2016年8月1日的推特上表示："宾夕法尼亚州巨量的制造业工作都搬去了墨西哥和其他国家。我当选总统后这个一定不会再发生！"（见图9.12）。

我们禁不住要问：如果美元这么好使，开动印钞机就可以换回来全世界的货，为什么还要制造业回美国？为什么还要和中国平衡贸易？在硬通货的世界里，这个平衡是自然而然就可以实现的。但是美元如果依旧作为全世界的储备货币，制造业回美国就是一个悖论。要想制造业回美国，美国的生产成本就要低到比在目前的生产国家还要

第 9 章 坎蒂隆效应和货币数量理论

> **Donald J. Trump** @realDonaldTrump
>
> Vast numbers of manufacturing jobs in Pennsylvania have moved to Mexico and other countries. That will end when I win!
>
> RETWEETS 8,410　LIKES 26,816
>
> 6:33 PM - 1 Aug 2016

图 9.12　特朗普发的推特

有竞争力，企业家才有可能去实现这样的产能转移。即便如此，这也不是一夜之间就可以发生的。如果反映在美元的汇率上，就是美元的贬值幅度要足够大。在此次中美贸易谈判之前，美国最为著名的一次平衡贸易努力就是 1985 年 9 月 22 日签署的《广场协议》（Plaza Accord）[61]，促使日元、德国马克、法郎、里拉、英镑和加元对美元大幅升值，也就是美元相对于这些货币大幅贬值。但是很快，这些国家（除了意大利没有签署）又于 1987 年 2 月 22 日，签订了旨在稳定美元因《广场协议》而贬值不止的《卢浮宫协议》（Louvre Accord）[62]，原因也很简单：《广场协议》后，美元相对于其他主要经济体货币的大幅贬值引起了汇率的巨大波动，而这样大幅波动的货币显然不适合作为一种储存价值的资产来持有，这造成了市场上对美元资产的空前抛售。美国又受不了了。

美国的两难境地就是既要保持自己世界储备货币的地位，又要平衡贸易。试想在这样一个经济体里，投资建厂的制造业生产怎么可能和用钱挣钱的金融行业竞争？手握资本的人，谁还会费力气、冒风险去进行实业投资，开工建厂？投资建厂不仅费时费力，等生产上线，可能要素价格又被印钞而推升，根本就是赔本买卖。换句话说，美元的世界储备货币地位和制造业离开美国，就像一枚硬币的两面。美国如果不放弃美元的世界储备货币地位，在其他一切条件都不变的情况下，想要制造业回美国就是泡影。但是哪个政府又会主动放弃无本印钞去换回全世界的货物这样的好处呢？这就如同吸鸦片：等你意识到它的危害想戒掉的时候，往往已深陷其中无力自拔。而美元与黄金脱钩后，美国政府在国际上所做的一切努力的核心就是维持美元世界储备货币的地位，这就是我们后三章的内容：美金、美元和石油美元。

坎蒂隆对开创现代经济学理论的贡献

写到这里，我实在觉得有必要将坎蒂隆的思想做一个更为全面的介绍。坎蒂隆被誉为现代经济学的奠基人。[63]可是对于今天的人来说，假如问10个人：现代经济学的鼻祖是谁，可能有9个会说是亚当·斯密。亚当·斯密出生的那年，密西西比泡沫已经破灭了两年有余，伯纳德·坎蒂隆也已完成路易斯安那的远征，回到了巴黎。坎蒂隆，这个成功的银行家和投机赢家，已经在1730—1734年间将他对整个经济运作的思考最先以法文撰写成《商业本质通论》。

有意思的是，自从亚当·斯密的《国富论》于1776年出版后，他前辈们的思想就犹如被乌云遮蔽，原因恐怕倒不完全是因为斯密思想的原创性，而是他对前人的借鉴在著录上表现得特别吝啬，包括他对坎蒂隆的《商业本质通论》连篇累牍的摘抄而从未注明出处，以至于不了解他之前思想脉络的读者很容易以为这是他的创举。[64]斯密也以经常指责别人抄袭他的思想而著称，最为尴尬的一次莫过于他指责自己的朋友亚当·弗格森（Adam Ferguson）抄袭自己关于用一个制造发卡的例子来阐明劳动分工在提高生产效率上的作用（10个工人，如果不分工，每人完成发卡制作的所有流程，一天只能做20个发卡；而分工协作一天可以制造48 000个发卡），而弗格森当即表明自己的资料来源于一位法国前辈,·而不是斯密，结果是他们俩抄的是同一个来源里的同一个例子而都未注明出处。[65]

坎蒂隆的经济思想，充分体现在他这部《商业本质通论》中。《商业本质通论》分为三个部分：第一部分关注的是在一个封闭、还没有货币化的经济里，什么决定产出；第二部分讨论在一个开放和货币化的经济体里，什么决定价格；第三部分讨论的就是在一个货币化的经济体下，钱的流转与价值确定。[66]把这三部分作为一个整体来看，就是实物经济和货币是如何通过价格来实现平衡的。难怪他的著作直到19世纪末被英国的经济学家和逻辑学家威廉姆·斯坦利·杰文斯（William Stanley Jevons）再次发现时[67]，杰文斯将它誉为"政治经济学的摇篮"。[68]他的这部著作与所有前辈们局部论述贸易活动或货币理论不同，它将整个经济活动从生产、交换、流通到分配的货物和货币两方面作为一个整体来讨论。[69]哈耶克的评价是："这位天才的独立观察者，在整个过程中处在一个得天独厚的位置，以他天生的理论家慧眼洞察他亲眼所见，是成功将今天我们所知的经济学所涉及的整个领域透析并呈现给我们的第一人"。[70]杰文斯认为这部著作的第二部分自身就构成一个关于货币的通论，"在同样的篇幅下，其讨论深度超越任何前人，尤其是第三部分在当时人们的知识和经验下，让人拍案叫绝"①。[71]这个第三部分探讨的就是我们前面介绍的货币价值和数量理论推广到一个国际环境下的应用,也就是在国际贸易中,两个不同国家之间的货币数量的变化通过汇率与两国商品和服务形成的对应关系是如何影响资本流动、信贷和商业周期的。

坎蒂隆的《商业本质通论》也是历史上第一次将经济运行从道德伦理和政治哲学中区分开来,作为一个自身整体来看待(比如我们第4章讨论的关于收取利息是否合法的问题)。[72]除此之外,他在研究方法上也首开先河,将社会复杂的经济互动回归到极简,从只包含一个个体的经济体假设上开始,逐步进行复杂化推演来接近现实。这个方法直到300年后的今天都行之有效。[73]

坎蒂隆《商业本质通论》的出版过程也和他的生平一样充满神秘色彩:我们只知道它成书于1734年,但是到21年后的1755年才正式出版,其间一直在法国以手抄本的形式在知识界和文化圈流传。[74]出版商名为Fletcher Gyles,但是在他提供的地址查无此人;书的封面上有"traduit de l'Anglois"(翻译自英文)的字样,但是英文的原本至今没有找到,书中提及的数据附录也遗失了。[75]

---

① Judged by the knowledge and experience of the time, the third part especially is almost beyond praise.

第 10 章
从美金到美元

第一次世界大战,这个 20 世纪几乎所有战争和冲突的源头,不仅改变了整个世界的政治生态,而且还成为各个国家迈向纸本位的起点。

毫无疑问,在一个国家内实行纸币(法币),要靠一个以暴力为基础的强大法律系统,在这个问题上,东、西方没有本质上的差别,或说人类社会对此还没发现有什么差别。推而广之,要在世界范围内实行一种纸币,它实现的基础又是什么呢?我们在前一章提及了启蒙运动英国思想家洛克的断言:即便一个政府可以做到使本国的庞大法律架构保证交换媒介仅成为要交换到的商品的一个指数,但是交换媒介的内在价值依然是必要的,恰恰就是因为在国际市场上自然秩序依旧主导并凌驾于人为架构之上,因此钱的内在价值依旧起着决定性作用。也就是说,两个国家之间的结算最终还是要归位到黄金或白银上。[1]大英帝国称霸世界的时候(直到第一次世界大战),英镑的确是因帝国实力支撑的金本位而被赋予财富储存功能的。然而第一次世界大战,这个20世纪几乎所有战争和冲突的源头,不仅改变了整个世界的政治生态,而且还成为各个国家迈向纸本位的起点。

还是回到我们刚才提的问题:在世界范围内实行一种纸币的实现基础是什么呢?要了解今天美元取得世界储备货币地位的来龙去脉,我们要从第一次世界大战奠定的基础开始谈起。

第一次世界大战

第二次世界大战结束之时,美国已经拥有将近250亿美元等值的黄金,按当时35美元一盎司计算,就是22 000多吨,大约占当时货币黄金总量的三分之二。[2]为什么世界上的货币黄金大都流到美国去了呢?这还要从第一次世界大战(1914—1918)说起。19世纪下半叶,欧洲和美国都进入快速工业化时代,享受着金本位所带来的贸易繁荣,直到1914年7月,也就是大战前的一个月,59个主要国家都执行传统的金本位,即一个固定汇率体系,各国货币都与黄金的含量对应,通过币种之间黄金含量的差别,就可以推导出两国货币的汇率。例如,1美元所含的黄金是1/20盎司,1英镑所含的黄金大约略少于1/4盎司,那么美元对英镑的汇率在英国放弃金本位前就一直固定在1英镑兑4.86美元上。[3]

黄金作为国际贸易的结算工具,给各国带来了稳定汇兑环境下的贸易繁荣[4],汇率也依据以真实贸易为基础的黄金流动造成的增减而调整。而伦敦就是整个系统的结算中心,自然在国际资本流动体系中处于中心地位。[5]到1912年,伦敦通过它的汇票贴现市场(discount market of bill of exchange)为全世界60%的贸易提供融资。[6]维多利亚时代(1837—1901)[7]的大英帝国所拥有的实力雄厚的制造业和商业基础,以及殖民地物产所组成的整体经济实力也是英国坐稳这一角色的坚强后盾。正如英国财政大臣戈申子爵(Viscount Goshen)所言:"只有当我们没有任何可卖的东西的时候,才是我们获取金子的能力丧失殆尽的时候。"[8]不仅如此,英国还直接和间接地控制着支撑国际贸易运转的基础设施:全球70%的电报电缆网络、55%的海上贸易运输和全球货船每年使用的75%的焦煤。[9]

财富在欧洲大陆急速积累的同时,适逢生物学家查尔斯·达尔文的《物种起源》于1859年问世,其核心的进化论观点因哲学家赫伯特·斯宾塞(Herbert Spencer,1820—1903)所总结的"适者生存"而广为流传。[10]斯宾塞进一步将这个结论引入社会科学,也就是我们后来所知的社会达尔文主义(Social Darwinism)。[11]社会达尔文主义所产生的社会影响,或者说在政治圈所倾向的应用[12],不仅给欧洲当时的强大和武力殖民进行了道德伦常的注解,而且还为其国民进行了心理准备。正如历史学家图雷·亨特(Tooley Hunt)所指出的:"社会达尔文主义并不是一个贯穿一致的哲学,而仅仅是几个非常含混不清的教条,几个强有力的核心观念却影响了西方世界几百万人的态度,尽管他们从未读过达尔文,而且也从未听说过斯宾塞。"[13]

回溯第一次世界大战爆发的历史原因,德国的野心是流传最广的一个说法。然而,德国绝对不是演绎社会达尔文主义这一教条影响的唯一例证:欧洲各国,甚至美国都催化了大同小异的后果。[14]历史学家格瑞·多克蒂(Gerry Docherty)和詹姆斯·麦格雷戈(James Macgregor)合著的《被隐藏的历史:第一次世界大战的隐秘起源》以大量的史料和证据揭示了一个完全不同、就连惊悚故事编剧都无法构想的大战线索:以塞西尔·罗兹(Cecil Rhodes,1853—1962)为首,一群自我膨胀到认为盎格鲁-撒克逊应该统治全世界千秋万代的人,结成了一个秘密组织:"他们认为人类种族金字塔是基于在贸易中的主导地位、工业和对别族的剥削而构建的,而盎格鲁-撒克逊白人后裔就位于这个金字塔的最顶端。"[15]有了这个起点,我们对于第一次世界大战很多重大事件的理解,在这些新的证据下都会被彻底颠覆。有兴趣的朋友可以自己一探究竟。毕竟,兼听则明。

当"适者生存"被拿来给"弱肉强食"做道德注解的时候,无疑对19世纪下半叶的殖民扩张产生了显而易见的实际作用,武力占有取代贸易交换就更加让人没有心理障碍了:从1876年到1914年,欧洲殖民国家已经将殖民地版图扩大了2 800万平方公里;1898年,连美国这个18世纪才摆脱英国殖民统治而成立的国家也从西班牙手中夺取了菲律宾。[16]与此同时,这一教条对欧洲国家之间的关系也产生了重大影响:到19世纪末,德国无论是在工业化的速度、质量和科学技术水平上,还是在国力发展速度上,都让已经先期工业化的国家感到恐惧,尤其是依旧握有海上霸权,但是对维持一个日不落帝国版图已经力不从心的英国。[17]

英国皇家海军上将约翰·费舍尔(Admiral John Fisher,1841—1920),人称"石油控"(oil maniac),以及时任海军大臣温斯顿·丘吉尔都坚信未来的工业和战争都是建立在石油而不是煤上。[18]然而德国在奥斯曼土耳其帝国(包括伊拉克)、巴尔干地区和中东日益增长的影响力使英国备感威胁:到1914年,德国修建的从柏林伸向巴格达的铁路已经完成了400公里,这条陆路运输线可以直接打开横穿欧亚大陆的贸易通道。这个行动使英国不仅感到它以苏伊士运河为纽带来维系英伦与印度和澳洲殖民地之间的地缘格局如芒在背,而且还直接逼近英国在伊朗的油田范围。[19]

1914年6月28日,奥匈帝国皇储斐迪南大公夫妇在访问塞尔维亚首都萨拉热窝时遇刺。根据格瑞·多克蒂和詹姆斯·麦格雷戈所提供的一连串线索材料,这次由俄国驻塞尔维亚大使尼可莱·哈特维格(Nicholai Hartwig)在背后参与支持塞尔维亚极端民族主义组织实施的行动,虽然不能说是俄国沙皇的旨意,但是很多史实显示这是一个刻意的安排,目的就是与在伦敦的秘密组织在围堵德国的步调上更加一致。[20]

不管怎样,奥匈帝国在王储遇刺调查无果近一个月后,于7月23日对塞尔维亚宣战,第一次世界大战爆发。[21]欧洲各国迅速站队:德国、土耳其和保加利亚站在奥匈帝国一边成为同盟国;而英国、法国、俄国、意大利和后来在1917年4月才参战的美国等国家组成协约国。

欧洲:在美国的采购和融资

要打仗,就需要钱,英国到大战前依旧是全世界的金融中心。战事一起,英国对海外物资和武器的需求,很快就使它依赖上了美国的制造业。而银行集团的利益是维系这个跨大西洋的盎格鲁-撒克逊轴心的重要纽带。早在1915年一开年,摩根公司(J. P. Morgan)就与英国海军军部签署了采购协议,帮助英国在美国采购军需物资:英国国防部长基钦纳勋爵(Lord Kitchener)预计的采购金额是1 000万英镑,最终英国从美国采购的金额是30亿,几乎占到整个协约国从美国采购军需的一半。[22]采购清单涉及美国一千多个制造商,最大的赢家包括我们大家都非常熟悉的名字,如:通用电气、杜邦、美国钢铁和古根海姆,这个庞大的采购将在战前工业产值就超越了英国的美国制造业推向了顶峰。连当时的德国人都惊叹美国把其制造业转变为军火制造的速度。[23] 与此同时，英国和美国的贸易逆差极速扩大，从 1914 年的 7 490 万英镑逐年增加到 1918 年的 4.88 亿英镑，是 4 年前的 6.5 倍。[24]

政府能筹钱打仗的方式就那么几种，英国政府做的，也无非是我们在第 7 章里介绍的几百年来的做法：收税、借债和货币贬值。俄国、法国和意大利这些协约国，在战争伊始就已经停止兑换黄金，并需要借钱打仗，而且一致认为英国应该借给它们：毕竟，如果围剿德国成功，受益最大的是英国，它巩固了自己的霸权地位，对于这一点，大家都心知肚明。此时，鉴于英国的国际金融中心地位和黄金在维护这一地位中的基石角色，英国政府一直坚持金本位[25]，而德国和奥匈帝国已经放弃了金本位[26]。

要支付庞大的财政赤字和贸易逆差，以及因贸易逆差而导致的英镑对美元的贬值，使得英国越来越难以招架。除了变卖黄金储备和其他金融资产（如美国政府债券），英国最终也被迫放弃金本位，大举借债。协约国因此形成了以纽约—伦敦为轴心的一个信贷批发和分销的金字塔：整个一战期间，美国一共借出 70 多亿美元，其中贷款给英国、法国和意大利的金额分别为 37 亿、19 亿和 1 亿；英国是第二大债权人，一共贷出 67 亿美元，其中贷款给俄国、意大利和法国的金额分别为 25 亿、19 亿和 16 亿；法国共贷出 22 亿美元，其中 9.55 亿贷给俄国，5.35 亿贷给比利时，余下的贷给其他边缘协约国。[27] 1914 年 7 月 1 日，美国对海外的净债务是 36.86 亿美元；而到了 1919 年 12 月 31 日，美国从一个净债务国翻身成为债权国，净债权总额达到 125.62 亿美元，四分之三强都是借给外国政府的。[28]

回过头来看，美国的银行和制造业的利益早已优先于美国政府，或说替美国联邦政府在是否参战的问题上做了抉择。[29] 美国国务卿威廉·詹宁斯·布赖恩（William Jennings Bryan）早在1914年8月10日致伍德罗·威尔逊总统的信中，便已经预言了这种后果："与这些贷款有关的强大经济利益一定会试图通过报纸施展他们的影响力来支持他们给予贷款的那些政府的利益，因为这些债券的价值将直接受到战争结果的影响。因此，我们会发现我们的报纸会激烈地力挺一方或另一方，每份报纸都支持一个金融集团和它的金钱利益。所有这些影响都会使我们更加难以保持中立，因为我们在各种可能出现的问题上的每个行动都会影响到一方或是另一方，而强大的金融集团利益都会投身到这个平衡之中……"[30]

美国参战

1915年，摩根公司作为牵头行在华尔街组织的5亿美元银团贷款，未能获得积极响应。[31]为协约国寻找投资人并不容易：美国社会各族群也因为不同原因反对美国参战，连美国政府最初也坚持保持中立。1912年，威尔逊当选美国第28任总统。1914年8月19日，他在国会的发言中说，美国"必须在实质上和名义上"保持中立，"必须在思想上和行动上"防止感情用事"而做出有利一方而伤害另一方的举动"。[32]1916年，威尔逊总统以"他让我们远离战争"的口号成功连任（见图10.1）。

1917年1月19日，德国外交部发给德国驻墨西哥大使的电报被英国情报机关截获，电报内容是指示德国驻墨西哥大使向墨西哥政府提议，如果美国参战并加入协约国一方，那么德国希望墨西哥站在德国一边。如果墨西哥同意，作为交换，德国将承认墨西哥对丧失给美国的得克萨斯、新墨西哥和亚利桑那的重新占领，因为过去三年美国

他让我们远离战争 [33]　　战争在欧洲，和平在美国 [34]

图 10.1　威尔逊 1916 年竞选连任口号

资料来源：BLS，Thomson Reuters，WIND。

已两次入侵墨西哥。[35] 1917 年 1 月 22 日，威尔逊总统在对参议院的呈词里依旧强调中立原则："我提议，各国应该一致同意采用门罗总统的原则作为世界的原则：任何国家都不应该将其政体强加于其他国家或人民之上；世界各国人民，无论大小、强弱，都应该享有决定政体和发展道路的自由，不受阻碍、不受威胁，没有恐惧。"[36]

1917 年 2 月 1 日，为报复英国对德国的严酷封锁，德国宣布恢复无限制潜艇战：环绕英国和爱尔兰以及英吉利海峡地区水域被宣布划为战区，对过往战区的任何船只进行无预警攻击。[37] 20 多天后，1917 年 2 月 23 日，英国将截获的这份德国外交部电报转给美国。3 月，美国驻英国大使佩奇（Walter Hines Page）告知威尔逊总统，英国的黄金储备几近耗尽，美国参战可能是保住美国目前贸易主导地位的唯一办法。[38] 毕竟欧洲的战争对美国货物和军火的强大外需，是美国保持强劲出口、走出经济低迷的无可替代的动力。1917 年 4 月 2 日，威尔逊总统在国会发表了战争檄文，并对德国宣战，同时表达了要向全世界展现美国的动机和目标："在我们做这些事情，这些非常重要的事情的时候，我们要非常清楚，并向全世界清楚地表明我们的动机和目标……我们正处于这样一个时代的开端,这个时代坚决要求对各个国家的错误行为实行同样的行为准则和责任标准,如同各个文明政府对各自国民要求遵守的一样。"[39]

前后仅仅两个多月,美国便完成了从不干预主义到干预主义的彻底转变。不仅如此,威尔逊总统还提出了增加军备和人员的具体要求,并明确对协约国给予最宽松的信贷资金支持,以便协约国可以最大限度地购买美国资源来支持欧洲战场。[40]

美国:为参战融资

美国参战,资助战争的办法仍然还是这几个选项:收税、借债和货币贬值(见表10.1)。

表10.1　美国为一战融资的来源(1917年3月—1919年5月)[41]

资金来源	美元(亿)	比重(M2)	比重(M4)
税收和非税收收入	73	22	22
公债	240	58	53
直接货币创造	16	5	5
间接货币创造(M2)	48	15	
间接货币创造(M4)	66		20
战争总成本	329	100	100

注:直接货币创造是基础货币(高能货币)的增加减去黄金储备的增加,间接货币创造是货币债务的增加超过基础货币的增加的部分(Hugh, 2008)。M2的增加方式是通过部分准备金制度在银行间的放量而获得(放量的规模我们通常称为货币乘数),M4还包括银行和金融机构为融资所发行的商业票据(commercial papers, CP)和一年以内的国债(T-Bills),这些金融票据都可以向央行进行抵押回购以进一步融出资金[42],而国债质押的融资方式是在1917年4月再次修订《联邦储备法》之后才发生的。因此,这张表体现了通过包括质押短期国债而间接产生的货币M4支付了整个美国参战资金的20%,而其中的M2所产生的货币占到了资助美国参战资金的15%。也就是说,因短期国债质押而间接产生的货币就支付了美国战争总成本的5%。

美国联邦政府的现金流在威尔逊总统就职前九天又进一步有了法律依据：1913 年 2 月 23 日，美国宪法第十六修正案批准，授予国会"对任何收入来源进行征税的权力……"[43]但起初几年的所得税收入极其有限。1917 年 10 月，国会通过《战时税收法案》，提高了个人和公司所得税，新增设了关税、超额利润和奢侈品税。年收入 1 万美元的税率从 1916 年的 1.2% 增加到 7.8%；年收入 100 万美元的税率从 1916 年的 10.3% 增加到 1918 年的 70.3%，联邦政府税收也从 1916 年的 9.3 亿美元增加到 1918 年的 43.88 亿美元（见表 10.2）。[44]

表 10.2 美国联邦政府税收收入与支出（1916—1920）[45] 单位：亿美元

	1916	1917	1918	1919	1920
联邦政府税收	9.3	23.73	43.88	58.89	61.1
联邦政府支出	13.33	73.16	155.85	124.25	57.1

相比于 320 多亿美元的战争成本，增加的税收只能覆盖一小部分。这个巨大的资金缺口是通过直接举债和货币创造来实现的。[46]首先，美国发行了四次名为自由债券（Liberty Bond）的战争债券（见图 10.2），总共筹款达 167 亿美元[47]，占到了整个战争期间发行公债的 70% 左右。如同弗里德曼和施瓦茨在《美国货币史 1867—1960》

图 10.2 动员国民购买自由债券的招贴画[49]

中所说:"美联储实际上成了财政部债券销售窗口,倾其所有货币政策权力,几乎独家为此目的服务。"[48]

美联储的成立

的确,这样的公债规模没有央行的配合是很难实现的。然而美联储的成立与欧洲君主开银行资助自己打仗的背景有点不同。1907 年的美国股灾中,摩根公司扮演了最后借款人的角色(Lender of last resort)。热衷于推动成立一个中央银行的罗德岛参议员尼尔森·W.奥尔德里奇(Nelson W. Aldrich)说:"一定得做点什么。我们不会总是有波旁·摩根在那里应对银行危机。"[50]其言外之意就是,在危机时刻,需要有一个机构能够为整个市场提供流动性支持。1910 年 11 月,在乔治亚州的杰克尔岛(Jekyll Island)举办的一次猎野鸭活动的掩护下,奥尔德里奇、财政部部长助理皮埃特·安德鲁(A. Piatt Andrew)和华尔街的银行家①进行了一次秘密会议,共同商议了一个重塑美国银行体系的架构。[51]这个架构是一个建立在地区性储备银行之上,由私营商业银行主持董事会的中央银行系统,而这次秘密会议也成了上千种阴谋论的源泉。[52]

这次秘密会议所勾勒的计划,成为美国联邦储备银行成立的基础。1913 年,弗吉尼亚州民主党众议员卡特·格拉斯(Carter Glass)以这个计划为蓝本,起草了《联邦储备法》(Federal Reserve Act)。联储系统的组织架构分为三层:上层是位于华盛顿的中央政治架构,

---

① 包括摩根公司的合伙人亨利·戴维森(Henry Davison)、美国最大的银行国民城市银行总裁弗兰克·范德利普(Frank Vanderlip)和金融家保罗·沃伯格(Paul Warburg)。

由财政部长和总统任命的董事组成董事会（Federal Reserve Board）；中间是12个大区性的由私营银行组成的联邦储备银行（Federal Reserve Bank）体系；其下监管的底层机构就是所在区域内各个商业银行成员。而大区储备银行中，最重要的和掌握实权的，就是位于纽约的联邦储备银行。因此，美联储初期的运转完全掌握在纽约联储银行手上。[53]

新成立的美联储直到1914年11月16日才正式开始运转。而自欧洲三个月前开战以来，美国的金融市场已经经历了有惊无险的一幕：欧洲战事于8月刚一爆发，欧洲因筹措资金需要而大量抛售手中持有的美国股票和债券，引起市场恐慌，造成美国股市关市三个多月，对外贸易大幅度下滑，与欧洲的贸易大受影响，经济步入衰退，失业率达到16.4%，银行出现挤兑，黄金流失。[54]然而战争使情况很快发生逆转：欧洲战事对美国的物资需求使美国的出口转而迅速攀升，军备生产不仅极大地推升了制造业及其出口，失业率也迅速下降到6.3%。[55]一战爆发后的美国参战，恰巧给了美国走出1913—1914年经济危机的历史机遇。

美联储的角色

《联邦储备法》的全称为《旨在成立联邦储备银行，提供弹性货币、再贴现商业票据的手段，建立更有效的美国银行业监管及其他目标的法案》①。开宗明义，明确表达了要使美联储发行的纸币供给更加

---

① An Act to Provide for the Establishment of Federal Reserve Banks, to Furnish an Elastic Currency, to Afford Means of Rediscounting Commercial Paper, to Establish a More Effective Supervision of Banking in the United States, and for Other Purposes.

有弹性的目标——言外之意就是联储纸币的发行量可能会脱离传统的硬通货所带来的货币供给基础,波动巨大。[56]此时的基础货币(或称高能货币,high-powered money)主要包括黄金、白银及其铸币和银币票据(silver certificate),还有一部分是为支持美国内战,通过《法币法案》已发行的联邦券和1890年发行的国债。[57]

最初的1913年版《联邦储备法》第16节规定,美联储的货币产生原则必须以真实票据为基础,从操作上讲,就类似于今天我们所说的回购交易:各个商业银行如果想从美联储获得货币现金,必须首先将自己的各类银行和商业汇票作为抵押交给美联储(或其代理行),美联储再以1:1的比例将美元现金投放给商业银行。[58]不仅如此,法案要求各大区联储银行在此基础上还要以40%的黄金作为储备[59],即每发行1美元,美联储都要在资产方有40%的黄金和100%的票据抵押,也就是1美元要有140%的资产为支撑,而美元则可以随时以20.67美元兑换1盎司黄金。[60]联储代理行必须每天向联储系统报告新发和撤出的数额。在任何情况下,抵押品的金额都必须大于或等于所发行的货币数额,并且为保证发行的货币有足够的抵押品,联储的董事会可以在任何时间要求联储银行增加抵押品。[61]联储还可以进行公开市场操作,在债券市场上购买美国国债,向市场注入流动性。虽然1916年修订的《联邦储备法》第13节第8条允许商业银行将美国国债作为抵押票据从美联储获得抵押贷款,但由于国债和票据不同,没有以真实贸易/商业活动为基础的现金流为背景,因此不能算是"真实票据"(real bill),所以用持有国债的方法发行货币的空间极其有限,增加发行的数量也只局限于联储有富余的商业票据时才可能发生。[62]

但是，这个情况很快就改变了。1917年4月，美国参战。4月24日，威尔逊总统签署法令，授权发行50亿美元长期债券和20亿美元一年期债券[63]，以履行给予协约国以最宽松的信贷支持的宣言。同一个月，《联邦储备法》第13节第8条再次修订，国债与商业票据一视同仁，同样可以作为联储发行纸钞对应的资产。至此，这意味着联储可以打开它的资产负债表，为联邦政府发行的债务埋单。[64]

1917年6月21日，威尔逊总统再次签署了《联邦储备法》的修正案：在此修正案之前的情况是，商业银行从大区联储银行获取现金时，除了100%的真实票据以外，还需要有40%的黄金存于大区联储银行；而大区联储银行从联储获得现金时，就需要与联储进行回购操作——将自己的资产抵押给联储（或其代理行）以换取所需现金，因此大区联储银行与联储（或其代理行）进行回购操作时抵押的资产通常是黄金。而根据1917年6月这次修改，联储的资产方，抵押在联储进行回购操作的黄金也可以同时算作是大区联储银行被要求在联储储备的40%的黄金，这样在会计上，40%的黄金在三级机构间实际上被重复计算了；而对于发钞而言，40%的黄金替代掉40%的票据，也就是每发行1美元，对应的不再是140%的资产（100%的票据加上40%的黄金储备），而是60%的票据加40%的黄金储备。[65]这个修正案的效果可以说是立竿见影：流通中的货币数量从法令签署的1917年6月1日的4.648亿美元一下子跃升到12月28日的12.465亿美元，7个月增长了7.817亿美元，是此前7个月增加数量（2.449亿美元）的3倍多——没有这一系列措施，美国政府第一批20亿美元的自由债券难以发行成功。[66]不仅如此，美联储还降低了用国债回购的融资成本：联储给各成员银行正常的回购利率是4%，但是如果用国债作为抵押品,大区联储银行里最大的纽约联储银行的回购利率就是3%。[67]

第一笔20亿美元自由债券的发行利率定在了3.5%,比国债抵押的回购利率高出了50个基点。由于1916年的《联邦储备法》修正案允许各商业银行发行15天的票据,以回购方式从大区联储那里融来短期资金[68],各商业银行也因此可以利用这个15天的窗口,以3%的融资成本从地区联储融来资金,购买3.5%的国债,赚取50个基点的差价,而且还免税!第一笔自由债券获得了10亿美元的超额认购。[69]

1917年9月,威尔逊总统又签署命令,向美国以外的地区支付黄金,需要向美国财政部和美联储申请并获得批准。由于这种申请基本无法获得批准,美国实际上也部分地废除了金本位。[70]

以国债作为抵押资产发行的联储纸钞的规模在一战期间上升得非常迅速,如同弗里德曼和施瓦茨在他们的著作《美国货币史:1867—1960》中所说:美国内战造就了绿票子(《法偿货币法案》授予国会发行的联邦券是绿色的)在基础货币中的地位;而第一次世界大战催生了联储纸钞发行的快速增长:到1920年已有69%的基础货币是由联储纸钞及其存款构成的了。[71] 1933年,《联邦储备法》再次修订,联储纸钞也成了"法偿货币"中的一种(见第2章的讨论)。[72]

两次世界大战期间的金汇兑本位制

美国从1917年4月参战,到1918年11月停火,仅参战一年半。欧洲各国因战事需要大量采购美国的原材料、补给和武器装备,而美国也积极给协约国提供信贷支持。在整个大战期间,欧洲各国是黄金的净流出国，美国是净流入国。[73]美国的真实出口总额从1913年到1916年的四年间翻了一番。[74]黄金源源不断地从欧洲流进美国：从1914年8月至1917年4月，净流入11.2亿美元，货币黄金的存量从15.7亿美元增加到28.5亿美元。[75]战争结束时，国际金融中心已经从伦敦转移到了大西洋彼岸的纽约。

第一次世界大战历经四年零四个月后终于停火了，战场又转移到《凡尔赛和约》的谈判桌上。战后的各国各有各的问题：英国央行行长急于保住英国世界金融中心的地位，因此希望尽快恢复因战争而废止的金本位。[76]从1916年1月13日到1919年3月19日，摩根公司一直作为英国财政部的代理，在纽约将美元和英镑的汇率维持在4.765美元兑1英镑。[77]然而，既要进口大量战争所需的物资，又要保持币值稳定的双重目标，这在黄金大量流失的情况下是难以维系的。英国的通货膨胀已经导致战后英镑在外汇市场上实际的汇率跌至3.5美元兑1英镑，然而出于维护"英国的国家'尊严'"的考虑，英国坚持用战前4.86美元对1英镑的汇率；结果高估的英镑使英国的出口产品毫无竞争力，加之日益失去弹性的劳动力市场，使得整个20世纪20年代成为英国失去的十年。[78]

德国因战败赔款而无节制地印发德国马克，给战后的魏玛共和国时期（1918—1933）带来了令人绝望的恶性通货膨胀（1923—1924）。[79]面对《凡尔赛和约》的严苛赔款要求，德国央行当务之急就是恢复德国马克的币值稳定。[80]法国希望借助巴黎协议，从德国最大限度地获得战争赔款。在从德国获得赔款进度并不如愿后，法国派军队占领了德国的鲁尔工业区，结果鲁尔区德国人的不合作更使赔款大打折扣，而法国支付占领军的费用又成了一笔额外的高昂支出，同时法国以增加印钞来应付支出,又使德国的恶性通胀蔓延到法国。[81]希特勒则在鲁尔危机中孕育着他的权力基础。

美国同样希望用《凡尔赛和约》来保证战争赔款,同时确保战胜国的现金流能力,这样美国就可以继续贷款给欧洲进行战后重建。第二次世界大战就在各国这种各说各话的经济算计中酝酿着。第一次世界大战最后一年担任协约国最高统帅的法国将军斐迪南·福煦(Ferdinand Foch)在《凡尔赛和约》签署之后坦言:"这不是和平,这只是一个二十年的停火协议。"[82]事实也的确如此。不过这是后话。

重建战后汇率体制的热那亚会议

不管怎么说,停战了就要恢复生产,重塑贸易通道。参战各国的巨大战争开销不仅使各国财政入不敷出,而且也都被迫放弃了金本位。要恢复贸易、重建经济,前提就是重建汇率体系,不然被各国律法分割的各色纸币又怎能作为流通媒介,实现各国物产的互通有无呢?如何在各国的纸币之间重新建立换算机制,就是1922年4月热那亚会议(The Genoa International Conference)的一个重要议题。

热那亚会议金融委员会(The Genoa Financial Commission)由英格兰银行召集,各国央行行长参加,旨在发展"各国央行之间的持续协作,或监管各国银行信贷政策"(决议第5条)。[83]当今央行行长们的聚会经常占据财经新闻头条,大家都已经司空见惯了,但是热那亚会议却是历史上的第一次:首先,此时中央银行已经在各国基本建立就绪;其次,在第一次世界大战前的传统金本位世界体系里,其本质是一个固定汇率制,各国纸币之间的汇率可以通过它们各自的黄金储量一目了然地计算出来,执行货币政策也相当简单,就是本国货币的发行要有足够的黄金，或说以真实生产和国际贸易在国际结算中所换回来的黄金为基础，也就用不着央行行长们无休止地磋商，以确保交易对家克制发钞，并信守约束信贷扩张的承诺。

《热那亚会议金融委员会报告》（Genoa Financial Commission Report）于 1922 年 4 月 20 日推出了解决货币问题的"决议"（Resolutions on Currency）[84]，第 5 条承认，黄金是所有欧洲国家目前都接受的共同标准。第 6 条说明，现在就宣布最终恢复金本位，并呈陈一个大家都同意的路线图符合欧洲各国的共同利益。第 7 条指出，对于那些财政赤字巨大、靠印钞和扩大银行信贷来度日的国家，最终的办法就是降低支出，国内勒紧裤腰带，增加生产，降低消费，以减少外债，平衡预算，但同时承认有些国家离开外国贷款已无法度日。第 8 条具体说明，下一步的工作就是在经济状况允许时确定各国货币单位的黄金含量，届时必须决定是回到传统的金本位，还是以货币单位的交换价值来规定（模拟）一个新的黄金平价，即金汇兑本位制。第 9 条承认，建立系统容易，但要保持这个系统的运作，不仅需要各国央行协同步调，还需要建立一个国际公约，确保黄金的集中管理。而这个国际公约的目的就是希望采取一些措施来减少黄金在实际生活中的真实使用，仅作为金汇兑本位或国际清算系统所需的国际平衡之储备。第 11 条指出，为避免黄金供不应求的状况，成员国可以将本国货币以平价兑换成他国货币；为保证兑换，成员国可以互相持有"认定的资产"（approved assets，包括银行票据、有价债券或其他流动性资产）作为储备和支付使用。[85]金汇兑本位就此代替了传统金本位，这只是让黄金退出其交换媒介属性的第一步。

虽然黄金退居二线，但是要使各国货币之间能兑换并保持汇率稳定,最终还是要有一个锚,否则第一对纸币之间的换算就无法建立。如果这个锚是黄金的话,那么就一定要有一个国家的货币是可以自由兑换黄金的,因此这个国家就要有一个自由的、不受干预的黄金市场。[86]所以实际的操作是:美国依旧维持古典金本位制,保证美元可以兑换黄金。其他国家的货币,包括英镑,不能在日常生活中兑换黄金用于流通。在这些国家,黄金只能作为国际间结算的大分量金块使用。与此同时,英国不仅持有黄金,也持有可以随时兑换黄金的美元,而其他国家则是持有英镑。因此在 20 年代的金汇兑本位制中,最关键的货币就是英镑和美元。[87]

英国议会的网站上是这样描述这段时间的:"第一次世界大战,各国政府都停止了本国货币兑换黄金,以便不受约束地支付快速攀升的军备开支。战后,一些国家,包括英国,从 1925 年到 1931 年,又短暂地恢复了金本位,但是在大萧条中又放弃了。"[88]

的确,这里没有说明 20 世纪 20 年代这个短暂的金汇兑本位制是如何分崩离析的,听上去好像是大萧条引起的。然而直接原因却是英国政府既要维持金本位,又要一个相对于黄金高估的英镑。高估的英镑不仅使英国的产业在国际市场上毫无竞争力可言,而贸易伙伴也终究会把与英国进行贸易而得的英镑拿去兑换黄金,作为金汇兑本位制储备货币的英镑,终究要放弃金本位,这正是 1931 年发生的事。英国重塑国际金融中心的雄心就此破灭。

虽然英国的目标比起它当时的经济实力过于远大,但这不仅仅是英国才遇到的问题。战争经济时期的发钞和信贷扩张所造成的战时经济结构在和平时期一定会调整,这个调整的过程,体现为经济在一段时期内的收缩,因为资本从一个行业退出,释放出占有的劳动力和资本，进入另外一个行业或投资建厂，都需要时间。这个过程绝对不像宏观经济学公式里假设的要素资本"K"和劳动力"L"那样简单：随要随有，随叫随到，要多少有多少。[89]但是各国政府，鉴于国内的政治利益关系和选举政治的需要，无法主动去承受这种调整所带来的消费降级、收入下降，也无法允许大面积失业，以及国内劳动力市场上工资的相应下调，因此多半采取以汇率贬值的做法对冲这种工资的刚性。而各国央行在热那亚会议上所呼吁的合作，也无非是希望本国经济得以继续扩张以解决就业问题，来抗拒这种对经济结构的矫正必然会给本国产业和生活带来的痛苦，而不是以紧缩来进行结构化的调整。各国政府这样的政策倾向又与回归金本位的目标明显撕裂，造成各国所希望操控的货币主权与黄金维系的全球贸易背道而驰[90]，结果自然是毫无悬念的系统瓦解。

美国是一战以后于1919年第一个恢复金本位的国家，同时也是最终将自己的货币锚定于黄金的国家，它面对的情况也很棘手：一方面，如果美国的利率高于伦敦，美元资产相对于其他国家的资产，尤其是相对于英镑资产，就更受青睐，其他国家就会把从贸易中换来的英镑兑换成黄金，这样会导致除美国以外的其他国家，尤其是英国出现通货紧缩，回归金本位的努力就是徒劳。但如果英国提高利率以吸引外国资金的流入，又一定会增加企业的融资成本，对恢复生产和经济不利。[91]另一方面，美国应该提高利率以遏制信贷的持续扩张，及其刺激起来的股市投机。[92]一战期间已经上了规模的货币供给机制，在20年代继续加着杠杆。此时美国的活期存款准备金率为10%左右，而定期存款的准备金率只有3%，从1921年到1929年的9年时间里，美国活期存款增长了30.8%，定期存款增长了72.3%，而商业银行的定期存款,相比于其他吸存的金融机构(比如储蓄银行)更是增长了80%,结果就是资金变得便宜,而且银行还急于放贷出去挣利息。[93]货币供给规模的杠杆率比一战以前又大大提高了。资金成本低也是刺激股市投机行为的一个重要诱因。

20年代的最后三年,面对明显的股市泡沫迹象,在是否提高利率以抑制泡沫的问题上,纽约联储银行、华盛顿的联储董事会、财政部和国会议员们各持己见。当纽约联储银行想提高利率时,坐在华盛顿的联储董事们却不同意;等坐在华盛顿的联储董事们想提高利率时,纽约联储银行又不同意;虽然最终在1928年2月到7月,联储将利息从3.5%提高到5%,之后股市继续上升,就再也不见联储的动静。[94]无独有偶,2008年美国金融危机之后,美联储保持了8年零利率,于2015年12月开始升息,将联邦基金利率从零上调到2018年12月的2.25%~2.5%,之后戛然而止,并于2019年6月又开始减息。

再之后就是大家都知道的大萧条了。

如果黄金退出流通,那么如何确定纸币的发行数量呢?应该采取什么标准作为量化的依据呢?货币数量如何依经济活动的变化进行调节呢?有没有机制可以保证有垄断发钞权力的政府能够在经常面对解燃眉之急时,抑制放松信贷的冲动呢?

又回到货币数量理论

从以黄金为锚的金本位或金汇兑本位,到完全使用纸币的世界,首先面对的问题是各国如何确定自己的货币供给量。欧文·费雪(Irving Fisher,1867—1947),这位经济学数理基础的奠定人,也整理了一套货币数量理论。在此,我们必须介绍一下,因为我们今天各种各样的货币政策都与他的理论息息相关。

　　费雪将他的货币数量理论归纳为如下公式：平均价格乘以所有贸易/交易活动所得到的总金额等于货币的总供给量乘以流通速度，用他著名的交换公式（Equation of Exchange）表达就是：$TP=MV$[95]，公式左边的 T 代表贸易/交易量，P 代表平均价格；公式右边的 M 代表货币供给量，V 代表货币的流通速度。这个公式的架构就是所有的货币支出（MV）总是恒等于所有的商品和服务的交易总金额（TP）。[96] 这四个变量——交易量、平均价格、货币供给量和货币的流通速度，无论是一个或几个同时发生变化，那么其余的变量都要发生相应的变化，以使恒等式两边相等。简单来说，比如在货币供给量（M）翻倍，其他变量不变的情况下，平均价格（P）就要翻倍上涨。如果平均价格没有上涨，或没有达到翻倍的程度，货币的流通速度（V）就要减半，或相应地慢下来；或是交易量（T）翻番，或相应地上升。总之，任何一个变量发生变化，其他一个或几个变量就要做出相应的调整，以使公式两边相等。

　　针对他这个公式的架构纯属是一个不证自明的恒等式的批评，费雪慷慨陈词道："物理学最广泛的应用，比如：力与质量和加速度成正比，是个不证自明的公式，但辅以充分的具体数据，这些不证自明的公式就是最有用的机械知识的源泉。若是因为它不证自明就将'交换公式'不屑一顾地抛弃，就等于无视有能力构建经济学一些最重要和精确法则的机会。"[97]

　　然而这个公式有诸多显而易见的问题。首先，货币供给量的增加从来就不可能使所有商品价格同时在一夜之间发生变化，也不可能使不同商品的价格同比例变化。这一点我们在第 9 章中已经详细讨论过。

至于人们由于货币购买力的变化，对手中持有货币的现金数量的需求变化更不可能同时并整齐划一地反映在整个经济体的各个方面。[98]

货币有一个平均流通速度也可谓是一个遐想。货币每时每刻都被人拥有，即便是在途资金，也是钱有所属。今天的实时到账更是让大家直观地感受到了这一点。所以货币的流通与货物的换手只能同时发生，不可能有一个单独的流通速度独立于商品和服务交换之外，并与商品和服务的交换频率（速度）不一致。换句话说就是，货币本身无法自己流转，而是在与货物或服务交换时才易手，没有一个等在那里随叫随到，立即要正向或反向运动的"流通速度"（Velocity），交易（T）和货币的换手（V）不可分割。[99] 不仅如此，货币的换手速度各个地区极不平衡。亨利·哈兹里特（Henry Hazlitt）举例加以说明，1966 年 8 月，美国 218 个小的中心城市活期存款的流通速度为 34.1，6 个大的中心城市为 52.2，而纽约是 112.7，但在 1943 年，这个差距非常微小：这绝不是因为纽约人花钱速度到了 1966 年是其他小的中心城市居民的 3 倍，而是因为纽约是个交易所、银行、券商和投机客扎堆的地方。[100]

费雪进一步认为，从长期来看，在充分就业的情况下，贸易/交易量（T）和货币的流通速度（V）基本稳定，所以公式两边货币供给的变化（M）会引起平均价格（P）的同比例变化。说得更加公式化一些，就是当 T 和 V 不变时，P 与 M 会同比例变化，即货币中性——货币供给的增加会导致价格的同比例上涨。因此，央行的政策目标是，只要盯住进而稳定住一个价格指数（P 的均值），保证货币的购买力不下降，就可以确定货币供给的数量是否合理了。我们在第 9 章里已经详细讨论了货币中性有悖常识的问题，这里不再重复。我们来讨论一下这个平均价格，因为它不仅是费雪或现在的政策制定者们认为的老百姓的平均生活成本，也是今天各国货币政策的一个指引性指标。

按照费雪的意思，公式左边代表的是所有贸易/交易的货物端，右边是对应的货币端。我们先来看看公式左边的所谓货物端 PT：价格（P）乘以交易量（T）。

根据他的交换公式，在货币供给量不变的情况下，价格越低，给定数量货币就可以买到更多数量的商品，即货币的购买力越高；反之，价格越高，给定数量货币的购买力就越低。"总之，货币的购买力与价格水平相应，所以研究货币的购买力问题与研究价格水平是一回事。"[101] 按照他的思路，接下来就是研究这个"价格水平"了。

从费雪的交换公式 $TP=MV$，我们可以导出价格 $P=MV/T$，即价格水平等于总的货币支出除以所有已出售的商品，所以我们首先要把货币支出（MV）加总。美国经济学家默里·罗斯巴德（Murray Rothbard）在他的"交换公式的谬误"（The Fallacy of the Exchange Equation）中，按照费雪的思路，举了下面的例子。[102]

有如下四种商品及其价格（见表10.3）：

表10.3　四种商品及其价格

	每次交易	交易金额
1	10磅糖	70美分
2	1顶帽子	10美元
3	1磅黄油	60美分
4	1台电视	500美元
总量	?	511.3美元

第 10 章　从美金到美元

我们把花在购买这四种商品上的货币数（MV）相加，一共是 511.3 美元。接下来我们怎么获得交易总量"T"？10 磅糖，加 1 顶帽子，再加 1 磅黄油和 1 台电视？各种不同的实物交换如何达成一个单一的数值"T"？如果说它们的价钱可以相加，也就是花在它们上面的货币数可以相加（Q 代表每个商品），得到 $P_1 \times Q_1 + P_2 \times Q_2 + P_3 \times Q_3 + P_4 \times Q_4$ 这样一个货币总数，那么公式两边所说的意思就是"花了的钱等于花了的钱"。[103] 如果有人这样和你说话，你一定觉得这和没说一样，因为公式两边都是货币数量，根本没有所谓的商品端。[104]

但如果想要得到一个费雪所说的平均价格 $P = MV/T$，我们就要把商品加总，再除以商品数量，就得到如下的公式：

$$P = \frac{P_1 \times Q_1}{Q_1} + \frac{P_2 \times Q_2}{Q_2} + \frac{P_3 \times Q_3}{Q_3} + \frac{P_4 \times Q_4}{Q_4}$$

显然从算数上来说，Q_1、Q_2、Q_3 和 Q_4 依旧是不同的商品，我们还是无法将 10 磅糖和 1 顶帽子相加，或 1 磅黄油和 1 台电视相加。我们没有办法将这四种商品相加，就更不用说将全社会的所有商品和服务相加了。如果我们没有办法有意义地定义交易总量"T"，也就没有办法得出一个有真实意义的"平均价格"，对简单平均价格是这样，对任何"加权平均价格"也是同理[105]，对这个"平均价格"的变化的涨跌追踪也不例外，因为这个基础构建已经存在问题。

拿股票市场打个比方：无论是今天中国的股市，还是美国的股市，炒股的朋友们是不是都有过大盘指数在涨，自己买的股票却在不断被割"韭菜"的经历？当然为数不多的幸运股民和机构也有过相反的经历：自己仓位里的股票在涨，而大盘在跌。大盘指数是一个权重股的加权平均价格的反映，除非某个个股与指数包含的权重股高度相关，显然没有人会盯住大盘指数作为买卖个股的指引。

盯住一个平均价格水平的变化是当今世界上绝大多数国家制定货币政策的一个重要指标。如美国劳工统计局（Bureau of Labor Statistics，BLS）的官方网站上关于消费物价指数（CPI）的答疑中这样介绍：CPI是衡量一段时间内城市消费者对一个一篮子消费品和服务所支付的价格的平均变化；劳工统计局把一个样本人群消费的200多项商品和服务分成8个大类，将它们的价格变化加权平均，得到CPI，作为衡量通货膨胀的指标。[106]而这个"一段时间"，通常是10年。

图10.3是美国1998—2018年这20年间部分商品和服务的价格变化。

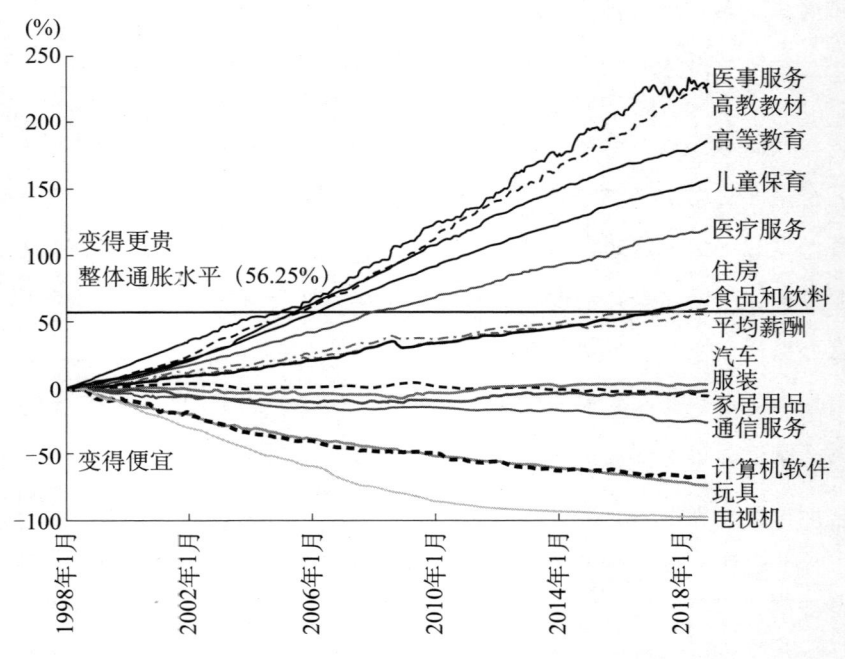

图 10.3　美国 1998—2018 年部分商品和服务的价格变化

资料来源：美国劳工统计局（BLS）.

从图 10.3 中我们可以看到，不同商品和服务的价格变化差异巨大：医事服务、高教教材和高等教育涨幅最大，从 1998 年到 2018 年的 20 年间增长了 200％多，而 2018 年电视机价格只有 1998 年的 3％。整体来说，电子产品在科技越来越发达的情况下，价格都在持续下降，而医疗和教育这类服务的价格涨了一到两倍多。住房等值租金（Owner's Equivalent Rent，OER）、食品和平均薪酬倒是和整体通胀的平均水平（56.25％）大体持平，试想一个中产之家，一辈子要买多少台电视，才能平衡掉其他服务费用的上涨？要是再养两个孩子，日子就过得更艰难了。难怪现在都市人都不愿意生孩子，这其中的经济考虑绝对不能忽视。

然后看财经新闻，CPI 给人的信号却常常是经济有通缩的危险。1998 年 4 月 29 日，美联储理事会成员爱德华·格兰里奇（Edward M. Gramlich）在国会关于改进 CPI 计算方法的听证会上承认，无论是调查中的样本人群消费是否可以代表全体消费的统计问题，还是什么样的商品和服务可以放进篮子以及如何调整等主观问题都不好解决。[107] 不仅如此，由于在一篮子的商品和服务中，当商品的价格发生相对变化，比如鸡肉打折、牛肉涨价时，消费者就会多买鸡肉，少买牛肉，所以这个生活成本总是体现出一个消费的上限，而现在的 CPI 构成法完全不可能捕捉到这个相对价格变化所引起的消费者对所需商品进行重新排序，进而改变消费结构。[108]

美国劳工统计局同时明确地表示："CPI 不包括投资科目，例如股票、债券、房产和生命保险"，因为"这些科目与储蓄相关，不是每天的消费支出"。[109]

CPI 中不包括房产价值，包括在 CPI 内的是"住房等值租金"

(OER),那么这两者有什么区别呢?"住房等值租金"占到CPI的近30%,以及刨去食品和汽油的核心CPI的近50%。[110]所谓"住房等值租金",简单来说就是,你买了套房子,然后再租给自己的那个租金价钱是多少,它体现的并不是你房产的价值。对于一个要安家立业的人来说,买房子的钱绝对是一笔重大开销,无论是首付,还是月供,都会给大部分人的整体消费结构和生活质量带来不可忽视的影响,房价不包括在物价指数里是件让人费解的事。房价因为"与储蓄相关"就被排除在CPI之外,逻辑可能是这样的:房子是一项资产,可以升值(当然也会贬值),所以卖房子的时候会有回报,但是这个理由对一个需要买房子的无房户或者房子仅供家庭居住的人来说并不成立。房子对于无房户来说,和汽车一样,就是耐用消费品。[111]将房产排除在CPI之外,其实是个此地无银三百两的做法。如果是怕房价的纳入会推升CPI,只能说明货币的过多供给已经人为地压低了贷款利率,低到存钱者在补贴借钱者的地步,而一个低于合理水平的利率一定会促使更多的人不顾自己的收入水平,贷款买房,这样会继续推升房价。只要大家在决定买房的那一刻,房价增值预期的年收益足以覆盖并超出当时贷款买房子的年支出,买房就成了稳赚不赔的投资。2008年美国的次贷危机或者说任何房产泡沫,说到底就是这样发生的。不仅如此,在低利率的情况下,大家会认为买房子划算,如果更多的人选择买而不是租房子,这种做法还有可能降低CPI,因为投资买房的人多了,可供出租的房子也就多了,而需要租房子住的人少了,可出租房屋供给增加,租房需求减少,租金反而可能下降。包括在CPI里的支付租金的现金交易下降,取而代之的是不包括在CPI里的支付给银行的月供,这样也会拉低CPI。[112]

股票和债券作为投资工具,在出售时,有机会实现资本利得,不包括在消费里面可以理解。但是正如我们第9章里在希夫和某位经济学家的辩论中已经涉及的:如果就因为这些金融资产的价格不是 CPI 的构成因素,因此就不在美联储的观测指标范围内,并被排除在联储的责任之外,进而将这些金融资产的价格也排除在通货膨胀观测的范围之外,就没有什么道理了。钱要么是央行印的,要么是央行通过整个银行系统加杠杆释放的,无论是被花到了消费上,还是被投到房产或金融资产上,都一样会推升价格,导致通货膨胀,表现不同的是要么是消费和服务价格的上涨,要么是资产泡沫,要么同时发生!

1929 年大萧条

第一次世界大战之后的 20 世纪 20 年代,对于美国来说是个充满矛盾的时代。一方面,美国战争期间的举国军工体制到停战时显得有点措手不及。停战对美国制造业造成的巨大冲击不亚于战争给美国制造业带来的巨大刺激:战时的经济配给措施和投入服务战争的巨大人力物力,在和平年代面临着新的抉择:要么关张,要么军转民,整个产业的转移导致了美国 1920—1921 年的衰退。[113] 到 1920 年,失业率从 4% 跃升到 12%,国民生产总值下降 17%。[114] 另一方面,20 年代又被称为美国"兴旺的 20 年代"(The Roaring Twenties):飞机和汽车开始了大规模生产,收音机和电影开创了大众传媒,电话、烤面包机和电冰箱也进入家庭生活,石油产品和电器产品纷纷涌现。[115] 在整个 20 年代,CPI 平均值接近零 (0.38%)(见表 10.4)。

表 10.4 美国 1920 年代月度通货膨胀数据[116]

月 年	一	二	三	四	五	六	七	八	九	十	十一	十二
1920	17.0%	20.4%	20.1%	21.6%	21.9%	23.7%	19.5%	14.7%	12.4%	9.9%	7.0%	2.7%
1921	-1.6%	-5.6%	-7.1%	10.8%	14.1%	15.8%	14.9%	12.8%	12.5%	12.1%	12.1%	10.8%
1922	11.1%	-8.2%	-8.7%	-7.7%	-5.7%	-5.1%	-5.1%	-6.2%	-5.1%	-4.6%	-3.5%	-2.3%
1923	-0.6%	-0.6%	0.6%	1.2%	1.2%	1.8%	2.4%	3.0%	3.6%	3.6%	3.0%	2.4%
1924	3.0%	2.4%	1.8%	0.6%	0.6%	0.0%	-0.6%	-0.6%	-0.6%	-0.6%	-0.6%	0.0%
1925	0.0%	0.0%	1.2%	1.2%	1.8%	2.9%	3.5%	4.1%	3.5%	2.9%	4.7%	3.5%
1926	3.5%	4.1%	2.9%	4.1%	2.9%	1.1%	-1.1%	-1.7%	-1.1%	-0.6%	-1.7%	-1.1%
1927	-2.2%	-2.8%	-2.8%	-3.4%	-2.3%	-0.6%	-1.1%	-1.2%	-1.1%	-1.1%	-2.3%	-2.3%
1928	-1.1%	-1.7%	-1.2%	-1.2%	-1.2%	-2.8%	-1.2%	-0.6%	0.0%	-1.2%	-0.6%	-1.2%
1929	-1.2%	0.0%	-0.6%	-1.2%	-1.2%	0.0%	1.2%	1.2%	0.0%	0.6%	0.6%	0.6%

第 10 章　从美金到美元

从表 10.4 中我们可以看到，美国从 1920 年到 1929 年的 120 个月中，有 54 个月的通货膨胀数值为负，也就是在通缩。这就是为什么在美国"兴旺的 20 年代"，费雪一直坚信没有通货膨胀，最后在大萧条中血本无归。就在 1929 年 9 月股市达到牛市最高点的前两天，费雪还说："股价可能会回调，但是绝对不是崩盘的性质。股票分红还在涨。这不是因为股价会下跌，也不会是因为任何可预见的崩盘。我看不到这种可能性。"[117] 他将这场大牛市不仅归功于美联储"科学地"稳定了美元的价值，还归功于机构投资人的角色，他们可以让散户投资一个组合，而不是承受个股风险。[118] 10 月 16 日，《纽约时报》以"费雪预见股票永居高位；耶鲁经济学家告诉采购代理们上升的公司回报解释了股价上涨"为题，引述了费雪在采购代理协会晚宴上的话：股票价格"看上去已经到了一个永续的高原"（permanently high plateau）。[119] 1929 年 10 月 24 日，人称"黑色星期四"，道琼斯平均工业指数开盘市值蒸发 11%；10 月 28 日和 29 日，两天又下跌了 25%，10 月股市市值蒸发了将近 48%。11 月 3 日，《纽约先驱论坛报》又引用费雪的话说：股价实在是"低的离谱"。[120] 此后的两年，道琼斯平均工业指数与它在 9 月份的峰值相比，跌了近 90%（见图 10.4）。

之后，费雪自己也承认，通货膨胀的信号并没有出现在商品价格上，他将此归因于贸易的扩大和 20 年代的技术进步所带来的生产力提高，因此厂商不需要提高价格就可以获得比以往更丰厚的利润。[121] 的确，技术进步普遍带来的价格下降在过去 20 年里也可以得到证实。

然而，费雪这个货币量化理论的构想最致命的问题是，这种构建首先忽视了人这个经济活动的主角，这个主角也是经济学中任何研究目标的根本源泉和这些研究要服务的对象。不仅如此，进行量化研究

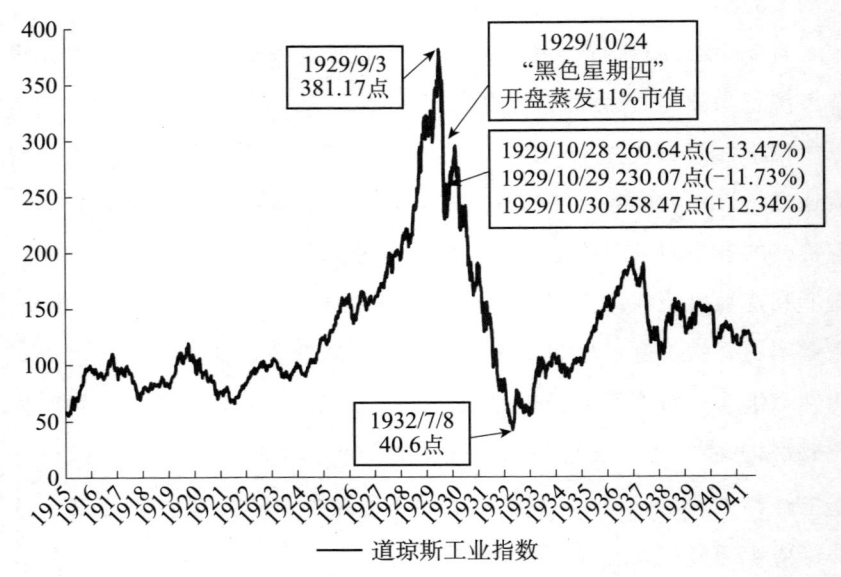

图 10.4 道琼斯平均工业指数（1915—1941）

资料来源：WIND.

的努力，不考虑人的主观因素，而得到失之毫厘谬以千里的结果，无疑会给我们的财富带来毁灭性的损失，费雪自己就是一例。正如米塞斯所指出的：如果我们将这个所谓购买力不变的客观交换价值（或称价格指数）代之以有主观价值判断的人会怎样呢？这就意味着这个人对各种商品对自己价值的效用有个排序，而它始终没有变过，而且未来也不会改变，进而这个人知道用多少货币换多少东西，这些东西给自己带来多大的满足也都不会变。[122] 这显然是天方夜谭。一堆商品和服务有一个固定的价格结构和水平，以同样的幅度涨跌来保证这个价格结构不变，同样是一个毫无现实意义的假设。事实是，各种商品之间交换的任何比例变化，都会相应地在不同人之间引起货币/财富分配的变化。[123]

希望用增加货币供给的办法来刺激经济,并以一个价格指数来衡量经济行为的扩张(继而就业增加)或收缩(继而失业增加),正是以货币中性的假设为前提的。早在1926年发表的一篇文章里,费雪就通过统计模型,利用美国以往数据的相关性分析,认定:失业率随着价格的升高而下降,随着价格的下降而升高,这就是我们今天所称的菲利普斯曲线(Phillip's Curve)。[124]说白了就是通货膨胀可以解决失业问题。有了这个相关性结果,费雪就认为找到了解决就业问题的钥匙,进而也解决了经济周期问题。[125]当然我们都知道,统计模型只能展示相关性,并不能证明因果关系。

应对大萧条

1920—1921年,当美国经济出现战后的衰退和大面积失业时,时任总统沃伦·哈定以紧缩财政来应对:他将政府预算在两年间砍了一半,政府债务降低了三分之一,并大幅度减税。[126]同时,也没见美联储动用增加货币供给的权力来应对收缩的经济。[127]到了1921年夏天,经济开始企稳,失业率已经从1921年的11.7%,下降至1922年的6.7%,1923年更低至2.4%。[128]而哈定却在1923年8月2日清晨离奇死亡。[129]

相比于1920—1921年经济危机的处理,1929年股市崩盘后美国的做法却正好相反,顺应了费雪和后来的约翰·梅纳德·凯恩斯(John Maynard Keynes,1883—1946)的思路:以政府之力,增加货币供给,刺激经济行为,认为人为地增加货币供给就可以刺激消费,消费需求可以带动生产投入,进而带来经济的复苏和增长。是不是听着耳熟？这个论调与他的前辈约翰·劳的奇想如出一辙，只是劳当时并没有一个像费雪这样的似是而非的量化理论做技术上的掩盖。眼看着股市开始回升，费雪认为，人为扩大货币供给的方法产生了作用。[130]然而好景不长，股市到了1934年还在1929年9月高点的四分之一处徘徊，萧条还在持续。美国，这个在金汇兑本位下执行着最后黄金锚定的国家，也急切地希望增加货币供给，解决国内严重的衰退和失业问题。要照此实行，就必须摆脱黄金对增加货币供给的约束。

事实上，作为最后锚定黄金的国家也非常辛苦：到1931年8月，美国都是黄金净流入，而英镑脱离金本位后的9月和10月，黄金的净流出又大增。为了弥补黄金流出给高能货币供给带来的增加放缓的压力，联储以信贷扩张来弥补：从1931年8月到1932年1月的5个月中，在黄金净流出5.8亿美元的情况下，高能货币的供给却又增加了3.3亿；这9.1亿是靠从联储贴现增加5.6亿，新增购买8 000万政府债券，以及货币当局2.7亿的其他资产来支撑的。[131]

与此同时，银行持有现金与存款比率的下降，在20年代曾作为标榜新的联储系统高效率的指标；但是到了30年代，却成了储户担心银行无法兑现，对银行丧失信心的敏感信号。到1931年3月，每1美元纸币现金，对应的是10美元以上的存款，以及高于12美元的银行负债。[132]可以想象此时的银行是多么害怕发生挤兑！为了给市场继续注入流动性，美联储于1932年4月开始大规模购买政府债券，以此向市场投放货币，到7月持有总量达到10亿美元；然而一半的金额被大量外流的黄金抵消，绝大部分是法国兑换走的。同时，对银行失去信心的居民也不敢再把钱存入银行了，银行储蓄快速流失。[133]

富兰克林·罗斯福在大选中战胜赫伯特·胡佛，于1933年3月4

日就任美国第 32 任总统。从 1933 年 2 月 14 日到 3 月 4 日，美国全部 48 个州都已经实行了银行假期（bank holiday），就是银行关门，以防挤兑。[134]3 月 6 日，罗斯福宣布全国实行银行假期。3 月 9 日国会通过《银行紧急救助法案》（Emergency Banking Relief Act）①，以期恢复民众对银行体系的信心。[135]法案当日提交国会，当晚通过，通过时很多议员还没来得及过目。[136]3 月 12 日，罗斯福向美国人民保证"将你的钱存在一个要再开的银行里，比放在褥子底下更安全"。[137]4 月 5 日，罗斯福颁布总统行政令 6102 号（Executive Order 6102），宣布私人持有黄金非法（见图 10.5）。

图 10.5 罗斯福总统颁布的总统行政令 6102 号[138]

---

① 全称为《对现行全国银行紧急状态，及其为其他目的提供援助的法案》（An Act to Provide Relief in the Existing National Emergency in Banking, and for Other Purposes）。

根据这项法令，所有人都必须在 1933 年 5 月 1 日前，将所持有的金锭、金币和金券交给联储银行或其代理，按当时的官方牌价 20.67 美元一盎司黄金换取纸币；在 4 月 28 日之后获得的黄金要在三天之内如数交付，违反者处以 10 000 美元罚款或 10 年监禁，或是同时并罚。[139]

如果居民持有黄金都犯法了，那么用黄金偿还债务的合同条款怎么办？1933 年 5 月 22 日，第一个案例诉诸法庭：一间叫 Irving Trust Company 的信托公司代表一群抵押贷款债务人要求纽约州最高法院确认他们可以用纸币偿还贷款，而非黄金；两天后，法院确认有"黄金还款"条款的债务也可以用纸币支付；美国政府认为有必要在这个问题上有一个全国一致的法律对待，随即在 5 月 26 日要求国会废除所有"黄金还款"条款，不仅是在未来要签订的合同中，还包括过去已经签订过的合同。6 月 5 日，国会通过废除黄金条款的联合声明，并正式生效；6 月 7 日，财政部新发行的国债里，已经去掉了"黄金还款"条款。[140]同年 11 月，日本、巴西和意大利政府都废除了"黄金还款"条款，改用美元纸币偿还美国的贷款。

1934 年 1 月 30 日，美国国会通过《黄金储备法案》（Gold Reserve Act）①，将私人持有黄金非法法制化，任何人不得用黄金进行任何支付，所有人必须将私人持有的黄金都卖给美国财政部。突然来了这么多黄金得有地方放呀！为此，美国政府建成了位于肯塔基州的美国国家金库（United States Bullion Depository），也就是著名的诺克

---

① 全称为《为保护美国货币系统，更好地为货币黄金储备提供使用和其他目的的法案》（An Act to Protect the Currency System of the United States, to Provide for the Better Use of the Monetary Gold Stock of the United States, and for Other Purposes）。

斯堡（Fort Knox）金库。[141]与此同时，法案授权总统有权宣布黄金对美元的价格。罗斯福第二天就宣布黄金的官方牌价涨到35美元兑一盎司黄金，即美元相对于黄金立贬69%。他直言这是为了扩大信贷，"以稳定国内价格，并保护对外贸易不受外国货币贬值的负面影响"。[142]外国政府依旧可以按35美元一盎司兑换黄金。如此，让黄金退出交换媒介的角色的努力又向前迈进了一大步。

任何涉及金钱、货币的问题，都是系统工程。试想，如果你是一个债权人，所签的债务合同里有要求用"黄金还款"的条款（payments on gold clause），此时就可以让自己免受货币贬值的损失；但是对于债务人来说，他的债务负担，以纸币金额来看，就当即膨胀了69%。如果债务人按合同纸币金额，以纸币还款，那么还款的货币总额就只有不贬值情况下的60%了。举个例子：比如你年初借了20.67美元的债务，正好是1盎司黄金，年息5%，如果美元与黄金的比价不变，年底你需要还的货币金额是21.70美元［20.67×（1+5%）］，恰好是1.05盎司（21.70/20.67）黄金。但在合同执行期间，美国政府将美元贬值了，变成35美元兑换1盎司黄金。因为合同里有"黄金还款"条款，债权人可以要求债务人归还1.05盎司的黄金，折合当下的36.75美元［35×（1+5%）］。但是，如果债务人以纸币金额计算，以纸币还款，就变成还给债权人21.70美元，只相当于不贬值情况下要还的36.75美元的60%，也就是债务人的还款负担立刻缩减了40%。所以货币贬值就是一个债权人补贴债务人的套路。因此，要让贬值落地，还要扫除一系列法律障碍。

1934年6月20日，圣路易斯的联邦法庭判决废除黄金条款符合宪法。[143]7月3日，纽约区法庭也宣布废除黄金条款符合宪法，原告的辩护律师随即将案子诉诸最高法院，来年2月，最高法院以5票对4票通过废除黄金条款的联合声明符合宪法，但是以8票对1票裁定公共合同中废除黄金还款条款违宪，然而又以5票对4票认定这对原告方没有伤害，因此原告在此案中得不到赔偿。[144]

1934年8月9日，罗斯福颁布6102号总统令的姊妹篇——总统令6814号（Executive Order 6814），要求所有美国人上缴白银给政府重新铸币，继续扩大货币供给。[145]

罗斯福"新政"（The New Deal）就这样开始了。罗斯福和他的经济幕僚们认为是价格的下降导致了大萧条，而不是大萧条引发经济活动萎缩，需求下降进而导致价格下跌。[146]按他们的逻辑，如果价格上涨，经济就会走出萧条，因而出台了一系列推升物价的法案：《农业调整法》（Agricultural Adjustment Act，1933）推出各种限制措施以降低产量，提高农产品价格；《全国工业复兴法》（Industrial Recovery Act，1933）推行各行业的"公平竞争"；《劳动关系法》（The National Labor Relations Act，1935）保证工会特权；《公平劳动标准法》（Fair Labor Standards Act，1938）保证最低工资和最长工作时间；等等。这些法案的实际作用是工业产业的卡特尔化，抬升的物价、抬高的名义工资和降低的劳动时间。[147]

在罗斯福上任后的四个月里通过的15个法案中，还包括1933年颁布的《银行法》（Banking Act，又称Glass-Steagall Banking Bill），根据这项法案，除了金融从业人员都熟悉的将商业银行与投资银行业务分开的规定，还成立了联邦储蓄保险公司（Federal Deposit Insurance Corporation，FDIC）。1936年罗斯福在争取连任的选战中，向聚集在麦迪逊广场花园的大众表示：他受到金融集团的憎恨，他照单全收！他希望自己的第一个任期被视为是"这些自私和权欲熏心的势力遇到了对手",第二个任期将以"这些势力遇到了他们的大师"而被铭记。[148]

然而"新政"并没有使美国走出大萧条。1937年3月,刚刚恢复到1929年9月股市高点一半的道琼斯工业指数又崩塌了,到1938年4月1日又跌去了1937年的一半,到103点,创造了一个大萧条中的萧条。盖洛普1939年的民调显示,每三个美国人中就有两个认为罗斯福政府的政策推迟了经济的复苏,而企业界更有切肤之痛。[149]尽管一些主流观点认为这次萧条中的萧条是因为罗斯福紧缩财政和货币而导致的人祸,但事实上,从1934年开始到1941年,美元的货币供给持续地以惊人的速度扩张,原因之一就是法西斯和纳粹在意大利和德国的得势令欧洲时局动荡,财富逃离欧洲,黄金又一转1932年的流出态势,大量流入美国:美国的黄金储备从1933年的40亿美元陡增到1934年的83亿美元,一年之间翻了一倍多。1935年黄金储备又增加了23%,突破100亿美元;到1940年已经达到220亿美元,5年之间又翻了一番。[150]1938年春天,罗斯福又开展了50亿美元的支出计划以提高大众的购买力,用他自己的话说,就是全靠政府来提升"国家购买力"以"创造经济上行"。[151]

从1929年到1933年,美国实际国民生产总值(Real GNP)下降了35%,1933年到1937年又回升了33%,1938年又下降了5%,1938年到1942年又上升了49%。虽然GNP在1938年前后看似有两次短暂的不俗表现,但还是大大低于20年代所展现的长期趋势所应达到的水平。[152]失业率虽然从1933年的25%逐步下降,但到1941年还高达10%。[153]罗默(1992)的统计模型结果得出如下结论:1942

年以前的经济复苏完全是货币扩张的结果。但我们只能说，这的确证明了在时间上的相关性，但无法证明它们之间的因果关系。我们依旧无法确定美国走出萧条是货币扩张政策的结果，还是经济自身的结构化调整使得资本和劳动力的重新分配得以部分实现，从而使经济再具活力。对比1920—1921年萧条仅持续18个月（1920年1月至1921年7月）就复苏，1929年的大萧条则长达整整13年之久（132个月），到1941/1942年才回归长期发展的趋势水平，就业到1942年才恢复充分就业水平。对比之下，我们只能得出这样的结论：以货币放水的办法来抗拒泡沫破裂后必然要经历的结构化调整，只能推迟经济复苏，阻碍经济的结构化调整，同时还会催生下一个泡沫。我们今天还生活在2008年金融危机的阴影里就是现实的佐证！

1941年12月7日清晨，日本偷袭珍珠港，12月8日，罗斯福总统宣布美国参战。此时已经是第二次世界大战开打两年之后，而美国参战又与美国需要走出1929年开始的经济萧条不谋而合，为美国摆脱经济危机再次提供了历史机遇。

第 11 章
从欧洲美元到石油美元

"美国只用几分钱的成本就可以印出 100 美元的绿票子，但是其他国家要投入人力、物力和资源来生产并提供 100 美元的商品，美国就这样对全世界收着铸币税，如同中世纪的领主们所做的一样。"

——巴里·埃森格林，美国经济学家

两次世界大战期间实行的金汇兑本位制，虽然已经离传统金本位相去甚远，但至少各国政府还是承诺要回到金本位，而且通过储备货币，两个国家之间的结算最终还是要归位到黄金[1]，这可以说依然是某种程度上的固定汇率制，当然，说这是某种程度上的浮动汇率（managed floating rate）也一样正确。第二次世界大战之后，各国战后的财政窘境，使各国政府也只能接受金汇兑本位制。美国承诺 35 美元兑换一盎司黄金，因此美元也就直接成为储备货币：任何其他国家的政府都可以拿着 35 美元找美联储兑换一盎司黄金。

但事态并不像我们想象的那样，永远朝好的方向发展。金汇兑本位，这个在一战之后原本设计为回归传统金本位的过渡方案，其使命的终结不是因为世界又回到了金本位，而是走到了一个相反的极端：1971年8月15日，尼克松宣布美元与黄金脱钩，美金彻底地变成美元，全世界正式进入纯纸币时代。

如果说在金汇兑本位下，那个最终可以兑换黄金的货币就是世界储备货币，那么黄金就依旧是最终的储备资产。然而在一个与黄金无关的纯纸币系统里，那个全世界都当作储备资产持有的货币是靠什么维系的呢？美国solari咨询公司总裁凯瑟琳·奥斯丁·菲兹（Catharine Austin Fitts）在接受自媒体人格里格·亨特（Greg Hunter）采访时，当被问及下次美联储再实行量化宽松是否可能就不起作用了（即再次减息、货币放水，市场反应不是提振，而是因为害怕美元常年的通胀政策而使得人们都抛售美元），她这样回答："这是一个军事问题！"[2]

对此表示担心的显然不止她一个人。特朗普政府的第一任国防部长詹姆斯·马蒂斯（James Mattis）在参议院的听证会上也表达了对美国迄今过度依赖军事力量以达到维护美元全球储备货币地位的担忧。[3]他提醒道：解决美国的债务问题不能仅仅依靠美国的军事优势。[4]

布雷顿森林体系

美国是如何走到今天必须要依靠武力来维持美元币值这一步的呢？我们要从第二次世界大战结束前后的布雷顿森林体系（Bretton Woods System）说起。

1944年7月1日至22日，45个国家的代表聚首位于新罕布什尔州布雷顿森林华盛顿山酒店（Mount Washington Hotel，Bretton Woods），构建了战后各国的货币和汇率体系，这就是我们今天所称的"布雷顿森林体系"。服务于这个体系的两个机构就是国际货币基金组织（Interna-

第 11 章 从欧洲美元到石油美元

tional Monetary Fund）和世界银行（The World Bank）。

布雷顿森林体系并没有回归金本位的意思，这份协议的一个重要设计师凯恩斯当时就扬言，他们要建立的系统"恰恰与金本位相反"。[5]这个与金本位及其相应的固定汇率体系恰恰相反的架构就是一个各国自行建立的纸本位及它们之间的浮动汇率体系，这个体系在17年之后的1971年因美元与黄金正式宣布脱钩终于实现了。

布雷顿森林体系构建之初，还是依托金汇兑本位制：各国自行发行的货币以黄金或是可以兑换成黄金的货币（也就是美元）为储备。因此各国实际上是将自己的货币与美元挂钩，而美国则向各国政府承诺以35美元兑换1盎司黄金。[6]黄金在日常生活中大家不能直接用来购买东西，只能作为国际贸易的政府间结算之用；美元，这个最终与黄金挂钩的货币，原则上就被视为同黄金一样的资产。[7]

从1944年开始，黄金持续流入美国，到1949年，美国的黄金储备达到248亿美元之多，按照当时35美元兑一盎司黄金的汇价，大约折合22 000吨黄金，这相当于除去苏联集团和国际组织的整个西方世界所持有的货币黄金的72%。[8]美国的货币黄金储备量也是美元要求的黄金储备数量加上外国政府持有短期美元资产（foreign short-term balances）之和的1.33倍，超额覆盖。[9]

"这一体系之所以能运行一阵子，原因是所有的货币都以第二次世界大战前的平价回到金汇兑本位上，而大多数货币都因通货膨胀和贬值的关系，被严重高估"，相应地，从美元角度说，就是被严重低估。[10]大家还记得第7章讲的格雷钦法则吗？在纸币之间的应用就是：人们会自然地选择持有被低估的货币，而且还会赶快将被高估的货币换成被低估的货币或其资产形态，以最大限度地实现购买力。此时，

253

在被高估的其他货币和被低估的美元之间，美元一定是备受青睐，如果有机会，人们都更倾向于持有美元。这就造成了当时全世界的美元短缺，不过美元的紧俏好景并不长。

如同充满了矛盾的 20 世纪 20 年代的美国，二战以后 50 年代的美国也充满了矛盾：一方面，全世界都看到战后美国欣欣向荣的景象和欧洲与美国生活水平的巨大差距——美国家家有电视，户户有汽车，每三个美国人就拥有一部汽车，而每十个英国人才拥有一部；另一方面，美国持续地印钞向全世界提供着美元流动性，好像全世界都在等着这一纸绿钞才能交易似的。一战后，美国制造业出口占 GDP 的比重达到峰值（约 6%）后的断崖式下跌，导致美国马上进入了 20 年代的通缩。二战期间，美国制造业出口占 GDP 的比重又迅速飙升到近 6% 的水平。但是和平带来的依旧是美国以军工为主的制造业出口占 GDP 比重的断崖式下跌，整个 50—60 年代在 1% 上下，到了 70 年代这个数字已经接近 0（见图 11.1）。

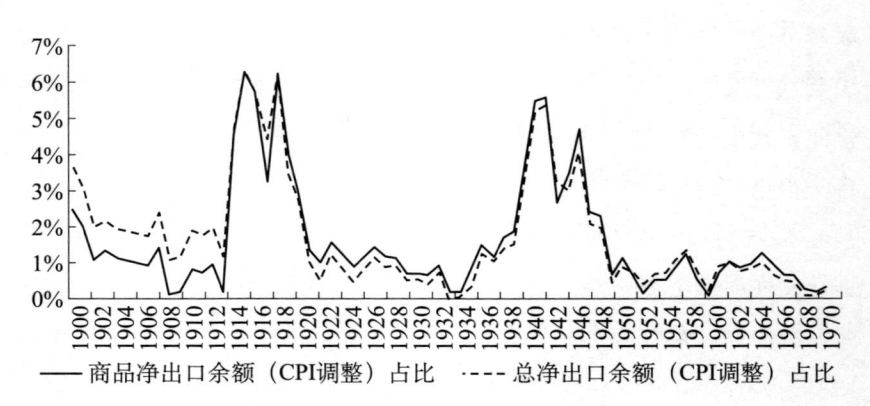

图 11.1　美国商品贸易占 GDP 比重[11]

资料来源：U. S. Census Bureau，1975；Reinbold and Wen，2019.

第 11 章　从欧洲美元到石油美元

马歇尔计划

与一战后哈定总统的紧缩政策不同,二战后,美国忠实地践行了凯恩斯主义,其中一个重要组成部分就是通过欧洲复兴计划(European Recovery Plan),也就是我们常说的马歇尔计划(Marshall Plan),继续扩张着信贷。之所以称之为马歇尔计划,是因为这个计划是由时任美国国务卿乔治·C. 马歇尔将军(George C. Marshall,1880—1959)在哈佛大学接受授予他的荣誉学位时发表的讲话中公之于众的。马歇尔基金会公布的事情经过颇有事先预谋的意味:当马歇尔将军要在 1947 年 6 月第一个星期去哈佛大学接受荣誉学位时,美国国务院致电哈佛大学校友联合会理事长,告知马歇尔将军将在下午的校友联合会上发言,而发言稿的素材取材于刘易斯·H. 布朗(Lewis H. Brown)在卢修斯·D. 克莱(Lucius D. Clay)将军的要求下所撰写的"德国报告"。[12]报告分析:由于战后东、西德国分别在苏联和美国的管辖下,两厢隔绝,而西部德国无法从德国粮仓的东部德国受益,造成了西部德国令人绝望的饥饿状况。[13]报告建议帮助德国重建,这成为马歇尔计划的基础。发言稿由美国的俄国问题专家奇普·伯伦(Chip Bohlen)执笔,力陈欧洲经济所处的悲惨境地,欧洲的复苏无望,及其对美国经济的致命影响,同时表明:"我们的政策不针对任何国家和主义,而是针对饥饿、贫困、绝望和混乱。"[14]马歇尔计划向西欧提供的 125 亿美元援助的具体分配是:英国 26%,法国 18%,西德约 11%,另有 18 个国家分享剩余部分。[15]

1946—1947 年的冬天是英国有史以来最冷的冬天之一,加之能源供应不足,运输阻断,工业产出下降 10%,农、畜业产出下降

10％～25％，英镑也从 1 英镑兑换 4.03 美元，极速贬值到 1 英镑兑换 2.8 美元。[16] 这次危机重创了英国经济，1947 年 2 月，英国知会美国，已经无力负担二战后对希腊和土耳其的经济及军事援助。为了继续阻止苏联阵营的影响延伸至西部欧洲，美国自己接盘。哈利·杜鲁门总统在 1947 年 3 月 12 日的国会演讲中，宣布对希腊和土耳其提供 4 亿美元的援助。[17] "杜鲁门主义"（Truman Doctrine）就此诞生，美国和苏联这两个二战中的盟国，一夜之间又成了敌人：以美国为首的西方国家与苏联集团（加上东欧国家）自此进入了互相抗衡的冷战模式。[18]

在这个过程中，另外一个突出的实际成果就是：美国的产业大公司成为这个计划最大的受益方。然而谁又知道这不是马歇尔计划的初衷之一呢？如同美国的内政部长朱利亚斯·克鲁格（Julius Krug）所言，马歇尔计划"本质上是为了我们自己的生产力持续发展和繁荣"。得克萨斯州棉花商人威廉·克莱顿（William Clayton），在一战时就加入了战争工业委员会（War Industrial Board），在 1946 年又被任命为副国务卿，主理经济事务。他当时直截了当地说："我们需要市场——很大的市场——来做买卖。"[19]

战争中被摧毁得最厉害的西德和意大利从马歇尔计划中获得的资助虽然少，但是复苏得最快；而获得最多资助的英国和法国，复苏的步伐则落后于西德和意大利。[20] 最终，整个西欧和日本以它们的工业基础和产业人员素质迅速恢复生产和出口。西德和日本更是被称为当时的经济奇迹，其制造业水准直到今天都广受称赞。

马歇尔计划向西欧提供了大量的美元和美元信贷。同时，这些国家由于对美国的贸易顺差也积聚了大量美元。那么，外面世界的美元太多了，美国为什么不少花点钱？当然，享有自己印的货币就是世界储备货币的美国，自然可以大张旗鼓地花钱，购买其他国家的物产和消费品，无须顾虑自己的出口换汇能力，反正自己印的美元各国都接受，什么都买得到。[21]有谁可以抗拒这种诱惑呢？然而需要担心的，是大家都拿着美元来换黄金的时候。整个50年代，美国的黄金储量，除了1956年和1957年有所增加，其他年份都一路下降，而海外持有的短期美元资产权益却从1945年到1959年增长了3倍，结果到了50年代末，美国的货币黄金持有量，比起发行美元所要求的黄金储备数量加上外国政府持有短期美元资产权益之和，只有后者的六成不到。[22]全世界从美元短缺又变成了美元过剩。

是"特里芬困境"，还是赖账的办法？

1960年，美国经济学家罗伯特·特里芬（Robert Triffin，1911—1993）在美国国会听证会上列出了美元所处的两难境地：一方面，美国源源不断地给世界提供着美元流动性，用美元购买全世界的商品，这必定反映到美国的贸易赤字上；但是如果美国停止这么做，全世界会面临流动性短缺并导致通货紧缩。另一方面，如果美国持续地为世界提供这种流动性造成美元泛滥，也一定会导致大家抛售美元，而使美元大幅贬值，美元的储备货币地位就会不保。[23]特里芬困境猛一听起来很有道理，但是它忽视了或说是根本无视布雷顿森林体系成立的前提条件——美元之所以成为储备货币，是因为美国政府对其他国家承诺，35美元一定可以随时换到一盎司黄金。

无论这些国家是否会拿着所持有的美元来换黄金，美国的黄金储备资产都必须与自己发行的美元负债相匹配——如果黄金流失，美元就要相应贬值，这样美国生产的产品在国际市场才更有竞争力，贸易盈余可以使黄金回流，美元的储备货币地位才名副其实。以此为原则，特里芬困境就没有存在的基础。随着经济的发展、贸易的扩大，黄金相对于纸币价格的上涨，也会逐步解决流动性不足的问题。问题的本质在于美国的货币供给是否还遵守 35 美元兑换一盎司黄金的承诺！脱离美元与黄金这个兑换关系，来假设美元没有黄金的支撑也作为储备货币来操作，才会出现特里芬所说的困境。当然，既然这个困境已经出现了，只能说明美国其实根本没有遵守它在布雷顿森林体系下所做的承诺。

针对特里芬所说的，如果美国停止为世界提供流动性，全世界会进入通货紧缩，给全球经济造成损害，当时法国科学院院士、法国经济学家雅克·吕夫（Jacques Rueff，1896—1978）就直言：根本上是要以通胀来赖账的美国和英国把自己描述成"为世界创造流动性"，"这是一种令人无法接受的拐弯抹角和虚伪的秽行……"[24] 的确，人类社会何曾因为缺少一个第三方的信用而停止经济生活和生产活动？没有美元作为交换媒介，人们会很快找到新的交换媒介，就如同人类历史上历次纸币破产，人们都马上回归黄金和白银一样。

美国经济学家巴里·埃森格林（Barry Eichengreen）说：美国只用几分钱的成本就可以印出来 100 美元的绿票子，但是其他国家要投入人力、物力和资源来生产并提供 100 美元的商品，美国就这样对全世界收着铸币税，如同中世纪的领主们所做的一样。[25] 在一个国家里，政府发行没有黄金或白银做依托的纸钞，会造成真实财富源源不断地流向离垄断发钞组织最近的机构和个人，如果我们把全世界作为一个单位来看待，美元作为世界储备货币，造成的后果也是一样：全世界的商品都源源不断地流向美国。戴高乐的财政部长瓦莱里-吉斯卡尔·德斯坦（Valéry Giscard d'Estaing）称之为"美国人嚣张的特权"（American's exorbitant privilege）。而对于美国来说，可以这样不劳而获的恶果之一,是我们第 9 章里已经介绍过的全面脱实向虚。

特里芬和吕夫倒是有一点共识:美国的赤字给世界带来的是流动性泛滥。吕夫认为这个后果不堪设想;而特里芬认为,美国的赤字经济一定会以危机形式结束,但是为世界提供流动性却很有必要。特里芬的解决办法是创造一个国际储备货币单位,由一个世界的央行来经营(这个动议的结果就是后来国际货币基金组织的"特别提款权")。对此,吕夫毫不留情地指出,这无非是要暗度陈仓,就是一个债务国赖账的办法。况且,全球的货币供给数量如何确定,这在技术上和政治上都难以把控。[26]总之,债务人的首要责任就是保证自己的偿债能力,而不是以将创造负债制度化的安排来解决负债问题的方式大踏步地走向破产。[27]幸好,一个真正意义上的国际货币到今天也没有成为现实。

布雷顿森林体系下的金汇兑本位制,在美国持续保持大量制造业贸易逆差、积累负债的情况下还能够继续运行下去,一方面是因为经历了两次世界大战,绝大多数国家已经在纸币系统上运转了。在金本位下,各国单一纸币面临的因滥发而破产的风险,已经变成了全世界的系统性风险。另一方面是因为那个自古以来无师自通的办法——部分准备金的经营模式:只要不发生所有国家同时拿着美元来兑换黄金的情况,美元作为储备货币的地位就能维持下去。

以今天的视角回头看,是我们的讨论回避了问题的本质,将错就错地按照"特里芬困境"的逻辑讨论下去了。逐渐地,在人们的头脑里,储备货币需要与黄金挂钩才能成立的逻辑慢慢地被美国在全世界强大的军事存在所取代:美国是军事上最强大的国家,它有遍布于欧洲、中东和太平洋的强大军事存在,所以它印的货币就是世界的储备货币,这可谓是在群体意识层面出现的乾坤大挪移了。

1960年代和欧洲美元

美国作为世界储备货币的唯一发行国，可以直接用美元去购买外国的商品，而价值已经被高估了的美元，一方面，对于美国的生产厂商而言，意味着美国的产品在国际市场上缺乏竞争力；另一方面，对于美国消费者而言，购买进口商品和海外资产更划算。高估的美元和美国的贸易逆差成为一个硬币的两面，而美国黄金储备流失也是一个必然的结构性结果。为了扭转这个状况，防止黄金外流，从1950年代开始，美国历任总统都做了一番努力：艾森豪威尔总统讨论过撤回驻外美军家属，以减少美国的海外支出，以免造成黄金进一步外流。[28] 1960年10月，在黄金于伦敦市场日内交易触及40美元一盎司时，美国劝说西德不要将美元兑换成黄金，否则将撤出驻西德美军；美国及其盟国于1961年11月成立黄金池（Gold Pool）以直接干预伦敦黄金市场[29]，保证美元兑换黄金不超过35.20美元一盎司[30]；发行以外国货币计价（以美元结算）的洛萨债券（Roosa Bond，目的是减少美国这些盟友对美元，进而是黄金作为储备的需求）；在国际货币基金组织创立"借款总安排协议"（General Agreement to Borrow，GAB）以方便给美国巨额授信；1962年美国又进行扭转操作（Operation Twist）：购买长期国债以降低长期利率的同时，抛售短期国债提高短期利率吸引投资者。[31] 1963年7月18日，约翰·肯尼迪政府又开始征收"利息平衡税"①，目的还是抑制美国人投资海外资产，限

---

① Interest Equalization Tax：向美国人持有的外国证券征收税项，以达到抑制这种投资的目的。

第 11 章　从欧洲美元到石油美元

制美元外流。林登·约翰逊政府也出台了一系列政策限制美元外流。[32]但所有这些努力都无济于事。[33]美国所面临的问题，与1931年英国不得不放弃金本位时所遇到的问题在本质上如出一辙。

1965年2月4日，法国总统戴高乐在巴黎爱丽舍宫举行的记者招待会上，发表了关于国际货币体系的重要演讲："今天，西欧国家的货币得以恢复，西欧六个国家的黄金储备总量已经与美国的相当。它们决定把自己账上的所有美元都换成贵金属。也就是说，这次置换会使美元作为估值过高的国际货币失去它的根基，这个根基就是美国拥有世界上的大部分黄金。但是，还有数量众多的国家毫无原则地接受美元，就如同美元依旧可以完全换成黄金似的。假以时日，美国因有利的国际收支条件而产生的赤字都会导致美国主动地对别国欠下债务。的确，美国欠它们的，不全是用货真价实的黄金支付，其中部分是用美元支付，也就是为此目的而印的美元。黄金只能靠劳动去挣得，无法不冒风险、不付代价地获取。这个美国给的美元单边安排，虽然依旧是这个国家内合适的信用工具，但是作为一个公正和国际上外汇汇兑的符号已经变得模糊不堪。

"显然，这种情况还会带来其他后果，尤其是，年年贸易赤字的美国，要想按照旧的规矩，全部以黄金来偿付它的贸易赤字，就要求其他国家（美国的贸易伙伴）采取步骤，有时是严厉的步骤来帮助美国平衡贸易。不是因为整个商业交换对它们不利（大家占了美国便宜）。正相反！它们的原材料出口，总是超过它们的原材料进口。它们的美元也是一样：出口总是大于进口。换句话说，货币在美国积聚，积聚的真正是我们称之为通货膨胀的东西，方法就是出口美元信贷借给其他国家和个人。"[34]

戴高乐将军继续表示，法国希望改变这个系统："以什么基础改变？对此，我们认为除了黄金，没有其他的标准。"[35]随即，法国将持有的美元换成黄金，并派战舰横跨大西洋，将黄金运回法国。[36]

戴高乐将军的确有先见之明。外国政府和央行手上积聚的美元越来越多，到了1966年，已经达到140亿美元。到60年代末，美国政府的黄金储备降至90亿美元，大约合8 000吨黄金。[37]而其中只有32亿美元可供支付给外国政府，也就只能覆盖外国持有的美元的五分之一多一点。[38]

这些在美国以外的美元存款，就被称为"Eurodollar"（欧洲美元）。这个名称与后来的欧元（Euro）无关，完全是因为美国以外的美元首先积聚在欧洲的缘故而得名。

然而，1966年之后，欧洲美元又扩大了一个数量级，原因与美国的"法规Q"（Regulation Q，或Reg Q）有关。前一章我们提到了罗斯福总统上任时就颁布的银行法案，其中第11节规定，禁止银行向活期存款支付利息，同时要求为定期存款设置利率上限。这种在当时纯属亡羊补牢做法的本意，一方面是希望以此杜绝银行间的恶性利率竞争（与商品价格竞争中互相杀价不同，银行的利率竞争往往是竞相提高利率，吸引存款，扩大资产负债表），另一方面是为了抑制银行为获取高额回报而倾向高风险投资。紧接着这个法案的颁布，1933年8月29日，美联储又颁布了"法规Q"，可说是个实施细则：严格禁止银行向活期存款支付利息，同时为定期存款设置了具体的利率上限。1933年11月1日，美联储将定期和储蓄存款（time and savings deposit）利率上限定为3%，1935年2月1日，又下调至2.5%，而此时的市场上，银行的定期存款利率平均只有1.9%，大多数更短期的利率低至1%。[39]从1935年到1965年的30年间，定期和储蓄存款利率上限一直都高于

第 11 章 从欧洲美元到石油美元

实际的利率水平,也高于同期美国国债收益率,只有几个月是例外。[40]

到了 1966 年,利率状况发生了逆转:银行支付的平均利率超过了商业银行存款利率上限,虽然此时利率上限已经调整到 4%。[41]造成这种情形的原因就是美国抵押贷款利率高企,银行当然希望扩大自己的贷款规模,以提高银行整体的利息收入,因此必须吸收更多的存款来发放更多的贷款,扩大自己的资产负债表。存款利率上限限制迫使银行另辟蹊径吸收存款,而积聚了大量美元的欧洲就是自然的选择。

欧洲美元市场对于美国的银行来说有诸多好处:首先它们设在欧洲各地(但不仅限于欧洲),主要是伦敦的分行,不受美国监管的约束,因此可以(1)通过这些分行支付利息,吸收大量的活期和 30 天以下的定期存款;(2)不受制于 Reg Q 的利率上限限制,因此可以提高存款利率,吸收更多存款;(3)外国分行存在总行的存款不受储备金限制,也无须给联邦存款保险公司(Federal Deposit Insurance Corporation,FDIC)缴纳保费。[42]欧洲美元市场作为美国银行的一个重要融资来源,存款数量巨大,期限丰富,自然也极大地拓展了它们的信贷空间。虽然存款期限集中在短期,一定会产生银行的期限错配(资金来源偏短期,而贷款期限普遍偏长)问题,但是如同历史上的诸多时期,沉淀资金在非恐慌时期相当稳定,也是部分准备金运作模式的基础。

欧洲美元在货币供给量上怎么体现呢?首先,我们看一下货币供给的分类,各国有所区别,但是大同小异,以 2005 年为例(见表 11.1):

表 11.1 货币供给分类[43]

	定义	包括科目	2005 年 11 月[44]
M0	基础货币,又称高能货币	在美联储的存款和现金	0.8 万亿美元
M1	流通货币	M0+活期存款	1.4 万亿美元

续表

	定义	包括科目	2005年11月[44]
M2	近似流通货币	M1＋储蓄账户＋零售货币基金＋小额存单（10万美元以下）	6.7万亿美元
M3	影子货币	M2＋批发（机构）货币基金＋大额存单（10万美元以上）＋美国人存在美国欧洲分行的美元存款＋回购协议	10万亿美元
M4		M3＋商业票据＋短期国债	

注：我们在第10章里提到的M4早已停止收集和公布了，具体停止时间没有查到。

2005年11月10日，美联储宣布，将于2006年3月23日停止公布M3的数据，理由是"比起M2所反映的经济活动，M3没有提供更多信息，且多年没有在货币政策中扮演过什么角色"，联储认为收集M3数据的成本超过它所能提供的服务，因此不再收集并公布了。[45]虽然这个变更没有引起大家的注意，更没有媒体的广泛报道，但是从表11.1中，我们看到M3与M2的差额部分，不仅金额巨大，而且重要的是，它反映的是机构间的游戏：美国银行里的欧洲美元处于监管之外，在50倍的杠杆率下经营；而回购市场（Repo market）更是机构（以质押国债和各种真实和合成债券）进行短期融资的最重要渠道之一：当今最主要的质押债券就是美国国债，还包括诸如各种资产抵押债券（RMBS/CMBS/ABS）、抵押贷款债券（CLOs）和抵押衍生品债券（CDOs），这些衍生金融工具使得银行在继续增加的杠杆率下运行，例如在2008年破产的雷曼兄弟公司，杠杆率达30倍。[46]这些工具的威力，等到2008年金融危机爆发我们才见识到。

这里还不包括在美国银行以外的外国银行里聚集的大量美元存款。当伯南克在参议院被问及联储停止报告M3数据，要向大众隐瞒什么的

第 11 章　从欧洲美元到石油美元

时候,他的回答是:联储不会向大众隐瞒 M3 数据,只是联储不再收集和整理这些信息了。[47] 换言之就是:我们自己也不知道 M3 有多少!

60 年代的货币情况已经够令人不安,雪上加霜的是,约翰逊总统推行的类似罗斯福新政的庞大社会支出计划(包括医疗、教育、市政等等)和美国在越南战争中的巨大支出造成政府债务像吹气球一样越变越大。与一战前塞西尔·罗兹成立的秘密社会不同,让美国卷入与越南的全面战争而无法自拔的,是一群聚集在白宫的"聪明绝顶"的人。大卫·哈伯斯塔姆(David Halberstam)关于如何让美国陷入越南大败局的书《出类拔萃之辈》(The Best and the Brightest)详细描述了 60 年代的两位总统——肯尼迪和约翰逊及其政府如何陷入对越南战争的判断全面错位的境地:肯尼迪-约翰逊团队"自我感觉良好,在选择一天一天、一星期一星期地关上时,总是说着保持各种选项。事实是,历史是个严酷的老师:在印度支那我们选错了边,当我们在 60 年代早期到中期作出那些致命决定后,我们几乎就没有了选择。我们选项的大门从 1946 年法国的印度支那战争开始时就关上了。那是我们有最多选择的时候。但是我们,无论多么不情愿,给了法国回去越南的权利并将他们(法国人)的意愿武力强加到越南人头上;到了 1950 年,又被自己的反共全球格局观占据,我们选择对越南的殖民与反殖民战争视而不见,并开始为法国接盘"。[48]

就这样,多事之秋的 1968 年到来了。1968 年一开年,越南农历新年的第一天(1 月 31 日),胡志明领导的北方"越南人民军"联合南方"民解武装力量"发动"春节攻势"(Tet Offensive),"在南越大范围内对美军设施实行总攻,向西贡等 64 个大中城市、省会及军事基地展开猛烈进攻"[49],整个扭转了越南战场的局势,迫使美国宣布停止轰炸北越，使美国在越南速战速决的幻想破灭。在美国国内，黑人民权运动领袖马丁·路德·金遇刺身亡，引发芝加哥、华盛顿特区、巴尔的摩的骚乱，使美国100多个城市陷入混乱；两个月后，纽约州参议员罗伯特·F. 肯尼迪遇刺身亡（他的哥哥肯尼迪总统已于1963年遇刺身亡）；各处反战示威持续，共和党总统候选人理查德·尼克松胜出，成为美国第37任总统……到了年底，"阿波罗8号"宇宙飞船登月，圣诞节前的平安夜，仓里的宇航员共同祝愿美国人民圣诞快乐，他们也收到了慰问回复，其中一个说："谢谢你，阿波罗8号，你拯救了1968！"[50]

美国的军费支出也随着越南战争的持续而扩大。《纽约时报》1975年5月1日第20版以"美国在越南14年花了1 410亿美元"为题，报道了从美国开始越战到巴黎和平协议宣布停战期间的直接军事行动成本。[51]另据"越南战争"网站（thevietnamwar. info）引述美国国防部报告，越南战争从1953年美国开始向南越政府派军事顾问到1975年最后撤离，美国给南越政府的经济和军事援助达2 850亿美元；正式地面战争的8年间（1965—1972），耗资1 680亿美元，其中直接军事行动开销1 110亿美元，平均每消灭一个"敌军"的成本为16.8万美元；这一数字还不包括该网站援引Asia Resource Center（IndoChina newletter）报道的用于相关军人善后和福利上的各种支付3 500亿至9 000亿美元。[52]

美国直接军事参与越战支出的峰值年占美国当时国内生产总值的比重，和此前它参与的20世纪其他战争相比还不是最高的：一战期间的1919年，整个国防支出占当年GDP的14.1%；二战期间的1945年，国防支出占当年GDP的37.5%；朝鲜战争的1952年，国防支出占当年GDP的13.2%；越南战争的1968年，国防支出占当年

第11章 从欧洲美元到石油美元

GDP 的 9.5％。所有这些数字都不包括军人的福利支出和战争融资的利息支出，以及其他一些辅助支出。[53]

由此带来的联邦政府赤字推升通货膨胀，给美国经济带来的影响远大于这些直接数字[54]：美国的通胀从 1960 年到 1965 年的 1％～2％之间，上升到 1966 年到 1968 年的 3％～5％之间，1969 年又上升到 6.1％。[55] 不仅如此，从战争到和平，经济一定会经历纠偏的调整：除了军队人员支出和装备采购的即刻下降，与此相关的军备及其库存的投入也都会通过军火制造商的库存变化，最终反映为国防支出的下降；这样的支出锐减，给既有的经济结构造成通缩压力，要想避免，就是社会的支出不能下来。[56] 消费主义此时就是派得上用场的意识形态。

越战的直接军事开销相较于美国的经济总量虽然不是最大的，但是与 20 世纪以往的战争不同，它出现在一个可能对美元发生挤兑的时刻。

从戴高乐 1965 年的讲话，到法国将手上的美元兑换成黄金并运回国，再到 1967 年干脆退出了黄金池，之后发生的每一件事似乎都在动摇着美元的储备货币地位。1967 年 11 月，英镑汇率大崩盘；次年 1 月底又逢扭转越南战争局势的"春节攻势"，表明美国在越南战场并不像他们历任总统（艾森豪威尔、肯尼迪和约翰逊）说的那样，可以轻而易举地赢得对共产主义的胜利，而是一个从一开始就打不赢的战争，此时越陷越深，这意味着更多的军费支出。[57] 这一切都指向美国更多的债务、更大的财政赤字和更弱的美元，与之伴随的就是外汇市场上持续地做空美元。[58]

而每有世界或区域局势动荡，都见证了因避险需求而推升黄金价格直逼黄金池上限：仅 1967 年第四季度和 1968 年第一季度，美国的黄金储备因投放黄金给伦敦黄金池维持美元对黄金汇率而大幅流失近

267

3 000 吨，而此时美国的黄金储备已经下降到 10 000 吨出头，仅为二战结束时的一半。[59] 到 1968 年 3 月 14 日，成员国要求英国女王关闭伦敦市场；两个星期后再开市时，黄金直接高开在 38 美元兑一盎司黄金，很快涨到 42 美元兑一盎司黄金的高点。[60] 同一天，美联储公开市场委员会（Federal Open Market Committee，FOMC）的讨论备忘录显示了当时情况已经相当危急：大家都明白，美元是美国政府的负债，持有人如果最终将手中的这个白条转换成资产，落袋为安，海外持有的美元总有一天要被兑换成黄金，虽然不一定是全部，至少也是部分……如果美国要用黄金来偿还债务的话，那可是不幸之至了。[61] 黄金池自 1961 年 11 月成立以来，从 1962 年至 1965 年，积累盈余达 14.371 亿美元，经营有盈余时一切都没有问题：成员国因黄金池供给充裕，通常不会主动去兑换黄金，而如果黄金池的经营变成赤字，情况就大不同了。从 1965 年底到 1968 年 3 月，黄金池持续赤字累计达到 36.92 亿美元，成员国开始担心，真要兑换时，黄金池是否有足够黄金。[62]

1968 年当选的总统尼克松似乎没有改变继续以通胀政策解决经济和社会问题的意思。尼克松一上任，就以为自己可以马上换掉一天到晚提醒通胀危险的美联储主席威廉·麦克切斯尼·马丁（William McChesney Martin），令人心烦的是马丁的任期到 1970 年 1 月底，而马丁也没有提前卸任的意思。[63] 1970 年 1 月 31 日，当尼克松终于可以宣布将自己的人选阿瑟·F. 伯恩斯（Arthur F. Burns）放到联储主席位置上的时候，他如此寄语："我尊重他的独立性，但是我希望他会独立地得出结论，我的意见才是他应该遵循的。"当听众报以热烈掌声时，尼克松转过头对新任联储主席说："你瞧，伯恩斯博士，这就是对更低的利率和更多的钱的投票。"[64] 这个在公众面前以自己的言辞树立了"通胀的敌人"的形象的联储主席上任两个星期后,就在他参加的第一个联储公开市场委员会上,在大多数人都只希望温和地放松信贷时一再坚持,最后以8票对4票通过了总统想要的"更低的利率和更多的钱(钞)"。对于金汇兑本位来说,结果可想而知。[65]

1970年代和石油美元

1971年8月15日的晚上,尼克松总统在白宫椭圆办公室发表电视讲话,宣布美元与黄金脱钩。他说:"我们必须保住美元作为全球货币稳定的一个支柱。在过去七年中,平均每年发生一次国际货币危机。谁从这些危机中获益?不是工人,不是投资者,不是财富的真正生产者,而是投机商,因为他们帮助制造危机并在危机中发展壮大。最近几周,投机商们对美元发起了全面战争。一个国家的货币实力是基于该国的经济实力,而美国经济是迄今为止世界上最强大的经济体。因此,我已指示财政部长采取一切必要行动保护美元免受投机者的攻击。我已指示康奈利(John Connelly)部长暂时停止美元兑换黄金或其他储备资产,除非兑换金额被认定是对货币稳定有利,对美国有利。"这就是大家常说的"尼克松冲击"(Nixon Shock)。听到这里,如果你是一位将持有美元视为财富储藏手段的投资人,会做何感想?(1)美元相对于黄金违约了;(2)美元是美国政府的信用,因此是美国政府违约了;(3)手上的美元成了与自己本国纸币别无二致的一纸信用,只是美国政府比本国政府似乎更强大。

接下来,尼克松试图安抚广大民众,不要对美元的贬值产生恐慌:"如果你想购买一部外国汽车或出国旅游,市场条件可能会导致你的美元能买的东西变少了。但如果你属于绝大多数在美国购买美国制造的产品的美国人，你的美元明天和现在一样值钱。换句话说，这一行动（美元与黄金脱钩）的效果将是稳定美元。这一行动不会为我们赢得国际外汇交易商中的任何朋友，但我们主要关注的是美国工人和世界各地的公平竞争。"

接着，他必须对其他国家说几句："对于我们在国外的朋友，包括致力于贸易流通之稳定的国际银行业中许多负责任的成员，我保证，美国一直是并将继续成为具有前瞻性和值得信赖的贸易伙伴，并与国际货币基金组织和我们的贸易伙伴充分合作，推动必要的改革，以建立一个迫切需要的、新的国际货币体系。稳定和公平符合每个人的最佳利益。我绝不能再让美元成为国际投机者手中的人质。我正采取进一步措施保护美元，以改善我们的国际收支平衡并为美国人增加就业机会。作为一项临时措施，我今天对进口到美国的货物征收10%的额外税。与直接控制进口量相比，这是一个更好的国际贸易解决方案。此进口税是一项临时措施，它不针对任何其他国家。这是一项以确保美国产品不会因不公平的汇率而处于不利地位的行动。当不公平待遇结束时，进口税将结束，并且这些行动的结果是，美国制造的产品将更具竞争力，我们的一些外国竞争者所拥有的不公平优势将被消除，这是我们的国际收支在过去15年中受到侵蚀的主要原因。"说到这里，如果你是美国的贸易伙伴，此时会作何感想？这取决于你对美联储印的美元怎么看：如果你此时已经明白没有黄金支持的纸币只是一个政府信用的白条，那么你多半会得出这样的结论：明明是美国自己印钞劫财，不劳而获，怎么都成了交易对手的错！尼克松的这一整套逻辑，是不是在今天听着特别耳熟？与现在的美国总统不同的是，尼克松可以把这套神逻辑以一个政治家的口吻说出来。

第 11 章　从欧洲美元到石油美元

史密森协定

美元与黄金脱钩，美国进入纸本位，意味着与美元挂钩的各国货币都随着美元与黄金脱钩进入了纸本位。纸本位的纸币之间如何兑换是个棘手的问题，首先是美元纸币和其他国家的纸币之间的兑换率要重新确定。政府作为一个生产和交换链条中的局外人，去人为地规定货币的价值，一定会与货币自然形成的与货物的交换关系产生出入，每个国家的法币都是同样的情形，在缺失一个公认的基础资产的情况下，两个国家之间的纸币兑换怎么形成？中央银行（货币当局）的干预就成为必然。在一个众多国家参与的国际市场上，汇率市场的问题就成了一个"令人心烦的国际政治问题"。[66]

"尼克松冲击"之后的国际社会，又要就汇率问题进行紧急磋商。1971 年 12 月，10 个发达国家①在美国华盛顿特区的史密森学会（Smithsonian Institute）签订了《史密森协定》（Smithsonian Agreement）。《史密森协定》并没有什么新意，相对于布雷顿森林体系而言，只是将美元兑换黄金的价格提高到 38 美元兑换 1 盎司黄金，各国将自己的货币与美元挂钩，黄金对美元升值 8.5%（美元即刻相对于黄金贬值 7.9%）；各国都对本国的纸币兑美元作出调整，浮动区间也从布雷顿森林体系规定的在正负 1% 的区间上下浮动，扩大到在正负 2.25% 的区间上下浮动。[67]美国政府将美元贬值，目的是重新安排贸易条件，有利于美国产品的出口，抑制进口，以平衡贸易。

---

① Group of Ten，通常简称 G10，包括比利时、加拿大、法国、德国、意大利、日本、荷兰、瑞典、英国和美国。

但是，仅仅用扩大波动区间的办法又怎么能够解决美元所面临的结构性问题呢？美元危机持续，1973年2月10日，日本外汇市场上出现了无法招架的强大的做空美元的力量，迫使外汇市场关闭；两天后的2月12日，西欧主要外汇市场因为同样的原因关闭。[68]当晚，美国财政部长乔治·舒尔茨（George Schulz）宣布将向国会陈情允许美元贬值10%，并宣布已经与日本及西欧主要贸易伙伴达成一致，允许汇率浮动。[69]同时，舒尔茨承诺将尽快向国会提交新的贸易法案，到1974年底取消所有资本流动限制。13日，尼克松在舒尔茨提交的书面建议最下方批注，表示不满：舒尔茨的所有声明都片面地强调了让美国产品走出去的一面，而对他在1971年8月15日电视讲话中强调的美元贬值对美国人在国内消费的"保护"作用只字未提。[70]

美国哥伦比亚广播公司（CBS）2月12日报道：在海外旅行的美国人换不到当地货币，因为大家都不愿接受被大幅高估的美元。在同一天的国会听证会上，无论议员们如何询问有关美元和汇率的问题，尼克松经济顾问委员会主席赫伯特·斯坦恩（Herbert Stein）都三缄其口，最后说："今天谈这事，真是个最糟的时候，我们无话可说。"①威斯康星众议员亨利·罗斯（Henry Reuss）表示，《史密森协定》就是场灾难，美元汇率最终还得由市场决定，而不是操作失败且三缄其口的财政部长和央行行长。[71]言外之意就是美元需要自由浮动，以重新确定与其他货币的兑换率。3月2日，西欧外汇市场关闭，但是伦敦的非政府控制的商业银行交易活跃，美元继续贬值。[72]3月4日，西欧9个国家的财长和央行行长紧急聚首布鲁塞尔，决定整个星期关

---

① "This happen to be the worst day to talk about this and we don't have a thing to say."

闭外汇市场，当晚发表联合公告称：此次美元危机并不是因汇率不合理引起的，而是投机商们可以调动太多美元。[73]

可是这"太多美元"从何而来？如果不是美国常年以印钞的通胀政策支撑商品贸易赤字，向全世界大撒美元，投机商哪能调动太多美元？卸任的德国经济部长卡尔·席勒（Karl Schiller）在接受采访时表示：诸如福特、通用电气和IBM这样的大公司都在此时抛售美元购买西德马克，不仅精明而且理性，因为此时美元高估的汇率可能将来再也不会有。[74]为了稳定市场，1973年4月5日，美国参议院又批准私人持有黄金合法。[75]

外汇衍生品市场的建立

各国的纸币兑美元的浮动区间从正负1%的区间扩大到正负2.25%的区间，上下浮动，这4.5%幅度的变化对任何企业和个人都是一个巨大的外汇风险，更不用说实行完全浮动汇率后，如果没有对冲这种风险的工具，对任何进行国际贸易的企业经营所带来的困难可想而知。[76]

1969年接手芝加哥商品交易所（Chicago Mercantile Exchange，CME）的利奥·梅拉梅德（Leo Melamed）可谓是在合适的时间来到了合适的岗位，并且在绞尽脑汁开拓业务的时候，想出了一个顺应大势的主意：外汇期货市场。梅拉梅德在2006年接受《财富》（Fortune）杂志采访时说：他刚到芝加哥商品交易所的时候，能交易的就剩下肉了，这让他非常恐慌，一个单一产品的交易所，一旦肉上出点问题，不就没活路了吗？为了拓展业务，他试了火鸡肉、苹果、虾、土豆、橙子……总之，能试的都试了。最后，机会终于来了：布雷顿森林体系瓦解，难道大家就不需要外汇远期交易吗？当时，"我们的董事会觉得我疯了，坦白地说，我也觉得自己有点儿疯，要不怎么没有其他人做这事呢？我去找了米尔顿·弗里德曼，他全盘接受这个主意"。[77]

弗里德曼 1971 年为芝加哥商品交易所写了一篇名为《货币期货市场的必要性》（The Need for Futures Markets in Currencies）的文章，大意是：汇率浮动区间的放大，让所有人都面对巨大的外汇风险敞口。要对冲这种风险，就必须有外汇期货市场；而美元在国际结算中的地位使得在美国建立这个市场具有天然优势。更为重要的是，这个市场放在美国符合美国的国家利益：（1）降低欧洲美元的重要性；（2）（因各国都在交易所开户）效果如同资金在美国国内转换账户，防止因其他货币对的汇率浮动或投机行为引起资金大进大出；（3）一个更大的货币市场方便央行进行公开市场操作。不仅如此，还可以发展金融产业并促进相关就业。的确，美国这样就成了全世界的银行家和外汇交易的庄家。

正如他所预料，以 2016 年 4 月为例，全世界外汇衍生品场外交易（Over the Counter，OTC）日均交易量超过 5 万亿美元，其中 88% 是与美元的货币对交易。[78] 而在利率衍生品的场外交易中，2016 年 4 月的日均交易量在 2.7 万亿美元，其中 50% 是美元利率产品。[79]

不管怎么说，伴随着国际货币基金组织一系列指向浮动汇率的章程修改动作，1976 年 1 月在牙买加首都金斯顿国际货币基金组织董事会会议上达成了《牙买加协定》（Jamaica Agreement），浮动汇率体系正式得到官方的冠名。事实上，从政府关闭外汇市场的那一刻起，政府控制之外的市场就已经实行浮动汇率了。[80]

从 1947 年到今天，如果以黄金计价，美元已经贬值了 95%；如果以石油计价，美元已经贬值了 94%。而石油以黄金计价，依旧维持在 1971 年以前金汇兑本位下的固定汇率时期的水平上，尽管波动率大了很多（见图 11.2）。

第 11 章　从欧洲美元到石油美元

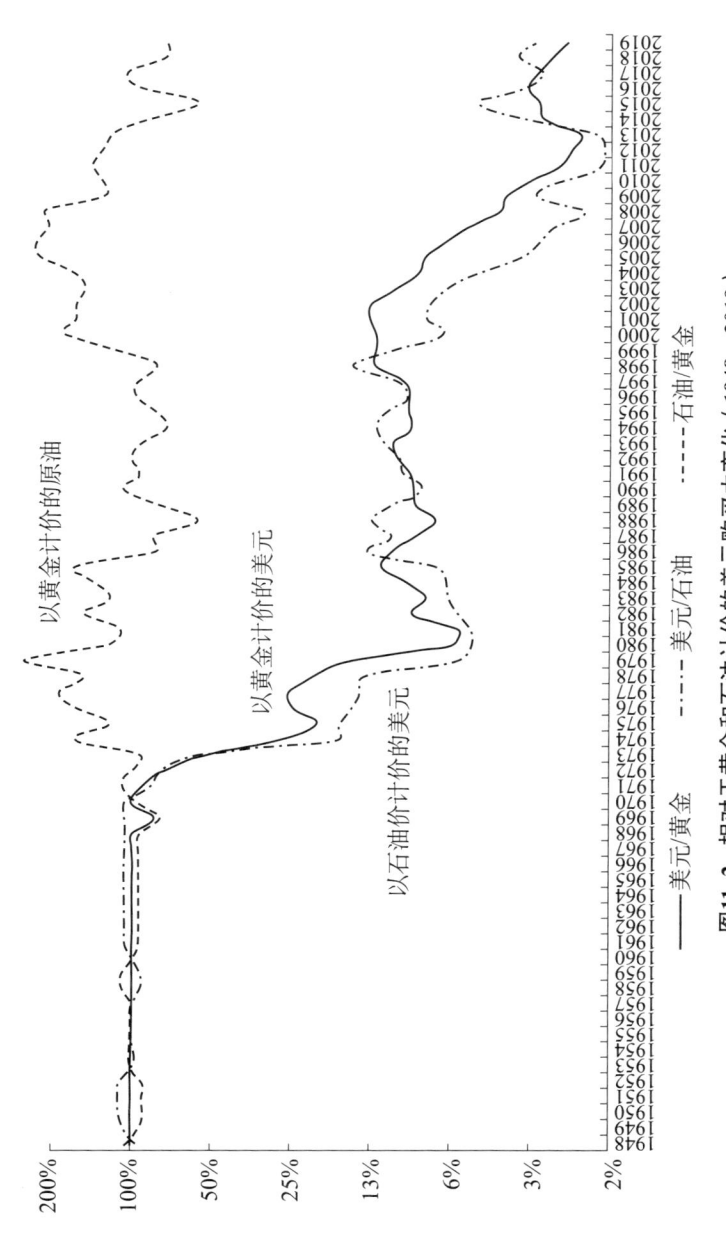

图11.2　相对于黄金和石油计价的美元购买力变化（1948—2019）

数据来源：BLS，Thomson Reuters，WIND.

石油美元

我们通常把卖石油而获得的美元收入称为"石油美元"。这里面包含了两层含义：（1）石油交易以美元计价；（2）从性质上讲，与欧洲美元一样，都是因为对美国的巨大贸易顺差而积累的，不同的只是卖的商品不同：欧洲卖的是它的制造业产品，而产油国卖的则是它们开采的石油。二战之后的布雷顿森林体系规划的金汇兑本位制确立了美元这个当时唯一还与黄金挂钩的纸币的世界储备货币地位，所以石油贸易本身倾向于用美元结算就毫不奇怪了。但是到了70年代初，经历了越战、用美元挤提黄金、美元与黄金脱钩之后，石油输出国组织[①]开始考虑接受多种货币（主要是G10国家货币）或一篮子货币用于石油贸易结算。这样，美国的军事和货币霸权都受到极大威胁，尼克松政府开始与沙特阿拉伯密谋，推动国际石油贸易全部只用美元结算并将石油贸易的美元收入回流购买美国国债（Petrodollar recycling）；而作为回报，美国承诺对沙特阿拉伯王室大量军售并提供全面军事保护。[81]石油美元这个在世界纸币时代维系美元储备货币地位的系统得以成型。

1973年，除了外汇市场上的乱局，对于发达国家来说，还有一件雪上加霜的事：为了报复在第四次中东战争[②]中支持以色列的西方各国，石油输出国组织[82]于1973年10月20日宣布对这些国家（其中包括美国）实行石油禁运，同时成员国中的沙特阿拉伯、科威特、伊

---

① Organization of Petroleum Exporting Countries，OPEC，即欧佩克。

② 又称：赎罪日战争，Yom Kippur War；或斋月战争，Ramadan War；或十月战争，October War。

第 11 章 从欧洲美元到石油美元

拉克、利比亚、阿联酋、卡塔尔和阿尔及利亚宣布减产。[83]而头一天，即 10 月 19 日，利比亚总统卡扎菲已经率先宣布对美国实施石油禁运，第二天才得到其他欧佩克国家跟随；同年他又宣布将在利比亚境内的石油资产国有控股，到 1974 年，已经有 70％的石油产能国有化。[84]

到 1974 年 3 月，全球原油价格已经从 3 美元一桶推升到 12 美元。[85]虽然越来越多的研究表明在 70 年代初，相比石油生产端的减产和禁运，主要发达国家需求端的大幅增加是推升油价上涨的主要原因[86]，但是油价这样的上涨幅度给已经陷入汇率危机，同时石油供给从自给自足到 1973 年已经严重依赖进口的美国带来了严重的后果。

在众多欧佩克国家中，伊朗没有加入石油禁运，因为伊朗另有打算，其缘由还要从第一次世界大战说起。第一次世界大战结束时，西方世界四个帝国（德意志帝国、沙皇俄国、奥匈帝国和奥斯曼土耳其帝国）轰然倒下，1920 年 8 月 10 日，战胜的协约国与战败的土耳其签署了《色佛尔条约》(Treaty of Sèvres)，使土耳其放弃它在西亚和北非的全部领土。[87]但早在战事正酣的 1916 年，英国和法国就已经秘密签署了《赛克斯-皮科协定》(Sykes-Picot Agreement)，为战后瓜分奥斯曼土耳其帝国版图做准备。在这个协定中，英国获得后来的伊拉克南部、约旦和以色列南部以及巴勒斯坦的整个区域的控制权；而法国势力则涵盖土耳其的东南部、伊拉克北部和后来成为黎巴嫩和叙利亚的疆域。[88]后来，英国出于与 1947 年撤出希腊和土耳其时同样的原因，在 1967 年英镑崩盘后，于 1968 年启动撤出整个波斯湾。而深陷越战泥潭的美国需要为英国接盘，以保证波斯湾掌控在盎格鲁-撒克逊的势力范围下，并阻止苏联因中东的权力真空乘虚而入。[89]约翰逊政府在中东维持的是平衡沙特阿拉伯和伊朗的"双支柱"(twin pillars)政策,到了1971年英国撤军进入最后阶段时,在伊朗国王穆罕默德·礼萨·巴列维①的强力游说和尼克松政府的一再权衡下,"双支柱"走样了,变成了口头上安抚沙特延续约翰逊的"双支柱",而实质上是依赖伊朗作为在中东抵抗苏联势力侵入的代理人,因此支持伊朗成为地区军事大国。[90]

二战期间的1941年,英国和苏联共同谋划,流放了在一战期间依靠军事政变上台的伊朗国王,扶植了他的儿子上位,希望年轻的巴列维更容易被操纵。1951年,穆罕默德·摩萨德②成为伊朗第35任民选首相,他上任后即刻争取将伊朗石油国有化,触动了西方利益。巴列维随即到埃及避难。美国中央情报局(CIA)于2013年解密的长达1 000多页的档案中,详细披露了1953年美国扳倒摩萨德,扶持巴列维再次上位的阿贾克斯(Ajax)行动。[91]而当时内心矛盾的巴列维,为证明自己的合法性,在国内继承其父世俗化和现代化伊朗的夙愿,以大跃进方式推进他自认为只有自己才知道什么对伊朗好的社会改革,无视石油收入只让极少数人富起来,而极大的贫富悬殊令广大人民生活在绝望中的现实,同时用秘密警察组织萨瓦克(SAVAK)来消除一切不满的声音。[92]对外,他用石油收入倾囊购买美国军事装备,要凭借军事力量成为当仁不让的地区霸主。

尼克松入主白宫后,巴列维向尼克松表示,沙特国王费萨尔·本·阿卜杜勒·阿齐兹③虽然是个有头脑的领袖,但是身后的即位问

---

① Mohammad Reza Pahlavi,1919—1980,1941—1979在位。
② Mohammed Moussadegh,1882—1967,首相任期为1951—1953。
③ Faisal bin Abdulaziz Al Saud,1906—1975,1964—1975在位。

第 11 章　从欧洲美元到石油美元

题可能引起沙特国内动荡,因此无法保证美国的长远利益,地区内其他小国又无法担负对抗苏联势力的重任,并承诺会将石油收入用来购买美国装备。[93]对巴列维特别有好感的尼克松政府也不顾国防部的反对,最终实际上取消了对伊朗军售的所有限制。[94]

美国国防部担心伊朗没有能力在短时间内消化和使用这些过度装备的高精尖武器,还会给地区其他国家造成错觉,认为美国的海湾政策发生了变化;而中情局局长理查德·赫尔姆斯(Richard Helms)虽然同意国防部的意见,但还是支持尼克松和亨利·基辛格的做法,因为他认为在海湾地区没有比伊朗更理想的地方来部署中情局间谍了。[95]赫尔姆斯在尼克松第二个任期成为美国驻伊朗大使。

但是财政部的担忧更加迫切和具体。1974 年 5 月,威廉·西蒙(William Simon)出任美国第 63 任财政部长。[96]他的职业生涯始于所罗门兄弟公司的政府债券业务部门,并在 1973 年石油禁运开始时出任新成立的联邦能源局(Federal Energy Administration)负责人,曾高调获得"能源沙皇"(energy czar)称号。[97]他上任后,面对的是动荡的国际金融市场给美元汇率造成的压力,以及油价陡升所推升的国内通货膨胀。7 月 4 日,西蒙极力敦促尼克松说服巴列维降低油价,因为如果伊朗和委内瑞拉坚持不降价,其他欧佩克成员国也没办法。西蒙显然对国家安全顾问基辛格的穿梭外交毫不知情。尼克松告诉他:"他(巴列维)是我们最好的朋友,任何给他的压力只能由我来做。"西蒙回答:"情况非常棘手,几个产油国手上大把的钱没处花;银行和金融市场现在很麻烦,油价让国际金融市场极其动荡。"[98]一个银行家在接待美联储董事会访问时说:"市场上,银行越来越担心流动性问题,因为他们来自几个少数存款大户的存款会迅速增加,而且期限相对活期。可以预计，不久之后，银行将迫于风险压力，不得不只接受长期限存款，并且要长期滚存。"[99]的确，产油国手上快速积聚的美元给美元存款银行带来了资产/负债管理、流动性、期限错配等诸多问题，这些问题极大地妨碍了一个有效的银行间拆借市场的形成，快速放大了信用风险，使饱受汇率风险的银行系统变得更加脆弱。

既然尼克松有话，西蒙随后两周广受关注的欧洲和中东之旅，就避开了伊朗。7月16日，《纽约时报》报道：西蒙称他此行避开伊朗的众多原因之一是因为伊朗国王"就是个疯子……他（巴列维）想让自己的国家成为超级大国。他把卖油的利润都投资在国内，主要是军事装备上。照他来看，油价最大化才最符合他的利益"。[100]

这次旅行，在试图劝说欧佩克国家降低油价上的努力收效甚微，但是正如一位美国财政部官员所说："正是银行家们抛弃了这一建议，而强推了一个美元'回流'计划，以适应高油价，这就是那个致命的决定。"[101]

对于西蒙来说，此行的最大收获是他与时任沙特石油部长沙伊克·亚玛尼（Shaykh Yamani）建立的深层关系，对之后塑造石油美元市场至关重要。西蒙与亚玛尼策划让沙特每天增加拍卖100万桶原油，可以将油价降低到7美元一桶，但是该计划被巴列维发现，威胁要将伊朗的产量减半。西蒙7月30日向尼克松汇报两周的访问成果时强调，要想扭转这个全球经济灾难，时间所剩无几。[102]

8月3日，财政部和国务院见面磋商，各执一词：西蒙觉得油价再升，经济状况会失控；基辛格认为伊朗可以将油价每桶提高1~2美元，以保证海湾地区相对稳定，使伊朗这个美国在中东最重要的盟友有钱购买武器装备，渡过财政难关，并安抚社会不满。[103]

第 11 章　从欧洲美元到石油美元

1974 年 8 月 9 日，尼克松因水门事件辞职，基辛格随即成为继任的杰拉尔德·鲁道夫·福特总统的国家安全顾问兼国务卿。

9 月，福特总统降低油价的公开呼吁遭到了巴列维的断然回击。巴列维在 1975 年接受加拿大广播公司（Canada Broadcasting Corporation）的采访时说，西方国家以牺牲伊朗利益为代价积累自己的财富来发展经济，以这样的低油价剥削产油国已经太久，现在是要让事情回到正轨的时候了。[104] 美国一位情报官员感慨道："他（巴列维）是我们的宝贝，现在长大了。"[105] 1979 年伊朗伊斯兰革命推翻了巴列维王朝。今天回头看，巴列维违背美国意愿，坚持提高油价，到底是因为他所表白的为了伊朗人民利益，还是出于要挽救破产的财政以维持政权？应该是两者兼而有之吧！

1975 年 3 月 25 日，沙特国王费萨尔被他的侄子暗杀。[106] 5 月，巴列维访问美国，15 日在总统椭圆形办公室，福特向巴列维表示，如果沙特出现危机，美国将夺取沙特油田，绝不允许再出现卡扎菲式的情况。[107] 巴列维表示满意。17 日巴列维发表辞行演说，出乎所有人意料，他宣布要再大幅提高油价，而伊朗传递的信号是 35％上下。[108]

事实上，早在 1975 年 2 月，美国财政部副部长杰克·本内特（Jack Bennett）与沙特阿拉伯货币局（Saudi Arabian Monetary Agency，SAMA）就达成了秘密协议，并呈报给基辛格。根据这项秘密协议，沙特阿拉伯承诺将原油出口收入的相当大一部分投资美国政府债券，就是为美国政府债务提供融资。[109] 华尔街的投资银行 White Weld & Co. 派了大卫·马尔福德（David Mulford）[110] 作为沙特阿拉伯货币局的首席投资顾问，他的工作就是指引沙特的石油美元投资。[111] 同一年，沙特从美国进口军事装备达 45 亿美元，同时与美国

281

签署了重大军售协议，要在 5 年内购买 250 亿～300 亿美元美国最先进的海陆空武器。[112]

巴列维在此时宣布要继续大幅提高油价，对脆弱的美国经济复苏来说实在太不是时候。如果像伊朗最终建议的 20%～25% 的油价上升，福特的经济顾问阿兰·格林斯潘警告总统说：会让美国 GNP 下降，通胀飙升，并出现失业潮。

到了 1976 年，美国在中东的利益格局加速变化：一方面，伊朗和美国进入互相指责模式：伊朗指责美国故意虚浮军售价格以抵消油价上涨成本，美国国防部则指责伊朗腐败使合同变贵；另一方面，沙特石油部长亚玛尼积极配合美国，阻止欧佩克再次提高油价。最终，欧佩克在 12 月的多哈会议上，亚玛尼不仅不同意调升油价的动议，还宣布将增加产量，并以低价销售，来抵消可能的油价上涨。[113]他甚至说，沙特为此可以增产 50%。[114]1977 年，伊朗动议将 1978 年的油价提高 15%，沙特立刻增产，市场油价下跌，伊朗一夜之间损失几十亿美元，不得不向国际银行家们举借过桥贷款。[115]这成为压死骆驼的最后一根稻草：猝不及防的伊朗失去了它的资金生命线，也失去了维持基本社会运转的经济能力。长期积累的民怨最终沸腾，以伊斯兰革命推翻巴列维政权告终，1979 年初，巴列维去美国就医，后再也没能踏上伊朗的土地，最后客死埃及。沙特成为美国中东战略仅剩的支柱。

这个变化也极大地改变了美国产业间的利益格局：传统上，美国的军工企业高度依赖政府订单，经济上倾向财政扩张，政治上倾向军事干预；而对于石油公司来说，降低税收才能扩大企业利润。然而油价从 1974 年的 10 美元一桶，上涨到 1980 年的 40 美元一桶，使得石油公司享受到高油价带来的高利润，转而支持这种军事扩张和暴力掠夺，因此高油价又成为军火公司和石油公司利益协调一致的基本要素。[116]而石油美元回流投资美国国债就是这整个利益链条能够衔接并顺畅运转的关键环节（见图11.3）。

到1977年，仅沙特持有的美国国债就占到所有海外持有的美国国债的20%。[117]以军事力量保卫石油美元及其回流才是美元延续储备货币地位的锚，也是美国最核心的利益。

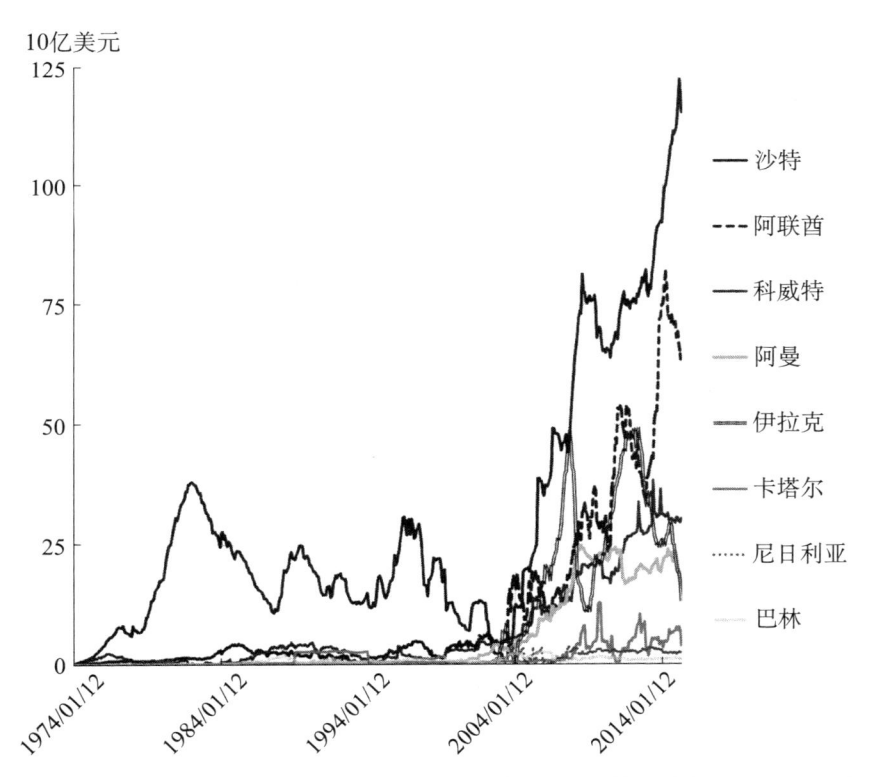

图11.3 石油输出国的美国国债持有量（持有超过10亿美元国家，1974—2016）

资料来源：Bloomberg.

第 12 章
货币体系的轮回？

如果世界照此继续下去，终究有一天，我们会遇到太多的钞票和太少的实物的问题。这也就是为什么资产泡沫成为我们这个时代的特质。

在金本位下的固定汇率时代，资金的流动无法长期偏离贸易背景。到了纯纸币时代的浮动汇率制下，贸易赤字可以靠资本账户的盈余（例如资金回流投资本国资本市场）来平衡。只要资本回流足以支撑，贸易赤字就可以不断扩大，美国也得以维持一个非常长的双赤字（贸易赤字和财政赤字）周期。而作为世界金融交易中心之一的美国成为全世界的做市商（交易的庄家），就更有条件将这个周期拉得更长，原因恰恰是弗里德曼所列举的对美国的好处。但是如我们在第 9 章里分析的，它掏空了美国的制造业，消灭了中产阶级。

那么，这样一个情况对维护美元世界储备货币地位的影响有哪些？首先，进入 21 世纪，围绕产油国的战争比上个世纪更加白热化。其次，美国的经济制裁威胁让越来越多的国家希望摆脱美元及其清算系统，自然也是摆脱美国的铸币税。再次，美国必须对平衡贸易作出努力，否则，无论美国维持的这个双赤字周期有多长，特里芬难题中的最坏结果终究会发生，即美元纸币泛滥引发抛售美元，使美元失去储备货币地位。如同法国戴高乐将军所说：美国是以最严酷的方法让别国帮它平衡贸易。这就是我们今天生活的世界：中东地区的状况越搅越乱，贸易战没有要结束的迹象，进入被美国制裁名单的国家越来越多，但这一切，从现在这个时点起，都将加速动摇美元的霸主地位。

21 世纪的石油美元？

2000 年 10 月，伊拉克总统萨达姆·侯赛因决定抛弃美元这个"敌人的货币"，坚持用欧元进行国际结算，包括石油。自此，伊拉克的石油换食品计划项下的全部贸易都以欧元结算。[1] 2001 年 9 月 11 日，美国遭遇恐怖袭击，造成 3 000 人遇难。9 月 16 日，美国总统乔治·W. 布什（人称小布什）在白宫南草坪面对记者说："这是十字军东征，这个面对恐怖主义的战争将旷日持久。"[2] 2002 年 2 月 16 日，小布什在阿拉斯加进行军队动员，再次以"十字军东征"来指喻。[3]伊拉克就是目标：2003 年 3 月 19 日，美国及联军入侵伊拉克。

2011 年 2 月 26 日，联合国安理会通过 1970 号决议，对利比亚的卡扎菲杀害平民展开调查，并对利比亚实行制裁，暂停利比亚在联合国人权理事会的席位。[4] 3 月 19 日，北约多国部队对利比亚发动军事打击。2015 年的最后一天，接受邮件门调查的希拉里·克林顿的 3 000 封邮件曝光。[5]在这些邮件中，有一封希拉里的常年非官方顾问西德尼·布鲁门塔尔（Sydney Blumenthal）给她的邮件，事项为"法国的客户和卡扎菲的金子"(French Client and Qaddafi's Gold),其中有大段关于卡扎菲的黄金和白银储备的信息,以及卡扎菲在谋划发行一种与黄金挂钩的金第纳尔(gold dinar)作为泛非洲货币的计划。这可能是北约[6]要立刻出手军事打击卡扎菲的首要原因,其次才是利比亚的石油。[7]

伊朗的情况相对复杂些。自从1979年伊朗伊斯兰革命推翻巴列维政权,伊朗爆发美国人质事件(伊朗学生扣押美国驻德黑兰大使馆工作人员为人质),同年美国对伊朗开始制裁,制裁行动至今未曾间断。1979年美国冻结伊朗在美国所有资产,1984年切断武器供应,90年代克林顿政府全面禁止与伊朗的贸易往来。[8]2005年伊朗强硬派马赫茂德·艾哈迈迪-内贾德(Mahmoud Ahmadi-Nejad)当选伊朗总统,恢复核能的开发,到2015年,伊朗与伊核问题六国(美国、英国、法国、俄罗斯、中国和德国)达成《联合全面行动计划》①,伊朗承诺限制其核计划,国际社会解除对伊朗的制裁。[9]然而特朗普入主白宫后,于2018年8月6日签署总统令,恢复对伊朗的制裁。[10]之后特朗普在推特上发帖:"任何人和伊朗做生意,就别再想和美国做生意了。"[11]

当今世界,几乎任何交易都离不开银行的结算。如果石油交易是以美元结算,就绕不开为美元提供结算的银行。而在美国对伊朗的制裁扩大到第三方的结算银行时[12],任何人处在伊朗的位置都会积极寻求避开美元结算的路径。2017年11月,俄罗斯总统普京访问德黑兰时,伊朗最高领导人阿亚图拉·阿里·哈梅内伊(Ayatollah Ali

---

① 关于伊朗核计划的全面协议,Joint Comprehensive Plan of Action,JCPOA。

Khamenei)敦促俄罗斯抛开美元,以贸易双方国家的货币进行双边或多边贸易结算。[13]进入 2018 年,美国对俄罗斯、伊朗以及土耳其进行的强力金融制裁,使这三国在脱离美元的目标上利益趋于一致,因而组成一个与黄金挂钩的货币联盟系统也是非常有可能的。[14]

2018 年,俄罗斯加快了减持美国国债、购买黄金的步伐。美元资产在俄罗斯央行的储备中,已经从 2017 年底的 1 022 亿美元,下降到 2018 年 5 月的 149 亿美元,减少了 84%。[15]俄罗斯的黄金储备在过去 10 年间,也从 500 吨增加到现在的 2 200 多吨。[16]仅 2018 年一年,俄罗斯央行购买的黄金就接近 274 吨,这也是过去 10 年中增加最多的一年。[17]

如果说俄罗斯抛售美元资产的体量太小,不足以引起对美元的乾坤大挪移,那么沙特阿拉伯的动作就很值得关注了。2000 年和 2007 年,美国参议院和国会分别通过了《禁止石油生产和出口卡特尔法案》(No Oil Producing and Exporting Cartel Act)。[18]如果该法案生效,美国反垄断法将扩及参与这种联合价格行动的主权国家(即主权国家在该法案下不再享有豁免权),因此在美国的联邦法律框架下,也会被起诉。[19]这对于欧佩克国家来说影响可想而知。在小布什总统的否决威胁下,法案一直没能生效。沙特也威胁,如果该法案生效,沙特将转而以其他货币结算石油贸易。[20]届时将没有石油交易的美元可回流购买美国国债。在参众两院高票通过的法案至今没有得到任何一位总统的签字生效,也就毫不奇怪了。

以今天美国债务的总量而言,沙特已经在美债持有大国里排不进前十名了。[21]但是沙特如果减持美债,其象征意义大于实际数量,会动摇大家对美元是以石油交易为支撑的认知。

而当今的中国,以超过 1.1 万亿美元的总量[22],才是美元债务最大持有国之一。

美元、尼克松与中国

冷战期间上任的尼克松,面对的不仅是越战,还有被越战改变了的美国,外加一个与美国在军事上旗鼓相当的苏联。要从越战的泥潭中解脱出来,并给美国人民重塑一个美国与世界关系的新形象,尼克松选择了与大国缓和关系,以便从直接战场脱身。与中国实现关系正常化、与苏联缓和关系成为他任期内最大的外交成就。理顺了这两个关系,就可以从对第三世界直接军事参与的无底洞里抽身,变成用经济援助和其他较低成本的方式来抑制可能来自苏联的影响。[23]

此外还有一个原因:美元。美国自己印的货币,就是全世界的储备货币,美国沉迷于财政赤字加贸易赤字的经济和消费模式而无法自拔,直接导致了美元与黄金脱钩。但要维持之前的这种双赤字模式,就要想尽一切办法,让全世界一如既往地不断增加对纸币美元的需求。而苏联与中国都是目标市场,让它们开放接受美元,就引起了美国政界的兴趣。

1998 年解密的中情局 1972 年的报告称,虽然 1971 年苏联和美国的贸易总额仅为 1.6 亿美元,但在缓和政策下,放开对苏联贸易的各种限制,可以让贸易总额上升到 5 亿~6 亿美元,美国会从中赢得巨大的顺差,因为苏联需要西方的技术和设备,而苏联的产品在美国却很难找到市场。[24]

与中国最息息相关的事件,就是大家都熟知的 1971 年 7 月 9—11 日基辛格访问北京的破冰之旅,以及 1972 年 2 月的尼克松访华。就

第 12 章 货币体系的轮回？

在基辛格访问北京之前的 4 月 14 日，尼克松宣布："放松针对中国的货币管制，允许中华人民共和国使用美元。"[25] 在尼克松的经济团队忙于与各国就美元汇率进行艰辛谈判的时候，与中国恢复邦交不仅是外交上的成功[26]，也为美元打开了一个深广的市场。

当然，如果今天的中美贸易战成为持久战，中美贸易的进出口总额相对于中国与其他地区的贸易额份额下降的话，中国外汇储备中的美元比例也自然会作出相应的调整。试想，如果伊朗没有潜在的核能力，是否已经成为了第二个伊拉克？可以想象，如果中国一旦公开作出这样的动作，中国的核军事力量就成为中国不会沦落到人为刀俎、我为鱼肉地步的基本威慑力。毕竟，美国是世界上唯一一个使用过核武器的国家。

如同要维持一个股市的牛市，就要不断有资金进入一样，美国要继续维持美元的全球储备货币地位，就必须要开辟新的更大的市场，乐意为美元接盘。否则，越来越多的国家开始避开用美元进行贸易结算，美元的购买力就会大打折扣。通货膨胀现在还没有体现在商品价格上的主要原因就是越吹越大的资产泡沫。但是任何资产都处于一个有上下游关系的结构中，无论哪种资产泡沫，都必定会因为价格脱离真实需求太远而破灭。泡沫一旦被戳破，最终都要体现到太多的钞票相对于太少的商品上，结果就非常有可能出现恶性通货膨胀。而这样一种货币，是绝对没有可能被当作财富储藏手段的。

这种情况不是会不会发生，而是什么时候发生的问题。当然，如果美元汇率要根据美国的贸易能力作出真正的调整，也就意味着全世界的纸币系统都要重置。而这个系统重置，本质上并不是以另一国的纸币替代美元纸币那么简单。事实上，人类历史上还没有出现过纸币可以成为国际硬通货的例子，美元也是因为在布雷顿森林体系中作为唯一一个承诺以固定汇率与黄金兑换的币种而成为世界储备货币的。可以想象，美元作为世界储备货币地位的逐步丧失，最终会使世界货币体系发生系统性重置，而在这个过程中，黄金依旧会扮演重要角色。

未来的货币体系：金汇兑本位、浮动汇率制还是金本位？

为什么这么说呢？就拿1971年解体的布雷顿森林体系之金汇兑本位来说，它最终以美元相对于黄金大幅贬值而解体，这至少说明，美国无论是主动的，还是迫不得已，自己并没有遵守35美元兑换一盎司黄金的承诺。事实上，就全球贸易而言，一个主权国家的纸币一旦获得世界储备货币地位，无论这种货币是否与黄金挂钩，都是一个悖论：（1）如果不与黄金挂钩，这种货币就只是发行政府的信用，与其他货币没有区别；（2）如果与黄金挂钩，仅凭一国之人力物力的产出，无论这个国家富强到什么地步，它的贸易额也只能是全世界众多国家贸易的一部分。为全世界提供纸币流动性，必然造成纸币发行数量相对于自身贸易能力的巨大透支，导致黄金储备的快速流失，结果一定是这种纸币大幅贬值，失去作为储备货币的价值只是一个时间问题。所以，承担全球储备货币职能的币种，真可谓是"福兮祸所伏"。任何一个其他国家的货币，在金汇兑本位制下，放在美元的位置上，情况会大同小异，结果都是一样的。

那么我们今天生活的纸币时代的浮动汇率又会怎么样呢？举个例子：美国经常用"汇率操纵国"来威胁其他国家，最近一次用在中国上，是现任美国总统特朗普在2019年8月5日发推，对中国让人民币贬值表示不满，几个小时之后，美国政府宣布中国为汇率操纵国，原因是中国在目前的贸易争端中让人民币兑美元贬值破 7。[27] 之后特朗普又在推特上指责中国，用贬值来"窃取我们的企业和工厂，损害我们的工作，压低工人的工资并损害农民的价格，没门儿（Not anymore）!"[28]

特朗普此次对中国的指责，就是戴高乐将军所说的那种美国以最严酷的方式让别国帮自己平衡贸易的计策手段。不难想象，从理论上讲，一国贬值会造成两国间对外贸易条件的重新安排：因为本国货币贬值会让本国商品在国际市场上变得相对便宜，吸引更多需求，从而促使国内生产厂商扩大生产，增加就业。但是，"所谓贬值的一切好处都是暂时性的。而且，它还必须具备一个条件，即只有一个国家的货币贬值，而其他所有国家都不这样做。如果其他国家的货币也同比例贬值，则对外贸易就不会有任何变动发生。如果别国贬值的幅度更大，则所有暂时性的好处只有它们自己才能享受。因此，如果弹性（浮动）汇率原则被普遍接受，其结果必将是国家间争先恐后地贬值。竞争最终导致所有国家的货币制度完全崩溃"。[29] 也许有的人会问，如果一开始各国就知道这个游戏玩到最后整个货币体系会崩溃，互相也知道对方知道这一点，那么大家从最开始就不会采用这种不作就不会死的行事方法，浮动汇率是不是可以维系？其实这是政策目标，需要解决什么的问题：贬值是以解决国内的产能和就业等问题为目的的，与两个人追求最有利结果的练习完全不同。任何一个用此办法解决国内问题的政策，都等于加重了贸易相关的其他国家的国内问题，所以为了国内的各种政治目标，受到影响的国家通常也不得不如法炮制，这就是我们经常说的以邻为壑（beggar thy neighbor）的政策。从长远来看，在一个全纸币的浮动汇率制下，最终都会进入竞争性贬值的阶段，从而引发系统崩溃，因而它也不是个长治久安的办法。

同理,在 2008 年金融危机后,我们已经见证了各经济体争相跟进,用货币大放水的办法来刺激本国经济,结果就是各国央行的资产负债表大爆棚:美国从 2008 年 11 月启动通过美联储购买美国国债和各种其他政府和公司债券的办法,进行了第一轮量化宽松(Quantitative Easing,QE)后,2010 年和 2012 年又进行了两次,总共三轮量化宽松。美联储的资产从 2008 年的不到 1 万亿美元,涨到 2014 年的 4.5 万亿美元,联邦基金利率从 2007 年下半年之初的 5.25%,直线下调至 2008 年末的 0.25%,直到 2015 年底才开始利率正常化的升息,2018 年涨到 2.5% 后,而 2019 年 7 月 31 日又开始降息(见图 12.1)。[30] 难怪有人说:升息就是为了降息。

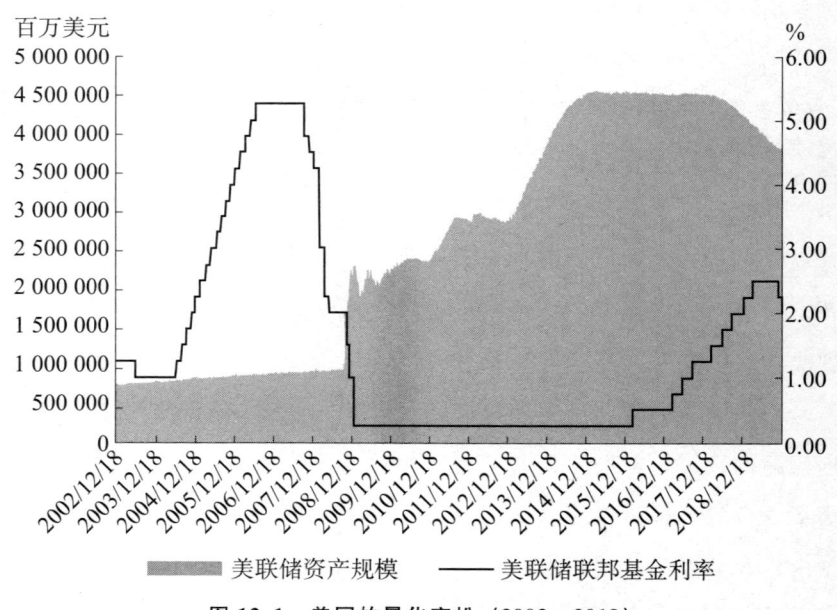

图 12.1 美国的量化宽松(2002—2019)

资料来源:WIND。

第 12 章 货币体系的轮回？

在降息压力下,2019 年 9 月 18 日,美国货币市场隔夜回购利率突然蹿升至 10%,致使联储紧急进行回购操作(Repo Operation,技术上讲是一个逆回购操作),向市场注入 530 亿美元资金,并决定到 10 月 10 日,每天向货币市场注入最多 750 亿美元,之后又将回购操作延长至 11 月 4 日。[31] 也是在 9 月 18 日这一天,联储将联邦基金利率又下调了 25 个基点到 2%。[32] 这一切俨然已经是 QE4 的节奏了。

欧元区进行了长期再融资计划(Long-Term Refinancing Operations,LTRO),同样是以欧洲央行购买区内各国政府和公司债券的办法直接向市场注入流动性,欧洲央行的资产负债表从 2008 年的不到 1.5 万亿欧元,涨到了 2019 年的大约 4.7 万亿欧元,欧元基准利率从 2008 年中的 4.25%,一路下行,到了 2016 年已经是零利率了(见图 12.2)。

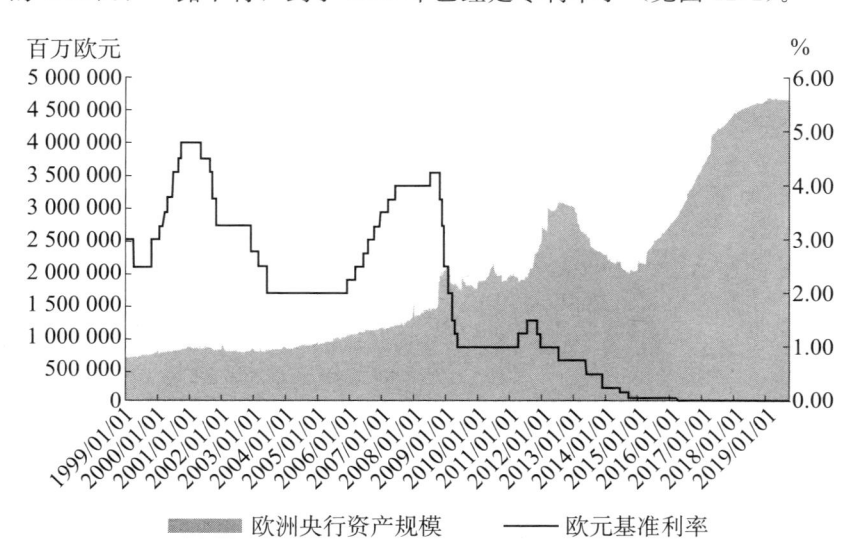

图 12.2 欧洲央行的长期再融资计划(1999—2019)

资料来源:WIND.

日本的说法是通胀下限（Abenomics），为了提高通货膨胀率，需要扩大发钞，日本央行的资产负债表从 2008 年的不到 100 万亿日元的规模，扩大到 2019 年的接近 600 万亿日元，同时政策目标利率也从 2008 年的 0.5％下调至 2016 年开始的负利率区域（见图 12.3）。

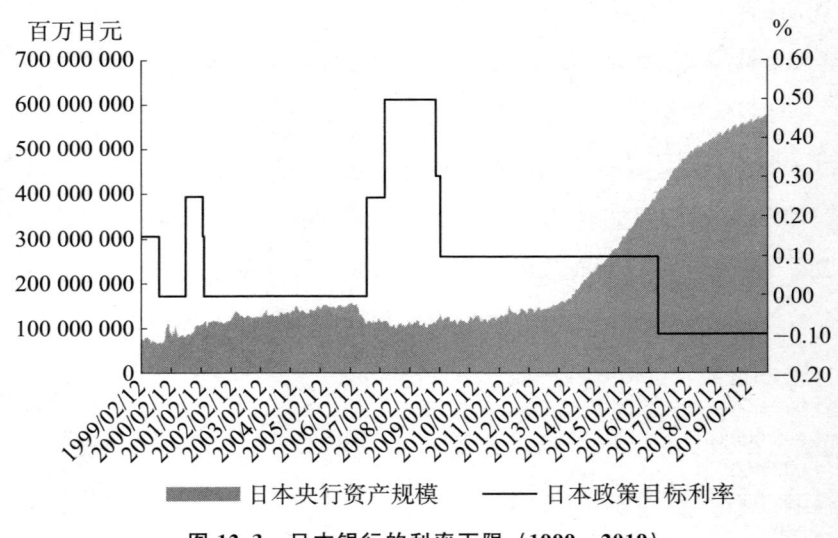

图 12.3　日本银行的利率下限（1999—2019）

资料来源：WIND.

英格兰银行的资产负债表也从 2008 年的不到 800 亿英镑，涨到了 2019 年的将近 6 000 亿英镑，基准利率也从 2008 年 2 月的 5.5％快速下调到 2009 年 3 月的 0.5％，直至 2016 年 8 月又下调最低至 0.25％（见图 12.4）。

中国自 2007 年以来基本采取的也是货币扩张政策（见图 12.5）。

时至今日，当世界各国主流媒体反复报道经济复苏和经济复苏强弱的时候，我们又要迎来新一轮的货币放水。2019 年 7 月，在美国报

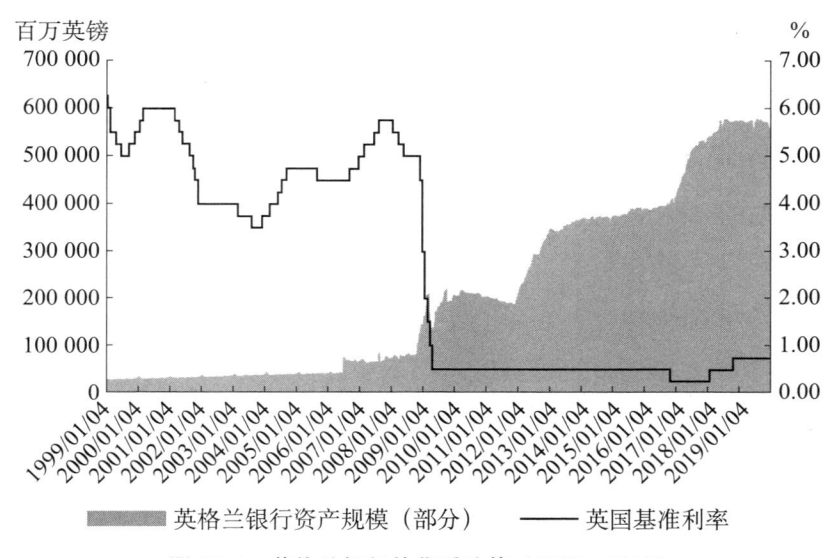

图 12.4　英格兰银行的货币政策（1999—2019）

资料来源：WIND.

道经济已经复苏了好几年后，美联储又将联邦基金利率下调 25 个基点（0.25%），但是特朗普总统 8 月 19 日发推，敦促联储降息 1 个百分点，并希望再次启动货币放水计划。他的理由是："我们的美元太强了，不幸地伤害到世界其他地方。"[33]

在此之前的 6 月和 7 月，澳大利亚已经先行成为 2019 年第一个减息的发达经济体，将基准利率一共下调了 0.5%。[34]澳大利亚储备银行（Reserve Bank of Australia，RBA）行长菲利普·洛威（Philip Lowe）明确表示：全球正在经历一个结构性的减息，澳大利亚不可能独善其身。他在 9 月 24 日的讲话中暗示会有更多次减息："我们生活在一个相互联系的世界中，这意味着我们无法使自己与全球利率的长期变化完全隔离开……浮动汇率使我们在一定程度上具有货币独立

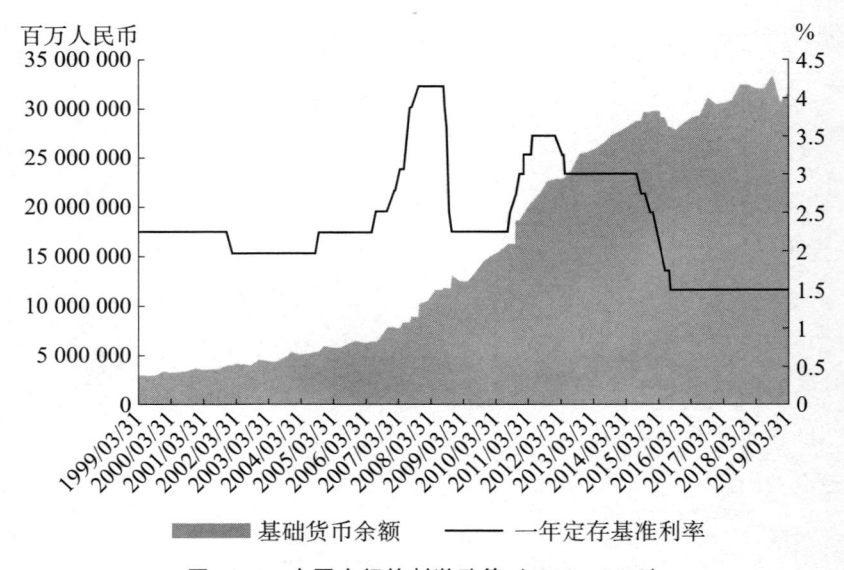

图 12.5 中国央行的刺激政策（1999—2019）

资料来源：WIND.

性，但我们不能忽视全球利率的结构性变化……如果我们的确试图忽略这些变化，那么我们的汇率将会升值，在当前环境下，这对于实现通胀目标和充分就业都无济于事。"[35]

8月7日，印度、新西兰和泰国在同一天分别减息0.35%、0.5%和0.25%。[36]

9月12日，欧洲央行（European Central Bank，ECB）把已经是负数的存款利率从-0.4%再减到-0.5%，并从11月开始，再次恢复每月购买200亿欧元债券的计划，理由是担心全球贸易争端会继续拉低经济增长。[37]

已经是负利率的日本，虽然迫于银行业的压力没有加入此轮减息，但是日本银行（Bank of Japan，BOJ）行长黑田东彦列举了在考虑之中的四个货币宽松路径：（1）对短端已经进入负利率的基准利率再下调；（2）将10年期日本国债目标利率下调至零；（3）扩大央行购买股票规模；（4）加快扩大基础货币规模，也就是直接印钱。另外，如果必要，会毫不犹豫地采取任何其他额外货币宽松措施。[38]

我们迄今能感受到的，就是一个将印钞进行到底的节奏。

如果世界照此继续下去，终究有一天，我们会遇到在全球范围内钞票太多和实物太少的问题。这也就是为什么资产泡沫成了我们这个时代的特质。

坎蒂隆在将近300年前就已经告诉我们了，货币的发行随时影响着财富的再分配。而一种更可怕的结果，就是这种再分配造成社会贫富两极化。这种两极化，就如同我们当下看到的，在恶性通胀还没有到来的时候，这种两极化所引发的社会巨大矛盾已经因资产泡沫（如房价）先行爆发。法国大革命的爆发就是一个大家可能已经遗忘的教训。今天，悬殊的贫富两极化成为当下世界各地社会的一致特点：欧洲各地极右翼政党声势浩大地从政治生活边缘回到中心，美国非传统政治力量的代表特朗普当选总统，香港社会的撕裂，都是明证。

在全球贸易相互高度依存的今天，如何才能有一个让参与各方都感受到公平的全球货币体系？在国与国之间，要使贸易顺利完成，这个交换媒介就要得到贸易双方的充分信任。哈耶克的观点是，金本位（或是其他任何硬通货本位）下，并不是说货币本身的价值就直接来自黄金。然而货币可以随时兑换成黄金，是对货币发行人的一种约束，迫使他们控制货币发行数量。"金本位是我们迄今发现约束政府发钞的唯一方法，政府只有在被逼无奈之下才会克己复礼"。[39]如果每个国家都受此约束，国与国之间的货币兑换才会有一个比较公平的起点。

美国到底还有多少黄金？

今天的人们可能对20世纪60年代各国竭力捍卫35.20美元一盎司黄金上限这种做法不以为然，70年代以后出生的人甚至对美元是因为曾经与黄金挂钩的事实才获得世界纸币霸主地位这一事实没有印象。但是，60年代的这个做法，就是捍卫美元作为一个财富储藏手段的国际努力，虽然整个操作并没有成功。大家可能会想，今天虽然没有了黄金的支撑，美元不还是稳坐世界储备货币的宝座吗？

这里先要说明，美国虽然因为商品贸易赤字和通胀政策，使其黄金储备大量流失，但是按今天各国黄金储备的数据来看，美国的黄金储备在账面上依旧居各国之首（见表12.1）。

表12.1　2019年黄金储备数量排名前12位的国家和组织

排位	国家和组织	数量（吨）	占储备资产比重（%）
1	美国	8 133.5	75.8%
2	德国	3 366.8	71.7%
3	国际货币基金组织	2 814.0	*
4	意大利	2 451.8	67.4%
5	法国	2 436.1	62.2%
6	俄国	2 207.0	19.3%
7	中国	1 926.5	2.7%
8	瑞士	1 040.0	5.8%
9	日本	765.2	2.6%
10	印度	618.2	6.6%
11	荷兰	612.5	67.8%
12	欧洲央行	504.8	28.6%

＊　从国际清算银行（BIS）和国际货币基金组织（IMF）提供的资产负债表数据无法计算出这个比例。

资料来源：世界黄金协会（World Gold Council）.

表 12.1 显示，美国的官方黄金储备为 8 133.5 吨，这个数字从 1971 年美元与黄金脱钩开始就基本上没有变过（见图 12.6）。也就是说，在过去的 50 年里，美国就再没有动过手上的黄金。[40] 无论如何，半个世纪的时间，美联储对黄金没有进行过任何买卖或操作，的确让人有点难以置信。

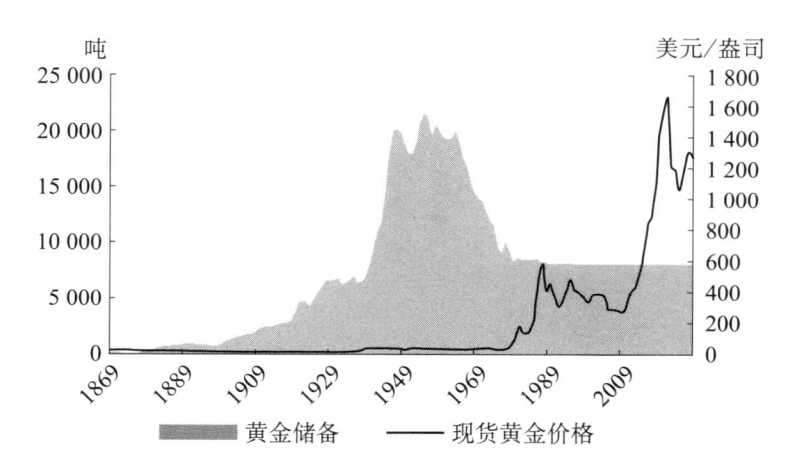

图 12.6　美国官方黄金储备和现货黄金价格（1869—2019）

数据来源：NBER，FRED，WIND，OnlyGold.

事实果真如此吗？在我们探究这个问题之前，先介绍一下黄金互换这个概念。黄金互换交易通常在各国央行之间进行，类似一种以黄金作为抵押，换取目标货币的回购交易，期限届满时再以事先约定好的价格赎回黄金。在操作上，就如同卖即期黄金，买远期黄金。这里，一个重要的问题是对黄金互换的会计处理。国际货币基金组织国际收支统计委员会（Committee on Balance of Payments Statistics）储备资产技术专家组（Reserve Assets Technical Expert Group，REST-

EG）对黄金掉期在会计簿记上的处理解释是这样的：需要现金的央行，一旦将黄金储备抵押出去换回现金，换回的现金记为储备现金的增加，而抵押出去的黄金可以依旧作为储备资产体现在央行的资产负债表上。这样就形成了重复簿记。[41] 也就是说，一个央行，无论将多少储备黄金抵押出去以换取现金，都不会在央行的资产负债表上改变黄金储备的数量。

2008年美国次贷危机之后，时任国会金融服务委员会国内货币政策和技术委员会分会主席、得克萨斯州众议员罗恩·保罗在国会听证会上，与美联储首席律师斯科特·G. 阿尔瓦雷斯（Scott G. Alvarez）有这样一番对话[42]：

罗恩·保罗：在危机期间，美联储或美国财政部是否进行了任何黄金互换的操作？

阿尔瓦雷斯：美联储不拥有任何黄金，我们从1934年之后就没有拥有过任何黄金，所以我们没有参与任何黄金互换。

罗恩·保罗：可是它（黄金）在你们的资产负债表上呀！

阿尔瓦雷斯：我们账上有的是黄金券（gold certificate）。1934年以前，美联储的确拥有黄金，1934年我们按法律规定将黄金都交给了财政部，换回来的是黄金券。

罗恩·保罗：如果他们（财政部）是在外汇稳定基金（Exchange Stabilization Fund）进行黄金互换交易，我猜即便他们有这个法律权限也做不了，因为你们拥有那些证明持有的黄金券。

阿尔瓦雷斯：不，我们对财政部所拥有的黄金没有其他利益。我们有的只是被称为"黄金券"的会计文件，体现了1934年交给财政部时的法定价值。

第 12 章 货币体系的轮回？

　　罗恩·保罗：价值还是 42 美元[43]一盎司黄金，无论如何完全没有道理。

　　那么交给财政部的黄金在哪里？在美国联邦债务超过 22 万亿美元、黄金价格高企的今天，大家都没想起来这回事也有点让人匪夷所思。当然以现在的黄金价格来算，即便美国确有 8 133 吨黄金储备，要想覆盖现在 22 万多亿美元的债务，恐怕也是杯水车薪：按现在的金价，把 8 133 吨黄金都卖了，才够美国联邦政府一年增加的赤字（10 000 亿美元）的三分之一。要想让现存黄金解决目前的联邦政府债务余额，除非黄金价格上涨到 8 500 美元一盎司以上（见图 12.7）。

截至2019年5月6日，
美国联邦债务法定上限：20.46万亿美元
美国联邦债务余额：22.27万亿美元
美国官方黄金储备市值：3 351亿美元
（即1 281.56×8 133 460 000/31.1 034 768）
黄金储备覆盖联邦债务比率：1.48%

图 12.7　美国黄金储备、黄金价格和联邦政府债务（1940—2019）

资料来源：美国白宫管理和预算办公室，WIND.

　　虽然现在没有哪个国家提出让美国用黄金还债，但是各国政府纷纷要求把自己存在美联储的黄金运回国，可见是要防患于未然。德国的经历广受黄金市场的关注。2008 年美国金融危机之后，德国向美国提出将存在美国的黄金运回国,其中的曲折经历引起不少猜测。背景是二战之后的西德在 50、60 年代创造了经济奇迹,制造业的出口换回大量黄金;由于冷战时期的考虑,其中大部分黄金就分别存在了英国、法国和美国的央行。1989 年 11 月,分割东、西德国的柏林墙倒下,德国统一,冷战结束。10 年之后,德国开始将存在海外的黄金分批运回德国,首先运回的就是存于伦敦的 940 吨。[44]向美国要求将存于纽约联储银行的金库运回就没那么顺利了。

2008 年美国次贷危机爆发,雷曼兄弟公司倒台,随后债务危机席卷欧洲,欧洲各国政府在压力下发起运回黄金运动:德国、荷兰、奥地利、比利时和瑞士都计划将存于海外的黄金运回本国。[45]2012 年,德国审计法庭命令对德国的黄金进行审计,以确保 3 400 吨黄金确实存在,因为对这些金砖的真假和重量从来没有检查过;2013 年德国央行表示:为应对"万一出现的货币危机",计划 5 年之内将存于法国和美国的黄金总数的一半,共 674 吨黄金(法国 374 吨,美国 300 吨)运回德国。[46]因此,德国向美国提出,将存在美国的 654 吨黄金中的 300 吨黄金运回德国。经过一番周折,2013 年德国只成功运回 5 吨黄金。此后德国制定了一个 5 年内的运回计划,而美国讨价还价到 7 年内(预计到 2020 年)才能把 300 吨黄金全数归还。黄金的运输的确是一个问题,但是几个星期或是几个月也够了。7 年运输 300 吨的计划也过于漫长了,而且还要分期分批,让人们不得不产生联想:(1)要么是纽约联储银行金库里没有那么多黄金,需要到市场上购买,又不能因为短期内的购买让黄金市场上价格蹿升,所以需要时间安排;(2)要么是德国当时存的黄金已经被抵押出去,需要拆东墙补西墙,用别的国家印戳的黄金重新锻造。[47]幸运的是,无论怎样,最终德国还是如期在 5 年内全数将存于美国的 300 吨黄金运回了国。但是俄罗斯经济学家弗拉基米尔·卡塔索诺夫（Vladimir Katasonov）表示，德国拿回来的金块，并不是原来德国央行交给美国时的铸签，所以不排除还给德国的金块，是美国在市场上又买回来再锻造的。当然，重铸其他国黄金也是一种可能。毫无疑问，国家间金砖的寄存，完全需要符合一个标准的存管合约（而不是一个非常规存管合约，见第 4 章），即完璧归赵。当然，我们也没有见过这种寄存合同是什么样子的，是否非常规存管合约下同质同量的金砖就可以满足？但是可以想象，对不同时期的金砖的铸造成色等技术问题的鉴别，也不是件简单的事。

德国宣布从美国运回计划的 300 吨黄金的前一天，即 2017 年 8 月 21 日，是美国过去 99 年间经历的第一个日全食。同一天，美国财政部长史蒂文·姆努钦（Steven Mnuchin）视察了位于诺克斯堡的美国国家金库，据说那里是观测这次日全食的最佳地点之一。[48]他临行前还开玩笑说："我想金子应该还在那儿。"[49]姆努钦如果知道日食/月食在星象里意味着拨开迷雾见真相，未必还有心情开这样的玩笑。有意思的是，美国主流媒体大肆报道了他带老婆去诺克斯堡看日全食[50]是假公济私，而对他视察诺克斯堡的情况却没有任何详细的报道。

第 10 章里我们提到了这个著名的、为罗斯福的黄金储备法案而建的诺克斯堡金库，是"地球上守卫最森严的地方"。[51]据说美国黄金储备的一半都存在这里，另一半存在美联储纽约的金库。电影 007 系列的第三部《金手指》（*Goldfinger*，摄于 1964 年），讲的就是一群有组织的国际犯罪集团抢劫诺克斯堡金库的故事，当然故事的结局，和所有 007 故事的结局一样：007 大显身手，最后帮助政府解决了这帮犯罪分子。影片中被007影迷们倍加称赞的一幕，就是007詹姆斯·邦德（James Bond）在外号"金手指"的犯罪分子庄园见面，在没有任何提示下，猜出"金手指"的计划："市价150亿美元的金砖，重达10 500吨，60人需要12天才能将它们装到200辆卡车上，而守卫军队全部到位只需要两个小时……"怎么可能劫持呢？"金手指"说："我们没想把金砖挪窝。"聪明绝顶的邦德先生马上反应过来了："工厂里来自中国的特工林先生是核放射专家，中国政府给了你一个核装置……如果在金库引爆，整个美国的货币供给都会受到核辐射，长达56年都无法动用……真是绝妙的主意——他们（中国）得到了自己想要的：西方世界的经济大乱，而你（金手指）手上囤积的黄金价格将翻番好几倍。"[52]今天回顾这个剧情真是耐人寻味。

今天的美元完全是法币，与黄金已经毫无干系，对于这一点，美国的经济学老师们也经常要面对学生的提问："那诺克斯堡的黄金呢？"有经济学教育期刊专门刊登文章，来帮助经济学任课老师和学生解答这个问题。[53]老师们好像也纳闷美国大众是如何知道诺克斯堡储存的黄金的。他们猜测，一种可能性是与《金手指》这部电影有关。[54]那么诺克斯堡金库里到底存有多少金子？这个问题没有看上去那么容易回答。伍德（Wood，1994）引述美国国家铸币局（U. S. Bureau of the Mint）的年报称：诺克斯堡存有黄金1.47亿盎司（约合4 572吨），占美国财政部持有黄金的一半以上。[55]但是下个问题是："金子真的还在那里吗？"[56]诺克斯堡的第一次审计是1952年，之后到80年代，也经历审计总署（General Accounting Office）、财政部审查署署长（Treasury Department Inspector General）和美国铸币厂（U. S. Mint）等机构的检查。[57]

第 12 章 货币体系的轮回？

美国次贷危机之后的国会金融服务委员会国内货币政策和技术委员会分会的另外一场听证会向美国财政部审查署署长埃里克·索尔森（Eric Thorson）提出了这个问题。关于诺克斯堡的黄金，索尔森同意"它不仅是一大堆金子，还是政府稳定和金融稳健的一个象征"。[58]但是对于众议员罗恩·保罗提出的关于诺克斯堡里 13 个库每个库存有多少条金砖、每种成色有多少条的问题，无法作答。显然，财政部由于对诺克斯堡库存采取的抽样审计方法（目前只抽样过价值 7 500 万美元的金锭），以及没有试金过程，所给出的答案无法令议员们满意。当其他议员问到美国在 IMF 的黄金池里占 17%，这些黄金到底簿记在美国财政部名下，还是 IMF 名下，还是双重簿记了，审查署署长好像完全答不上来，这也是罗恩·保罗最担心的：去看那里的库也没有用，因为即便黄金可能还堆在那里，但是由于黄金互换交易、租借、抵押，它们的所有权也早就不是美国的了。[59]对于这一点，我们只能拭目以待……

第 13 章
比特币是货币的未来吗？

既然黄金作为锚定可以约束各国的发钞冲动，稳定住各国货币之间的汇率，同样也应该可以作为电子货币之间的单位基础，来平滑电子币之间的兑换过程。

我们今天讨论货币问题，就不能不讨论电子货币，这个可能会成为货币的未来的东西。比特币只是众多电子货币中的一种。为了讨论的方便，我们本章就以比特币为例，来进行讨论。[1]还要说明的是，我们讨论的电子货币，是一个创造出来的交换媒介，并非现有纸币的电子形态。纸币的电子化虽然不是我们本章要讨论的，但是大的支付和结算技术的改变，使它与纸币形态有了很大的不同；在全面的纸币电子化下，是不会发生挤兑的，因为一切都是银行系统中的一串数字。我们讨论的这种新创造的电子货币，它的支付和交换功能是我们关注的重点，而不是它的具体技术环节。

下面这个故事很能说明比特币的当下的状况：

一个小男孩想向他投资比特币的爸爸要一枚比特币当生日礼物。

第 13 章 比特币是货币的未来吗？

爸爸："什么？你想要＄15 554？＄14 354 可不是一小笔钱啊！你到底需要＄16 782 这么多钱干嘛？"[2]在说话的当儿，比特币就如同过山车，刚跌了 8%，转眼又涨了 17%。

目前能列出明目的电子货币达 2 900 多种，总市值在 2 187 亿美元上下（以 2019 年 10 月 4 日价格计算）。单个币种的市值从几十美元到 1 400 多亿美元的都有，当然市值最高，达到 1 470 多亿美元的（以 2019 年 10 月 4 日价格计算），就是于 2009 年第一个以区块链技术发行的比特币（Bitcoin），占到整个电子货币市值的 67%，大大高于排名第二，市值目前不到 200 亿美元的以太坊（ETH/Ether）。[3]

什么是比特币？

比特币据说是由一位叫中本聪（Satoshi Nakamoto）的人开发的，但是他的身份至今仍是个谜：他/她/它自称出生于 1975 年 4 月 5 日，2008 年 10 月，也就是他 33 岁的时候，发表了一篇著名的文章《比特币：一种点对点的电子货币系统》（Bitcoin：A Peer to Peer Electronic Cash System），或称"比特币白皮书"（Bitcoin White Paper），将比特币的方法公之于众。[4]2009 年 1 月 3 日，中本聪创建了创世区块（Genesis Block），并挖出了第一批 50 个币。[5]在这个创世区块上，中本聪嘲讽地标记："财政大臣正处于实施第二次银行紧急救援的边缘"，这援引的就是英国《泰晤士报》2009 年 1 月 3 日头版文章的标题（见图 13.1）。

"比特币白皮书"中介绍，设计比特币的初衷是一个"基于密码学原理而不是信用的电子支付系统，该系统允许任何有交易意愿的双方能直接交易而不需要一个可信任的第三方"。[7]

我们先解释一下这个密码学原理，就是经过严密设计的哈希算法

图 13.1　英国泰晤士报 2009 年 1 月 3 日头版文章[6]

在实际操作意义上的不可逆。不同于可逆的或可以短时间内暴力逆向求解的常见函数，以 SHA256 算法为代表的经过严密设计的哈希函数在实际意义上是不可逆的，也就是你从输出值是无法推算回输入值，这就是一个加密的过程。

具体来说，哈希算法或者说哈希函数的不可逆主要来自两方面：一是由于一个算法中的每一步运算都可能有信息的丢失，相当于每一步运算都增加了很多输入值的可能性，最后大到无法在实践意义上逆向计算；二是由于算法经过良好设计，我们无法从一个小样本中推出哈希值的分布特征。这不同于我们逆向求解 y＝2x 这个函数，假设我们想找出 y＝6 所对应的 x，我们可以利用它的连续性，发现 x＝2.8 对应 y＝5.6 之后，我们就可以继续尝试 x＝2.8 附近的值，这大大降

第 13 章 比特币是货币的未来吗？

低了需要尝试的 x 的取值的可能性；而对于哈希函数来说，输入值的一个小小变动会带来输出的哈希值完全变样。比如我们用 SHA256 尝试几个不同的输入值：

输入：CUFECEMA

输出：cc06311a1d49ef159616d0befd76a2d7507c0f8c1558712ee6997356b8c60389

输入：CUFECEMa

输出：6022437a85c1379ac7f385b1c82977903d6fa9e8608b5b4fc4bb4b1c293492db

输入：CUFECEMA1

输出：2110c1e00351b9178ed2a2707a1db7c674a6a031e5aa66632a5d7306ce37bd8b

所以无法通过寻找分布特征来减少运算量，只能乖乖地进行暴力尝试。

那么应用到比特币上，是如何做到的呢？它运用的就是区块链的底层技术。根据"比特币白皮书"的定义，"一枚电子货币就是一条数字签名链。每个拥有者都通过将上一次交易和下一个拥有者的公钥的哈希值的数字签名添加到此货币末尾的方式，将这枚货币转移给下一个拥有者。收款人可以通过验证数字签名来证实自己为该链的所有者"。[8]请看下面的交易示意图 13.2：

（1）用户 A 拿到用户 B 的比特币地址，并向整个比特币区块链广播：A 给 B 转账 1 个比特币。[9]

（2）用户 A 使用自己的私钥对交易信息进行加密，得到加密后的密文，这个密文即为用户 A 的数字签名。

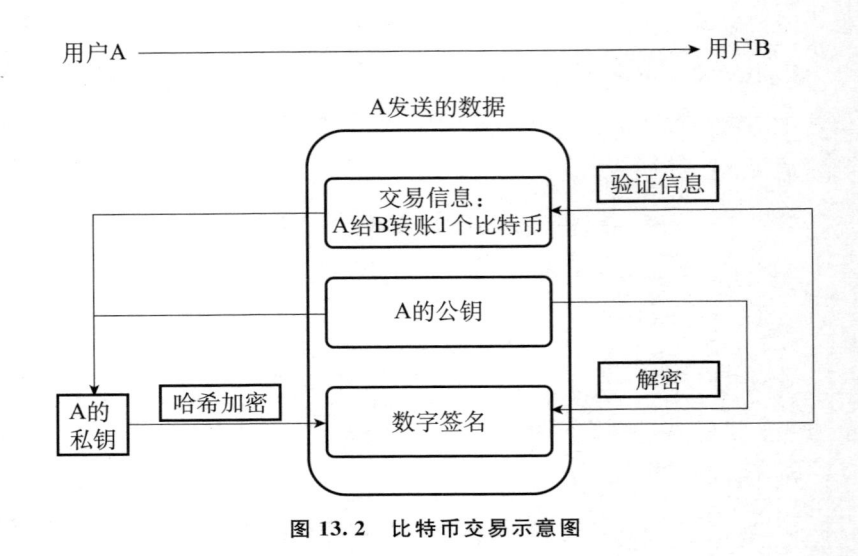

```
用户A ─────────────────────────→ 用户B
                A发送的数据
         ┌─────────────────────┐
         │   交易信息：         │     验证信息
         │ A给B转账1个比特币    │
         │                     │
         │    A的公钥          │
         │                     │     解密
         │    数字签名         │
         └─────────────────────┘
A的私钥    哈希加密
```

图 13.2　比特币交易示意图

（3）用户 A 将交易信息、自己的公钥和数字签名放到一起发送到网络上。

（4）用户 B 及其他网络参与者收到后，使用用户 A 在发送数据中提供的公钥对数字签名进行解密，并将解密结果与交易信息进行验证，如果一致，说明消息是用户 A 亲自发送的；如果不一致，则说明要么数据不是用户 A 发送的，要么数据经过篡改。

（5）用户 B 及全网确认了 A 给 B 转账了一个比特币。

目前，大约每 10 分钟，类似上述发生的交易就会经过验证后打包进一个新的区块中，请参看图 13.3（我们同时可以看到中间有多层哈希函数的嵌套，这使得逆向求解异常困难），整个验证交易的过程同时也是比特币被创造的过程，也就是我们所熟悉的"挖矿"。

我们可以看到，一个比特币区块主要包含两部分信息，一部分是原始的交易记录，另一部分是整个区块中所有交易信息的总结，即图

第 13 章 比特币是货币的未来吗？

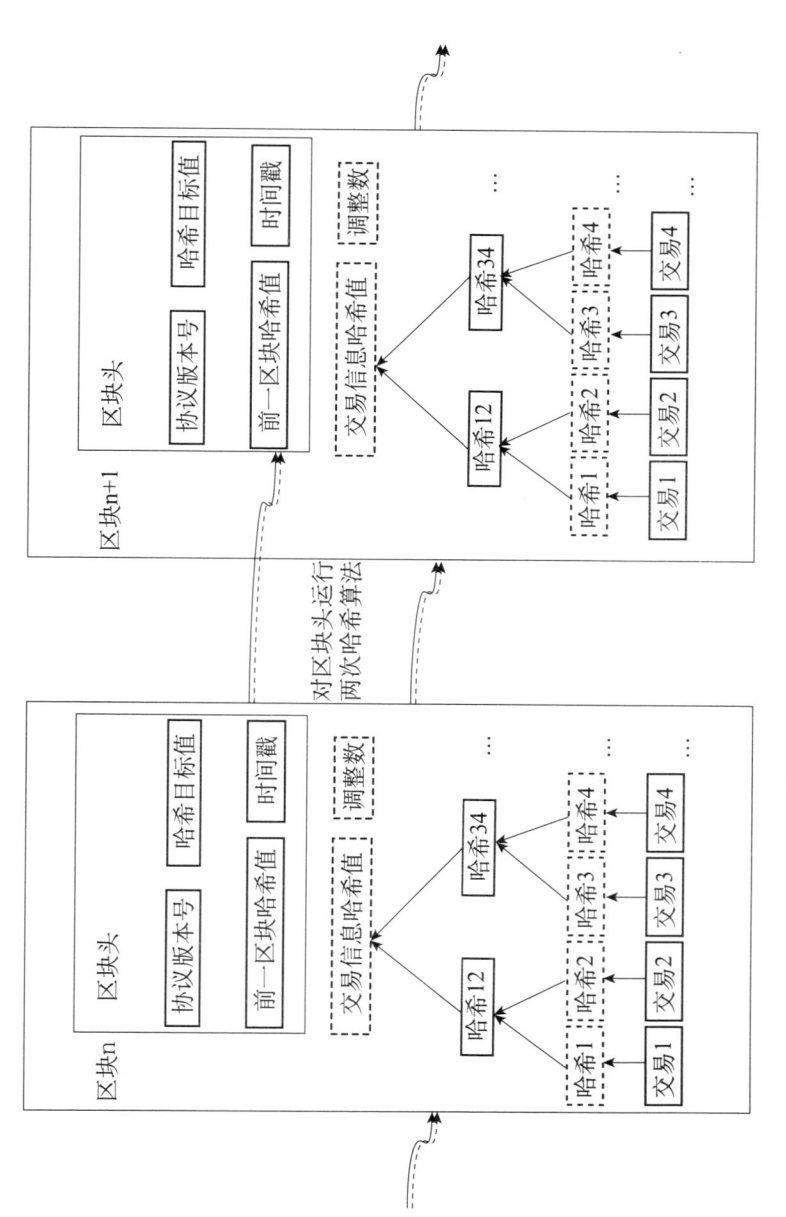

图13.3 比特币区块示意图

中的"区块头"（block header）。为了简化每个节点验证区块是否真实的过程（否则需要下载所有交易数据，目前整个区块链已产生了超过245Gb的数据），在比特币区块头中只包含了所有交易组成的默克尔树（Merkel Tree）的根节点哈希值，也就是我们对原始交易信息先计算一次哈希值，再两两拼接继续计算哈希值，直到最后只存在一个单一的哈希值用以代表当前区块上产生的所有交易，这个过程中生成的树型结构数据是拉尔夫·默克尔（Ralph Merkle）的注册专利，所以我们把它叫作默克尔树，只要这个根节点的哈希值是对的，我们就可以由哈希函数的唯一确定性得出整个区块上的交易都真实合法的结论。

有了前面得到的交易信息哈希值，矿工们（程序员）只要再加入当前比特币区块链协议版本号、哈希目标值、前一区块哈希值、时间戳等所有矿工都可以获得的同质信息，以及一个0～4 294 967 295间整数的调整数，共同运行两次SHA256哈希算法，如果生成的哈希值小于特定的目标值，那么发现者将拥有新的区块上绑定的比特币奖励，否则矿工们将尝试更换一个新的调整数重复上述过程，直到找到一个满足条件的调整值。这个过程用比特币术语来说就是，让计算机运行哈希碰撞或工作量证明（Proof of Work，PoW）。

当图13.2中用户A将交易信息、自己的公钥和数字签名放到一起发送到网络上时，就相当于将自己的账计入了一个区块链的大账本，而每一个参与的人都这么做，就相当于整个区块链如同一个公开的大账本，每一个从事挖矿的电脑里，所有连接比特币系统的电脑里，看到的都是一个公开透明的同一个账本（只是账本背后的持有人是匿名），如果有人想做假账，是非常困难的；如果有人想篡改账本，就必须改掉在篡改的目标区块和最新的区块之间的所有区块，这样做很难有实在的经济效益,当你控制了整个区块链超过半数的算力之后,正常参与挖矿过程所带来的比特币奖励和交易费用将很可能超过你篡改账本的潜在收益,因为成功篡改账本将严重威胁到你将持有的比特币的价值,而诚实地用掌握的算力参与挖矿则将捍卫你将挖到的比特币的价值,前面篡改交易形成的恶性循环和后面遵守规则进入的良性循环的对比,为我们展现了比特币如何通过清晰的激励机制设计从侧面保证比特币区块链的安全性。比特币区块链这种分布式记账的特性,与目前的银行、第三方支付(如:支付宝)的中心化服务非常不同[10],这也是大家常说的去中心化。这整个过程的目的,是保证任何人无法操纵比特币的发行。不难想象这对当今的货币系统意味着什么,因为我们现在全世界的整个货币系统就是一个中心化的第三方的支付网络。

需要说明的是,挖矿过程也是相当耗费资源的。矿工们只能用性能优异甚至特殊定制的计算设备来尝试所有的可能解,所以挖矿的成功率直接取决于矿工们控制的算力和消耗的电力多寡。日益高涨的挖矿需求还催生了一批专用集成电路(Application Specific Integrated Circuit,ASCI)供应商,这其中的佼佼者比特大陆估值甚至超过100亿美元。

比特币的总量被设定为 2 100 万枚,到目前为止,据区块链(Block Chain)网站上的数据,已经挖出近 1 799 万枚,也就是 85.7%,剩下的 14.3% 要在今后的 100 年中逐渐释放。[11] 随着比特币区块链吸引的算力日益增长,矿工们被卷入挖矿设备竞赛,挖矿所需要的资源越来越多,成本也越来越高。从这点上看,的确很像黄金:足够稀有,而且随着存量的增加,挖掘成本也成比例增加。很多比特币爱好者坦言,这种设计,就是尽量地模仿黄金的存在特性。

比特币是钱吗？

其实，要判断某种东西是否可以成为钱，非常简单。我们只要看比特币是否同时具备我们第 2 章里列明的能成为钱的各项要素条件就可以了。这些条件必须同时满足，才可以说它具备了作为钱的资质。

（1）不易伪造；

（2）单位体积小、单位价值高（稀有）、便于携带；

（3）容易分割，用作计价单位；

（4）形态不易灭失，并且可以长时间保持购买力，因此具有财富储藏功能；

（5）自身就具有使用价值，本身是从交换链条中脱离出来，专门作为交换媒介。

我们来一项一项对号入座。

（1）比特币基于区块链的底层技术，尽管无论是当前比特币仍在出产的时期，还是比特币全部挖完只存在流通盘的时期，都存在理论上被篡改交易的可能，但就目前的市场结构和情况来看，我们在之前也已经谈到，伪造不仅在技术可行性上存在问题，同时在比特币完善的激励机制设计下也存在经济效益上的问题。我们在后面讨论区块链技术的特性及其对银行经营模式的影响时，将继续分析区块链技术的这个特点。

（2）比特币绝对稀有，因为它在一开始就设定了一个绝对数量——2 100 万枚，所以它的单位价值可以很高，就像一只有 2 100 万股的股票，其股价取决于有多少货币资金投入。2017 年 12 月 17 日，比特币收盘价格达到 19 535.70 美元一比特币的历史高位，当天市值达到 3 271 多亿美元，可谓单位价值非常之高。

第 13 章　比特币是货币的未来吗？

比特币其实是电脑里的一串数字，或说是一个 bit，虽然多数情况下它的标志如同一个金币，能给人造成如同实物金币的印象（见图 13.4），但其实你看不到也摸不到它。这个标识上面小字写的是：比特币，电子，分散式，点对点（BITCOIN, DIGITAL, DECENTRALIZED, PEER TO PEER）。在今天的科技水平下，就比特币本身来说，可以说没有单位体积，单位价值可以非常高，携带完全不是问题，或说根本不需要携带，只要有电脑操作的地方，都可以进行传输。但问题是，在没有这样设备条件的地方，如何使用？事实上，其他电子货币品种已经创造了一些变通办法，所以我相信，这个技术问题也是比较好解决的。为了可以继续讨论下去，我们先假设这不是个问题。

图 13.4　比特币图标

（3）任何电子货币，计价和可分割应该都不是问题。假如比特币的价格在 10 000 美元兑 1 比特币，给汽车加满一箱油要 100 美元，花掉 0.01 个比特币就是了。事实上，比特币目前最小的交易单位为一亿分之一比特币，为纪念开发者中本聪也被叫作 1 聪，并且还存在通过社区共识修改协议进一步分割以适应交易需求的通道。

（4）形态不灭，适合囤积这个问题不太好说。按理说，如果比特币就是电脑里面的一串数字，应该会总在那里。但是比特币在它给定总数的2 100万枚中，有将近400万枚已经丢失[12]，但是这里面又有区别。自2009年比特币诞生以来，不同的发展阶段（主要以比特币价格划分阶段），丢失的情况也呈现了不同的特点：丢失硬盘、U盘或忘记密码，都有可能丢失已经挖出的比特币，但这种丢失主要出现在比特币早年无人问津和币值低到挖矿的人自己也不在意的时期。2017年以来挖的比特币就基本上没有丢失的情况。网页被黑客攻击，也有可能造成比特币的丢失。另外，对于投资人而不是挖矿的人来说，第三方平台的信用风险也是个很大的问题，跑路也是有可能出现的情况。当然，只要有第三方参与的市场，都避免不了这种问题。

另外，长时间保持购买力，不仅需要形态不灭，还要价值稳定。目前来看，比特币的波动过于巨大，作为保值资产的能力存疑（见图13.5）。

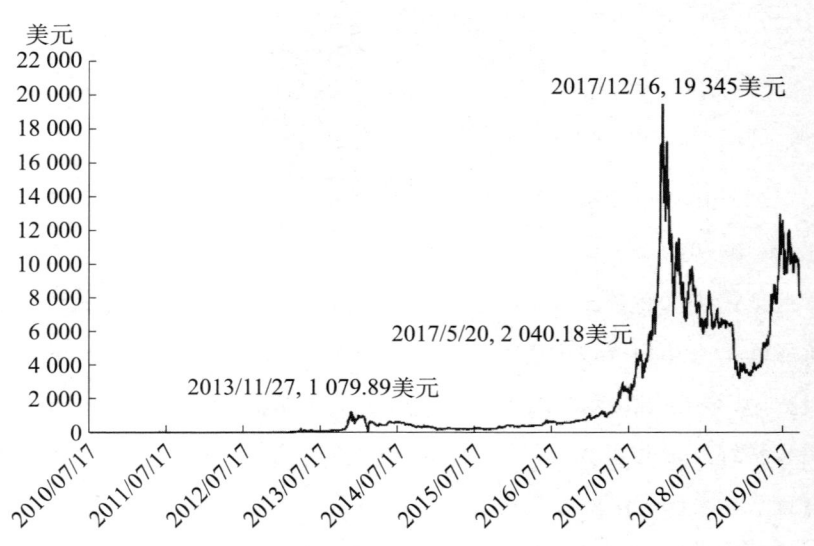

图13.5 比特币美元价格（2010年7月17日—2019年9月2日）

资料来源：Investing.com.

即使是在它已经发行十多年后的今天,它的日收益率的 20 个交易日标准差依然有 3.6%,这一数值是 S&P500 的两倍左右(见图 13.6)。

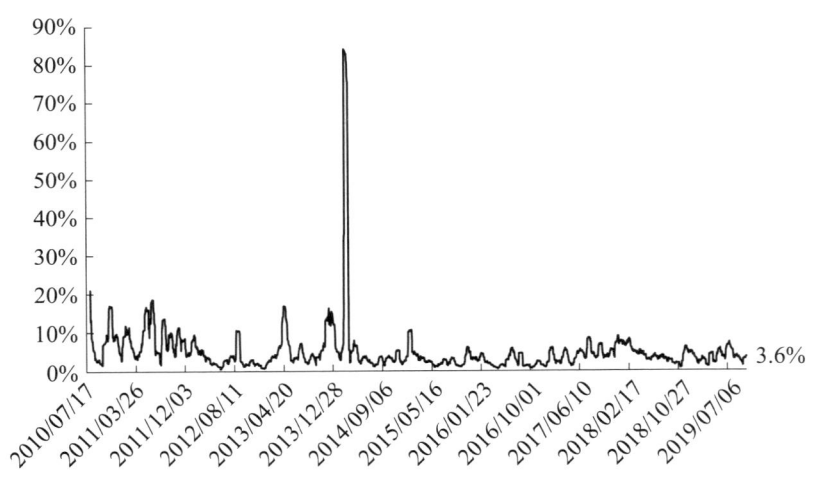

图 13.6　比特币兑美元日收益率标准差

资料来源:雅虎财经.

(5)比特币的生成过程,肯定不是一个从生产链条里自然脱颖而出的、成为大家公认的、独立承担交换媒介的商品。这个从商品链条中脱离出来的过程的重要性在于,这种商品有真实的使用性,而且,除了作为交换媒介以外,对于这种商品的其他用途有广泛的社会需求(比如黄金退出交换媒介的角色之后,全社会对于它作为珠宝首饰的需求依旧广泛和巨大),这是它长时间能够保持交换价值的一个重要方面。[13]这也就是为什么黄金或白银在历史上,无论是因为铸币贬值得太离谱,还是纸币泛滥的原因退出流通之后,每当货币系统需要重置的时候,都依然荣归钱的交换媒介角色。这也就是无论什么样的纸币形态，在背后支撑的信用垮台，退出流通领域后，都无法再回到货币用途的原因。

这一点，无论何种加密货币，无论设定的机制如何接近黄金的存在特性，都无法与黄金或白银这样的贵金属相比。也就是说，目前投资任何一种电子货币，都面临这种币被下架的风险，就如同上市股票会被退市一样。这种人为设计出来的第三方交换媒介，更像是一个投机资产，而非真正的交换媒介。现阶段，大家更多的是将它作为一个跨境的通道，转移资金；或是马上换成其他货币（如美元）以实现资本利得。但这并不妨碍我们将比特币与货币进行比较。它们都是一个第三方、商品生产链条以外的、人为规定的交换媒介。

结论就是，如果你问我比特币是不是钱，我认为它不是！

那么我们如何解释比特币今天这么高昂的价值？它的这个价值到底来源何处？这个价值到底是如何确定的呢？

我们先来看看比特币，或任何一种电子/虚拟货币，如何才能被选为交换媒介。在第2章里我们讨论过，人们自发地选择一种商品作为互相交换商品和服务的交换媒介，那么这种商品只可能是一种大家有共识、被广泛需要的商品或服务。[14]

比特币从产生到后来的价格飙升，以及现在的广受关注，的确也经历了一个从"概念"到在一部分人中间趋向于成为交换媒介发现的过程：比特币自从2009年1月3日被开发出来，有相当一段时间没有引起注意，到2011年4月，比特币的价格还没有突破1美元，连挖矿的人自己都不在意保管问题，这就可以看出大家对它的价值的确没有什么期待。到了2012年6月，1比特币突破10美元。10个月后，到了2013年的三四月间，1比特币突破100美元。2013年11月

18日，1比特币达到680美元。2015年一整年，1比特币回落到300美元左右。2016年到2017年初，1比特币突破1 000美元，而到2017年底，1比特币已经逼近20 000美元。在这个过程中，中国的矿工和投资人成为比特币市场最重要的力量。比特币无国界的技术使它成为跨境转移资金的绝好通道。这无疑开发了一个特别的使用价值，尤其对有严格外汇管制的国家。中国的投机者/投资者的进入，很快使中国成为比特币的重要市场。这种相对单一的使用价值与黄金和白银的广泛有用性非常不同。反映在价格上，也加剧了它的巨大波动。

第2章里我们也讨论了，钱的价值的确定过程是从钱的交换价值来确定其使用价值，也就是钱的有用性来源于它可以交换回来多少其他商品和服务。[15]这个过程与商品和服务的价值确定过程正好相反，即商品和服务的使用价值决定了它们的交换价值，因为货物或服务能换到多少钱，取决于这个商品/服务的"有用性"，即在多大程度上满足了消费者的需求。

虽然比特币快速飙升的价格吸引了更多的投资者和投机者进入，但是由于比特币的价值还没能在广泛的商品和服务交换中体现，而是受到各种主观预期和各类消息的影响，而影响最大的无疑是政府的态度和监管措施，反映在价格上，依旧是巨大的波动。2018年，单个比特币从年初的15 000多美元一路下跌，12月甚至跌到3 321美元。这种价格波动，使比特币的交换价值难以确定，反过来又影响了它的使用价值的普及和实现。在比特币的价值能在广泛的商品和服务交换中体现之前，比特币作为投机资产会是它的主导特性。

比特币是货币吗？

比特币不满足作为钱的条件，并不影响我们将它与货币来进行比较，因为纸币也不满足这个条件。

第一，就基础货币的产生而言，纸币是政府信用。很多人会说，政府信用肯定比一个绝大多数人都不明白怎么出来的电子 bit 更强。因为政府发行的货币是一个政府承诺将来偿付的债务凭证，而保证这个债务凭证可以兑现的，是政府的税收能力。从这一点上来说，的确没有什么机构或组织可以有如此强大的偿付能力。

而比特币后面是一个基于区块链技术的密码学运用。它不是哪个机构、组织或个人的信用，而是一个参与挖矿的所有人的共识体。也就是说，虽然比特币由第三方提供，但它是一种资产证明（这个资产并无实体，只是电脑里的一串数字），而非债务证明。支持比特币的人会说，政府在货币的历史上并没有能够证明他们的信用最优越，事实是：各国央行使用的各种货币政策工具，都直接或间接地操纵了纸币的供给，比起一个无法被任何人操纵、对所有人都一样可以平等进入使用的算法来说，后者更值得信赖。

这两方不同的观点都有各自的道理，至少现在还是前者的主观认知占据绝对主流。如果全世界还是继续以货币放水的方式刺激经济，这种做法同时刺激的是一股强大的离心力量，因为它引起的一个必然效果就是，激励越来越多的人想尽办法，脱离越来越难以承受的高昂铸币税。而这种离心力也提高了人们投资区块链货币的风险承受度。有意思的是，这反而赋予了比特币一种特殊的效用价值，即对人们追求交换自由这种不管是实用还是心理需求的满足。这种满足，有其精神上的实际作用。即便比特币有一天退市，我相信，至少有一部分人仍旧愿意在比特币崩盘的时候买一些作为纪念。

第二，我们现在处于使用电子/虚拟货币作为交换媒介的初期，需要将这种使用分为两个层次来看：(1) 作为个人，你是否接受比特币是一层重要的考虑；但是 (2) 你预期，当你想换取你需要的商品时，别人会不会接受你手中的比特币，至少是个同等重要的考虑。在没有像货币那样有国家强大的法律规定和强制执行的可能性和能力时，关于比特币的第二层考虑就显得尤为重要。可以想象，与纸币一样，作为一个完全以第三方角色进入的比特币，要广泛地达到多数人作为交换媒介来使用的程度，在没有强制办法让所有人都持有的情况下，有多少人会自愿接受比特币充当交换媒介，不确定性巨大。要让全社会广泛接受，这个过程恐怕也会比较漫长。目前，比特币在一个相对小的共识圈子里，作为一种交换媒介使用，很多人依旧是在接受比特币作为支付工具后将它兑换成纸币，以尽量减少承受比特币价格波动的风险。而这样的价格波动，也使比特币不容易被人们自愿地选为财富储藏工具，作为投机资产更为适合，而事实也是如此。

第三，在这样一个自发的市场中，众多的电子货币品种会同时出现，比如现在就有2 900多种，虽然比特币占有最大的市场份额，但在新技术层出不穷、各国政府抵制态度依旧鲜明的背景下，最后哪一种电子币会在竞争中胜出且在监管下存活，在今天这个时点上，我们不得而知。不仅如此，作为一个分散的和新币不断涌现的市场，虽然符合哈耶克对竞争性货币供给的期待，但是不同的电子货币币种之间依旧存在换算的问题。各种电子货币之间的差异可能不光是因为它们背后支撑的技术和算法上的区别，还有它们在创新过程中与现有的金融支付工具的连接问题，以及现在的很多新电子币需要做市商与目前的支付系统的某些环节进行对接。如果各个币种之间还需要转换到纸币才能互相汇兑，那这些数字货币就失去了存在的意义。

第四，基于上面一点，还有一个我们要接受的事实：假如在遥远的未来，在一个已经实现电子货币作为结算清算交换媒介的世界里，每新出一个币种，对整个的货币供给都会产生结构上的影响（每种币占有的清算市场份额会发生变化），即各种不同的电子币互相竞争市场份额。这恰恰是一个没有统一算法和技术的分散货币供给，或说去中心化的体系的特点。因此，以一种技术或是算法为支撑的货币，与金本位还是有本质的不同。在金本位下，各个国家的货币都依靠黄金，而同等纯度、同制的黄金是各国货币可以换算的基础，在一个国家是黄金，拿到任何其他国家它还是黄金，流通性不受影响。电子货币的分散式的供给，与我们所知的金本位下自由银行体系里竞争性货币供给体系还是有很多本质的区别。既然黄金作为锚定可以约束各国的发钞冲动，稳定住各国货币之间的汇率，同样也应该可以作为电子货币之间的单位基础，来平滑电子币之间的兑换过程。

比起纸币来，比特币的有限供给是一个最吸引人的亮点，这也是比特币支持者们特别津津乐道的一点：它无法被任何人操纵，只有一个发行有上限的算法，所以不怕通货膨胀。同时，因为它的账本完全透明，在大家都盯着的是同一个账本的情况下，同一个币无法复制，因此也就无法进行部分准备金机制的操作。仅就区块链技术的这个应用，对当今以杠杆为基础的社会财富再分配体系的颠覆就显而易见，但这是不是说政府的禁令就可以完全杜绝这些电子币的涌现？作为电子货币底层技术的区块链技术，适用范围之广，可能会极大地改变生产和消费的流通环节,在给社会带来巨大经济利益的同时,也孕育着改变商品交换的货币清算环节的巨大力量。

当然,如果未来比特币世界的金融机构发行的比特币票据被足够多的个体或组织接受,比特币体系下的部分准备金机制仍然存在理论上的可能性。真到了那时,"第三方信任"基础又会回到我们的交换生活中,人类社会会重新经历部分准备金下的泡沫与萧条,所不同的只是在更高的技术水平上,这其实是对我们群体意识进化到何等程度的考验。

结束语

2008年金融危机之后，我们不断见证各国以货币放水的方法试图让经济走出危机，但是这次危机，和历史上众多经济危机一样，本身就是由于信贷极度扩张外加杠杆放量而造成的，这就如同给一个吸毒的人更多毒品来戒掉毒瘾。这种继续吹泡沫的方法，只能以吹更大的泡沫推后危机，当泡沫破裂的时候，一定比前一次危机来得更猛烈。记得听到在美国的一次采访，有一个人问，下次危机会不会是1929年的重演？回答：不会。下次危机到来之时，会像罗马帝国崩塌一样。美国今天解决自己经济问题的做法，和它20世纪以来每次面临危机的做法大同小异。那么下次危机到来之时，是不是意味着美元从世界储备货币这一至高无上的位置上滚下来？我认为，这不是会不会的问题，而是什么时候的问题。而黄金这个锚再次回到货币系统，无论是对我们已经实行了半个世纪的纸币系统的矫正，还是为未来电子货币时代的交换构建共通的基础，它的角色都至关重要，就如同黄金在历史上多次系统重置中所扮演的角色一样。其实，回到根本，不仅是唯一的出路，往往也是解决问题的捷径。

结束语

无论如何，对于我们个人而言，在财富的配置上，回到资产形态的根本也同样重要。具体来说，就是在自己的资产中配置一定比例的黄金或白银这样的贵金属，比如 $5\% \sim 10\%$，其必要性显而易见，不仅避险，还可以保值。

注 释

第 1 章

[1] 路透社的数据可以追溯到1900年,显示1900—1947年以黄金和美元计价的原油价格与1947—1971年间的情况一致,高度同步。

[2] 伪装成工业巨头的对冲基金的通用电气已经在危险边缘. 新浪财经. (2018 - 12 - 02) [2019 - 10 - 11]. https://finance. sina. cn/usstock/mggd/2018-12-02/detail-ihpevhcm7261744. d. html? wm＝3049＿0016&sendweibouid＝1640337222&hd＝1&from＝singlemessage&isappinstalled＝0.

[3] Pound, Jesse. Read the Full Report from the Madoff whistleblower accusing GE of an Enron-like Fraud. CNBC. com. (2019 - 08 - 15) [2019 - 10 - 11]. https://www. cnbc. com/2019/08/15/heres-the-full-report-calling-ge-a-bigger-fraud-than-enron. html.

第 2 章

[1] 证词原文是:"黄金才是钱,只有黄金。" Testimony of J. P. Morgan before the Bank and Currency committee of the House of Representatives, at Washington D. C. Appointed for the Purpose of Investigating An Alleged Money Trust in "Wall Street". Cross-Examined by Samuel Untermyer, Attorney for the Committee. December 18 - 19, 1912. [2019 - 08 - 16]. http://memory. loc. gov/service/gdc/scd0001/2006/20060517001te/20060517001te. pdf.

[2] Panic of 1907. [2019 - 08 - 16]. https://en. wikipedia. org/wiki/Panic＿of＿1907.

[3] [4] Chernow, Ron. The House of Morgan. Simon & Schuster, 1990.

[5] 这次听证会对之后的美国政商关系在公共传媒中的面貌产生了非常长远的影响,而这个缔造者正是当时伍德罗·威尔逊总统最亲密和信任的经济顾问路易斯·布兰代斯(Louis D. Brandeis)。他于1914年出版的 Other People's Money and How the Bankers Use It 影响了之后直到第二次世界大战的美国国会关于银行、证券和其他行业的立法。Carosso, Vincent P. The Wall Street Money Trust from Pujo through Medina. The Business History Review, 1973, 47 (4): 421 - 437.

[6] 同[3].

[7] Testimony of J. P. Morgan before the Bank and Currency committee of the House of Representatives, at Washington D. C. Appointed for the Purpose of Investigating An Alleged Money Trust in "Wall Street". Cross-Examined by Samuel Untermyer, Attorney for the Committee. December 18 – 19, 1912. [2019 – 09 – 19]. http://memory.loc.gov/service/gdc/scd0001/2006/20060517001te/20060517001te.pdf, pp. 48 – 49.

[8] 政府印制发行的纸币（或称法币）在央行的资产负债表上计作负债方，如同居民储蓄在银行的存款在银行的资产负债表上计作银行的负债。

[9] 美国国会于1862年通过《法偿货币法案》（Legal Tender Act）。直到1913年，美国发行的货币中被美国法律认可为"法定的钱"（lawful money）的是各批次发行的"即期票据"[demand notes，后来被称为"旧即期票据"，也被称为绿钞（Greenbacks）]和美国国会在内战期间批准发行的"联邦券"（United States Note）。

[10] United States House Financial Services Subcommittee on Domestic Monetary Policy and Technology. [2019 – 08 – 16]. https://en.wikipedia.org/wiki/United_States_House_Financial_Services_Subcommittee_on_Domestic_Monetary_Policy_and_Technology.

[11] 罗恩·保罗——问伯南克：黄金是不是钱？". 优酷视频. （2015 – 10 – 04）[2019 – 08 – 16]. http://v.youku.com/v_show/id_XMTM1MTM1NTEyOA==.html?tpa=dW5pcb25faWQ9MTAyMjEzXzEwMDAwMl8wMV8wMQ.

[12] Mises, Ludwig von. The Theory of Money and Credit. Skyhourse Publishing, 2013: 30.

[13] 约尔格·吉多·许尔斯曼. 货币生产的伦理. 董子云, 译. 蒲定东, 寻正, 等, 校. 杭州：浙江大学出版社, 2011: 14 – 15; Hülsmann, Jörg Guido. The Ethics of Money Production. Ludwig von Mises Institute, 2008: 23.

[14] Rothbard, Murry 在 The Mystery of Banking 中引述 Radford, R. A. The Economic Organization of a P. O. W. Camp. Economica, 1945, 12（48）：189 – 201.

[15] Godoy, Maria. Ramen Noodles are the Prison Currency of Choice. （2016 – 08 – 26）[2019 – 08 – 16]. https://www.npr.org/sections/thesalt/2016/08/26/491236253/ramen-noodles-are-now-the-prison-currency-of-choice.

[16] 约尔格·吉多·许尔斯曼. 货币生产的伦理. 董子云, 译. 蒲定东, 寻正, 等, 校. 杭州：浙江大学出版社, 2011: 17; Hülsmann, Jörg Guido. The Ethics of Money Production. Ludwig von Mises Institute, 2008: 27.

[17] Bagus, Philipp. The Quality of Money. The Quarterly Journal of Austrian Economics, 2009, 12（4）：22 – 45.

[18] 魏鹏远家中搜出2亿现金 烧坏一台点钞机 查抄视频曝光. 中华网, （2016 – 10 – 20）[2019 – 08 – 16]. https://news.china.com/domesticgd/10000159/20161020/23795331_all.html#page_2.

[19] 爱新觉罗·溥仪. 我的前半生. 北京：群众出版社, 2007：110.

[20] 巴黎圣母院大火给黄金投资者带来哪些启示. 新浪财经. (2019-04-19) [2019-09-19]. http://finance.sina.com.cn/money/nmetal/roll/2019-04-19/doc-ihvhiewr7095528.shtml.

[21] 同[12] 107.

[22] 这个观点首先在《关于高利贷的解析》(Comentario resolutorio de usuras, 1556年第一版)中提出，作者马丁·德·阿斯皮奎塔·纳瓦罗(Martin de Azpilcueta Navarrus, 1493—1586)是当时最杰出的天主教教规律师。Rothbard, Murray. An Austrian Perspective on the History of Economic Thoughts before Adam Smith：Volume I. Edward Elgar Publishing, Ltd., 2006.

[23] Kauder, Emil. Genesis of the Marginal Utility Theory：From Aristotle to the End of the Eighteenth Century. The Economic Journal, 1953, 63 (251)：638-650.

[24] Rothbard, Murray. An Austrian Perspective on the History of Economic Thoughts before Adam Smith：Volume I. Edward Elgar Publishing, Ltd., 2006.

[25] 默里·罗斯巴德. 银行的秘密：揭开美联储的神秘面纱. 2版. 李文浩, 钟帅, 等, 译. 杨农, 校. 北京：清华大学出版社, 2011.

[26] 黄金作为财富，使得人们对炼金术孜孜钻研完全可以理解。但是人类长久以来对炼金术的痴迷有着更深层的精神上的需要，那就是探求宇宙造物的奥秘——因为广义的炼金术认为宇宙间任何物质形态都可以互相转化，而且都可以追溯到那个同一的、不灭的和不变的原点，或说是万物的起源，而这样的探究就造就了一个集占星、哲学、密学、巫术和化学于一身的庞大知识体系，也就是广义上的炼金术，而它其中涉及物质层面的技术部分就是我们现代化学的前身。Read, John. Alchemy and Alchemists. Folklore, 1933, 44 (3)：251-278.

[27] 迈克尔·怀特. 牛顿传：最后的炼金术士. 陈可岗, 译. 北京：中信出版社, 2004：138.

[28] 唐登钢. 图解古代化学故事炼金术. 西安：陕西师范大学出版社, 2008；Read, John. Alchemy and Alchemists. Folklore, 1933, 44 (3)：251-278.

[29] [30] [31] Ludovic, Desmedt, Blanc Jérôme. Counteracting Counterfeiting：Boldin, Mariana and Locke on False Money as a Multidimensional Issue. History of Political Economy, 2010, 42 (2)：323-360.

[32] JUNO MONETA, GODDESS OF MONEY. The E-Sylum. (2012-12-16) [2019-08-16]. http://www.coinbooks.org/esylum_v15n52a20.html.

[33] Temple of Juno Moneta. [2018-08-16]. https://en.wikipedia.org/wiki/Temple_of_Juno_Moneta; Howatson, M. C. ed. The Oxford Companion to Classical Literature. Third Edition. Oxford University Press, 2011.

[34] Stewart, B. H. I. H. Moneta and Mot on Anglo-Saxon Coins. British Numismatic Journal, 1962 (31)：27-30.

[35] 同[32].

[36] currency. [2019-08-16]. https://www.merriam-webster.com/dictionary/cur-

rency.

[37] Mister 880. [2019-08-16]. https://en.wikipedia.org/wiki/Mister_880；用打印机就能造假币？10大最奇葩的伪钞制造者．凤凰网科技频道．（2017-11-07）[2019-08-16]. http://itech.ifeng.com/44749113/news.shtml?srctag=pc2m.

[38] 假币教父手绘胶造中国9成假币．新浪新闻中心．（2015-03-17）[2019-08-16]. http://news.sina.cn/?sa=t124d13495447v71&vt=4.

[39] Salkever, Alex. Albert Talton's wild ride: Lessons from a $7 million dollar counterfeiter. AOL.COM. （2009-08-28）[2019-08-10]. https://www.aol.com/2009/08/26/albert-taltons-wild-ride-lessons-from-a-7-million-dollar-coun/.

[40] Counterfeiters Printed 50m in Fake Notes: Convincing Forgeries Produced on Back Garden Press. The Guardian. [2019-09-19]. https://www.theguardian.com/uk/1999/dec/23/willwoodward.

[41] Kursten, Jason. The Art of Making Money: The Story of a Master Counterfeiter. Avery Publishing，2009.

[42] 冯武勇，朱超．日军侵华期间鲜为人知的货币战争．河北工人日报．（2015-11-23）[2019-09-19]. http://media.workercn.cn/sites/media/hbgrb/2015_11/23/GR0401.htm.

[43] 伯纳德行动．腾讯视频．[2019-08-16]. https://v.qq.com/x/cover/pgg0592grrx6i6m.html?ptag=newduba&vfm=bdvtx&frp=v.baidu.com%2Fmovie_intro%2F.

[44] 许慎，撰．说文解字．徐铉，校．北京：中华书局，2013.

[45] 感谢杨逢彬老师对这段古文的释义。

[46] 同[24].

第3章

[1] Mises, Ludwig von. The Theory of Money and Credit. Skyhourse Publishing，2013：62.

[2] 许慎，撰．说文解字．徐铉，校．北京：中华书局，2013.

[3] 感谢杨逢彬老师对"货币"一词的考证。

[4] 唐宪宗元和元年，即公元806年。

[5] 李攸《宋朝事实》卷十五《财用》中对交子作了较详细的记述："始，益州豪民十余户连保作交子，每年与官中出夏、秋仓盘量人夫，及出修糜枣堰丁夫物料。诸豪以时聚首，同用一色纸印造。印文用屋木人物，铺户押字，各自隐密题号，朱墨间错，以为私记。书填贯，不限多少。收入人户见钱，便给交子，无远近行用，动及万百贯。街市交易，如将交子要取见钱，每贯割落三十文为利。"

[6] 李攸．宋朝事实：卷十五：财用//纪昀，等．文渊阁四库全书：第0608册．台北：商务印书馆，1988：171-177. [2019-10-01]. http://skqs.guoxuedashi.com/wen_902n/21546.html.

[7] 姚朔民．中国纸币漫谈：第一张纸币长什么样子．（2016-06-21）[2019-10-01]．http：//cul.china.com.cn/zhenbao/2016-06/21/content_8847207.htm；张寿宁，主编．金融创新溯源．成都：西南财经大学出版社，2009．

[8] 管汉晖，钱盛．宋代纸币的运行机制：本位、回赎、战争与通胀．经济科学，2016（4）：114-128．

[9] 张寿宁，主编．金融创新溯源．成都：西南财经大学出版社，2009．

[10] [11] 同[8]．

[12] 李焘．续资治通鉴长编．北京：中华书局，2004：5369-5370．

[13] 同[8]．

[14] 同[9]．

[15] 刘森．宋金纸币史．北京：中国金融出版社，1993．

[16] 同[8]．

[17] 石俊志．脱脱与钱钞兼行：元朝晚期的货币改制与货币危机．当代金融家，2015（3）：141-143．

[18] 杨德华，杨永平．元朝的货币政策和通货膨胀．云南民族学院学报，2001，18（5）：117-121．

[19] Marco Polo. [2019-10-01]. https：//en.wikipedia.org/wiki/Marco_Polo. 学术界关于马可·波罗是否真的曾经到过中国存在争议。一种质疑是马可·波罗写的原始手稿从来未找到过，见到过的都是各种手抄本的副本。在没有第一手的手稿来源的认定时，无法得出结论《马可·波罗行记》里所记述的都是他亲眼所见。有一种可能就是因其家族常年在黑海流域做生意，他书中关于中国的记述很有可能是根据阿拉伯世界对中国的描述所转述或集结的。另外一种质疑是马可·波罗称自己服务忽必烈可汗朝廷17年，但是中国的正史里完全找不到这样的记载。当然也有对马可·波罗的游历确信不疑的。例如：麦克·山下（Michael Yamashita），自1979年就是服务于美国《国家地理》杂志的摄影师，也是《马可·波罗：一个摄影师的旅程》的作者，按照马可·波罗的路线重新走了一遍后说："我是唯一一个再次经历马可·波罗旅程的人。坐在伦敦图书馆的椅子上去猜想和阅读他的旅程是一回事，但是当你真的人在旅途时，你不得不对马可·波罗深信不疑，他所写的太确凿了。"但是无论马可·波罗的游历为真，还是他从众多波斯人那里听来后编集成书的，《马可·波罗行记》里对纸币制造的详尽描述并没有任何被质疑的记录，而且推行纸币在执法和量刑上，波斯文献的记述与《马可·波罗行记》相一致。详情请参考：Jahn, Karl. Paper Currency in Iran: A Contribution to the Cultural and Economic History of Iran in the Mongol period. Journal of Asian History, 1970（4）：101-35. 鉴于《马可·波罗行记》中关于纸币的制造是中外各种记录里比较详尽和完整的，我们因此在此采用。

[20] 马可·波罗．马可·波罗行记．沙海昂，注．冯承钧，译．北京：中华书局，2003：382．

[21] 同[20] 384．

[22] 《马可·波罗行记》里并没有特别指出印刷术在制钞上的运用。而蒙古统治下的

注　释

波斯最为显赫的集政治家和学者于一身的拉施德丁（Rashidal-Din Hamadani），在他著的《中国史》里有关于纸币制造的详细流程，其中明确指出了木制模版印刷术在纸币制造中的运用（Allsen，2001）。

[23] Legal Tender Cases．[2019-10-01]．https：//en. wikipedia. org/wiki/Legal_Tender_Cases.

[24] Board of Governors of the Federal Reserve System. What is lawful money? How is it different from legal tender? .（2011-09-29）[2019-10-01]．https：//www. federalreserve. gov/faqs/money_15197. htm.

[25] 同[20] 383．

[26] "由是君主每年购取贵重物品颇多，而其帑藏不竭，盖其用此不费一钱之纸币给付也。复次每年数命使者宣告城中，凡藏有金银宝石珍珠皮革者，须送至造币局，将获善价，其臣民亦乐售之。盖他人给价不能有如是之优，售之者众，竟至不可思议。大汗用此法据有所属诸国之一切宝藏。"（同[25]）

[27] Allsen，Thomas T. Culture and Conquest in Mongol Eurasia. Cambridge University Press，2001.

[28] 如果交换媒介是由一个完全竞争的市场提供，可以想象这样的竞争会迫使发行人想尽办法保证币值才能获得市场对它的青睐。

[29] 元史·耶律楚材传：卷146．

[30] 黄天华．中国财政史纲．上海：上海财经大学出版社，1999．

[31] Pfaf，Philip. Paper Money in Early China. The BRC Journal of Advances in Business. [2019-10-01]．http：//www. cambriainstitute. com/journals/advb19v1n1y2010f55. pdf.

[32] 同[30]．

[33] 同[31]．

[34] [35] 同[17]．

[36] 同[31]．

[37] 同[18]．

[38] 同[17]．

[39] 王祎．食货议//王忠公集：卷12．

[40] 同[17]．

[41] 元史：卷97：食货志．

[42] 同[41]．

[43] 格雷钦法则以托马斯·格雷钦爵士的名字命名。他是16世纪英格兰的一位金融家，曾经向英格兰女王伊丽莎白一世解释她的父王爱德华八世因将在英格兰流通的40%银币都换成贱金属以弥补王室费用后给英格兰的先令带来的影响。Gresham's law．[2019-10-01]．https：//en. wikipedia. org/wiki/Gresham%27s_law.

[44] Ilkhanate．[2019-10-01]．https：//en. wikipedia. org/wiki/Ilkhanate．

[45] Jahn, Karl. Paper Currency in Iran: A Contribution to the Cultural and Economic History of Iran in the Mongol period. Journal of Asian History, 1970 (4), 101-135.

[46] 同 [27].

[47] 同 [45].

[48] Lane, George E. Chapter 10: The Mongols in Iran//Jouraj Daryaee ed. The Oxford Handbook of Iranian History. Oxford University Press, 2011.

[49] Sigfried, Nikolaus A. Concepts of Paper Money in Islamic Legal Thought. Arab Law Quarterly, 2001, 16 (4): 319-332.

[50] Mises, Ludwig von. The Theory of Money and Credit. New York: Skyhorse Publishing, Inc., 2013: 35.

[51] http://www.ndtv.com/india-news/pm-modi-speaks-to-nation-tonight-at-8-pm-1622948.

第 4 章

[1] Bloch, Marc. Land and Work in Medieval Europe: Selected Papers by Marc Block. translated by J. E. Anderson. Berkeley and Los Angeles: University of California Press, 1967.

[2] Davies, Glyn. A History of Money from Ancient Times to the Present Day. Third Edition. University of Wales Press, 2002.

[3] Metcalf, D. M. English Monetary History in the Time of Offa: A Reply. Numismatic Circular, 1963 (71): 1651.

[4] Strayer, J. R. The Crusades of Louis IX//K. M. Setton, ed. A History of the Crusades: Vol. II. University of Wisconsin Press, 1962: Chapter 14. Quoted in David Hackett Fischer. The Great Wave: Price Revolutions and the Rhythm of History. Oxford University Press, 1996.

[5] Vilar, Pierre. A History of Gold and Money 1450—1920. Quoted in David Hackett Fischer. The Great Wave: Price Revolutions and the Rhythm of History. Oxford University Press, 1996.

[6] Fischer, David Hackett. The Great Wave: Price Revolutions and the Rhythm of History. Oxford University Press, 1996.

[7] Herlihy, David. The Medieval Marriage Market. Medieval and Renaissance Studies, 1976 (6): 3-27; Herlihy, David. The Generation in Medieval History. Viator, 1974 (5): 347-64. Quoted in David Hackett Fischer. The Great Wave: Price Revolutions and the Rhythm of History. Oxford University Press, 1996.

[8] [9] 同 [6].

[10] Lydon, Ghislaine. Thirst for Knowledge: Arabic Literacy, Writing Paper and Saharan Bibliophiles in the Southwestern Sahara//Graziano Kratli, Ghislaine Lydon, ed. The

Trans-Saharan Book Trade: Manuscript Culture, Arabic Literacy and intellectual History in Muslim Africa. Brill: Hotei Publishing, 2011.

[11] Rhodes, Neil, Jonathan Sawday. Introduction Paperworlds: Imagining the Renaissance Computer//Neil Rhodes, Jonathan Sawday, ed. The Renaissance Computer: Knowledge Technology in the First Age of Printing. New York: Routledge, 2001. 造纸和印刷术是从中国传入欧洲的还是欧洲自己的原创发明,在欧洲史学界一直是一个备受争议的课题。持两种不同观点的学者各有各的证据,参见: Allsen, Thomas T. Culture and Conquest in Mongol Eurasia. Cambridge University Press, 2001. 关于印刷术, Rhodes and Sawday (2001) 采用的是欧洲原创说,即德国美因茨的雕刻师和宝石切工匠古登堡于1455年发明的。

[12] De Soto, Jesús Huerta. translated by Melinda A. Stroup, Money, Bank Credit and Economic Cycles. Ludwig von Mises Institute, 2006. 赫苏斯·韦尔塔·德索托. 货币、银行信贷与经济周期.3版. 秦传安,译. 上海:上海财经大学出版社,2012.

[13] 爱德华·吉本. 罗马帝国衰亡史:第3卷. 席代岳,译. 长春:吉林出版集团有限公司,2008; Head, John W. Justinian's Corpus Juris Civilis in Comparative Perspective: Illuminating Key Differences between the Civil, Common, and Chinese Legal Traditions. Mediterranean Studies, 2013, 21 (2): 91-121.

[14] [15] [16] 同 [12].

[17] 同 [12]. 此段引语直接采用秦传安所译的中文版,但以"借贷合约"代替了"消费借贷合约"。拉丁文 *mutuum* 的原意是作为供消费而出借产生的借贷合约,但是此处用义与今天的狭义消费概念有所不同,为避免产生歧义,故直接改为"借贷合约"。

[18] 同 [12]. 此处中文做了改动,与中文版不完全一致。

[19] 同 [12].

[20] Morgan Stanley to Settle Class-action Law Suit. (2007-06-13) [2019-10-12]. https://www.reuters.com/article/idUSN1228014520070612.

[21] Class Action Suit Accuses UBS of Charging Storage Fee on 'Phantom' Silver. (2011-04-02) [2019-10-12]. https://coinweek.com/featured-news/class-action-suit-accuses-ubs-of-charging-storage-fees-on-phantom-silver/.

[22] 拉丁文原文请参见注 [12] 21,第一章脚注 35.

[23] 拉丁文原文请参见注 [12] 23,第一章脚注 38.

[24] 《法学摘要》第47卷第2篇第52节第16段,引自注 [12] 23,第一章脚注 39.

[25] [26] [27] Silver, Morris. Finding the Roman Empire's Disappeared Deposit Bankers. Historia: Zeitschrift für Alte Geschichte, 2011, 60 (3): 301-327.

[28] Andreau, Jean. Banking and Business in the Roman World. Cambridge University Press, 1999.

[29] Homer, Sidney, Richard Sylla. History of Interest Rates. 3rd Edition. Rutgers University Press, 1996.

[30] Ihssen, Brenda Llewellyn. They Who Give from Evil: The Response of the Eastern Church to Moneylending in the Early Christian Era. Eugene, Oregon: Pickwick Publications, 2012. 此处利率上限的计算采用 Homer and Sylla（1996）的方法。

[31] 同 [29].

[32] 同 [12].

[33] [34] [35] 同 [25].

[36] 同 [29].

[37] De Roover, Raymond. San Bernardino of Siena and Sant'Antonino of Florence: The Two Great Economic Thinkers of the Middle Ages. Boston: Baker Library, Harvard Graduate School of Business Administration, 1967.

[38] "Lord, who shall dwell in thy tabernacle? he that hath not put out his money to usury." Rothbard, Murray. An Austrian Perspective on the History of Economic Thoughts before Adam Smith: Volume I. Edward Elgar Publishing, Ltd., 2006.

[39] Munro, John H. The Medieval origins of the 'financial Revolution': usury, rentes, and negotiability. Munich Personal RePEc Archive Paper, 2002 (10925): 505–566.

[40] De Roover, Raymond. The Rise and Decline of the Medici Bank, 1397–1494. Borodino Books, 2017.

[41] [42] [43] [44] [45] [46] Rothbard, Murray. An Austrian Perspective on the History of Economic Thoughts before Adam Smith: Volume I. Edward Elgar Publishing, Ltd., 2006.

[47] 同 [39].

[48] [49] [50] 同 [40].

[51] 同 [12] 和 [41].

[52] Park, Tim. Medici Money: Banking, Metaphysics and Art in Fifteenth-Century Florence. London: CPI Group (UK) Ltd., 2006.

[53] [54] 同 [12].

第 5 章

[1] Church of the Holy Sepulchre. [2019-10-09]. https://en.wikipedia.org/wiki/Church_of_the_Holy_Sepulchre.

[2] Al-Aqsa Mosque. [2019-10-09]. https://en.wikipedia.org/wiki/Al-Aqsa_Mosque.

[3] [4] 西蒙·蒙蒂菲奥里. 耶路撒冷三千年. 张倩红, 马丹静, 译. 北京: 民主与建设出版社, 2015.

[5] Temple Mount. [2019-10-09]. https://en.wikipedia.org/wiki/Temple_Mount.

[6] Munro, Dana C. The Popes and the Crusades. Proceedings of the American Philosophical Society, 1916, 55 (5): 348–356.

注　释

[7] 爱德华·吉本. 罗马帝国衰亡史: 第6卷. 席代岳, 译. 长春: 吉林出版集团有限公司, 2008: 5-6.

[8] 同[6].

[9] Riley-Smith, Jonathan. The Crusades: A History. Third Edition. Bloomsbury Academic, Loc, 2014: 822.

[10] [11] 同[9] 845.

[12] 同[7] 7-8.

[13] [14] 同[6].

[15] 房龙. 伟大的逃亡. 曹竞仁, 译. 北京: 新星出版社, 2012: 36。

[16] 同[15] 35.

[17] 朱迪斯. M·本内特, C. 沃伦·霍利斯特. 欧洲中世纪史. 第10版. 杨宁, 李韵, 译. 上海: 上海社会科学院出版社, 2007.

[18] Elias, Norbert. Power and Civility: vol. 2. New York: Panteon Books, 1982.

[19] [20] [21] [22] 同[18].

[23] Cohn, Willy. Das Zeitalter der Normannen in Sicilien. Bonn and Leipzig, 1920. Quoted in Elias, Norbert. Power and Civility: vol. 2. New York: Panteon Books, 1982.

[24] 同[18].

[25] Hauteville family. [2019-10-09]. https://en.wikipedia.org/wiki/Hauteville_family; 朱迪斯. M·本内特, C. 沃伦·霍利斯特. 欧洲中世纪史. 第10版. 杨宁, 李韵, 译. 上海: 上海社会科学院出版社, 2007.

[26] 同[6].

[27] Holst, Stanford. Origin of the Templars: And Origin of the Vatican's Power. Santorini Publishing, 2017.

[28] Barber, Malcolm, Keith Bates, eds. and trans. The Templars: Selected Sources. Manchester. UK: Manchester University Press, 2002. Also see Michael Syrian's chronicle. Forey, Alan. The Emergence of the Military Order in the Twelfth Century. Journal of Ecclesiastical History, 1985, 36 (2): 175-95. Quoted in Dan Jones. The Templars: The Rise and Spectacular fall of God's Holy Warriors. New York: Viking, Penguin Random House, 2017.

[29] 同[27].

[30] 全称为耶路撒冷圣约翰的医护骑士 (Order of Knights of the Hospital of Saint John of Jerusalem, 拉丁文: *Ordo Fratrum Hospitalis Sancti Ioannis Hierosolymitani*)。

[31] Jones, Dan. The Templars: The Rise and Spectacular fall of God's Holy Warriors. New York: Viking, Penguin Random House, 2017.

[32] 同[3].

[33] 多年来的考古发现倾向于这样一种认识: 所罗门圣殿的旧址应该在现在圣殿山的圆顶清真寺 (或金顶清真寺, Dome of the Rock) 所在地, 而非阿克萨清真寺 (Holst,

2017）。

［34］事实上，供养一个武士在12世纪的生产力条件下相当耗费土地，也非常昂贵：在法国就需要750公顷土地的产出来装备一个骑兵武士，到了13世纪，竟上升到了3 750公顷土地。Haag, Michael. The Templars：The History and the Myth：From Solomon's Temple to the Freemasons. HarperCollins Publishers，2009.

［35］D'Albon, Marquis, ed. Cartulaire Général de L'Ordre du Temple, 1119? – 1150. Recueil des Chartes et des Bulles Relatives à l'Ordre du Temple, H. Champion, Paris, 1913. Quoted in Dan Jones. The Templars：The Rise and Spectacular fall of God's Holy Warriors. New York：Viking, Penguin Random House, 2017.

［36］同［31］。

［37］同［27］。

［38］同［31］。

［39］同［27］和［31］。

［40］［41］Knights Templar Seal. ［2019 – 10 – 09］. https：//en. wikipedia. org/wiki/Knights _ Templar _ Seal.

［42］教皇的每一份诏书都以诏书的第一行命名。

［43］同［31］。

［44］Barber, Malcolm. The New Knighthood. Cambridge University Press, 2012；History | The Kights Stemplar. ［2019 – 10 – 09］. http：//www. theknightstemplar. org/history/.

［45］Holst, Stanford. Sworn in Secret：Freemasonry and the Knights Templar. Santorini Publishing, 2013.

［46］Barber, Malcolm, Keith Bates, eds. and trans. The Templars：Selected Sources. Manchester. UK：Manchester University Press, 2002.

［47］同［45］。

［48］Ferries, Eleanor. The Financial Relations of the Knights Templars to the English Crown. The American Historical Review, 1902, 8（1）：1 – 17.

［49］同［46］203 – 207. Quoted in Dan Jones The Templars：The Rise and Spectacular fall of God's Holy Warriors. New York：Viking, Penguin Random House, 2007.

［50］［51］Davies, Glyn. A History of Money from Ancient Times to the Present Day. Third Edition. University of Wales Press, 2002.

［52］Roover, Raymond de. The Rise and Decline of the Medici Bank, 1397 – 1494. Borodino Books, 2017.

［53］同［50］。

［54］［55］同［52］。

［56］Maalouf, Amin. The Crusades Through Arab Eyes. London：Saqi Essentials, 2012.

［57］Ralls, Karen. Knights Templar Encyclopedia. New Jersey：Career Press, 2007.

[58] [59] [60] Haag, Michael. The Templars: The History and the Myth: From Solomon's Temple to the Freemasons. Harper Collins Publishers, 2009.

[61] 同 [31].

[62] 同 [58].

[63] [64] Giles, Chronicles of the Crusades, pp. 455 – 456 quoted in Jones, Dan. The Templars: The Rise and Spectacular fall of God's Holy Warriors. New York: Viking, Penguin Random House, 2017.

[65] [66] 同 [48].

[67] 同 [27].

[68] 同 [58].

[69] [70] [71] 同 [48].

[72] 同 [6].

[73] 同 [48].

[74] [75] 同 [31].

[76] [77] 同 [57].

[78] Stéphane Mechoulan. The Expulsion of Jews in France 1306. Working Paper. University of Toronto, 2004; Haag, Michael. The Templars: The History and the Myth: From Solomon's Temple to the Freemasons. Harper Collins Publishers, 2009.

[79] 同 [45].

[80] Rothbard, Murray. An Austrian Perspective on the History of Economic Thoughts before Adam Smith: Volume I. Edward Elgar Publishing, Ltd., 2006.

[81] Ludovic, Desmedt, Blanc Jérôme. Counteracting Counterfeiting: Boldin, Mariana and Locke on False Money as a Multidimensional Issue, 2010, 42 (2): 323 – 360.

[82] Cipolla, Carlo M. Currency Depreciation in Medieval Europe. Economic History Review, 1963, 15 (2): 417.

[83] [84] [85] Spufford, Peter. Money and Its Use in Medieval Europe. Cambridge University Press, 1993: 302.

[86] Fischer, David Hackett. The Great Wave: Price Revolutions and the Rhythm of History. Oxford University Press, 1996.

[87] [88] Barber, Malcolm. The Trial of the Templars. Cambridge University Press, 2006.

[89] K. Borchardt. The Templars in Central Europe//Z. Hunyadi, J. Laszlovszky, ed. Crusades and the Military Orders: Expanding the Frontiers of Medieval Latin Christianity. Budapest, 2001: 233 – 244. Quoted in Barber, Malcolm. The Trial of the Templars. Cambridge University Press, 2006.

[90] 意大利古文字学家芭芭拉·弗雷尔（Barbara Frale）于2001年9月在梵蒂冈的秘密档案里发现了一份名为"Chinon Parchment"的文件，日期为1308年8月17—20日。这份文件包括圣殿骑士的证词和教皇克雷芒五世对他们的异端邪说罪名的指控无罪的认定。

在此之前,历史上大家都知道的是另外一份"Chinon Parchment",是 8 月 20 日教皇写给腓力四世的,说圣殿骑士对他们的指控认罪。Chinon Parchment. [2019-10-19]. https://en.wikipedia.org/wiki/Chinon_Parchment. 看来腓力四世是偷梁换柱了。

[91] [92] [93] 同 [57].

[94] Robinson, J. John. Born in Blood: The Lost Secrets of Freemasonry. M. Evans Publishing, 1989.

[95] 对上述这几个方面的论证,Holst(2013)做了相当穷尽的研究和细节描述。

[96] 同 [45].

第 6 章

[1] Hunt, Edwin S., James M. Murray. A History of Business in Medieval Europe, 1200—1550. Cambridge University Press, 1999.

[2] 房龙. 人类的艺术. 衣成信,译. 北京:中国和平出版社,1996.

[3] 同 [2].

[4] [5] 弗朗西斯·亨利·泰勒. 艺术收藏的历史. 秦传安,译. 北京:北京大学出版社, 2013.

[6] 吉安·弗朗切斯科·波焦·布拉乔利尼(Gian Francesco Poggio Bracciolini, 1380—1459),意大利人文主义者,历史学家、书法家。生于阿雷佐附近的特拉诺瓦(Terranuova,后为纪念他,改称金特拉诺瓦·布拉乔利尼)。1403 年移居罗马,1415 年任教皇卜尼法斯九世私人秘书,1423 年任罗马教廷秘书。1453 年起任佛罗伦萨共和国文书署长官。毕生致力于书籍的搜集和整理,遍访欧洲寺院图书馆,寻找散佚的古罗马作家的著作。曾抄写、增补古罗马学者的许多作品。著有《佛罗伦萨史》《论吝啬》《论命运》等,还将色诺芬的《远征记》译成拉丁文。王觉非,主编. 欧洲历史大辞典. 上海:上海辞书出版社,2007:404.

[7] 莱昂纳多·布鲁尼(Leonardo Bruni, 1369—1444),意大利人文主义者,历史学家。生于阿雷佐,故又名莱奥纳多·阿雷蒂诺(Leonardo Aretino)。曾任教皇私人秘书(1405—1427)。后任佛罗伦萨共和国文书署长官(1427—1444)。精通拉丁语和希腊语。曾翻译柏拉图、亚里士多德和普鲁塔克的著作,著有十二卷本《佛罗伦萨人民史》和但丁、彼特拉克、薄伽丘传记,并为人文主义新教育学奠定了基础。王觉非,主编. 欧洲历史大辞典. 上海:上海辞书出版社,2007:404.

[8] 尼科利·德·尼科洛(Niccolò de'Niccolii, 1363—1437),意大利佛罗伦萨人文主义者,收藏家。生于佛罗伦萨,在洛伦佐·德·美第奇的资助下曾收藏大量古代文物及古希腊、罗马作品手稿。抄录、整理古典文学方面的手稿,校正文本,分成章节并编纂目录。其私人图书馆为佛罗伦萨最大最好的图书馆,允许一切来客到自己家中阅读。价值 6 000 金币的 800 册图书在他死后由圣马可修道院收藏,后成为洛伦佐·德·美第奇图书馆的珍藏品。他对书法颇有造诣,其微斜而前倾的古体草书,对斜体字型发展有很大影响。

注 释

[9] 阿姆布鲁乔·特拉韦萨里（Ambrogio Traversari，1386—1439），与布拉乔利尼、尼科洛和布鲁尼生活在同一时代，拯救了大量古希腊文献。他痛恨教条的神学，同时又对教会忠贞不渝。14岁即进入卡马杜雷西修道院开始僧侣生活。特立独行，与同时代的僧侣和人文主义者都不同，他穷尽钻研希腊文，探究了人文主义者和教会僧侣对修辞学的兴趣之间的紧密联系，并将诸多希腊文教父遗书翻译成拉丁文。15世纪20年代，他的修持地成为当时人文主义者，包括科西莫·美第奇聚会的地方。他是代表西部教会与东部希腊教会和神学家们沟通并诠释关于圣灵归属问题的主要人物。他的努力只在他临终前几个月，为希腊和拉丁教会于1439年6月带来了短暂的统一。Stinger, Charles L. Humanism and the Church Fathers：Ambrogio Traversari（1386—1439）and Christian Antiquity in the Italian Renaissance. State University of New York Press，1978.

[10] Parks, Tim. Medici Money：banking, Metaphysics, and Art in Fifteenth-Century Florence. Profile Books，2006.

[11] 同[4].

[12] 爱德华·吉本. 罗马帝国衰亡史：第3卷. 席代岳，译. 长春：吉林出版集团有限公司，2008.

[13] 同[10].

[14] De Roover，Raymond. What is Dry Exchange. Journal of Political Economy，1944，52（3）：250-266.

[15] De Roover，Raymond. The Rise and Decline of the Medici Bank，1397-1494. Harvard Studies in Business History XXI. Borodino Books，2017.

[16] De Roover，Raymond. The Medici Bank Organization and Management. Journal of Economic History，1946，6（1）：24-52.

[17] De Roover，Raymond. The Rise and Decline of the Medici Bank，1397-1494. Harvard Studies in Business History XXI. Borodino Books，2017；赫苏斯·韦尔塔·德索托. 货币、银行信贷与经济周期. 3版. 秦传安，译. 上海：上海财经大学出版社，2012.

[18] 默里·罗斯巴德. 银行的秘密. 李文浩，钟帅，等，译. 北京：清华大学出版社. 2011.

[19] 同[16].

[20][21] De Roover，Raymond. San Bernardino of Siena and Sant'Antonino of Florence：The Two Great Economic Thinkers of the Middle Ages. Boston：Baker Library, Harvard Graduate School of Business Administration，1967：34.

[22] Lewis, Michael. Flash Boys：A Wall Street Revolt. New York：W. W. Norton & Company, Inc.，2015.

[23] 同[14].

[24][25] 同[15].

[26][27] 同[14].

[28] 同[14]、[15]、[16].

[29] 同［15］。

[30] 天主教方济会教士。文艺复兴时代的跨学科通才，因他对复式簿记的全面考察并结集成书供人学习，因此被誉为"会计之父"。

[31] Carruthers, Bruce G., Wendy Nelson Espeland. Accounting for Rationality: Double-entry bookkeeping and the Rhetoric of Economic. American Journal of Sociology, 1991, 97 (1): 31-69.

[32] History of Double Entry Bookkeeping. Canhan Rogers. [2019-10-09]. http://canhamrogers.com/HDEB.htm.

[33] Parker, Larry M. Medieval Traders as International Change Agents: A comparison with Twentieth Century International Accounting Firms. The Accounting Historians Journal, 1989, 16 (2): 107-118.

[34] Scorgie, Michael. Medieval Traders as International Change Agents: A Comment. The Accounting Historians Journal, 1994, 21 (1): 137-143.

[35] 最早被确凿认定为用复式簿记方法记录的汇票交易出现在1340年（De Roover, 2017）。

[36] What advents does the Merchant derive from Book-keeping by double-entry? It is amongst the finest inventions of the human mind. 同［31］。

[37] 同［31］。

[38] 同［18］。

[39] 同［15］。

[40] 同［16］。

[41] 为了与其他关于美第奇家族银行的论述一致，我们在此章都用"分行"，大家只要知道从美第奇银行的公司架构来说，它在各地的分支机构实际上是"子行"的概念就可以了。

[42] 同［15］。

[43] 同［10］。

[44] Posner, Gerald. God's Bankers: A History of Money and Power at the Vatican. New York: Simon & Schuster, 2015.

[45][46] De Roover, Raymond. The Decline of the Medici Bank. Journal of Economic History, 1947, 7 (1): 69-82.

[47][48] 同［44］。

[49][50][51] 同［15］。

[52] 同［43］。

[53][54][55] 同［10］。

[56] MacCaffrey, James. History of the Catholic Church from the Renaissance to the French Revolution: Vol. 1, 2013. Quoted in Gerald Posner. God's Bankers: A History of Money and Power at the Vatican. New York: Simon & Schuster, 2015.

[57] 同 [43].

[58] 同 [44].

[59] [60] Florin. [2019-10-09]. https://en.wikipedia.org/wiki/Florin

[61] 同 [44].

[62] Power, Eileen. The English Wool Trade in the Reign of Edward IV. The Cambridge Historical Journal, 1926, 2 (18): 17-35. Quoted in De Roover, Raymond. The Decline of the Medici Bank. Journal of Economic History, 1947, 1 (7): 69-82.

[63] [64] 同 [44].

第7章

[1] 爱德华·吉本. 罗马帝国衰亡史: 第6卷. 席代岳, 译. 长春: 吉林出版集团有限公司. 2008: 5-6.

[2] Davies, Glyn. A History of Money from Ancient Times to the Present Day. Third Edition. University of Wales Press, 2002.

[3] Homer, Sidney, Richard Sylla. A History of Interest Rates. New Brunswick, New Jersey: Rutgers University Press: 1996.

[4] Age of Discovery. [2019-10-09]. https://en.wikipedia.org/wiki/Age_of_Discovery.

[5] Bob Pisani. Gold: A Glittering History. CNBCC (2011-08-29) [2019-10-10]. https://www.cnbc.com/id/43974858.

[6] 同 [2].

[7] 镑和先令本来都是重量单位, 后作为金属币的名称。Davies, Glyn. A History of Money from Ancient Times to the Present Day. Third Edition. University of Wales Press, 2002. 1英镑的起源就相当于1磅重的白银, 合240便士。Hart, Matthew. Gold: The Race for the World's Most Seductive Metal. Simon & Schuster UK Ltd., 2013.

[8] [9] First fruits and tenths. [2019-10-09]. http://www.luminarium.org/encyclopedia/firstfruits.htm.

[10] 同 [2].

[11] 到1540年, 几乎所有宗教序列组织都被亨利八世解散 (Davies, 2002)。

[12] 同 [2]. 引用Charles Oman爵士语。

[13] Deng, Stephen. Coinage and State Formation in Early Modern English Literature. Palgrave Macmillan of St. Martin's Press LLC, 2011. 1英镑从含有6.4盎司的纯银到不足1盎司的纯银。Rolnick, Arthur J., Francois R. Velde, Warren E. Weber. The Debasement Puzzle: An Essay on Medieval Monetary History. The Journal of Economic History, 1969, 56 (4): 789-808.

[14] Spufford, Peter. Money and Its Use in Medieval Europe. Cambridge University Press, 1988.

［15］Deng, Stephen. Coinage and State Formation in Early Modern English Literature. Palgrave Macmillan of St. Martin's Press LLC, 2011.

［16］Jordan, Jim D. The Queen's Merchant: The Life and Times of Sir Thomas Gresham. lulu. com USA, 2017.

［17］Royal Exchange, London. ［2019 - 10 - 09］. https://en. wikipedia. org/wiki/Royal_Exchange,_London.

［18］关于托马斯·格雷钦的传记只找到两本：一本是 Perry E. Gresham 和 Carol Jose 所著，1995 年出版的 The Sign of the Golden Grasshopper: A Biography of Sir Thomas Gresham (Jameson Books, Inc.), 另一本是 Jim D. Jordan 所著，2017 年出版的 The Queen's Merchant: The Life and Times of Sir Thomas Gresham (lulu. com USA)。

［19］Freemasons: The Royal Society. Crusader History. (2017 - 08 - 29) ［2019 - 10 - 09］. https://crusaderhistory. wordpress. com/2017/08/29/freemasons-the-royal-society/.

［20］Gresham, Perry E., Carol Jose. The Sign of the Golden Grasshopper: A Biography of Sir Thomas Gresham. Jameson Books, Inc., 1995.

［21］Hunt, Edwin S., James M. Murray. A History of Business in Medieval Europe, 1200—1550. Cambridge Medieval Textbooks, Cambridge University Press, 1999; Munro, John H. Patterns of Trade, Money, and Credit//James Tracy, Thomas Brady Jr., Heiko Oberman, eds. Handbook of European History in the Later Middle Ages, Renaissance and Reformation, 1400—1600: vol. I: Structures and Assertions. Leiden: E. J. Brill, 1994: 147 - 195.

［22］［23］［24］Hunt, Edwin S., James M. Murray. A History of Business in Medieval Europe, 1200 - 1550. Cambridge Medieval Textbooks, Cambridge University Press, 1999.

［25］［26］同［21］.

［27］［28］同［20］.

［29］［30］同［20］103.

［31］爱德华六世去世后，为了保证英格兰的新教道路，新教集团拥立了爱德华六世的表亲简·格雷·达德利夫人 (Lady Jane Grey Dudley, 1537—1554) 为英格兰女王，不过在位只有 9 天 (Gresham, 1995)。由崔佛·纳恩 (Trevor Nunn) 导演的电影 Lady Jane (中文译名《九日女王》) 讲述的就是这段故事。

［32］同［20］103. Mary I of England. ［2019 - 10 - 09］. https://en. wikipedia. org/wiki/Mary_I_of_England.

［33］同［20］.

［34］Macleod, Henry Dunning. The Elements of Political Economy. Cosimo Classics, 2007: 475.

［35］同［34］476.

［36］Gresham's Law. ［2019 - 10 - 09］. https://en. wikipedia. org/wiki/Gresham%27s_law#cite_note-13.

注　释

[37] 尼科尔·奥雷斯姆所著 A treatise on the Origin，Nature，Law and Alterations of Money（《论铸币的起源、性质、法则和替代》）。Rothbard，Murray. An Austrian Perspective on the History of Economic Thoughts before Adam Smith：Volume I. Edward Elgar Publishing，Ltd.，2006.

[38] 哥白尼的建议虽然没有被采纳，但之后被出版成册，名为 Monetae cudendae ratio（1526）（《铸币论》），对后世的货币思想做出了重要的贡献（Rothbard，2006）。

[39][40] Rothbard，Murray. An Austrian Perspective on the History of Economic Thoughts before Adam Smith：Volume I. Edward Elgar Publishing，Ltd.，2006.

[41] Hans F. Sennholz quoted in Gresham，Perry E.，Carol Jose. The Sign of the Golden Grasshopper：A Biography of Sir Thomas Gresham. Jameson Books，Inc.，1995：xxv.

[42] 同[20].

[43] Read，Conyers. Profits on the Recoinage of 1560—1561. The Economic History Review，1936，6（2）：186-193.

[44][45][46][47] Andréadès，A. History of the Bank of England 1640—1903. Frank Cass & Co.，Ltd.，2006.

[48] Richards，R. D. The Evolution of Paper Money in England. The Quarterly Journal of Economics，1927，41（3）：361-404.

[49] 同[44].

[50] Shaw，W. A. The Treasury Order Book E. J.，XVI quoted in Richards，R. D. The Evolution of Paper Money in England. The Quarterly Journal of Economics，1927，41（3）：361-404.

[51][52][53] 同[39].

[54] 同[2].

[55] 同[44].

[56] The Prize in Economic Sciences 2018. NobelPrize. org.[2019-10-09]. https：//www. nobelprize. org/prizes/economics/2018/summary/.

[57] Full text of Alfred Nobel's will（阿尔弗雷德·诺贝尔的遗嘱全文）. NobelPrize. org.[2019-10-09]. https：//www. nobelprize. org/alfred-nobel/full-text-of-alfred-nobels-will-2.

[58] The Sveriges Riksbank Prize in Economic Sciences in Memory of Alfred Nobel. NobelPrize. org.[2019-10-09]. https：//www. nobelprize. org/prizes/economics/.

[59] Stockholms Banco.[2019-10-09]. https：//en. wikipedia. org/wiki/Stockholms_Banco.

[60] A60 Sweden.[2019-10-09]. http：//www. banknote. ws/COLLECTION/countries/EUR/SWE/SWEA0060. htm.

[61] Fall of Antwerp.[2019-10-09]. https：//en. wikipedia. org/wiki/Fall_of_Antwerp.

[62] Quinn, Stephen, William Roberds. The Bank of Amsterdam through the Lens of Monetary Competition. Working Paper 2012—2014. Federal Reserve Bank of Atlanta, 2012.

[63] Douglas, Peter. The Amsterdamsche Wisselbank. New Netherland Institute. [2019-10-09]. https://www.newnetherlandinstitute.org/files/5313/5396/7824/Amsterdamsche_Wisselbank.pdf.

[64] Hildreth, Richard. The History of Banks: To Which is Added, A Demonstration of the Advantages and Necessity of Free Competition in the Business of Banking. New York: Augustus M. Kelley Publishers, [1837] 1968. Quoted in French, Doug. The Dutch Monetary Environment During Tulipmania. The Quarterly Journal of Austrian Economics, 2006, 9 (1): 3-14.

[65] French, Doug. The Dutch Monetary Environment During Tulipmania. The Quarterly Journal of Austrian Economics, 2006, 9 (1): 3-14.

[66] 同 [63].

[67] 同 [44].

[68] 同 [65].

[69] 同 [44]. 此处的货币单位用的是威尼斯金币达克特,而当时阿姆斯特丹用的是荷兰金盾 (guilders)。不能肯定是否是作者的笔误。

[70] 约翰·劳在他的 Mémoire sur les banques 中提出了这个质疑。Quoted in Andréadès, A. History of the Bank of England 1640-1903. Frank Cass & Co., Ltd., 2006: Chpater III, section 2, footnote 2. 我们在下一章会详细介绍。

[71] 费迪南多·加利阿尼,18世纪意大利经济学家,启蒙运动的重要学者,被尼采誉为18世纪拥有"最苛刻、最极致、最深刻、最犀利而且最邪恶的头脑"的人。Ferdinando Galiani. [2019-10-09]. https://en.wikipedia.org/wiki/Ferdinando_Galiani. 加利阿尼在他的著作 Della Moneta (《论货币》) 的第二卷中表达了这种质疑。Quoted in Andréadès, A. History of the Bank of England 1640—1903. Frank Cass & Co., Ltd., 2006: Chpater III, section 2, footnote 2.

[72] 同 [62].

[73] 同 [65].

[74] [75] 同 [2].

[76] 同 [39].

[77] Hamilton. The Origin and Growth of the National Debt in Western Europe. American Economic Review, 1947 (xxvii): 118-130.

[78] Dickson, P. G. M. The Financial Revolution in England: A Study in the Development of Public Credit, 1688—1756. Routledge, [1967] 2016.

[79] Hoppit, Julian. The Myth of the South Sea Bubble. Transactions of the Royal Historical Society, 2002 (12): 141-165.

[80] 在大多数文献中都记载威廉·帕特森是成立英格兰银行不遗余力的推动者,但是也存在不同说法。这里采用大多数的引述。

[81] 同 [44].

[82] 同 [39].

[83] 同 [2].

[84] 同 [39].

[85] 同 [44].

[86] 1706 年英格兰议会通过《统一法案》(Act of Union),正式与苏格兰合并成英国。

[87] [88] Duryea, Scott N. William Pitt, the Bank of England, and the 1797 Suspension of Specie Payments: Central Bank War Finance during the Napoleonic Wars. Libertarian Papers, 2010, 2 (15): 1-17.

[89] Fetter, Frank Whitson. Legal Tender during the English and Irish Bank Restrictions. Journal of Political Economy, 1950, 58 (3): 241-253.

[90] 同 [87].

[91] King, Peter King. Thoughts on the Effects of the Bank Restrictions. HardPress, 2018.

[92] [93] 同 [89].

[94] Fetter, Frank Whitson. Legal Tender during the English and Irish Bank Restrictions. Journal of Political Economy, 1950, 58 (3): 241-253; Trask, H. A. Scott. Inflation and the French Revolution: The Story of a Monetary Catastrophe. Mises Wire, April 28, 2004.

[95] Pickering, George. How a Central Bank Caused One of the History's Biggest Con. Mises Wire, July 18, 2018.

[96] [97] Pickering, George. The Role of Bank of England Note Issues among the Causes of the Panic of 1825. Working Paper. [2019-10-09]. https://thelaissezpharaoh.wordpress.com/2018/07/06/working-paper-the-role-of-bank-of-england-note-issues-amongst-the-causes-of-the-panic-of-1825/.

[98] Rothbard, Murray N. The Mystery of Banking. Ludwig von Mises Institute, 2008.

[99] 默里·罗斯巴德. 银行的秘密. 李文浩, 钟帅, 等, 译. 北京: 清华大学出版社. 2011: 134.

[100] 同 [87] 和 [96].

[101] 同 [89].

第 8 章

[1] Robert Harley, 1st Earl of Oxford and Earl Mortimer. [2019-10-10]. https://en.wikipedia.org/wiki/Robert_Harley,_1st_Earl_of_Oxford_and_Earl_Mortimer. 1706 年英格兰议会通过《统一法案》,正式与苏格兰合并成英国。此后的讨论,我们就用英国来称谓。

[2] [3] [4] Dale, Richard. The First Crash, Lessons from the South Sea Bubble. Princeton University Press, 2004.

[5] Dickson, P. G. M. The Financial Revolution in England: A Study in the Development of Public Credit, 1688—1756. Routledge, [1967] 2016. Quoted in French, Douglas E. Early Speculative Bubbles and Increases in the Supply of Money. Mises Institute, [1992] 2009.

[6] Treaties of Utrecht. [2019-10-10]. https://www.britannica.com/topic/treaties-of-Utrecht. 当时的情况与如此清晰的勾画还有一定距离，各国之间的利益格局也在随时变化和重新组合，但是最后的结局对参与各国有一个共同点，就是因打仗而增加的巨额财政支出。这就是法国陷入财政困境并最终引发密西西比泡沫的缘起。Velde, Francois R. John Law's System and Pubic Finance in 18th Century France. Federal Reserve Bank of Chicago, 2006. Paper can be found on author's website: www.velde.org/econ/.

[7] 黑奴贸易承包（Asiento de negros），从16世纪早期到18世纪中期，西班牙王室与承包商（可以是某一个人或某一个主权国家）达成协议，将为美洲西班牙殖民地供应非洲奴隶的垄断贸易承包给后者。承包商（asentista）同意向西班牙王室支付垄断费，并在美国市场交付规定数量的男性和女性奴隶。第一个这样的承包商是热那亚公司，在1517年同意在8年期间供应1 000名奴隶。1528年，一家德国公司取得垄断贸易权利，向西班牙美洲殖民地供应4 000名奴隶，公司每年向西班牙王室支付20 000达克特，每个奴隶售价不超过45达克特。从1600到1750年的150年间，在黑奴贸易承包合同下运往美洲的黑奴估计在45万人。Treaties of Utrecht. [2019-10-10]. https://www.britannica.com/topic/treaties-of-Utrecht.

[8] Treaties of Utrecht. [2019-10-10]. https://www.britannica.com/topic/treaties-of-Utrecht; Davies, Glyn. A History of Money from Ancient Times to the Present Day. Third Edition. University of Wales Press, 2002.

[9] [10] French, Douglas E. Early Speculative Bubbles and Increases in the Supply of Money. Mises Institute, [1992] 2009.

[11] Dickson, P. G. M. The Financial Revolution in England: A Study in the Development of Public Credit, 1688—1756. Routledge, [1967] 2016: Table 5.

[12] 同 [2]。

[13] Colombo, Jesse. The South Sea Bubble. The Bubble Bubble. (2012-05-18) [2019-10-10]. http://www.thebubblebubble.com/south-sea-bubble/.

[14] George I of Great Britain. [2019-10-10]. https://en.wikipedia.org/wiki/George_I_of_Great_Britain.

[15] [16] Dhhubbell. The Corrupt Wisdom of Robert Walpole. Bartered History. (2018-06-22) [2019-10-10]. https://barteredhistory.wordpress.com/2018/06/22/the-corrupt-wisdom-of-robert-walpole/.

[17] South Sea Company. [2019-10-10]. https://en.wikipedia.org/wiki/South_

Sea _ Company.

[18] 同 [9].

[19] [20] [21] [22] [23] 同 [11].

[24] 同 [9].

[25] [26] 同 [11].

[27] Garber, Peter M. The First Famous Bubbles. The Journal of Economic Perspectives, 1990, 4 (2): 35 – 54.

[28] Scott, William. The Constitution and Finance of English, Scottish, and Irish Joint Stock Companies to 1720: Vols. I, II, III. Cambridge: Cambridge University Press, 1910—1912. Quoted in Peter M. Garber. The First Famous Bubbles. The Journal of Economic Perspectives, 1990, 4 (2): 35 – 54.

[29] 同 [27].

[30] Hoppit, Julian. The Myth of the South Sea bubble. Transactions of the Royal Historical Society, 2002 (12): 141 – 165.

[31] 同 [27].

[32] [33] Harris, Ron. The Bubble Act: Its Passage and Its Effects on Business Organization. The Journal of Economic History, 1994, 54 (3): 610 – 627.

[34] 同 [11].

[35] 18世纪的通识教育是摆脱教会的思想控制，对探究世界奥妙的科学思想的教育；与今天在科学主义成为类似宗教教义的时代，重新探究我们的人文精神的通识教育目标是一致的，那就是拓展我们的认知维度。

[36] Thiers, Adolphe. The Mississippi bubble: A Memoir of John Law. New York: W. A. Townsend & Company, 1859.

[37] 同 [27].

[38] 同 [36].

[39] [40] Rothbard, Murray. An Austrian Perspective on the History of Economic Thoughts before Adam Smith: Volume I. Edward Elgar Publishing, Ltd. , 2006.

[41] 同 [36].

[42] Rist, Charles. History of Monetary and Credit Theory: from John Law to the Present Day: Vol. 9. New York, Routledge, [1940] 2017.

[43] 同 [36].

[44] 包税制（tax farming）是一个非常古老的制度安排，古代大帝国，如古埃及、古罗马、古代中国、奥斯曼帝国，以及重商主义时代的欧洲殖民者在他们亚洲的地盘都实行过。这是一个在疆域广大并实行统一政权的体制里比较常见的收税安排，似乎也比较有效。它的典型做法就是将一个区域的收税权以竞标的方式外包给竞价最高的个人或组织。收缴高于竞标价格以上的部分归包税人所有。它的弊端就是包税人在最大化自己的经济利益的同时，往往对纳税人产生杀鸡取卵的实际效果，因过度损害纳税人利益而从根本上损害了

统一政权的整个税基,造成帝国覆灭。也就是说,这种制度的代理人成本极其高昂,经常导致帝国陷入财政绝境。中国在1994年分税制改革前实行的财税包干制也有明显的包税制特征。

[45] 同[36].

[46] 同[39].

[47] 欧洲各国为抵制法国在欧洲大陆的扩张野心于1689年5月以哈布斯堡王朝为首而形成的反法大同盟。大同盟缔约国包括荷兰、英国、西班牙、神圣罗马帝国(德意志三个诸侯国:勃兰登、萨克森、巴伐利亚)。

[48] 同[9].

[49] 同[36].

[50] 同[9].

[51] 同[9]和[36].

[52] 托克维尔.旧制度与大革命.冯棠,译.北京:商务印书馆.2017.

[53] 同[36].

[54] René Robert Cavelier, Sieur de La Salle. [2019-10-10]. https://en.wikipedia.org/wiki/René-Robert_Cavelier,_Sieur_de_La_Salle; Thiers, Adolphe. The Mississippi bubble: A Memoir of John Law. New York: W. A. Townsend & Company, 1859.

[55] Thiers, Adolphe. The Mississippi bubble: A Memoir of John Law. New York: W. A. Townsend & Company, 1859; Murphy, Antoin E. Richard Cantillon: Entrepreneur and Economist. Clarendon: Oxford University: 1986.

[56] [57] [58] 同[36].

[59] 同[27].

[60] 同[36].

[61] 同[9].

[62] Thiers(1859)记载的时间与Garber(1990)图4中对授予西部公司铸币权的事件标注有出入。

[63] [64] 同[9].

[65] 同[36].

[66] 同[27].

[67] Murphy, Antoin, E. John Law: Economic Theorist and Policy-Maker. Oxford University Press, 1997: 197.

[68] Gleeson, Janet. Millionaire: The Philanderer, Gambler, and Duelist who invented Modern Finance. New York: Simon & Schuster, 1999.

[69] 同[67].

[70] 同[36]和[67].

[71] Bob Adams. Rue Quincampoix: A Perfect Medieval Parisian Street, August 19, 2015. [2019-10-10]. http://ouialwayshaveparis.com/2015/08/19/ruequincampoix/.

注 释

[72] Thiers, Adolphe. The Mississippi bubble: A Memoir of John Law. New York: W. A. Townsend & Company, 1859; Gleeson, Janet. Millionaire: The Philanderer, Gambler, and Duelist who invented Modern Finance. New York: Simon & Schuster, 1999.

[73] Lande, Lawrence, Tim Congdon. John Law and the Invention of Paper Money. RSA Journal, 1991, 139 (5414): 916-928.

[74] Harsin, Paul. Les Doctrines Monetarires et Financieres en France. Paris: Librairie Felix Alcan, 1928, quoted in Garber, Peter M. The First Famous Bubbles. The Journal of Economic Perspectives, 1990, 2 (4): 35-54.

[75] 同 [9].

[76] 同 [36]. 此处的计算为了前后文统一，数字对应，政府债券余额用 15 亿。Thiers 此处原文用的是 16 亿。

[77] 同 [36].

[78] 同 [27].

[79] National Bank of Belgium. John Law: Financial Genius or Charlatan?. Nbbmuseum. com, January 9, 2012. [2019-10-10]. https://www.nbbmuseum.be/en/2012/01/ohn-law-financial-genius-or-charlatan.htm.

[80] 同 [9].

[81] 同 [27].

[82] Velde, Francois R. John Law's System and Pubic Finance in 18th Century France. Federal Reserve Bank of Chicago, 2006. Paper can be found on author's website: www.velde.org/econ/.

[83] 同 [27].

[84] 同 [9].

[85] Davis, Andrew McFarland. An Historical Study of Law's system: I & II. Quarterly Journal of Economics (April & July), 1887. Quoted in French, Douglas E. Early Speculative Bubbles and Increases in the Supply of Money. Mises Institute, [1992] 2009.

[86] 同 [9] 和 [36].

[87] 同 [85].

[88] 同 [9].

[89] 同 [36].

[90] 同 [9] 和 [36].

[91] Murphy, Antoin. Richard Cantillon: Entrepreneur and Economist. Clarendon: Oxford University Press, 1986.

[92] [93] 同 [73].

[94] Spang, Rebecca L. The Ghost of Law: Speculating on Money, Memory and Mississippi in the French Constituent Assembly. Historical Reflections, 2005, 31 (1): 3-25.

第 9 章

[1] James II of England. [2019-10-10]. https：//en. wikipedia. org/wiki/James_II_of_England.

[2] 约克公爵詹姆斯 1668/1669 年皈依天主教, 遭到国王查理二世的反对, 他坚持让詹姆斯的两个女儿在英国教会的培育下抚养长大, 但是同意詹姆斯迎娶来自意大利的摩德纳公主 (Princess of Modena), 一个虔诚的天主教徒为第二任妻子。Waller, Maureen. Ungrateful Daughters：The Stuart Princesses who Stole Their Father's Crown. London：Hodder & Stoughton, 2002. Quoted in James II of England. [2019-10-10]. https：//en. wikipedia. org/wiki/James_II_of_England.

[3] Ashley, Maurice. The Glorious Revolution of 1688. New York：Charles Scribner's Sons, 1996. Quoted James II of England. [2019-10-10]. https：//en. wikipedia. org/wiki/James_II_of_England.

[4] [5] [6] Murphy, Antoin E. Richard Cantillon：Entrepreneur and Economist. Clarendon：Oxford University Press, 1986.

[7] 路德维希·冯·米塞斯. 人的行动：关于经济学的论文. 余晖, 译. 上海：上海人民出版社, 2013：804.

[8] 同 [4].

[9] "I shall be very glad if my letter to Law proves of any service to you. He is certainly very able to make your fortunes vastly large; but as I heartily wish your welfare, I cannot but desire you to consider the situation he is in, and as I think it almost impossible to him under the weight of the Parliament, nobility and almost all the nation, to struggle long against their resentments, I foresee his end will soon be very fatal; and when this happens I wish you do not find the arms of the Government long enough to reach any whom they may suspect to have been concerned with them." 同 [4] 74.

[10] 1672 年创办于巴黎的一本杂志, 最初的名字是 Mercure Galant, 1724 年更名为 Le Mercure de France. 杂志的创办是新闻出版史上一个重大的标志性事件, 第一次将时尚和奢侈品生活的新闻 (当时主要是关于路易十四宫廷的) 传播到更广大的法国社会。后转为一家出版社, 1962 年被 Gallimard 收购. Mercure de France. [2019-10-10]. https：//en. wikipedia. org/wiki/Mercure_de_France.

[11] 同 [4] 76.

[12] 同 [4] 130.

[13] Carswell, John. The South Sea Bubble. Stanford：Stanford University Press, 1960.

[14] 同 [4] 76.

[15] [16] [17] Hyse, Richard. Richard Cantillon, Financier to Amsterdam, July to November 1720. The Economic Journal, 1971, 81 (324)：812-827.

[18] [19] [20] 同 [4] 76.

[21] 这个观点首先在《关于高利贷的解析》中提出, 作者纳瓦鲁斯是当时最杰出的天

注　释

主教教规律师（Rothbard，2006）。

[22] Mises, Ludwig von. The Theory of Money and Credit. Skyhourse Publishing, 2013: 107.

[23] Mises, Ludwig von. The Position of Money among Economic Goods//Richard Ebeling, ed. Money, Method, and the Market Process: Essays by Ludwig von Mises. Norwell, Mass: Kluwer Academic Publishers, 1990: 58.

[24] [25] [26] Rothbard, Murray. An Austrian Perspective on the History of Economic Thoughts. Edward Elgar Publishing, Ltd., 2006.

[27] 约翰·洛克关于通货的论述分散在下面一些他的著作里：Some Considerations of the Consequences of the Lowering of Interest and Raising the Value of Money（《关于降低利率和升值通货的后果的一些思考》），Further Considerations Concerning Raising the Value of Money（《关于升值通货的再思考》），以及 Two Treatises of Government and a Letter Concerning Toleration（《政府论和论宽容》）等。

[28] Longaker, Mark Garrett. John Locke's Monetary Argument: An Analysis with Methodological and Historical Implications. Rhetoric Society Quarterly, 2011, 41 (2): 125 – 144；Locke, John. Two Treatises of Government and a Letter Concerning Toleration. Digireads.com, [1696] 2009；Locke, John. Some Considerations of the Consequences of the Lowering of Interest and Raising the Value of Money. WealthofNation.com, [1691] 2014.

[29] Longaker, Mark Garrett. John Locke's Monetary Argument: An Analysis with Methodological and Historical Implications. Rhetoric Society Quarterly, 2011, 41 (2): 125 – 144；Locke, John. Further Considerations Concerning Raising the Value of Money. Kessinger Publishing, LLC, [1691] 2010.

[30] 同 [24]。

[31] [32] Cantillon, Richard. An Essay on Economic Theory: A translation of Richard Cantillon's Essai sur la nature du commerce en général. translated by Chantal Saucier. edited by Mark Thornton. Ludwig von Mises Institute, [1755] 2010: 148 – 149.

[33] 法文：Essai sur la nature du commerce en général，中文译本为《商业性质概论》，汉译世界名著丛书·经济，商务印书馆，1997 年版。

[34] 同 [31] 155.

[35] 同 [24]。

[36] 同 [31]。

[37] 同 [22] 141.

[38] 同 [24]。

[39] [40] 同 [31] 161.

[41] Wennerlind, Carl. David Hume's Monetary Theory Revisited: Was He Really a Quantity Theorist and an Inflationist? . Journal of Political Economy, 2005, 113 (1): 223 – 237.

[42] 无论是约翰·梅纳德·凯恩斯的《通论》，米尔顿·弗里德曼的"货币数量理论"，

钱的千年兴衰史

还是罗伯特·卢卡斯的诺贝尔奖获奖讲演文稿"货币中性"都是如此。Keynes, John Maynard. The General Theory of Employment, Interest and Money. New York: Harcourt, Brace & World, 1936; Friedman, Milton. Quantity Theory of Money//The New Palgrave: A Dictionary of Economics: vol. 4. edited by John Eatwell, Murray Milgate, Peter Newman. London: Macmillan, 1987; Lucas, Robert E. Jr. . Nobel Lecture: Monetary Neutrality. Journal of Political Economy, 1996, 104 (4): 661 – 682.

[43] Wennerlind, Carl. David Hume's Monetary Theory Revisited: Was He Really a Quantity Theorist and an Inflationist? . Journal of Political Economy, 2005, 113 (1): 223 – 237.

[44] 同 [24]。

[45] [46] [47] 同 [43]。

[48] [49] [50] David Hume. Of Money, 1762. [2019 – 10 – 10]. http://www.csus.edu/indiv/c/chalmersk/econ%20101/humeofmoney.pdf.

[51] 同 [43]。

[52] 显然关于货币是否中性的实证结果对这个问题也没有达成共识,大家莫衷一是。对这个系列的实证方法及其结果有兴趣的读者可以参阅(但不仅限于)如下实证文献:Barro, Robert J. Unanticipated Money Growth and Unemployment in the United States. American Economic Review, 1977, 67 (2): 101 – 115; Unanticipated Money, Output, and the Price Level in the United States. Journal of Political Economy, 1978, 86 (4): 549 – 580; Carns, Frederick and Raymond Lombra. Rational Expectations and Short-Run Neutrality: A Reexamination of the Role of Anticipated Money Growth. The Review of Economics and Statistics, 1983, 65 (4): 639 – 643; Cecchetti, Stephen G. Testing Short-Run Neutrality: International Evidence. The Review of Economics and Statistics, 1987, 69 (1): 135 – 140; Lucas, Robert E. JR. Some International Evidence on Output-Inflation Tradeoffs. American Economic Review, 1973, 63 (3): 326 – 334; McCandless, George T. , Warren E. Weber. Some Monetary Facts. Federal Reserve Bank of Minneapolis Quarterly Review, 1995, 19 (3): 1 – 11; Mishkin, Frederic S. Does Anticipated Monetary Policy Matter? An Econometric Investigation. Journal of Political Economy, 1982, 90 (1): 22 – 51; Does Anticipated Aggregate Demand Policy Matter? Further Econometric Results. American Economic Review, 1982, 72 (4): 788 – 802; Motolese, Maurizio. Endogenous uncertainty and the non-neutrality of money. Economic Theory, 2002 (21): 317 – 345 [这篇文章采用了与理性预期理论(Rational Expectation Theory)不同的理性主观理论(Rational Belief Theory)]; Small, David H. Unanticipated Money Growth and Unemployment in the United States: Comment. American Economic Review, 1979, 69 (5): 996 – 1003; Turnovsky, Stephen J. , Mark E. Wohar. Monetarism and the Aggregate Economy: Some Longer-Run Evidence. Review of Economics and Statistics, 1984, 66 (4): 619 – 629.

[53] 请看 2018 年诺贝尔经济学奖得主保罗·罗默(Paul Romer)在他的获奖演讲中对这种方法论的批判:Paul M. Romer Facts. NobelPrize. org. [2019 – 10 – 10]. https://

www.nobelprize.org/prizes/economic-sciences/2018/romer/facts/.

[54] 在理论方面，卢卡斯（1996）概述了几代经济学家的努力，他们在人们随着时间推移（两个时期的跨期）进行最优化的假设下构建瓦尔拉斯一般均衡模型，同时以跨期替代为目标来捕捉这段时间内的动态调整过程［对古典模型建模过程感兴趣的读者，请参照 Lucas（1996）］。在一个虚构的世界中，如果构建的目标模型假设"在这种情况下，随着时间变化而改变的唯一变量是货币供给"，那么我们就会得到结论："价格水平会以货币供给的增长率跨期上升。"（Lucas，1996）然而，卢卡斯承认"这并不意味着货币供给增长率（和相同的价格通货膨胀率）仅仅是单位变化，对任何人都没有影响。货币供给增长越快，相对于通过工作积攒的现金来说，隔夜的转移支付越重要。货币的转移支付降低了工作的回报率。随着通货膨胀率的上升，商品的产出下降，并且每个人的情况都变得更糟糕了。这是货币的非中性，货币供给的变化产生了实际的效果……但是这个效应显然不是休谟所讨论的货币扩张的刺激效应。在这个例子中，通货膨胀并没有'促使每个个体勤奋劳动'。这里的情况类似于一种通过降低实际回报来抑制勤奋的税"（Lucas，1995）。有意思的是，2018 年诺贝尔经济学奖得主保罗·罗默在他的获奖演讲稿中也对货币数量理论的治学方法和卢卡斯不同时期的不同结论多有批评。更重要的是他对整个宏观经济学的研究方法的批判，指出宏观经济学治学的问题已经因"冷漠地容忍"错误而远离了启蒙运动追求科学精神的实质。Paul M. Romer Facts. NobelPrize.org.［2019 - 10 - 10］. https://www.nobelprize.org/prizes/economic-sciences/2018/romer/facts/.

[55] McCandless, George T., Warren E. Weber. Some Monetary Facts. Federal Reserve Bank of Minneapolis Quarterly Review，1995，19（3）：1 - 11.

[56] Lucas, Robert E. Jr. Nobel Lecture: Monetary Neutrality. Journal of Political Economy，1996，104（4）：661 - 682.

[57] [58] Freund, Caroline and Sarah Oliver. The Origins of the Superrich: The Billionaire Characteristics Database. Working Paper Series 16 - 1. Peterson Institute for International Economics，2016.

[59] 我向大家推荐这个才 8 分多钟的电视采访，这里的对话，在 2008 年次贷危机之后再让人回味起来也颇具娱乐性。Peter Schiff explains Inflation. Youtube video.（2006 - 06 - 13）[2019 - 10 - 10]. https://www.youtube.com/watch? v=uD64owa6xh4.

[60] Peter Schiff: "The Fed created a lot of inflation in the 1990s. What Americans did with that money was they spent on imported products, because Americans lack the industrial capacity to produce those products ourselves. So money went abroad, that kept the lid on prices, but it didn't end there. foreigners use those dollars that we created to bid up US stocks. They invested in our stocks. Rising stock prices that was inflation. When the stock bubble burst, foreigners then recycle those dollars into the bond market, produced the rise in bond prices, it dropped interest rates, allowing Americans to bid up real estate prices. Americans then used their added home equity to borrow more money and send more dollars to abroad, which foreigners then use to bid up natural resource prices that were neces-

sary in the production process. So rising stock prices, rising real estate prices, rising commodity prices are all an inflation that the Fed has been creating."

［61］《广场协议》由法国、联邦德国、日本、美国和英国于1985年9月22日在纽约广场饭店签署，旨在干预外汇市场，将这些主要国家货币相对于美元升值。Plaza Accord. ［2019 - 10 - 10］. https：//en. wikipedia. org/wiki/Plaza _ Accord.

［62］《卢浮宫协议》由法国、联邦德国、日本、加拿大、美国和英国于1987年2月22日在巴黎签署，旨在解决美元因《广场协议》而导致的持续贬值问题。Louvre Accord. ［2019 - 10 - 10］. https：//en. wikipedia. org/wiki/Louvre _ Accord.

［63］Spengler, Joseph J. Richard Cantillon：First of the Moderns. I. Journal of Political Economy, 1954, 62（4）：281 - 295；Spengler, Joseph J. Richard Cantillon：First of the Moderns. II. Journal of Political Economy, 1954, 62（5）：406 - 424.

［64］［65］同［24］.

［66］Brewer, Anthony. Richard Cantillon：Pioneer of Economic Theory. London and New York：Routledge, 1992.

［67］费雪将杰文斯的著作 A General Mathematical Theory of Political Economy 誉为经济学数理方法的起点。Irving Fisher. The Utility and History of Mathematical Method in Economics. Mathematical Investigations in the Theory of Value and Prices, 1892：109 Appendix III.

［68］Richard Cantillon. ［2019 - 10 - 10］. https：//en. wikipedia. org/wiki/Richard _ Cantillon.

［69］同［66］.

［70］同［24］.

［71］Higgs, Henry. Cantillon's Place in Economics. The Quarterly Journal of Economics, 1892, 6（4）：436 - 449.

［72］［73］同［66］.

［74］同［24］.

［75］同［31］148 - 149.

第10章

［1］Longaker, Mark Garrett John Locke's Monetary Argument：An Analysis with Methodological and Historical Implications. Rhetoric Society Quarterly, 2011, 41（2）：125 - 144；Locke, John. Further Considerations Concerning Raising the Value of Money. Kessinger Publishing, LLC, ［1691］2010.

［2］［3］莫瑞·罗斯巴德. 为什么我们的钱变薄了. 陈正芬, 何正云, 译. 北京：中信出版社, 2008.

［4］Advantages and Disadvantages of Exchange Rate Systems. International Economics. Section 4.6 Exchange rates-notes. Triple Alearning. ［2019 - 10 - 12］. http：//www. sanandres. esc. edu.

ar/secondary/economics%20packs/international _ economics/page _ 60. htm.

[5] Tooley, Hunt. The Great War: Western Front and Home Front. 2nd Edition. Palgrave, Macmillan Publishers Limited, [2015] 2016.

[6] Kynaston, David. The City of London: vol. 2: Golden Years: 1890—1914. London: Chatto and Windus, 1995: 8. Quoted in Mulder, Nicholas. War Finance. 1914—1918 online: International Encyclopedia of the First War War, last updated February 8, 2018. Freie Universität Berlin. [2019 - 10 - 12]. https: //encyclopedia. 1914—1918-online. net/article/war _ finance? version=1. 0.

[7] 英国维多利亚女王在位时期被认为是大英帝国的黄金时代。

[8] "Our powers of obtaining gold would only be exhausted when the country had nothing left to sell." Quoted in Hazlitt, Henry. From Bretton Woods to World Inflation: A Study of Causes and Consequences. Regnery Gateway, Inc. , 1984: 38.

[9] Lambert, Nicholas. Planning Armageddon: British Economic Warfare and the First World War. Harvard University Press, 2012: 239. Quoted in Mulder, Nicholas. War Finance//1914—1918 online: International Encyclopedia of the First War War, last updated February 8, 2018. Freie Universität Berlin. [2019 - 10 - 12]. https: //encyclopedia. 1914—1918-online. net/article/war _ finance? version=1. 0.

[10] 同[5]. 这句话在中国的广为流传要归功于严复翻译的英国生物学家、达尔文的传人托马斯·赫胥黎（Thomas Huxley）的《天演论》（Evolution and Ethics and Other Essays）.《天演论》于1898年在中国正式出版。天演论. 百度百科. [2019 - 10 - 12]. https: //baike. baidu. com/item/天演论/4331.

[11] 张东荪先生在他1925年发表的《出世思想与西洋哲学》一文中，对进化论作为西方哲学之唯一特征做了简明的论述："须知科学思想与希腊哲学是根本相同的。李乃德（J. Burnet）教授著《古代希腊哲学史》于其序上有言曰：'It is an adequate description of science to say that it is thinking about the world in the Greek way.'（以希腊的方式思考世界就是对科学的一个充分描述）须知科学思想与希腊哲学一样，努力于森罗万象的感官世界上寻求有万事不变的原理世界。这种努力是起于人类有一种'求常'的意志，实为显然。所以我们须知对于无常的现实世界设法变为恒常的理想世界，乃是人类唯一的要求。人类根本上就有这种要求，否则人类即不能生活。西儒常谓生活即奋斗，这句话是不错的。所谓奋斗，就是对于现实的纷乱变幻而战，对于无常而战。因此我们可以知道西洋哲学（科学包括在内）与印度思想，其所要解决的问题是相同的。换言之，即题材是相同的。不过答案却不同。一个认定这个无常世界非全部立刻推翻不可；一个则以为这个世界可以逐渐改造，而达到理想的境界，所以在西洋哲学上进化论是其唯一的特征。"张东荪. 出世思想与西洋哲学//左玉河. 中国近代思想家文库：张东荪卷. 北京：中国人民大学出版社，2015：204. 启蒙时代科学思想和方法作为挑战教会思想控制的利器，在后来被推而广之到社会科学领域，将我们对主角是人的社会建构，以一个将人排除在外的系统进行建模，从方法论上讲，恐怕是一种对本来要追源本体的科学思想和方法的机械或是懒惰的应用。后

果，就是西方世界失去了它之所以能够产生启蒙运动的哲学传统．方东美．中国哲学对未来世界的影响//方东美先生演讲集．北京：中华书局，2013：2-3．"科学思想系统确立之后，近代西洋人更据以发挥权能，产生技术，控制自然界之质力以为人用，于是工业文明的成就因之大显。这二三点都是我们今日应当诚心向往的。但是此种亦有根本困难我们不能置而不辩。近代科学因为要确守逻辑的严谨，追求方法的便利，重视客观的真实，乃遂剥削自然界之内容，只承认时空数量物质之存在，而抹杀人类心理属性之重要。因此艺术才情所欣赏之美、道德品格所珍重之善、哲学宗教所覃思之真，以及其他种种价值，都失其根据而流为主观的幻想，这是文化发展上一种极大的危险。" Fang, FDXY, note 2, p. 258. Quoted by King Pong Chiu. Thomé H. Fang, Tang Junyi and Huayan Thought: A Confucian Appropriation of Buhddist Ideas in Response to Scientism in Twentieth-Century China. Koninklijke Brill nv, 2016: 86.

[12] 这种政治圈所倾向的应用本不是进化论的本意。米塞斯在评论当时社会流行的对达尔文主义的误解时这样说："现在盛行的赞成社会分裂和暴力决定的学说，并非所谓立基于生物学的社会竞存哲学的结果，而是由于对功利主义和经济理论的普遍反对。人们不可调和的阶级冲突和国际冲突之理念取代了'正统'的社会和谐之理念。而后者在正确理解的意义上，指的是所有个人、社会团体以及国家之间长期利益的和谐。人们之所以互相争斗，乃因为他们深信，彻底消灭敌人是增进自己福利的惟一手段。"米塞斯，路德维希·冯．人的行动．余晖，译．上海：上海人民出版社，2013：193．（要说明的是，米塞斯对功利主义做了如下界定："功利主义哲学和古典经济学则毫不涉及自然权利的学说。对它们而言，社会效用乃是惟一重要的价值。它们之所以推荐民主政府、私有财产、宽容以及自由，不是因为这些东西是自然和公正的，而是因为它们有利。李嘉图哲学的核心在于说明，通过社会合作与分工，即便在任何方面都较优越和更有效率的人，与那些在任何方面都较劣而低效的人，都能够获得利益。"同上192．）

[13] 同 [5] Footnote 20.

[14] 由"探索学院"（Discovery Institute）制作的纪录片 The Biology of the Second Reich: Social Darwinism and the Origins of World War I 对社会达尔文主义和第一次世界大战爆发之间的联系和在德国的应用做了简明的叙述。Discovery Institute. The Biology of the Second Reich: Social Darwinism and the Origins of World War I. YouTube video.（2014-08-18）[2019-10-12]. https://www.youtube.com/watch?v=9n900e80R30. Dewey, John. The Influence of Darwin on Philosophy and Other Essays. New York: Henry Holt and Company, 1910. Also see Koch, H. W. Social Darwinism as a Factor in the 'New Imperialism' //Koch ed. The Origins of the First World War. London: Palgrave, 1984: 319-342. Harp, Gillis J. Positivist Republic: Auguste Comte and the Reconstruction of American Liberalism, 1865—1920. University Park: Pennsylvania State University Press, 1995.

[15] Quigley, Carroll. The Anglo-American Establishment. Dauphin Publications Inc., [1981] 2013. "They believed that white men of Anglo-Saxon descent rightly sat at the top of a racial hierarchy, a hierarchy built on predominance in trade, industry and the exploitation of

other races."Docherty, Gerry, James Macgregor. Hidden History: The Secret Origins of the First World War. Edinburgh and London: Mainstream Publishing, 2013. Also see The WWI Conspiracy-Part One: To Start A War. YouTube video. (2018-11-11) [2019-10-12]. https://www.youtube.com/watch? v=tclAbWvBt70&t=43s.

[16] 同 [5].

[17] [18] Yergin, Daniel. The Prize: The Epic Quest for Oil, Money and Power. Free Press, [1990] 1992.

[19] BBC 拍摄的关于第一次世界大战的 26 集系列纪录片 The Great War 之一集: The REAL reason for World War I. [2019-10-12]. https://www.youtube.com/watch? v=o9oRiUr3XIo.

[20] Docherty, Gerry, James Macgregor. Hidden History: The Secret Origins of the First World War. Edinburgh and London: Mainstream Publishing, 2013. Also see The WWI Conspiracy-Part One: To Start A War. YouTube video. (2018-11-11) [2019-10-12]. https://www.youtube.com/watch? v=tclAbWvBt70&t=43s.

[21] 第一次世界大战（1914 年 8 月—1918 年 11 月）死伤人数无法确切统计，造成的直接死亡人数为 1 200 万到 2 000 万。据英文维基百科所引述的材料提供的数字为：直接造成 900 万军人和 700 万平民丧生。World War I. Wikipedia, last edited October 3, 2019. [2019-10-12]. https://en.wikipedia.org/wiki/World_War_I.

[22] [23] Chernow, Ron. The House of Morgan: An American Banking Dynasty and the Rise of Modern Finance. Simon & Schuster, 1990: 188.

[24] Horn, Martin. Britain, France and the Financing of First World War. McGill-Queen's University Press, 2002: 87. Quoted in Horn, Martin. War Finance (Great Britain and Ireland) //1914—1918 online: International Encyclopedia of the First War War, last updated October 24, 2016. Freie Universität Berlin. [2019-10-12]. https://encyclopedia.1914—1918-online.net/article/war_finance_great_britain_and_ireland.

[25] 作为支持这些盟国在伦敦和纽约的资本市场上筹资和在大英帝国版图内购买战略物资的交换，英国要求这几个盟国以黄金和英国结算：战争期间，俄国和法国分别向英国支付了 6 800 万和 1.13 亿英镑的黄金。Horn, Martin. War Finance (Great Britain and Ireland) //1914—1918 online: International Encyclopedia of the First War War, last updated October 24, 2016. Freie Universität Berlin. [2019-10-12]. https://encyclopedia.1914—1918-online.net/article/war_finance_great_britain_and_ireland.

[26] 同 [24].

[27] Mulder, Nicholas. War Finance//1914—1918 online: International Encyclopedia of the First War War, last updated February 8, 2018. Freie Universität Berlin. [2019-10-12]. https://encyclopedia.1914—1918-online.net/article/war_finance? version=1.0.

[28] Soule, George. Prosperity Decade: From War to Depression: 1917—1929, The Economic History of the United States: Vol. VIII. New York: Holt, Rinehart and Winston,

[1947] 1964.

[29] Scheiber, Harry N. World War I as Entrepreneurial Opportunity: Willard Straight and the American International Corporation. Political Science Quarterly, 1969, 84 (3): 486-511.

[30] "... The powerful financial interests which would be connected with these loans would be tempted to use their influence through the newspapers to support the interests of the government to which they had loaned because the value of the security would be directly affected by the result of the war. We would thus find our newspapers violently arrayed on one side or the other, each paper supporting a financial group and pecuniary interest. All of this influence would make it all the more difficult for us to maintain neutrality, as our action on various questions that would arise would affect one side or the other and powerful financial interests would be thrown into the balance..." W. J. Bryan to President Woodrow Wilson: 1914. US Policy on Loans to the Belligerents. WWI Document Archive, last modified June 30, 2009. [2019-10-12]. https://wwi.lib.byu.edu/index.php/U.S.Policy on War Loans to Belligerents.

[31] 同 [27].

[32] Wilson, Woodrow. Message to Congress. 63rd Cong., 2d Sess., Senate Doc. No. 566 (Washington, 1914), 1914: 3-4. [2019-10-12]. http://www.digitalhistory.uh.edu/disp_textbook.cfm?smtID=3&psid=3889.

[33] America 1917, 1: He Kept Us Out Of War. First World War Hidden History, May 23, 2017. [2019-10-12]. https://firstworldwarhiddenhistory.wordpress.com/2017/05/23/america-1917-1-he-kept-us-out-of-war/.

[34] Greg Feldmeth. United States History Question of the Day Answer and Explanation. Greg Feldmeth's Home Page. [2019-10-12]. http://faculty.polytechnic.org/gfeldmeth/1314117a.html.

[35] Tooley, Hunt. 1917: How Woodrow Wilson Finally Got His War. Mises Wire, Mises Institute, April 7, 2017. [2019-10-12]. https://mises.org/wire/1917-how-woodrow-wilson-finally-got-his-war.

[36] "I am proposing, as it were, that the nations should with one accord adopt the doctrine of President Monroe as the doctrine of the world: that no nation should seek to extend its polity over any other nation or people, but that every people should be left free to determine its own polity, its own way of development, unhindered, unthreatened, unafraid, the little along with the great and powerful." Wilson, Woodrow. Address of the President of the United States to the Senate (1917). WWI Document Archive, last modified July 7, 2009. [2019-10-12]. https://wwi.lib.byu.edu/index.php/Address of the President of the United_States to the Senate.

[37] 同 [5].

[38] 同 [35].

[39] "While we do these things, these deeply momentous things, let us be very clear,

注　释

and make very clear to all the world what our motives and our objects are…We are at the beginning of an age in which it will be insisted that the same standards of conduct and of responsibility for wrong done shall be observed among nations and their governments that are observed among the individual citizens of civilized states." 同 [32] 3-8. Quoted in Wilson's War Message to Congress. WWI Document Archive, last modified May 28, 2009. [2019-10-12]. https://wwi.lib.byu.edu/index.php/Wilson%27s War Message to Congress.

[40] 同 [39] 所引文献.

[41] Friedman, Milton, Anna J. Schwartz. A Monetary History of the United States, 1867—1960. Princeton: Princeton University Press, 1963. Quoted in Rockoff, Hugh. US Economy in World War I. EH. Net Encyclopedia. (2008-02-10) [2019-10-12]. http://eh.net/encyclopedia/u-s-economy-in-world-war-i/.

[42] Money Supply. Wikipedia. [2019-10-12]. https://en.wikipedia.org/wiki/Money supply.

[43] Don Wolfensberger. Woodrow Wilson, Congress, and the Income Tax. An Introductory Essay for the Congress Project Seminar on 'Congress and Tax Policy'. Woodrow Wilson International Center for Scholars. [2019-10-12]. https://www.wilsoncenter.org/sites/default/files/ACF18.pdf.

[44] [45] Rockoff, Hugh. US Economy in World War I. EH. Net Encyclopedia. (2008-02-10) [2019-10-12]. http://eh.net/encyclopedia/u-s-economy-in-world-war-i/.

[46] Friedman, Milton, Anna Jacobson Schwartz. A Monetary History of the United States 1867—1960. Princeton University Press, [1971] 1993.

[47] Liberty Bond. Wikipedia. [2019-10-12]. https://en.wikipedia.org/wiki/Liberty bond.

[48] "The federal reserve became to all intents and purposes the bond-selling window of the treasury, using its monetary powers almost exclusively to this end." 同 [46].

[49] Buy Liberty Bonds today: U means you, S means subscribe, A means at once, between 1917 and 1918, published by United States. Scanned by Pritzker Military Museum & Library. [2019-10-12]. http://cdm16630.contentdm.oclc.org/cdm/singleitem/collection/p16630coll2/id/706/rec/8; Riesenberg, Sidney H. Lend as they fight-Buy more Liberty Bonds. published by Ketterlinus, 1918. Scanned by Pritzker Military Museum & Library. [2019-10-12]. http://cdm16630.contentdm.oclc.org/cdm/singleitem/collection/p16630 coll2/id/605/rec/147; Raleigh, Henry. Halt the Hun! Buy U.S. Government bonds, third liberty loan. published by Chicago: Edwards & Deutsch Litho. Co., 1918. Scanned by Pritzker Military Library. [2019-10-12]. http://cdm16630.contentdm.oclc.org/cdm/singleitem/collection/p16630coll2/id/584/rec/14; Liberty Loan--Become a patriotic loan holder--Subscribe at your bonk today, 1917. Scanned by Pritzker Military Library. [2019-10-12]. http://cdm16630.contentdm.oclc.org/cdm/singleitem/collection/p16630coll2/id/52/rec/153.

[50] 同 [22] 128.

[51] Nelson W. ALdrich. Federal Reserve History. [2019-10-12]. https://www.federalreservehistory.org/people/nelson w aldrich.

[52] [53] 同 [22] 129.

[54] [55] Scheiber, Harry N. World War I as Entrepreneurial Opportunity: Willard Straight and the American International Corporation. Political Science Quarterly, 1969, 84 (3): 486-511; Michon, Heather. The U. S. Economy in World War I. ThoughtCo. [2019-10-12]. https://www.thoughtco.com/world-war-i-economy-4157436.

[56] [57] 同 [46].

[58] Koning, John Paul. How the Fed Helped Pay for World War I. Mises Daily Articles. Mises Institute, November 12, 2009. [2019-10-12]. https://mises.org/library/how-fed-helped-pay-world-war-i; Federal Reserve Act, Chapter 6 of the 62nd Congress; Approved Dec. 23rd, 1913; 38 Stat. 251, As Amended Through P. L. 115-174, Enacted May 24, 2018. [2019-10-12]. https://legcounsel.house.gov/Comps/Federal%20Reserve%20Act.pdf.

[59] Fishe, P. H. The Federal Reserve Amendments of 1917: The Beginning of a Seasonal Note Issue Policy. Journal of Money, Credit, and Banking, 1991, 23 (3): 308-326.

[60] Koning, John Paul, 2009. How the Fed Helped Pay for World War I. Mises Daily Articles. Mises Institute, November 12, 2009. [2019-10-12]. https://mises.org/library/how-fed-helped-pay-world-war-i; Richardson, Gary, Alejandro Komai, Michael Guo. Roosevelt's Gold Program. (2013-11-22) [2019-10-12]. https://www.federalreservehistory.org/essays/roosevelts gold program.

[61] Federal Reserve Act, Chapter 6 of the 62nd Congress; Approved Dec. 23rd, 1913; 38 Stat. 251, As Amended Through P. L. 115-174, Enacted May 24, 2018. [2019-10-12]. https://legcounsel.house.gov/Comps/Federal%20Reserve%20Act.pdf. 这里也引用了修订版法案。

[62] Koning, John Paul. How the Fed Helped Pay for World War I. Mises Daily Articles. Mises Institute, November 12, 2009. [2019-10-12]. https://mises.org/library/how-fed-helped-pay-world-war-i.

[63] Commercial and Financial Chronicle, Bank & Quotation Section, May 15, 1917: 14. Quoted in Fishe, P. H. The Federal Reserve Amendments of 1917: The Beginning of a Seasonal Note Issue Policy. Journal of Money, Credit, and Banking, 1991, 23 (3): 308-326.

[64] 同 [62].

[65] 同 [59] 和 [62].

[66] [67] 同 [59].

[68] 同 [46].

[69] 同 [59].

[70] Board of Governors of the Federal Reserve System (U.S.), 1935-and Federal Reserve Board 1914—1935. The International Gold Standard and U.S. Monetary Policy from World War I to the New Deal. Federal Reserve Bulletin, June 1989, 75 (6): 3–20. Federal Reserve Bank of St. Louis. [2019-10-12]. https://fraser.stlouisfed.org/title/62/item/20805/toc/160424.

[71] 同 [46].

[72] What is lawful money? How is it different from legal tender? Board Governors of the Federal Reserve System, last updated September 29, 2011. [2019-10-12]. https://www.federalreserve.gov/faqs/money_15197.htm.

[73] 同 [46].

[74] Historical Statistics of the United States, series U 317-U 334, 1975: 903. Quoted in Fishe, P. H. The Federal Reserve Amendments of 1917: The Beginning of a Seasonal Note Issue Policy. Journal of Money, Credit, and Banking, 1991, 23 (3): 308–326.

[75] 同 [70].

[76] Ahamed, Liaquat. Lords of Finance: The Bankers Who Broke the World. New York: The Penguin Press, 2009.

[77] 同 [70].

[78] 同 [2].

[79] Fergusson, Adam. When Money Dies: The Nightmare of the Weimar Hyper-inflation. Puclic Affairs, [1975] 2010.

[80] 同 [76].

[81] Soule, George. Prosperity Decade: From War to Depression: 1917—1929, The Economic History of the United States, Vol. VIII. New York: Holt, Rinehart and Winston, [1947] 1964.

[82] Ferdinand Foch. Wikiquote, last edited July 5, 2019. [2019-10-14]. https://en.wikiquote.org/wiki/Ferdinand_Foch.

[83] Hawtry, R. G.. The Genoa Resolutions on Currency. The Economic Journal, 1992, 32 (127): 290–304.

[84] [85] Board of Governors of the Federal Reserve System (U.S.), 1935-and Federal Reserve Board 1914—1935. Genoa Financial Commission Report. Federal Reserve Bulletin, June 1922, 8 (6): 678–680. Federal Reserve Bank of St. Louis. [2019-10-12]. https://fraser.stlouisfed.org/title/62/item/20536/toc/89408.

[86] 同 [83] 和 [84].

[87] 同 [2].

[88] Small change. The economy. Olympic britain. parliament. uk. [2019-10-14]. https://www.parliament.uk/business/publications/research/olympic-britain/the-economy/small-change/.

［89］Horwitz, Steven. The Microeconomic Foundations of Macroeconomic Disorder: an Austrian Perspective on the Great Recession of 2008. Working Paper No. 09 – 23, Mercatus Center, George Mason University, 2009.

［90］Hardy, Charles O. Gold and Credit. The Annals of the American Academy of Political and Social Science, 1933 (165): 197 – 201.

［91］Crafts, Nicholas, Peter Fearon. Lessons from the 1930s Great Depression. Oxford Review of Economic Policy, 2010, 26 (3): 285 – 317.

［92］同［81］。

［93］Rothbard, Murray N. America's Great Depression. Fifth ed. Mises Institute, ［1963］2000.

［94］Ahamed, Liaquat. Lords of Finance: The Bankers Who Broke the World. New York: The Penguin Press, 2009.

［95］这个公式的货币端还经常被拓展为 MV + M'V'，公式写为 TP = MV + M'V'，以涵盖活期存款部分。为了讨论更加简明，我们下面只用原始公式。

［96］Fisher, Irving. The Purchasing Power of Money, its Determination and Relation to Credit, Interest and Crises. assisted by Harry G. Brown. New York: Macmillan, ［1911］1922: Chapter Two: Purchasing Power of Money as Related to the Equation of Exchange. Online Library of Liberty.［2019 – 10 – 14］. https://oll.libertyfund.org/titles/1165#Fisher_0133_85.

［97］"'Truisms' should never be neglected. The greatest generalizations of physical science, such as that forces are proportional to mass and acceleration, are truisms, but, when duly supplemented by specific data, these truisms are the most fruitful sources of useful mechanical knowledge. To throw away contemptuously the equation of exchange because it is so obviously true is to neglect the chance to formulate for economic science some of the most important and exact laws of which it is capable."同［95］。

［98］Mises, Ludwig von. Monetary Stabilization and Cyclical Policy. The Causes of the Economic Crisis, and Other Essays Before and After the Great Depression. Book/Digital Text, Mises Institute, 1928.［2019 – 10 – 14］. https://mises.org/library/causes-economic-crisis-and-other-essays-and-after-great-depression/html/c/193.

［99］［100］Hazlitt, Henry. The Velocity of Circulation. June 20, 2019. Mises Daily Articles. Mises Institute.［2019 – 10 – 14］. https://mises.org/library/velocity-circulation.

［101］同［96］。

［102］［103］Rothbard, Murray N. Man, Economy, and State: With Power and Market. 2nd Edition. Mises Institute,［1962］2009: Chapter 11: Money and Its Purchasing Power, 13. The Fallacy of the Exchange Equation.［2019 – 10 – 14］. https://mises.org/library/man-economy-and-state-power-and-market.

［104］Anderson, Benjamin. The Value of Money. New York: The Macmillan Company,

1917.

[105] 同 [102].

[106] FAQs. BLS information, Bureau of Labor Statistic. [2019 - 10 - 14] https://www.bls.gov/bls/faqs.htm.

[107] [108] Testimony of Governor Edward M. Gramlich. Before the Subcommittee on Human Resources of the Committee on Government Reform and Oversight, U. S. House of Representatives on Improving the consumer price index. (1998 - 04 - 29) [2019 - 10 - 14]. https://www.federalreserve.gov/boarddocs/testimony/1998/19980429.htm.

[109] 同 [106].

[110] Karlsson, Stefan. It's now core core CPI. Mises Wire, Mises Institute. (2006 - 06 - 14) [2019 - 10 - 14]. https://mises.org/wire/so-now-its-core-core-inflation.

[111] [112] Karlsson, Stefan. Higher House Prices is Higher Prices. LewRockwell.com. (2005 - 09 - 27) [2019 - 10 - 14]. https://www.lewrockwell.com/2005/09/stefan-mi-karlsson/higher-house-prices-is-higherprices/.

[113] Depression of 1920 - 1921. Wikipedia. (2019 - 09 - 19) [2019 - 10 - 14]. https://en.wikipedia.org/wiki/Depression of 1920 - 21; Koistinen, Paul A. C. The Industrial-Military Complex in Historical Perspective: World War I. Business History Review, 1967, 41 (4): 378 - 403; DiNoto, Michael. Centrally Planned Economies: The Soviets at Peace, the United States at War. The American Journal of Economics and Sociology, 1994, 51 (4): 415 - 432.

[114] Woods, Thomas. The Forgotten Depression of 1920. Mises Daily Articles. Mises Institute. (2009 - 11 - 27) [2019 - 10 - 14]. https://mises.org/library/forgotten-depression-1920.

[115] Thornton, Mark. The Great Depression: Mises vs. Fisher. Quarterly Journal of Austrian Economics, 2008 (11): 230 - 241.

[116] Inflation and CPI Consumer Price Index 1920—1929. InflationData.com. [2019 - 10 - 14]. https://inflationdata.com/articles/inflation-consumer-price-index-decade-commentary/inflation-cpi-consumer-price-index-1920—1929/.

[117] Fisher, Irving. New York Herald Tribune, 5 September, 1929. Reprinted in Edward Angly. Oh Yeah? New York: Viking Press, 1931. Quoted in Mark Thornton. The Great Depression: Mises vs. Fisher. Quarterly Journal of Austrian Economics, 2008 (11): 230 - 241.

[118] 同 [115].

[119] FISHER SEES STOCKS PERMANENTLY HIGH: Yale Economist Tells Purchasing Agents Increased Earnings Justify Rise. SAYS TRUSTS AID SALES Finds Special Knowledge, Applied to Diversify Holdings, Shifts Risks for Clients. The New York Times, October 16, 1929: 8. [2019 - 10 - 14]. https://www.nytimes.com/1929/10/16/archives/fisher-sees-stocks-permanently-high-yale-economist-tells-purchasing.html.

[120] 同 [117].

[121] Fisher, Irving. Booms and Depressions: Some First Principles. New York: Adelphi Company, 1932. Quoted in Mark Thornton. The Great Depression: Mises vs. Fisher. Quarterly Journal of Austrian Economics, 2008 (11): 230 – 241.

[122] [123] Mises, Ludwig von. Monetary Stabilization and Cyclical Policy. The Causes of the Economic Crisis, and Other Essays Before and After the Great Depression. Book/Digital Text, Mises Institute, 1928. [2019 – 10 – 14]. https://mises.org/library/causes-economic-crisis-and-other-essays-and-after-great-depression/html/c/193.

[124] [125] Fisher, Irving. I Discovered Phillip's Curve: 'A Statistical Relation between Unemployment and Prices'. Journal of Political Economy, 1973, 81 (2): 496 – 502.

[126] 同 [114].

[127] Weiher, Kenneth E. America's Search for Economic Stability: Monetary and Fiscal Policy Since 1913. New York: Twayne, 1992: 35. Quoted in Thomas Woods. The Forgotten Depression of 1920. Mises Daily Articles. Mises Institute. (2009 – 11 – 27) [2019 – 10 – 14]. https://mises.org/library/forgotten-depression-1920.

[128] Lebergott, Stanley. Manpower in Economic Growth: The Record Since 1800. New York, 1964. Quoted in Depression of 1920 – 21. Wikipedia. (2019 – 09 – 19) [2019 – 10 – 14]. https://en.wikipedia.org/wiki/Depression_of_1920-21; Woods, Thomas. The Forgotten Depression of 1920. Mises Daily Articles. Mises Institute. (2009 – 11 – 27) [2019 –10 – 14]. https://mises.org/library/forgotten-depression-1920.

[129] Warren G. Harding. Wikipedia. (2019 – 10 – 12) [2019 – 10 – 14]. https://en.m.wikipedia.org/wiki/Warren_G._Harding.

[130] 同 [121].

[131] [132] [133] Friedman, Milton, Anna J. Schwartz. A Monetary History of the United States, 1867—1960. Princeton: Princeton University Press, [1963] 1993: 345 – 346.

[134] Bryan, Dan. The 1933 Banking Crisis: from Detroit's Collapse to Roosevelt's Bank Holiday. Americanhistoryusa.com. (2012 – 09 – 30) [2019 – 10 – 14]. https://www.americanhistoryusa.com/1933-banking-crisis-detroit-collapse-roosevelt-bank-holiday/.

[135] [136] Greene, Stephen. emergency_banking_act_of_1933. Federal Reserve History, November 22, 2013. [2019 – 10 – 14]. https://www.federalreservehistory.org/essays/emergency_banking_act_of_1933.

[137] More Important than Gold: FDR's First Fireside Chat. History Matters. [2019 –10 – 14]. http://historymatters.gmu.edu/d/5199/.

[138] UNDER EXECUTIVE OEDER OF THE PRESIDENT. U. S. Government Printing Office, April 5, 1933. [2019 – 10 – 14]. http://www.goldline.com/images/conf-order.pdf.

[139] Roosevelt, Franklin D. Executive Order 6102-Requiring Gold Coin, Gold Bullion

and Gold Certificates Be Delivered to the Government, The American Presidency Project, 1933. [2019 - 10 - 14]. https://www.presidency.ucsb.edu/documents/executive-order-6102-requiring-gold-coin-gold-bullion-and-gold-certificates-be-delivered.

[140] Edwards, Sebastian. Amercian Default: The Untold Story of FDR, the Supreme Court, and the Battle over Gold. Princeton and Oxford: Princeton University Press, 2018.

[141] Gold Reserve Act. Wikipedia. (2019 - 09 - 20) [2019 - 10 - 14]. https://en.wikipedia.org/wiki/Gold_Reserve_Act#cite_note-THOR-8.

[142] Richardson, Gary, Alejandro Komai: Michael Guo. Gold Reserve Act of 1934. Federal Reserve History. (2013 - 11 - 22) [2019 - 10 - 14]. https://www.federalreservehistory.org/essays/gold_reserve_act.

[143] [144] 同 [140].

[145] Roosevelt, Franklin D. Executive Order 6814-Requiring the Delivery All Silver the United States for Coinage. The American Presidency Project, 1934. [2019 - 10 - 14]. https://www.presidency.ucsb.edu/documents/executive-order-6814-requiring-the-delivery-all-silver-the-united-states-for-coinage.

[146] [147] Higgs, Robert. How FDR Made the Depression Worse. The Free Market, 1995, 13 (2). Mises Institute. [2019 - 10 - 14]. https://mises.org/library/how-fdr-made-depression-worse.

[148] "The forces of 'organized money' are unanimous in their hate for me, and I welcome their hatre… I should like to have it said of my first Administration that in it the forces of selfishness and of lust for power met their match, [and] I should like to have it said of my second Administration that in it these forces have met their master." History.com editors. The 1930s. history.com, last updated June 6, 2019. A&E Television Networks. https://www.history.com/topics/great-depression/1930s

[149] Reed, Lawrence W. The Great Myth of the Great Depression. Mackinac Center and the Foundation for Economic Education, [1981] 2010. [2019 - 10 - 14]. https://www.mackinac.org/archives/1998/SP1998 - 01.pdf.

[150] Griffith, B. Barret. The Gold Flow. Financial Analysts Journal, 1960, 16 (6): 67 - 68.

[151] Leuchtenburg, William E. Franklin D. Roosevelt and the New Deal: 1932—1940. Harper Perennial, [1963] 2009. Quoted in Recession of 1937 - 1938. Wikipedia. (2019 - 08 - 24) [2019 - 10 - 14]. https://en.wikipedia.org/wiki/Recession_of_1937-38#cite_note-13.

[152] Romer, Christina D. What Ended the Great Depression?. The Journal of Economic History, 1992, 52 (4): 757 - 784. 根据罗默 (1992) 以 20 年代的 GNP 增长率来预计的长期趋势, 美国的 GNP 直到 1942 年美国参战后才恢复到长期趋势水平, 而 1935 年 GNP 还低于它的长期趋势 38%, 到 1937 年依旧低于 26%。

[153] Lebergott, Stanley. Manpower in Economic Growth: The Record Since 1800.

New York, 1964, Table A-3: 512. Quoted in Romer, Christina D. What Ended the Great Depression? . The Journal of Economic History, 1992, 52 (4): 757-784.

第 11 章

[1] Longaker, Mark Garrett. John Locke's Monetary Argument: An Analysis with Methodological and Historical Implications. Rhetoric Society Quarterly, 2011, 41 (2): 125-144; Locke, John. Further Considerations Concerning Raising the Value of Money. Kessinger Publishing, LLC, [1691] 2010.

[2] Greg Hunter. Catherine Austin Fitts-Inflation is Already Here. YouTube video. (2019-06-01) [2019-10-16]. https://www.youtube.com/watch?v=R6huOxBtQFI&t=2361s.

[3] 这是凯瑟琳·奥斯丁·菲兹对马蒂斯在听证会上针对这一问题的总结，而马蒂斯的原话是针对关于海外应急行动（overseas contingency operations）的回答。

[4] FULLVIDEO: Confirmation Hearing of James 'Mad Dog' Mattis, Trump's Secretary of Defense Pick-FNN. YouTube video. (2017-01-17) [2019-10-16]. https://www.youtube.com/watch?v=OE32ESVo48w&t=8033s (accessed October 16, 2019).

[5][6] Hazlitt, Henry. From Bretton Woods to World Inflation: A Study of Causes and Consequences. Chicago: Regnery Gateway, 1984.

[7] Stevens, Paul. Bretton Woods, 1944—1971. Foundation for Economic Education, 1973. [2019-10-16]. https://fee.org/articles/bretton-woods-1944-1971/.

[8] Bernstein, Edward M. . The Adequacy of United States Gold Reserve. The American Economic Review, 1961, 51 (2): 439-446.

[9] Griffith, Barret B. The Gold Flow. Financial Analysts Journal, 1960, 16 (6): 67-68.

[10] 莫瑞·罗斯巴德. 为什么我们的钱变薄了. 陈正芬, 何正云, 译. 北京: 中信出版社, 2008: 84。

[11] Reinbold, Brian, Yi Wen. Historical U. S. Trade Deficits. Economic Synopses, No. 13, 2019. [2019-10-16]. https://doi.org/10.20955/es.2019.13.

[12] A Report on Germany. Wikipedia. (2019-08-06) [2019-10-16]. https://en.wikipedia.org/wiki/A_Report_on_Germany.

[13] Brown, Lewis H. A Report on Germany. New York: Farrar Straus, 1947.

[14] The Marsall Plan Speech. The George C. Marshall Foundation. [2019-10-16]. https://www.marshallfoundation.org/marshall/the-marshall-plan/marshall-plan-speech/.

[15] Marshall Plan. Wikipedia. (2019-10-15) [2019-10-16]. https://en.wikipedia.org/wiki/Marshall_Plan.

[16] Winter of 1946-47 in the United Kingdom. Wikipedia. (2019-09-19) [2019-10-16]. https://en.wikipedia.org/wiki/Winter_of_1946-47_in_the_United_King-

dom.

［17］［18］History. com Editors. President Truman announces the Truman Doctrine. A&E Television Networks. （2019 - 07 - 27）［2019 - 10 - 16］. https：//www. history. com/this-day-in-history/truman-doctrine-is-announced.

［19］William L. Clayton. Wikipedia. （2019 - 10 - 14）［2019 - 10 - 16］. https：//en. wikipedia. org/wiki/William_L._Clayton；Tucker，Jeffery A. The Marshall Plan Myth. The Free Market，1997，15（9）. Mises Institute.［2019 - 10 - 16］. https：//mises. org/library/marshall-plan-myth（accessed October 16，2019）.

［20］Tucker，Jeffery A. The Marshall Plan Myth. The Free Market，1997，15（9）. Mises Institute.［2019 - 10 - 16］. https：//mises. org/library/marshall-plan-myth.

［21］Money Matters：An IMF Exhibition-The Importance of Global Cooperation System in Crisis（1959—1971）Part 4 of 7. International Monetary Fund.［2019 - 10 - 16］. https：//www. imf. org/external/np/exr/center/mm/eng/mm_sc_03. htm.

［22］同［9］.

［23］同［21］.

［24］Rueff，Jacques. Des Plans d'irrigation pendant le déluge. Le Monde，24 September，1965，MSW 131 - 134. Quoted in Christopher S. Chivvis. Charles de Gaulle, Jacques Rueff and French International Monetary Policy under Bretton Woods. Journal of Contemporary History，2006，41（4）：701 - 720.

［25］Eichengreen，Barry. Exorbitant Privilege：The Rise and Fall of the Dollar. Oxford University Press，2011.

［26］［27］Chivvis，Christopher S. Charles de Gaulle, Jacques Rueff and French International Monetary Policy under Bretton Woods. Journal of Contemporary History，2006，41（4）：701 - 720.

［28］Viotti，Paul. The Dollar and National Security：the Monetary Component of Hard Power. Stanford University Press，2014.

［29］1960年10月美元对黄金的定盘价格（fixing）上升到38美元兑1盎司黄金，当日交易触及40美元兑1盎司黄金后，1961年10月美国对抛售黄金维持美元对黄金的兑换率已经觉得不堪重负，11月美联储纽约大区银行行长阿尔弗雷德·海耶（Alfred Hayer）提出美国的黄金池方案，在此方案下，黄金池的成员国承诺不在伦敦、苏联和南非以高于黄金池规定的价格购买黄金。操作上，成员国共同商议一个美元兑黄金的上限和下限，兑换价格一旦偏离，自然触发买或卖的干预行动，这个市场所在地的英格兰银行是这个黄金操作的代理行（Bordo，Monnet and Naef，2017）。黄金池的建立，实际上就是一个对黄金限价的国际同盟。黄金作为一个世界公认的储备资产，这种限价努力也必然需要联合尽可能多的国家和政府。

［30］超出35美元的20美分是因为美国财政部对黄金交易征收0.25％的税，再加上纽约到伦敦的黄金运费（Bordo，Monnet and Naef，2017）。

[31] Bordo, Michael, Eric Monnet, Alain Naef. The Gold Pool (1961—1968) and the Fall of the Bretton Woods System: Lessons for Central Bank Cooperation. NBER Working Paper 24016. National Bureau of Economic Research, 2017.

[32] Kadlec, Charles. Nixon's Colossal Monetary Error: The Verdict 40 Years Later. Forbes, August 15, 2011. [2019 - 10 - 16]. https://www.forbes.com/sites/charleskadlec/2011/08/15/nixons-colossal-monetary-error-the-verdict-40-years-later/#955859e69f77; Nixon and the End of the Bretton Woods System, 1971—1973. Office of the Historian, https://history.state.gov/milestones/1969—1976/nixon-shock.

[33] Nixon and the End of the Bretton Woods System, 1971—1973. Office of the Historian. [2019 - 10 - 16]. https://history.state.gov/milestones/1969—1976/nixon-shock.

[34][35] 翻译自英文: The English translation of this excerpt is drawn from Lacoutre, 1991: 381, translated from Charles De Gaulle, 1971 (4): 325 - 342, esp. 330 - 334; Excerpt from a press conference of French President Charles de Gaulle at the Palais de l'Élysée calling for the return of a gold exchange standard, February 4, 1965. Source: The World Gold Council.

[36] Charles de Gaulle. Wikipedia. (2019 - 10 - 15) [2019 - 10 - 16]. https://en.wikipedia.org/wiki/Charles_de_Gaulle#cite_note-books.google.fr-221.

[37] 同[10].

[38] 同[21].

[39][40][41] Gilbert, Alton, R. Requiem for Regulation Q: What It Did and Why It Passed Away. Review (Federal Reserve Bank of St. Louis), 1986, 68 (2): 22 - 37. Federal Reserve Bank of St. Louis. [2019 - 10 - 16]. https://fraser.stlouisfed.org/title/820/item/24490/toc/499766.

[42] Klopstock, Fred H. Euro-Dollars in the Liquidity and Reserve Management of United States Banks. Monthly Review, July 1968. Federal Reserve Bank of New York.

[43] Sekar, Jire. Death of M3: The Fifth Anniversary. Mises Daily Articles, Mises Institute. (2010 - 12 - 12) [2019 - 10 - 16]. https://mises.org/library/death-m3-fifth-anniversary; McMahon, Tim. Goodbye M3-What is Government Hiding? . InflationData.com. (2006 - 03 - 16) [2019 - 10 - 16]. https://inflationdata.com/articles/2006/03/16/goodbye-m3-what-is-the-government-hiding/.

[44] Sekar, Jire. Death of M3: The Fifth Anniversary. Mises Daily Articles, Mises Institute. (2010 - 12 - 12) [2019 - 10 - 16]. https://mises.org/library/death-m3-fifth-anniversary.

[45][46][47] Discontinuance of M3. federalreserve.gov. (2006 - 03 - 09) [2019 -10 - 16]. https://www.federalreserve.gov/Releases/h6/discm3.htm.

[48] Halberstam David. The Best and the Brightest: Kennedy-Johnson Administrations. New York: Modern Library, [1969] 2001.

[49] 越南战争. 百度百科. [2019-10-16]. https://baike.baidu.com/item/越南战争/299960?fr=aladdin.

[50] 1968: The Year Everything Fell Apart. YouTube video. (2019-01-03) [2019-10-16]. https://www.youtube.com/watch?v=bmv9mo1ZClo.

[51] U.S. Spent $141-Billion in Vietnam in 14 Years. The New York Times, May 1, 1975: 20. [2019-10-16]. https://www.nytimes.com/1975/05/01/archives/us-spent-141billion-in-vietnam-in-14-years.html.

[52] Rohn, Alan. How Much Did the Vietnam War Cost?. thevietnamwar.info. (2016-04-05) [2019-10-16]. https://thevietnamwar.info/how-much-vietnam-war-cost/.

[53] Daggett, Stephen. Cost of Major U.S. Wars. Congressional Research Service (CRS) Report for Congress, 2010.

[54] 同 [51].

[55] Riddell, Tom. Inflationary Impact of the Vietnam War. Vietnam Generation, 1989, 1 (1): Article 4. [2019-10-16]. http://digitalcommons.lasalle.edu/vietnamgeneration/vol1/iss1/4.

[56] Galper, Harvey. The Impacts of the Vietnam War on Defense Spending: A Simulation Approach. The Journal of Business, 1969, 42 (4): 401-415.

[57] 1971年6月，美国国防部的机密文件详细披露了越南战争制定及美国政治考虑的整个过程。由史蒂文·斯皮尔伯格（Steven Spielberg）执导、梅丽尔·斯特里普（Meryl Streep）和汤姆·汉克斯（Tom Hanks）主演的电影《华盛顿邮报》（The Post），讲述的就是这个国防部机密文件（Pentagon Papers）泄露事件。

[58] Koning, John Paul. The Losing Battle to Fix Gold at $35. Mises Daily, Mises Institute. (2009-02-18) [2019-10-16]. https://mises.org/library/losing-battle-fix-gold-35.

[59] 同 [31].

[60] 同 [58].

[61] Memorandum of Discussion, March 14, 1968, Federal Open Market Committee (FOMC), Federal Reserve. [2019-10-16]. https://www.federalreserve.gov/monetarypolicy/files/fomcmod19680314.pdf.

[62] 同 [31].

[63] Greider, William. Secrets of the Temple: How the Federal Reserve Runs the Country. Simon & Schuster, 1987: 340.

[64] [65] 同 [63] 341.

[66] Sennholz, Hans F. In Search of a New Monetary Order. The Freeman, 1972, 22 (1): 3-12.

[67] Smithsonian Agreement. Wikipedia. (2019-10-11) [2019-10-16]. https://en.wikipedia.org/wiki/Smithsonian_Agreement; Humpage, Owen. The Smithsonian A-

greement. Federal Reserve History.（2013-11-22）[2019-10-16]. https：//www.federalreservehistory.org/essays/smithsonian_agreement.

[68][69][70] Rasmussen, Kathleen B. ed. Foreign Economic Policy，1973—1976. Foreign Relations of the United States，1969—1976：Vol. XXXI. U. S. Office of the Historian，Bureau of Public Affairs，Department of State，2009：47-48.

[71][72] Smithsonian Agreement Collapses-Gold Ownership Resumes. Youtube video.（2008-05-17）[2019-10-16]. https：//www.youtube.com/watch？v=g6vzDDo6J1Y.

[73] Farnsworth, Clyde H. Europeans, Seeking Wider Money Talks, To Close Markets. New York Times, March 5, 1973：1.[2019-10-16]. https：//www.nytimes.com/1973/03/05/archives/europeans-seeking-wider-money-talks-to-close-markets-europe-closes.html.

[74][75] 同[71].

[76] Friedman, Milton. The Need for Futures Markets in Currencies. Cato Journal，[1971] 2011, 31（3）：635-641.[2019-10-16]. https：//www.cato.org/sites/cato.org/files/serials/files/cato-journal/2011/9/cj31n3-15.pdf.

[77] Ryan, Oliver. The Man Who Saw the Futures：Leo Melamed, godfather of the Chicago mercantile exchange, change investing forever with financial derivatives. Here's what this market visionary thinks is next. Fortune：Investor's Guide 2007, fortune.com, 2006. [2019-10-16]. https：//archive.fortune.com/magazines/fortune/fortune_archive/2006/12/25/8396775/index.htm.

[78] 数据来源：Bank of International Settlement，BIS.org. 日平均交易量为净值（刨去重复计算），以2016年4月的采集调查为依据。

[79] 数据来源同上。由于外汇衍生品的期限主要是一年以内，而利率衍生品的期限主要为一年以上，因此很难用它们各自的交易总量和市值进行直接比较。此处用日均交易量，可以对汇率和利率市场每天涉及的交易金额有个大致的比较。作为参考，就总量而言，2018年下半年，全球柜台衍生品交易的总金额是544.4万亿美元，市值（实际需要到期交割的金额）达9.7万亿美元。其中，外汇衍生品市场的交易本金为90.7万亿美元，市值（实际交割金额）为2.3万亿美元；而合同期限通常比外汇衍生品更长的利率衍生品，交易本金达到436.8万亿，市值为6.4万亿；与股权挂钩的合同总金额为6.4万亿，市值为5 710亿美元。数据来源：Bank of International Settlement，BIS.org.

[80] 同[71].

[81] Spiro, David E. The Hidden Hand of American Hegemony：Petrodollar Recycling and International Markets. Ithaca and London：Cornell University Press, 1999；Clark, William R. Oil, Iraq and the Future of the Dollar. New Society Publishers, 2005.

[82] 石油输出国组织. 百度百科.[2019-10-16]. https：//baike.baidu.com/item/石油输出国组织/504903？fr=aladdin："1960年9月成立。现有成员国14个，即伊拉克、伊朗、科威特、沙特阿拉伯、委内瑞拉、阿尔及利亚、厄瓜多尔、加蓬、印度尼西亚、利比亚、尼日利亚、卡塔尔、阿拉伯联合酋长国、突尼斯、刚果。"

[83] Engdahl, F. William. A Century of War: Anglo-American Oil Politics and the New World Order. London and Ann Arbor: Pluto Press, [1992] 2004.

[84] History of Lybia under Muammar Gaddafi. [2019-10-16]. https://en.wikipedia.org/wiki/History_of_Libya_under_Muammar_Gaddafi.

[85] Mirzadegan, Amin. Nixon's Folly: the White House and the 1970s Oil Price Crisis. The Yale Historical Review, Spring 2016: 40-58. [2019-10-16]. https://historicalreview.yale.edu/sites/default/files/yhr_spring_2016_final_for_website.pdf.

[86] Kilian, Lutz. Oil Price Shocks: Causes and Consequences. Annual Review of Resource Economics, 2014 (6): 133-154.

[87] Treaty of Sèvres. Encyclopedia Britannica. [2019-10-16]. https://www.britannica.com/event/Treaty-of-Sevres.

[88] Sykes-Picot Agreement. Wikipedia. (2019-10-09) [2019-10-16]. https://en.wikipedia.org/wiki/Sykes-Picot_Agreement.

[89] [90] Alvandi, Roham. Nixon, Kissinger, and the Shah: The United States and Iran in the Cold War. Oxford University Press, 2014.

[91] Allen-Ebrahimian, Bethany. 64 Years Later, CIA Finally Releases Details of Iranian Coup. Foreignpolicy.com. (2017-06-20) [2019-10-16]. https://foreignpolicy.com/2017/06/20/64-years-later-cia-finally-releases-details-of-iranian-coup-iran-tehran-oil/; CIA Involvement in 1953 Iranian Coup. YouTube video. (2013-08-23) [2019-10-16]. https://www.youtube.com/watch?v=mQFgmVgHCpU (accessed October 16, 2019).

[92] I knew the Shah - 17 Jan 09 - Part I. YouTube video. (2009-01-16) [2019-10-16]. https://www.youtube.com/watch?v=VcBbG-y-Jho.

[93] [94] 同 [89].

[95] Copper, Andrew Scott. The Oil Kings: How the U.S., Iran, and Saudi Arabia Changed the Balance of Power in the Middle East. Simon & Schuster, 2012: 41.

[96] William E. Simon. Wikipedia. (2019-07-02) [2019-10-19]. https://en.wikipedia.org/wiki/William_E._Simon.

[97] Anyone To Come To Washington. Energy: Nixon's Decisive New Energy Czar. TIME Magazine, December 10, 1973. [2019-10-16]. http://content.time.com/time/magazine/article/0,9171,908276,00.html.

[98] National Security Adviser, Memoranda of Conversations, 7/9/74, folder "Nixon, William Simon," Box 4, Brent Scowcroft Papers, Gerald R. Ford Library. Quoted in Andrew Scott Cooper. Showdown at Doha: The Secret Oil Deal that Helped the Sink the Shah of Iran. Middle East Journal, 2008, 62 (4): 567-591.

[99] Spiro, David E. The Hidden Hand of American Hegemony: Petrodollar Recycling and International Markets. Ithaca and London: Cornell University Press, 1999: 34.

[100] Washington Correspondence. Simon Quoted as Calling the Shah of Iran 'a Nut'.

The New York Time, July 16, 1974: 4. [2019-10-16]. https://www.nytimes.com/1974/07/16/archives/simon-quoted-as-calling-the-shah-of-iran-a-nut.html.

［101］Engdahl, F. William. A Century of War: Anglo-American Oil Politics and the New World Order. London and Ann Arbor: Pluto Press, [1992] 2004: 137.

［102］［103］Cooper, Andrew Scott. Showdown at Doha: The Secret Oil Deal that Helped the Sink the Shah of Iran. Middle East Journal, 2008, 62（4）: 571.

［104］Iran's Last Shah – the fifth estate. YouTube video. (2015-04-08) [2019-10-16]. https://www.youtube.com/watch?v=n-grR1e6dw8.

［105］同［102］.

［106］Faisal of Saudi Arabia. Wikipedia, last edited October 11, 2019. [2019-10-16]. https://en.wikipedia.org/wiki/Faisal_of_Saudi_Arabia; Faisal bin Musaid. Wikipedia. (2019-09-19) [2019-10-16]. https://en.wikipedia.org/wiki/Faisal_bin_Musaid.

［107］同［84］和［102］572-576.

［108］同［102］572-576, 578.

［109］Wong, andrea. The Untold Story Behind Saudi Arabia's 41-Year U.S. Debt Secret. Bloomberg. Com. (2016-05-31) [2019-10-16]. https://www.bloomberg.com/news/features/2016-05-30/the-untold-story-behind-saudi-arabia-s-41-year-u-s-debt-secret.

［110］David Mulford. Wikipedia. (2019-10-14) [2019-10-16]. https://en.wikipedia.org/wiki/David_Mulford.

［111］Engdahl, F. William. A Century of War: Anglo-American Oil Politics and the New World Order. London and Ann Arbor: Pluto Press, [1992] 2004: 137.

［112］Middleton, Drew. Saudi Arabia Is Stepping Up Arms Purchases in the United States. New York Times, January 6, 1977: 2. [2019-10-16]. https://timesmachine.nytimes.com/timesmachine/1977/01/06/75014155.pdf.

［113］同［102］572-576, 587.

［114］Yamani Says Saudis Can Raise Output of Oil by 50%. New York Times, January 15, 1977: 38. [2019-10-16]. https://timesmachine.nytimes.com/timesmachine/1977/01/15/75262183.pdf.

［115］同［95］.

［116］Rowley, Robin, Shimshon Bichler, Jonathan Nitzan. The Armadollar-Petrodollar Coalition and the Middle East. Working Paper 10/89, McGill University, 1989. [2019-10-16]. http://bnarchives.yorku.ca/134/1/890101RBN_ADPD_Coalition_and_the_ME.pdf.

［117］同［109］.

第 12 章

［1］Islam, Faisal. Iraq Nets Handsome profit by Dumping Dollar for Euro. The Guardian, February 16, 2003. [2019-09-03]. https://www.theguardian.com/business/2003/

注 释

feb/16/iraq. theeuro; Dwell, William. Foreign Exchange: Saddam Turns his Back on Greenbacks. TIME Magazine, November 13, 2000. [2019-09-03]. http://content. time. com/time/magazine/article/0,9171,998512,00. html.

[2] This Crusade, This war on terroism is going to take a while. from 'President: Today We Mourned, Tomorrow We Work'. (2001-09-16) [2019-09-05]. https://georgewbush-whitehouse. archives. gov/news/releases/2001/09/20010916-2. html.

[3] President Rallies the Troops in Alaska, February 16, 2002. [2019-09-05]. https://georgewbush-whitehouse. archives. gov/news/releases/2002/02/20020216-1. html.

[4] Muammar Gaddafi. [2019-09-02]. https://en. wikipedia. org/wiki/Muammar_Gaddafi.

[5] Associated Press. 3,000 of Clinton's Emails Were Released on New Year's Eve. New York Post, January 1, 2016. [2019-09-01]. https://nypost. com/2016/01/01/3000-of-clintons-emails-were-released-on-new-years-eve/.

[6] 北大西洋公约组织（North Atlantic Treaty Organization, NATO）是美国与西欧、北美主要发达国家为实现防卫协作而建立的一个国际军事集团组织。北约拥有大量核武器和常规部队，是西方的重要军事力量。这是二战后西方阵营军事上实现战略同盟的标志，是马歇尔计划在军事领域的延伸和发展，使美国得以控制以德国和法国为首的欧盟的防务体系，是美国实现超级大国领导地位的标志。https://zhidao. baidu. com/question/554195047167640092. html.

[7] Sheep Media. Hillary Emails Reveal NATO Killed Gaddafi to Stop Lybian Creation of Gold-backed Currency. Gold Research. (2017-06-13) [2019-09-01]. https://www. globalresearch. ca/hillary-emails-reveal-nato-killed-gaddafi-to-stop-libyan-creation-of-gold-backed-currency/5594742; Hoff, Brad. Hillary Emails Reveal True Motive for Lybia Intervention. Foreign Policy Journal. [2019-09-01]. https://www. foreignpolicyjournal. com/2016/01/06/new-hillary-emails-reveal-true-motive-for-libya-intervention/.

[8] United States Sanctions Against Iran. [2019-09-06]. https://en. wikipedia. org/wiki/United_States_sanctions_against_Iran.

[9] 伊朗核问题协议. 百度百科. [2019-09-06]. https://baike. baidu. com/item/伊朗核问题协议/12622358? fromtitle=伊核协议&fromid=22166437&fr=aladdin.

[10] Statement from the President on the Reimposition of United States Sactions with Respect to Iran, August 6, 2018, White House. [2019-09-06]. https://www. whitehouse. gov/briefings-statements/statement-president-reimposition-united-states-sanctions-respect-iran/.

[11] "Anyone doing business with Iran will NOT be doing business with the United States." quoted in Iran Sanctions: Trump Warns Trading Partners. BBC. (2018-08-07) [2019-09-06]. https://www. bbc. com/news/world-us-canada-45098031.

[12] 法国巴黎银行（BNP Paribas）、法国农业信贷银行（Credit Agricole）、德意志银

行(Deutsche Bank)、德国商业银行(Commerzbank)、瑞士银行(UBS)都因为违反美国对伊朗的制裁而遭受巨额罚款。同[8]。

[13] Durden, Tyler. Iran Urges Russia to Ditch the Dollar, Isolate America. Zerohedge. com. (2017-11-03)[2019-09-06]. https://www.zerohedge.com/news/2017-11-03/iran-urges-russia-ditch-dollar-isolate-america.

[14] Hanke, Steve. A Gold Bloc for Iran, Russia and Turky… Oh My!". Forbes. com. (2018-08-22)[2019-09-06]. https://www.forbes.com/sites/stevehanke/2018/08/22/a-gold-bloc-for-iran-russia-and-turkey-oh-my/#5493bca43b57.

[15] Egan, Matt. Russia Dumped 84% of Its American Debt. What That Means?. CNN.com. (2018-07-30)[2019-09-06]. https://money.cnn.com/2018/07/30/investing/russia-us-debt-treasury/index.html.

[16] 数据来源: Trading Economics. [2019-09-07]. https://tradingeconomics.com/russia/gold-reserves.

[17] Devitt, Polina, Elena Fabrichnaya. Russia Becomes World's Fifth Largest Gold Holder After Sanctions. Reuters. (2019-01-18)[2019-09-06]. https://www.reuters.com/article/us-russia-cenbank-gold/russia-becomes-worlds-fifth-biggest-gold-holder-after-sanctions-idUSKCN1PC11G; Biryukov, Andrey, Rupert Rowling, Yuliya Fedorinova. Russia is Dumping U. S. Dollars to Hoard Gold. Bloomberg. (2019-03-29)[2019-09-06]. https://www.bloomberg.com/news/articles/2019-03-29/russia-is-stocking-up-on-gold-as-putin-ditches-u-s-dollars.

[18][19] No Oil Producing and Exporting Cartels Act. [2019-09-06]. https://en.wikipedia.org/wiki/No_Oil_Producing_and_Exporting_Cartels_Act.

[20] Saudis Threaten to Ditch Dollar: Call Their Bluff?, April 5, 2019. Youtube.com. [2019-09-06]. https://www.youtube.com/watch?v=Rdu-f5zJ-0Y.

[21][22] 数据来源: 美国财政部. https://ticdata.treasury.gov/Publish/mfh.txt.

[23] Alvandi, Roham. Nixon, Kissinger, and the Shah: The United States and Iran in the Cold War. Oxford University Press, 2014.

[24] CIA. Détente and US-Soviet Trade. Historical Review Program, [1972] Release in full 1998. https://www.cia.gov/library/readingroom/docs/DOC_0000307809.pdf.

[25] 'April 14, 1971' in Getting To Beijing: Henry Kissinger's Secret 1971 Trip, USC US-China Institute. [2019-09-09]. https://china.usc.edu/getting-beijing-henry-kissingers-secret-1971-trip.

[26] Morgan, Iwan. Richard Nixon's Opening to China and Closing the Gold Window. historytoday.com, 2018. [2019-09-09]. https://www.historytoday.com/history-matters/richard-nixons-opening-china-and-closing-gold-window.

[27][28] Borak, Donna. Trump Administration Labels China a Currency Manipulator. CNN, Business. (2019-08-05)[2019-09-25]. https://edition.cnn.com/2019/08/05/

business/china-currency-manipulator-donald-trump/index.html.

［29］米塞斯，路德维西·冯. 人的行动：关于经济学的论文：下册. 余晖，译. 上海：上海人民出版社，2013：809-810.

［30］Press Release. Federal Reserve issues FOMC statement. Board of Governors of the Federal Reserve System. （2019-07-31）［2019-10-07］. https：//www.federalreserve.gov/newsevents/pressreleases/monetary20190731a.htm.

［31］Harris，Alex. Fed to Keep Pumping Liquidity Into Repo Market Through October. Bloomberg.com. （2019-10-05）［2019-10-07］. https：//www.bloomberg.com/news/articles/2019-10-04/new-york-fed-extends-its-repo-operations-through-october.

［32］同［30］.

［33］Cox，Jeff. Trump Says Fed Should Cut Rates by at Least 1% 'with perhaps some quantitative easing'. CNBC. （2019-09-19）［2019-09-26］. https：//www.cnbc.com/2019/08/19/trump-says-fed-should-cut-rates-by-at-least-1percent-with-perhaps-some-quantitative-easing.html.

［34］Media Release. Statement By Philip Lowe，Governor：Monetary Policy Decision. Reserve Bank of Australia，June 4，2019；Media Release. Statement By Philip Lowe，Governor：Monetary Policy Decision. Reserve Bank of Australia，July 2，2019.

［35］Wright，Shane. Australia Not An Interest Rate Island：RBA Signals More Cuts. The Sydney Morning Herald. （2019-09-24）［2019-09-26］. https：//www.smh.com.au/politics/federal/australia-not-an-interest-rate-island-rba-signals-more-cuts-20190924-p52ui3.html.

［36］Smith，Elliot. Central Banks Around the World Are Surprising Markets with Aggressive Rate Cuts：Here's Why. （2019-08-07）［2019-09-26］. https：//wwwcnbc.com/2019/08/07/central-banks-are-cutting-interest-rates-aggressively-here-is-why.html.

［37］ECB Cuts Key Rate，to Restart Bond Purchases. Reuters. （2019-08-12）［2019-09-26］. https：//www.reuters.com/article/us-ecb-policy-rates-idUSKCN1VX1DB.

［38］Fujikawa，Megumi. The Bank of Japan is Starting to Think about Easing Options in More Detail. Wall Street Journal. （2019-09-13）［2019-09-27］. https：//www.wsj.com/articles/who-can-go-lower-japan-considers-deeper-negative-rates-after-ecb-cut-11568370219.

［39］哈耶克所建议的是一个彻底摆脱垄断、自由竞争的货币体系。Hayek，Friedrich. A Free-Market Monetary System and the Pretense of Knowledge. Ludwig von Mises Institute，［1974］2008.

［40］2008年美国爆发次贷危机。2010年开始，各国央行在黄金市场上变成了净买方。数据更新：全球各国央行黄金需求未停歇，俄罗斯官储涨幅领先. 世界黄金协会官方微信，2019年9月7日.

［41］Takeda，Hidetoshil. Treatment of Gold Swaps and Gold Deposits. Issues Paper （RESTEG）#11. Committee on Balance of Payments Statistics，IMF，2006；黄金掉期交易.［2019-09-17］. https：//baike.baidu.com/item/黄金掉期交易/1792613？fr=aladdin.

[42] Federal Reserve Admits no Gold since 1934. [2019-08-13]. https://www.youtube.com/watch？v=8F-20RzjBQ4.

[43] 1971年8月15日，尼克松宣布美元与黄金脱钩，西方10国（G10）1971年12月签署的《史密森协议》将美元从35美元一盎司黄金贬值到38美元一盎司黄金，之后在美元继续被做空的压力下，又于1973年2月贬值到42.22美元一盎司黄金。

[44] Jones, Claire. How Germany Got Its Gold Back. Financial Times. (2017-11-11) [2019-08-16]. https://www.ft.com/content/4edf00ee-a43c-11e7-8d56-98a09be71849.

[45] Gold Repatriation. [2019-08-16]. https://en.wikipedia.org/wiki/Gold_repatriation.

[46] O'Byrne, Mark. The Truth about Bundesbank Repatriation of Gold from U.S.. GoldCore.com. (2017-08-25) [2019-08-16] https://news.goldcore.com/ie/gold-blog/german-gold-repatriation/.

[47] Cambone, Daniela. Germany Gets Its Gold Back from the Fed and It's a Big Deal. Kitco News. (2017-08-24) [2019-08-16]. https://www.kitco.com/news/2017-08-24/Germany-Gets-Its-Gold-Back-From-The-Fed-And-It-s-A-Big-Deal.html.

[48] NASA. Total Solar Eclipse of 2017 August 21. [2019-09-10]. https://eclipse.gsfc.nasa.gov/SEmono/TSE2017/TSE2017.html.

[49] Mohsin, Saleha, Alister Bull. Mnuchin's Fort Knox Quip: 'I Assume the Gold is Still There'. Bloomberg. (2017-08-22) [2019-08-16]. https://www.bloomberg.com/news/articles/2017-08-21/mnuchin-to-visit-fort-knox-assumes-america-s-gold-still-there.

[50] Solar Eclipse of August 21, 2017. [2019-08-29]. https://en.wikipedia.org/wiki/Solar_eclipse_of_August_21,_2017.

[51] Laliberte, Marissa. This is the Most Heavily Guarded Place on the Planet. Readers Digest. [2019-08-14]. https://www.rd.com/culture/fort-knox-security/.

[52] Goldfinger - Nuking Fort Knox. [2019-08-14]. https://www.youtube.com/watch？v=efOL7hF-YDU.

[53] [54] [55] [56] [57] Wood, William C. The Gold at Fort Knox. The Journal of Economic Education, 1994, 25 (4): 343-348.

[58] Ron Paul Hearing on Auditing Fort Knox's Gold-6/23/11. [2019-08-16]. https://www.youtube.com/watch？v=Zo4b8ZPlzrw.

[59] Ron Paul Hearing on Auditing Fort Knox's Gold-6/23/11. [2019-08-16]. https://www.youtube.com/watch？v=Zo4b8ZPlzrw；Ron Paul-Is There Really Any Gold in Fort Knox？. [2019-08-18]. https://www.youtube.com/watch？v=ZznsCxeAMpY.

第13章

[1] List of Cryptocurrencies. [2019-09-21]. https://en.wikipedia.org/wiki/List_of_cryptocurrencies (accessed September 21, 2019).

注 释

［2］Neuner，Ran，crypotomanran@twitter. https：//twitter.com/cryptomanran/status/939165804809027585？lang＝en.

［3］Top 100 Coins by Market Capitalization.［2019－10－04］.https：//coinmarketcap.com/coins/.

［4］Satoshi Nakamoto.［2019－10－06］.https：//en.wikipedia.org/wiki/List_of_cryptocurrencies；Nakamoto, Satoshi. Bitcoin：A Peer to Peer Electronic Cash System. bitcoin.org，2018.［2019－10－21］. https：//bitcoin.org/bitcoin.pdf.

［5］Satoshi Nakamoto.［2019－10－06］.https：//en.wikipedia.org/wiki/List_of_cryptocurrencies；比特币如何产生？比特币的发展史一览.币圈子.（2018－01－15）［2019－10－21］. http：//www.120btc.com/baike/btc/1122.html.

［6］Redman, Jamie. 10 Years Ago，Bitcoin's Genesis Block Changed the Course of History.（2019－01－03）［2019－10－21］. https：//news.bitcoin.com/10-years-ago-bitcoins-genesis-block-changed-the-course-of-history/.

［7］［8］Nakamoto, Satoshi. Bitcoin：A Peer to Peer Electronic Cash System. bitcoin.org，2008.［2019－10－21］. https：//bitcoin.org/bitcoin.pdf.

［9］一次交易的主要输入是：1. A持有的（大于等于交易金额/转账数目）比特币是从哪些地址转来的，即前一次交易记录，这个记录只能被访问和验证一次，所以当前一次交易金额超过当次交易金额时，比如之前A从C那里收到50个比特币，但当前A只打算给B转25个比特币，那么比特币区块链在处理当次交易的时候会创建两个交易的输出，一个输出代表A向B转账25比特币，另一个输出记录A向自己转账25个比特币，这25个比特币的找零通常被称为UTXO（unspent transaction output）。2. 转账数目。3. B的地址。一次交易的主要输出是交易金额和付、收款地址（一次交易可以有多个收款地址，比如前面说的找零过程，收款地址不仅有B，还有接收找零的A本身，还可能有接收交易费用的矿工）。https：//bitcoin.org/en/transactions-guide#introduction.

［10］高瑜泽带你飙车.写给新手的挖矿教程.知乎.［2019－10－08］. https：//zhuanlan.zhihu.com/p/34127857.

［11］https：//www.blockchain.com/en/charts/total-bitcoins，2019年10月13日数据.

［12］Roberts, Jeff John, Nicolas Rapp. Exclusive：Nearly 4 Million bitcoins Lost Forever, New Study Says. Fortune.com.（2017－11－25）［2019－10－05］. https：//fortune.com/2017/11/25/lost-bitcoins/.

［13］Bagus, Philipp. The Quality of Money. The Quarterly Journal of Austrian Economics，2009，12（4）：22－45.

［14］约尔格·吉多·许尔斯曼.货币生产的伦理.董子云，译.蒲定东，寻正，等，校.杭州：浙江大学出版社，2011：14－15.

［15］Mises, Ludwig von. The Theory of Money and Credit. Skyhorse Publishing，2013：107.

中国货币史(上、下册)
彭信威 著

货币史研究里程碑,赞誉不断,长销不衰。
看懂货币的历史,才真正懂得经济和金融的历史。

本书是彭信威教授研究中国货币史的经典之作,分八章讲述了从殷商时代到清末中国货币的沿革发展,对每一个历史时期的货币制度、货币购买力、货币理论、信用等都做了深入研究,内容涉及经济、社会、政治、文化和心理多方面,从货币角度展现了中国历史发展脉络,是一部包罗万象的货币通史巨著。对于中国经济、金融及历史领域的研究者、学习者、爱好者,本书不仅提供了重要参考,而且是十分值得珍藏的经典。

认知
人行为背后的思维与智能

赫伯特·西蒙 著

二十世纪最伟大的科学天才之一
迄今唯一同时获图灵奖和诺贝尔经济学奖的大师

人工智能之父讲认知心理学
提升认知水平，才能看得更高更远

本书是著名心理学家和人工智能开创者赫伯特·西蒙关于人类认知的作品。本书介绍了人的认知结构，包括注意力、记忆等方面，然后分析了人们思维过程中问题解决的途径和策略。书中进一步分析了对于复杂问题，专家和普通人不同的心理表征，以及应该如何应对复杂问题。最后，作者介绍了学习的基本原理和过程，并说明如何探索发现新规律。无论是关注人工智能还是关注心理学的读者，本书都是不可多得的经典读物。

图书在版编目（CIP）数据

钱的千年兴衰史：稀释和保卫财富之战/金菁著．－－北京：中国人民大学出版社，2020.5
ISBN 978-7-300-27879-7

Ⅰ.①钱… Ⅱ.①金… Ⅲ.①货币史-世界 Ⅳ.①F821.9

中国版本图书馆 CIP 数据核字（2020）第 012425 号

钱的千年兴衰史
稀释和保卫财富之战
金　菁　著
Qian de Qiannian Xingshuaishi

出版发行	中国人民大学出版社			
社　　址	北京中关村大街 31 号		邮政编码	100080
电　　话	010-62511242（总编室）		010-62511770（质管部）	
	010-82501766（邮购部）		010-62514148（门市部）	
	010-62515195（发行公司）		010-62515275（盗版举报）	
网　　址	http://www.crup.com.cn			
经　　销	新华书店			
印　　刷	北京联兴盛业印刷股份有限公司			
规　　格	148 mm×210 mm　32 开本		版　　次	2020 年 5 月第 1 版
印　　张	12.25　插页 2		印　　次	2021 年 4 月第 3 次印刷
字　　数	309 000		定　　价	79.00 元

版权所有　侵权必究　印装差错　负责调换